Julia von Dall'Armi
Erklären als zentrales Vermittlungskonzept der Bildungswissenschaften
und Fachdidaktiken

D1641162

Julia von Dall'Armi

Erklären als zentrales Vermittlungskonzept der Bildungswissenschaften und Fachdidaktiken

Beiträge für die Lehrkräftebildung

Dieses Buch ist erhältlich als:
ISBN 978-3-7799-7250-1 Print
ISBN 978-3-7799-7251-8 E-Book (PDF)

1. Auflage 2023

© 2023 Beltz Juventa
in der Verlagsgruppe Beltz · Weinheim Basel
Werderstraße 10, 69469 Weinheim
Alle Rechte vorbehalten

Herstellung: Myriam Frericks
Satz: Datagrafix, Berlin
Druck und Bindung: Beltz Grafische Betriebe, Bad Langensalza
Beltz Grafische Betriebe ist ein klimaneutrales Unternehmen (ID 15985-2104-100)
Printed in Germany

Weitere Informationen zu unseren Autor:innen und Titeln finden Sie unter: www.beltz.de

Inhalt

Einleitung

Julia von Dall'Armi

Der Terminus des Erklärens ist vielschichtig, seine Bedeutung abhängig von der Nutzung im jeweiligen fachspezifischen oder alltagssprachlichen Kontext. So dienen gegenstandsbezogene Erklärungen in der Wissenschaft nicht selten der Selbstverständigung innerhalb des eigenen Fachs. Je nach den Erfordernissen der Fachdisziplin werden hier in Abhängigkeit vom Explanandum vorwiegend kausal, funktionalistisch oder nomologisch (Hempel/Oppenheim 1948) Explikationsverfahren angewandt (vgl. hierzu auch Bartelborth 2007; Greshoff/Kneer/ Schneider 2008; Kiel 1999, S. 38) und Erklärnotwendigkeiten fachbezogen festgelegt.

Davon unterschieden werden muss das alltäglich praktizierte, zum Ausgleich eines Wissensdefizits führende, schriftliche oder situativ-spontan abgegebene mündliche „Erklären als sprachliche Handlung im Diskurs" (Kiel 1999, S. 39), letzteres zumeist von multimodalen Ressourcen, wie para- und nonverbaler Begleitkommunikation (Intonation, Gestik und Mimik) begleitet (vgl. zu dieser Vielfalt des Erklärbegriffs auch Lindl et al. 2019, S. 129). Als diskursive Praktik wird diese Form des Erklärens nicht selten ko-konstruiert, also interaktiv zwischen mehreren Gesprächspartner*innen[1] organisiert und weist komplexe pragmalinguistisch zu untersuchende Strukturen auf.

Das „didaktische Erklären" (Kiel 1999, S. 59) nimmt im Kontext dieser umfassenden „semantischen Polyvalenz" (Lindl et al. 2019, S. 129) eine Sonderstellung ein. Der im Hinblick auf diese Erklärart relevante Bildungskontext geht ebenso wie die Alltagskommunikation vom Ausgleich eines Wissensdefizits zwischen Erklärendem und Belehrtem aus; die mündlich oder schriftlich abgegebene Erklärung orientiert sich aber unter Berücksichtigung einer notwendigen didaktischen Reduktion auch am Unterrichtsgegenstand und den in der Fachdisziplin üblichen Erklärungen wie Vertextungsverfahren. Ungeklärt ist dabei weiterhin das Verhältnis der Versprachlichung zum inhaltlichen Verständnis, zwischen dem „„epistemische[n] Argument" (Erath 2012, S. 23) und den „domänenspezifischen Denk- und Vorbereitungsoperationen" (Quasthoff/ Heller 2014, S. 19). Zudem bedient sich die Lehrkraft häufig zusätzlicher Veranschaulichungsmechanismen, etwa der Medien (Bilder, Texte, Filme), deren Bedeutung zwar grundsätzlich medienpsychologisch empirisch untersucht

---

1   Im Band wird Wert auf eine gendersensible Schreibweise gelegt. Dabei wurde es den Beitragenden jedoch weitgehend selbst überlassen, welche Gender-Schreibweisen sie nutzen möchten.

(vgl. Nieding/Ohler/Rey 2015), jedoch im Hinblick auf fachdidaktische Explikationserfolge erst in Ansätzen beleuchtet wird.

Das in institutionalisierten Vermittlungssituationen eingesetzte Erklären verknüpft somit bekannte Aspekte wie die sprachliche Umsetzung, die Erklärbedürftigkeit eines fachspezifischen Gegenstandes und die Auswahl wissenschaftstheoretischer Erklärerfordernisse mit einer fächerübergreifenden Erklärmethodik, wodurch eine besonders komplexe Sprachhandlung entsteht.

Die Auseinandersetzung mit der didaktischen Erklärung offenbart ein bemerkenswertes Paradoxon: Einerseits ist das in Bildungskontexten praktizierte Erklären vielfältig untersucht und seine Bedeutung zweifelsfrei belegt. Wie Raso in Bezug auf umfangreiche Literatur nachweist, stellt „verständlich zu erklären" aus didaktischer Perspektive etwa „eine der zentralsten Fähigkeiten von Lehrpersonen dar (vgl. z. B. Becker 1993; Brown 1978; Gage 1968; MacDonald 1991; Pauli 2015; Roehler/Duffy 1986; Wellenreuther 2010; Wittwer/Renkl 2008). Aus Schüler*innensicht ist verständliches Erklären sogar die bedeutsamste Fähigkeit einer Lehrperson ([…] (Wragg/Brown 1993)." (Raso 2018, S. 37). So lässt sich im Einklang mit der Sekundärliteratur konstatieren: „Es verwundert nicht, dass empirische Studien einen starken Zusammenhang zwischen der Erklärungsfähigkeit [sic!] einer Lehrkraft und dem Lernerfolg der Schüler*innen zeigen (vgl. z. B. Evans/Guymon 1978; Hines et al. 1985)"[2] (Raso 2018, S. 37).

Doch trotz dieser offenkundigen Vorteile ist „Erklären […] heute in der Didaktik weiterhin verpönt. Weil es vermeintlich nur zu gegängeltem, passivem, oberflächlichem Lernen führen kann, wird es oft geradezu als Negation konstruktivistischer Anliegen gesehen" (Aeschbacher 2009, S. 431).

Die Ablehnung des Erklärens lässt sich darauf zurückführen, dass es nicht selten mit dem Instruieren als Teil eines Lehrer*innenvortrags gleichgesetzt wird. Konstruktivistische Erklärformen, die von einer Problembearbeitung ausgehen, schüler*innenseitiges Erklären sowie der empirisch nachweisbare Lernerfolg durch selektives Instruieren (Kozioff 2001; Alfieri/Brooks et al. 2011) konnten diese Vorurteile mittlerweile erfreulicherweise ein Stück weit entkräften (vgl. dazu Aebli 1983, S. 267–270) und auch eine Vielzahl weiterer, einschlägiger Forschungsarbeiten zum Erklären aus bildungswissenschaftlicher wie fachdidaktischer Sicht haben das Erklären rehabilitiert.

Anhand einer selektiven und beispielhaften Rekapitulation des deutschsprachigen Forschungsstands sei die Spannbreite gegenwärtiger Forschung knapp umrissen:[3] Ewald Kiels wegweisende und vielzitierte Studie „Erklären als didak-

---

2   Es gilt als empirisch belegt, dass sich ‚gutes' Erklären sowohl auf die Unterrichtsqualität als auch auf die Verstehensprozesse und Lernleistungen von Schüler*innen auswirkt (Lindl et al. 2019). Dementsprechend ist die Fähigkeit einer Lehrkraft, ‚gut' erklären zu können, als zentrale Komponente professioneller Kompetenz einzustufen (Leisen 2013; Lindl et al. 2019; Neumeister/Vogt 2015; Schilcher et al. 2017; Spreckels 2009).

3   Vgl. zur englischsprachigen Forschung den Überblick in Geelan 2012.

tisches Handeln" (1999) liefert ausgehend von einem Überblick über den disziplinenübergreifenden Forschungsstand zum Thema eine Untersuchung von Erklärmechanismen in Schulbüchern wie Unterrichtsgesprächen und damit einen wertvollen theoretischen Beitrag zum Thema ,Erklären' aus pädagogischer Sicht. An der Schnittstelle von Gesprächslinguistik und Gegenstandsbezug sind die empirischen Untersuchungen zum Thema in den Sammelbanden von Janet Spreckels (2009) und Rüdiger Vogt (2009) anzusiedeln. Die Beiträge fassen – wie auch die Monographien von Morek (2012), Heller (2012) oder Neumeister (2011) – das Erklären als diskursive Praktik des Unterrichtsgeschehens auf und zeigen, wie sich die Einzelschritte der Vertextungsverfahren und Beteiligungsgrade der verschiedenen Erklärakteure im Verhältnis zum Explanandum verhalten.

Im Gegensatz dazu untersucht die *Teacher-Effectiveness*-Forschung auf quantitativem Wege, unter welchen Bedingungen sich Erklärungen als effektiv und hilfreich erweisen. Stellvertretend für viele einschlägige Arbeiten sei hier beispielsweise Wittwers und Renkls Beitrag „Why Instructional Explanations Often Do Not Work: A Framework for Understanding the Effectiveness of Instructional Explanations" (2008) genannt.

Einen qualitätskriteriengeleiteten Zugang zum Thema mit konkretem fachdidaktischen Gegenstandsbezug unterschiedlichster Fächer hat auch die an der Universität Regensburg verortete Forschergruppe FALKE gewählt, in deren Projekt verschiedene Statusgruppen (Schüler*innen, Studierende, Lehrkräfte) die Qualität von Erklärungen auf der Basis von Unterrichtsvignetten beurteilen sollten. Was gutes Erklären genau ist, wird hier trotz einer großen Übereinstimmung in Bezug auf allgemeine Qualitätskriterien von Seiten der Beurteilungsinstanzen unterschiedlich eingeschätzt (Lindl et al. 2019).[4] Dass gutes Erklären in seiner Komplexität nicht durch kurzfristige Interventionsmaßnahmen erlernt werden kann, zeigt die ebenfalls zu diesem Projekt gehörende Studie von Asen-Molz und Schilcher 2022, die die Erklärkompetenz angehender Lehrkräfte in einer Interventionsstudie zu literaturdidaktischen Seminaren untersucht hat.

Die Herausforderung, gutes Erklären zu definieren und zu erlernen, macht damit einerseits weiterhin qualitative Zugänge zum Erklären notwendig, um das Erklärvorgehen in Abhängigkeit vom jeweiligen Unterrichtsgegenstand genau zu beschreiben. Andererseits aber wird doch offenbar, dass es fachübergreifende Kriterien gibt, die Erklärprozessen gemeinsam sind und/oder ein gutes Erklären ausmachen. Der Sammelband versucht, beiden Erfordernissen gerecht zu werden, indem er fächerübergreifende Begleitaspekte wie Gelingensbedingungen des Erklärens vorstellt, zum anderen aber auch erklärgegenstandsspezifische Explikationsweisen theoretisch, quantitativ und qualitativ auslotet.

---

4   An dieser Stelle sei auch noch auf eine amerikanische Mixed-Methods-Studie zur Erklärqualität hingewiesen, vgl. Roehler 1986.

Im Spannungsfeld von allgemeinen methodischen Gelingenskriterien guten Erklärens und besonderen Merkmalen des Erklärens sind die ersten drei fächerübergreifenden Beiträge des Sammelbandes zu verorten.

Ingo Kollar stellt mit seinem Beitrag das „Lernen von Erklärungen und Lernen durch Erklären aus lehr-lern-psychologischer Perspektive" wesentliche Ergebnisse seiner Fachdisziplin vor. Lernerfolge durch Erklären seien demnach dann zu erzielen, wenn die Lehrkraft die Schüler*innen zum eigenen Erklären anleitet. Lehrkraftseitiges Erklären erweist sich dann als besonderes erfolgreich, wenn eine Adaption an das Vorwissen der Schüler*innen erfolgt, Prinzipien vermittelt werden und Übungssequenzen an den Erklärprozess anschließen.

Im Gegensatz zu dieser bewussten Gestaltungsmöglichkeit des Erklärens und seiner statistisch bewiesenen Effizienz beeinflussen auch unbewusst angewandte Gestaltungsmöglichkeiten den Erklärprozess; die Auswirkungen dieses Erklärens sind jedoch bislang kaum erforscht. Einen deskriptiv-qualitativen Beitrag zum „Blickverhalten von Lehrpersonen und Lernenden in schulischen Erklärsituationen" liefern deshalb Özün Keskin, Sylvia Gabel und Andreas Gegenfurtner. Die Autor*innen zeigen, dass die Blickbewegungen der erklärenden Lehrkraft genutzt werden können, um Konzentrationsprozesse zu dokumentieren und Verständnisdefizite auf Seiten der Schüler*innen frühzeitig zu registrieren.

Dass multimodale Ressourcen einen Erklärprozesses wesentlich (mit-)modellieren, zeigen Pepe Droste und Alexander Werth mit ihrem Beitrag „Gesten des Erklärens. Eine Fallstudie zur Wissensvermittlung auf YouTube". Das Verständnis mündlich abgegebener Erklärungen wird mithilfe dieser nonverbalen, unbewusst didaktisierend eingesetzten Kommunikationsform wesentlich unterstützt.

Die besonderen Erfordernisse von Erklärungen beleuchtet Ana da Silva für heterogene Lerngruppen anhand einer dritten Jahrgangsstufe mit dem Beitrag „Erklären im Kontext sprachlicher Heterogenität. Von konzeptionellen Herausforderungen zu sprachbildenden Perspektiven". Sie illustriert anhand von transkribierten Beispielsequenzen aus Unterrichtsgesprächen, welche Möglichkeiten der Diskurserwerbsförderung die Lehrkraft beim Explizieren naturwissenschaftlicher Sachverhalte ergreifen kann und verdeutlicht, wie wichtig das eigenständige Erklären von Schüler*innen für den Diskurserwerb ist.

Die Herausforderungen „[l]ehrer*innenseitiges Erklären und Instruieren in *classroom management*-Szenarien des Englischunterrichts" für Schüler*innen mit geringen Englischkenntnissen erörtert Katrin Thomson, indem sie eine Explikationspassage aus einem Unterrichtsvideo auswertet und Vorzüge bzw. Nachteile der dargebotenen Lehrkrafterklärung aus fremdsprachendidaktischer Sicht aufzeigt. Mit Bezugnahme auf Qualitätskriterien fremdsprachlichen Erklärens weist sie die Notwendigkeit einer Vermittlung geeigneter Fähigkeiten bereits im Rahmen der Lehramtsausbildung nach.

Julia von Dall'Armi veranschaulicht die Vielgestaltigkeit des Erklärens im Deutschunterricht mit „eine[r] Auswertung diskursiver Praktiken und Inhalte im Unterrichtsgespräch zu Schillers Ballade ‚Der Handschuh' (1797)". Das Erklären nimmt im Literaturgespräch eine wichtige Gelenkfunktion ein, die sowohl das basale Textverständnis absichert als auch argumentativ geprägte Reflexionen vorbereitet.

Demgegenüber spielt die Sprache bei Erklärungen in anderen Fächern häufig eine untergeordnete Rolle. Dies führt Reinhard Oldenburg in seinem Beitrag „Erklären in der Mathematik" beispielhaft vor Augen. Der Beweischarakter bildlicher Darstellungen ersetzt die sprachliche Erklärung, die sich sogar als hinderlich beim Verstehen mathematischer Sachverhalte erweisen könnte. Der Verfasser plädiert deshalb für den Einsatz konstruktivistischer Erklärungen, die neben allgemeinen Erklärqualitätskriterien Aspekte der Problemlösung miteinbeziehen. Diese Position vertritt auch Christoph Kulgemeyer in seinem Beitrag „Von Instruktionsqualität und Verstehensillusion. Eine Analyse des Forschungsstandes zum Erklären im Physikunterricht vor dem Hintergrund eines konstruktivistischen Modells des Erklärprozesses" für die Physikdidaktik. Der Autor weist in Bezug auf verschiedene empirische Forschungsarbeiten nach, dass sich falsche Erklärungen in Erklärvideos oftmals größerer Beliebtheit erfreuen als richtige.

Dass diese Beobachtung nicht nur für die Vermittlung physikalischer Wissensbestände gilt, wird auch in anderen Fachdisziplinen deutlich. Susanne Popp reflektiert in ihrem Beitrag „Erklären im Geschichtsunterricht – geschichtsdidaktische Überlegungen" zum Thema „Renaissance und Humanismus" (Funk 2017, zit. n. Popp (in diesem Band), hier S. 173), dass in Erklärvideos auf YouTube vorwiegend oberflächliches historisches Wissen präsentiert wird, das der Komplexität historischer Sachverhalte nicht gerecht wird. Die Simplifizierung des Wissens sei aber für den Erfolg der Erklärvideos mitverantwortlich, die in vermeintlich niedrigschwelliger Weise einem breiten Publikum komplizierte historische Sachverhalte vermitteln. Eine systematische, fachliche wie mediendidaktische Beurteilung der Qualität der Erklärvideos erweist sich vor dem Hintergrund dieser Überlegungen auch für andere Fachdidaktiken als wesentliches Desiderat. Diese Lücke schließen Sebastian Streitberger, Stefan T. Siegel und Leonie Schneider für das Fach Geographie. Das „Analyseraster für Erklärvideokanäle auf YouTube (AEY)" bietet einen „systematischen Blick auf geographische Erklärvideokanäle und ihre Erklärvideos" und stellt mit den „Qualitätskriterien für YouTube-Videos zum Geographieunterricht" eine Mischung aus erklärdidaktischen Kriterien und fachbezogenen Aspekten vor. Zwar finden sich in den analysierten Geographievideos wenige inhaltliche Mängel, jedoch wird deutlich, dass sowohl Werbeangebote als auch die Intransparenz der fachlichen Urheberschaft der Videos die Rezeptionsqualität deutlich einschränken.

Mario Frei, Gabriele Puffer und Bernhard Hofmann stellen Ergebnisse aus dem bereits erwähnten FALKE-Projekt zu „Erklären und Instruieren als unterrichtliches Handeln von Musiklehrkräften" vor. Neben den bereits angedeuteten fächerübergreifenden Projektergebnissen dominieren Strukturiertheit und Visualisierungen die Qualitätskriterien musikorientierten Erklärens. Zusätzlich machen die Verfasser*innen auf ein wesentliches Forschungsdesiderat aufmerksam, den Zusammenhang von Lernmotivation und Erklärqualität.

Dass auch Kunst der Erklärung bedarf, belegen Vincent Dusanek und Nicola Pauli mit ihrem Beitrag „Kunstwerke digital erklären" am Beispiel eines Studierendenprojekts an der Universität Augsburg: Mithilfe interaktiver Webseiten kann ein Zugang zur Kunst erschlossen und gleichzeitig Medienkompetenz erworben werden.

Selbst in einem derart praxisorientierten Fach wie Sport kann das Erklären wertvolle Aufgaben erfüllen und „Abkürzungen im Lernprozess" (Künzell (in diesem Band), S. 240) erzielen. Dies stellt Stefan Künzell anhand verschiedener konkreter Beispiele dar, etwa dem Metapherneinsatz im Rahmen von mündlich abgegebenen Instruktionen, die der Verbesserung sportlicher Bewegungen dienen.

Die Vielgestaltigkeit der Erscheinungsformen des Erklärens zeigen die transdisziplinäre Relevanz des Vermittlungsprinzips und verdeutlichen, dass längst nicht alle Fragen in Bezug auf das Erklären erschöpfend beantwortet worden sind.

Die meisten der hier abgedruckten Beiträge sind im Rahmen einer Vortragsreihe entstanden, die von WS 2020/21 bis WS 2021/22 an der Universität Augsburg stattfand und von Seiten des Zentrums für Lehrer*innenbildung und interdisziplinärer Bildungsforschung ausgerichtet wurde (Konzept und Koordination der Reihe: Julia von Dall'Armi). Sie wurden um zusätzliche Impulse weiterer Wissenschaftler*innen ergänzt.

Allen Beitragenden sei an dieser Stelle ein großes Dankeschön für ihre Bereitschaft ausgesprochen, sich am Erklären-Diskurs in Form dieser großen Beitragsvielfalt beteiligt zu haben. Dem Augsburger Zentrum für Lehrer*innenbildung und interdisziplinäre Bildungsforschung, insbesondere der Direktorin Frau Prof. Dr. Karin Aschenbrücker und natürlich auch dem Vorstand, sei ebenso für die überaus freundliche Unterstützung dieses Bandes gedankt wie Herrn Konrad Bronberger (Beltz Juventa) für das fachkundige Lektorat.

Es ist nun an der Leserschaft, das Ergebnis dieser Bemühungen zu beurteilen.

Greifswald, im Mai 2023   Julia von Dall'Armi

Literatur

Aeschbacher, Urs (2009): Eine Lanze für das Erklären. In: Beiträge zur Lehrerbildung 27, H. 3, S. 431–437.

Alfieri, Louis/Brooks, Patricia/Aldrich, Naomi (2011): Does Discovery-Based Instruction Enhance Learning? In: Journal of Educational Psychology 103, H. 1, S. 1–18.

Asen-Molz, Katharina/Schilcher, Anita (2022): Erklären als Core-Practice. Über die Förderung von Erklärkompetenz angehender Lehrkräfte. In: journal für lehrerInnenbildung 22, H. 3, S. 30–43.

Bartelborth, Thomas (2007): Erklären. Berlin/New York: de Gruyter.

Erath, Kirstin (2017): Mathematisch-diskursive Praktiken des Erklärens. Rekonstruktion von Unterrichtsgesprächen in unterschiedlichen Microkulturen. Wiesbaden: Springer.

Evans, Warren E./Guymon, Ronald E. (1978): Clarity of Explanation. A Powerful Indicator of Teacher Effectiveness. Paper presented at the Annual Meeting of the American Educational Research Association, Toronto. https://files.eric.ed.gov/fulltext/ED151321.pdf (Abfrage: 03.04.23).

Geelan, David (2012): Teacher Explanations. In: Fraser, Barry J./Tobin, Kenneth/McRobbie, Campbell J. (Hrsg.): Second International Handbook of Science Education. Dordrecht/Heidelberg/London/New York: Springer, S. 987–999.

Greshoff, Rainer/Kneer, Georg/Ludwig, Wolfgang (Hrsg.): Verstehen und Erklären. Sozial- und Kulturwissenschaftliche Perspektiven. München: Fink 2008.

Heller, Vivien: Kommunikative Erfahrungen von Kindern in Familie und Unterricht. Tübingen: Stauffenburg 2012.

Hempel, Carl G./Oppenheim, Paul (1948): Studies in the Logic of Explanation. In: Philosophy of Science 15, H. 2, S. 135–175.

Hines, Constance V./Cruickshank, Donald R./Kennedy, John J. (1985): Teacher Clarity and Its Relationship to Student Achievement and Satisfaction. In: American Educational Research Journal, 22, H. 1, S. 87–99.

Kiel, Ewald (1999): Erklären als didaktisches Handeln. Würzburg: Ergon.

Kozioff, Martin A./LaNunziata, Louis/Cowardin, James/Bessellieu, Frances B. (2001): Direct Instruction. Its Contributions to High School Achievement. In: The High School Journal 84, H. 2, S. 54–71.

Krämer, Andreas/Böhrs, Sandra (2017): How Do Consumers Evaluate Explainer Videos: An Empirical Study on the Effectiveness and Efficiency of Different Explainer Video Formats. In: Journal of Education and Learning 6, S. 254–266.

Lindl, Alfred/Gaier, Lisa/Weich, Matthias/Frei, Mario/Ehras, Christina/Gastl-Pischetsrieder, Maria/Elmer, Michael/Asen-Molz, Katharina/Ruck, Anna-Maria/Heinze, Jana (2019): Eine ‚gute‘ Erklärung für alle?! Gruppenspezifische Unterschiede in der Beurteilung von Erklärqualität – Erste Ergebnisse aus dem interdisziplinären Forschungsprojekt FALKE. In: Pietsch, Marcus/Ehmke, Timo/Kuhl, Poldi (Hrsg.): Lehrer. Bildung. Gestalten. Weinheim und Basel: Beltz Juventa, S. 128–141.

Morek, Miriam (2012): Kinder erklären: Interaktionen in Familie und Unterricht. Tübingen: Stauffenburg.

Neumeister, Nicole (2011): (Wie) Wird im Deutschunterricht erklärt? Wissensvermittelnde Handlungen im Sprachunterricht der Sekundarstufe I. https://phbl-opus.phlb.de/frontdoor/index/index/docId/32 (Abfrage: 02.04.23).

Nieding, Gerhild/Ohler, Peter/Rey, Daniel (2015): Lernen mit Medien. Paderborn: Schöningh.

Pauli, Christine (2015): Einen Sachverhalt erklären. In: Pädagogik 67, H. 3, S. 44–47.

Quasthoff, Helga/Heller, Vivien (2014): Mündlichkeit und Schriftlichkeit aus sprachwissenschaftlicher und sprachdidaktischer Sicht. In: Neumann, Astrid/Mahler, Isabelle (Hrsg.): Empirische Methoden der Deutschdidaktik. Audio- und videografierende Unterrichtsforschung. Baltmannsweiler Hohengehren: Schneider Verlag, S. 6–37.

Raso, Andrea (2018): Ist die Fähigkeit verständlich zu erklären erlernbar? Eine Untersuchung zum Aufbau von Erklärungsfähigkeit in der Wirtschaftspädagogikausbildung. In: Zeitschrift für ökonomische Bildung, H. 7, S. 36–60.

Roehler, Laura R./Duffy, Gerald G. (1986): What Makes one Teacher a Better Explainer than Another. In: Journal of Education for Teaching 12, H. 3, S. 273–284.

Scheffel, Lars (2019): Erklären im Unterricht. Taktiken und Strategien. Weinheim und Basel: Beltz Juventa.

Spreckels, Janet (2009): Erklären im Kontext. Neue Perspektiven aus der Gesprächs- und Unterrichtsforschung. Hohengehren: Schneider.

Vogt, Rüdiger (Hrsg.) (2009): Erklären. Gesprächsanalytische und fachdidaktische Perspektiven. Tübingen: Stauffenburg, S. 123–131.

Wittwer, Jörg/Renkl, Alexander (2008): Why Instructional Explanations Often Do Not Work: A Framework for Understanding the Effectiveness of Instructional Explanations. In: Educational Psychologist 43, H.1, S. 49–64. https://www.researchgate.net/publication/254303556_Why_Instructional_Explanations_Often_Do_Not_Work_A_Framework_for_Understanding_the_Effectiveness_of_Instructional_Explanations/link/00b7d533a582c9dba6000000/download (Abfrage: 03.04.23).

Wragg, Edward Conrad/Wood, Kay (1983): Pupil Appraisals of Teaching. In: Wragg, Edward Conrad: Classroom Teaching Skills. London/Sydney: Routledge, S. 79–96.

I Didaktikübergreifende Aspekte des Erklärens

Lernen von Erklärungen und Lernen durch Erklären aus lehr-lern-psychologischer Perspektive

Ingo Kollar

1. Wie befasst sich die Lehr-Lernpsychologie mit der Bedeutung von Erklärungen für das Lernen?

Der vorliegende Beitrag befasst sich aus lehr-lernpsychologischer Perspektive mit der Bedeutung von Erklärungen für den Wissens- und Kompetenzerwerb von Schüler*innen. Bevor wir uns diesem Thema nähern, erscheint es wichtig, zunächst kurz zu umreißen, mit welchen Methoden die lehr-lernpsychologische Forschung entsprechende Erkenntnisse produziert. Die Lehr-Lernpsychologie beschäftigt sich auf Basis von empirischen, vorwiegend, aber nicht ausschließlich quantitativen Methoden (siehe Engelschalk et al. 2019) grundlegend mit der Frage, wie Personen in unterschiedlichen formellen und informellen Bildungskontexten lernen. Im Kern geht es ihr in diesem Zusammenhang um vier Teilfragen (siehe Abb. 1):

(1) Was sind die individuellen Bedingungsfaktoren dafür, dass sich Lernende in Lernprozessen engagieren (Frage nach den *Eingangsvoraussetzungen*)? Hierbei interessiert sich die entsprechende Forschung etwa für die Bedeutung des individuellen Vorwissens (vgl. Dong/Jong/King 2020) oder der Ausprägung und Art von domänenspezifischen Interessen von Schüler*innen (vgl. Rotgans/Schmidt 2017).

(2) Wodurch zeichnen sich qualitativ hoch- und weniger hochwertige Lernprozesse aus (Frage nach der *Qualität* von Lernprozessen)? In diesem Zusammenhang interessiert sich die Lehr-Lernpsychologie etwa dafür, wie Informationen im Gedächtnis (vgl. Mayer 2019), aber auch im Diskurs zwischen Lehrenden und Lernenden sowie in Gruppen von Lernenden verarbeitet werden (vgl. Strauß/Rummel 2020).

(3) In welcher Relation stehen Lernprozesse mit unterschiedlichen Lernergebnissen wie Wissen, Kompetenzen, Interessen oder Einstellungen (Frage nach den *Effekten* von Lernprozessen)? Hierbei wird etwa untersucht, welche Arten von kognitiven und behavioral-diskursiven Lernprozessen für den Erwerb von Wissen, Kompetenzen und Motivation besonders förderlich oder hinderlich sind (vgl. Menekse/Chi 2019).

(4) Wie können Lernende hinsichtlich der Qualität ihrer Lernprozesse (durch die Lernumgebung, d.h. auch: durch die Lehrperson) unterstützt werden (Frage nach der *Optimierung* von Lernprozessen)? Hier wird etwa der Frage nachgegangen, wie Lehrpersonen ihren Unterricht gestalten und welche Lernmaterialien sie einsetzen sollten, um bei den Schüler*innen hochwertige Lernprozesse anzuregen (vgl. Kollar/Fischer 2019).

Abb. 1: Heuristisches Rahmenmodell zur Unterscheidung von unterrichtsbezogenen Fragestellungen innerhalb der lehr-lernpsychologischen Forschung

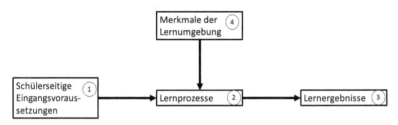

Die im Zentrum dieses Sammelbands stehenden *Erklärungen* spielen mit Blick auf das in Abb. 1 dargestellte heuristische Prozessmodell an zwei Stellen eine wichtige Rolle: Einerseits sind Erklärungen wichtig, wenn es um die *Optimierung* von (schüler*innenseitigen) Lernprozessen geht. Hier stellt sich insbesondere die Frage, wie Erklärungen, die typischerweise von der Lehrperson, aber auch medial vermittelt etwa in Schulbüchern oder über digitale Medien angeboten werden, gestaltet sein müssen, um Schüler*innen in ihrem Lernprozess zu unterstützen (*Lernen von Erklärungen*). Andererseits können Erklärungen aber auch selbst als Lernprozess verstanden werden, nämlich dann, wenn Schüler*innen eigenständig (i.d.R. auf Basis von durch die Lehrperson bereitgestellten Lernmaterialien) Wissen generieren und explizieren (*Lernen durch Erklären*).

Der vorliegende Beitrag verfolgt das Ziel, einen Überblick über die Erkenntnisse zu geben, die die lehr-lernpsychologische Forschung in Bezug auf beide Sichtweisen – das Lernen *von Erklärungen* und das Lernen *durch Erklären* – bisher akkumuliert hat. Er ist daher wie folgt strukturiert: Zunächst werden die beiden genannten Sichtweisen auf Erklärungen konzeptuell näher beschrieben und voneinander abgegrenzt. Daran schließt sich die Präsentation des ICAP-Modells von Chi und Wylie (2014), eines für diese Abgrenzung nützlichen Rahmenmodells, an. In den beiden darauffolgenden Kapiteln werden dann zentrale empirische Erkenntnisse der Lehr-Lernpsychologie (zunächst für das Lernen von Erklärungen, daran anschließend für das Lernen durch Erklären) dargestellt, die zu Empfehlungen für die Unterrichtspraxis führen. Der Beitrag endet mit der Darstellung abschließender Gedanken für die Unterrichtspraxis.

2. Zwei Sichtweisen auf Erklärungen: Lernen von Erklärungen vs. Lernen durch Erklären

Grundlage für die erste der beiden genannten Sichtweisen – das Lernen *von Erklärungen* – ist die empirische Beobachtung, dass Erklärungen insbesondere in sogenannten lehrer*innenzentrierten Unterrichtsformen wie etwa dem Ansatz der direkten Instruktion (vgl. Slavin 2008) zu den am häufigsten vorkommenden Sprechakten zählen, die Lehrpersonen im Unterricht ausführen (Seidel et al. 2006). Durch Erklärungen führen Lehrpersonen neue Informationen und Prinzipien ein, die dann bei den Schüler*innen im Optimalfall zu einem tiefen Verständnis der betreffenden Inhalte führen sollen. Diese Hoffnung erweist sich allerdings oft als trügerisch – selbst in Fällen, in denen es Lehrpersonen gelingt, fachlich einwandfreie und qualitativ hochwertige Erklärungen zu einem Lerninhalt geben, bleibt das Verständnis der Schüler*innen leider häufig hinter den Erwartungen zurück (vgl. Wittwer/Renkl 2008).

Auch wenn diese Erfahrung für Lehrpersonen naturgemäß sehr frustrierend ist, so ist sie aus lehr-lernpsychologischer Perspektive nicht allzu verwunderlich. So hängt die Frage, ob und in welchem Ausmaß Schüler*innen von Erklärungen profitieren, die ihnen von Lehrpersonen oder durch entsprechende analoge oder digitale Lernmaterialien präsentiert werden, entscheidend davon ab, wie die Schüler*innen diese Erklärungen aufnehmen, verarbeiten und in ihre eigenen Wissensstrukturen integrieren. Ganz im Sinne der Grundannahmen so genannter Angebots-Nutzungs-Modelle des Unterrichts (vgl. Helmke/Schrader 2006) können lehrer*innenseitige Erklärungen als (wenn auch wichtiger) Teil des Lehr*ange*bots verstanden werden, das Lehrpersonen Schüler*innen zur Weiterentwicklung ihres Wissens und ihrer Kompetenzen machen. Ob und in welchem Ausmaß dieses Angebot tatsächlich *genutzt* wird, ist aber letztlich Sache der Schüler*innen.

Anders sieht es beim Lernen durch Erklären aus: In diesem Fall sind es nicht die Lehrpersonen, die Sachverhalte, Prinzipien oder Prozesse erklären, sondern stattdessen die Schüler*innen selbst. Die Notwendigkeit für Schüler*innen, Inhalte zu erklären, kann sich dabei zum einen in Plenumsphasen des Unterrichts (etwa im Verlauf eines so genannten fragend-entwickelnden Unterrichtsgesprächs) ergeben, in denen die Lehrperson den Schüler*innen Fragen stellt und sie diese beantworten sollen. Der Großteil der Schüler*innen bleibt aber auch in derartigen Situationen in einer eher passiven Rolle: Sie hören den Erklärungen ihrer Mitschüler*innen (mehr oder weniger aufmerksam) zu, aber werden nur selten dazu aufgefordert, diese Erklärungen tief zu elaborieren, etwa, indem sie sie kommentieren oder auf ihre Tauglichkeit zur Lösung spezifischer Probleme hin überprüfen sollen.

Dies ändert sich jedoch, sobald die Lehrperson in ihrer Unterrichtsgestaltung eher konstruktivistisch geprägten Instruktionsansätzen wie zum Beispiel dem problemorientierten Lernen (Reusser 2005) oder dem forschenden Lernen (Arnold/Kremer/Mayer 2016) folgt. Hier ist die leitende Grundidee, dass die Schüler*innen sich aktiv mit der Lösung authentischer praktischer oder wissenschaftlicher Probleme auseinandersetzen und auf diese Weise weitgehend proaktiv, aber optimalerweise unter adäquater Anleitung (Lazonder/Harmsen 2016), Wissen konstruieren. Insbesondere dann, wenn entsprechende Unterrichtsstunden Kleingruppenlernphasen enthalten, d.h. in Situationen, in denen etwa Zweier-, Dreier- oder Vierergruppen während des Problemlösens zusammenarbeiten, kommen Schüler*innen ganz automatisch immer wieder in die Lage, bestimmte Informationen und Wissensinhalte einander und gemeinschaftlich erklären zu müssen. Erkenntnisse der empirisch-psychologischen Lehr-Lernforschung weisen auf ein ganz erhebliches Potenzial derartiger schüler*innenseitiger Erklärungen hin: Für die/den Produzent*in bietet die Notwendigkeit, Mitschüler*innen bestimmte Inhalte zu erklären, die Möglichkeit, sich vertieft mit den Lerninhalten auseinanderzusetzen und die Sachverhalte und Prinzipien, die dieser Erklärung zugrunde liegen, tief zu elaborieren (vgl. Webb/Mastergeorge 2003). Für die Rezipient*innen (d.h. für die Mitschüler*innen) ergibt sich zudem die Möglichkeit, dass sie Erklärungen in einer Sprache und auf einem Abstraktionsniveau erhalten, die bzw. das ihren eigenen Bedürfnissen möglicherweise mehr entsprechen, was die Verständlichkeit von Erklärungen zumindest potenziell erhöhen kann.

Um die Potenziale und Grenzen von Erklärungen in diesem doppelten Sinne theoretisch besser fassen zu können, wird im Folgenden ein hierfür hilfreich erscheinendes theoretisches Rahmenmodell aus der empirisch-psychologischen Lehr-Lernforschung näher beschrieben: das ICAP-Modell von Chi und Wylie (2014).

3. Lernen von Erklärungen vs. Lernen durch Erklären: Theoretische Überlegungen auf Basis des ICAP-Modells

Die amerikanische Psychologin Michelene Chi hat sich in ihrer Forschung über viele Jahre mit der Frage beschäftigt, welche Lernprozesse für den Wissens- und Kompetenzerwerb von Lernenden besonders bedeutsam sind und welche weniger. Die zahlreichen von ihr selbst, aber auch in der weiteren psychologischen Lehr-Lernforschung zu dieser Frage generierten Erkenntnisse mündeten vor einigen Jahren in der Formulierung des so genannten „ICAP-Modells" (Chi 2009; Chi/Wylie 2014).

3.1 Grundannahmen des ICAP-Modells

Zentral für dieses Modell ist die Unterscheidung in äußerlich sichtbare Lernaktivitäten einerseits und nicht-sichtbare kognitive (also Informationsverarbeitungs-)Prozesse andererseits. Sichtbare Lernaktivitäten können von außen (z.B.

von der Lehrperson) beobachtet werden. Dazu gehört etwa das stille Zuhören, das Abschreiben von Tafelanschrieben, das Durchführen einer mathematischen Berechnung oder das Diskutieren mit anderen. Zu den nicht-sichtbaren kognitiven Prozessen zählen u. a. das isolierte Abspeichern von neuen Informationen, das Anreichern von bereits vorhandenen Schemata im Langzeitgedächtnis oder das Ziehen von Schlussfolgerungen.

Im Kern des ICAP-Modells steht nun die Annahme, dass sich unterschiedliche, äußerlich sichtbare Lernaktivitäten voneinander unterscheiden lassen, die unterschiedlich eng mit der Ausführung hochwertiger nicht-sichtbarer kognitiver Prozesse und damit schlussendlich auch mit der Menge und der Tiefe des durch den jeweiligen Lernprozess erworbenen Wissens in Zusammenhang stehen. Unterschieden wird dabei (in Umkehrung des ICAP-Akronyms) zwischen (1) passiven, (2) aktiven, (3) konstruktiven und (4) interaktiven Lernaktivitäten. (Äußerlich) *Passiv* sind Schüler*innen dann, wenn von außen keine physischen Aktivitäten zu erkennen sind. Dies ist zum Beispiel der Fall, wenn Schüler*innen den Ausführungen der Lehrperson oder anderer Schüler*innen zuhören oder wenn sie sich ein Online-Video ansehen, in dem ein bestimmter Lerninhalt präsentiert wird. (Äußerlich) *Aktiv* sind sie dann, wenn sie zumindest eine basale physische Aktivität während des Lernens zeigen. Dies ist etwa der Fall, wenn sie etwas von der Tafel abschreiben oder wenn sie beim Lesen eines Textes Textstellen unterstreichen oder beim Betrachten eines Lernvideos zwischenzeitlich die Pause-Taste drücken. *Konstruktive* Aktivitäten sind solche, in denen Schüler*innen äußerlich aktiv sind und in ihren Aktivitäten über eine reine Reproduktion von Informationen hinausgehen. Beispiele wären etwa das Ausfüllen eines Arbeitsblatts mit Übungsaufgaben oder das Erstellen einer Mindmap. *Interaktiv* sind Schüler*innen schließlich, wenn sie gemeinsam mit anderen über Lerninhalte in einen Austausch treten, also etwa dann, wenn sie miteinander diskutieren und/ oder gemeinsam an einem Lernprodukt arbeiten. Hierbei ist wichtig, dass die Zusammenarbeit nicht arbeitsteilig erfolgt (in diesem Fall wären die Schüler*innen gemäß dem ICAP-Modell höchstens in einem konstruktiven Modus), sondern die Zusammenarbeit davon geprägt ist, dass sich die Schüler*innen wechselseitig auf die Äußerungen ihrer Mitlernenden beziehen (etwa durch das Formulieren von Gegenargumenten oder Kompromissen).

Auf Basis dieser Typologie und entsprechender empirischer Befunde schlagen Chi und Wylie (2014) die so genannte ICAP-Hypothese vor, welche besagt, dass die Wahrscheinlichkeit für ein Engagement in hochwertigen kognitiven Prozessen dann am geringsten ist, wenn die Schüler*innen äußerlich passiv sind, da hier auf der Ebene der kognitiven Prozesse vor allem solche am wahrscheinlichsten seien, mit denen sie neue Informationen eher isoliert abspeichern und nur wenig Bezüge zu bereits vorhandenem Vorwissen herstellen. Etwas günstiger wäre es demnach, wenn Lernende zumindest ‚aktiv‘ im Sinne des ICAP-Modells wären. So ist z. B. für das Unterstreichen wichtiger Textstellen zumindest die Aktivierung bereits vorhandenen Wissens und darauf bezogener Schemata erforderlich, auf deren Basis die/der Schüler*in Entscheidungen darüber trifft, welche Textinhalte vermutlich wichtig sind und welche nicht. Insofern sollte hier auf kognitiver Ebene zumindest eine Anreicherung bereits vorhandener Schemata stattfinden. Für den Wissenserwerb noch günstiger sei es allerdings, wenn Schüler*innen konstruktive Aktivitäten zeigen. In diesem Fall finden auf kognitiver Ebene nämlich typischerweise Inferenzprozesse statt, d. h. die Lernenden konstruieren selbst neues Wissen, das sie mit ihrem vorhandenen Vorwissen vergleichsweise eng verknüpfen. Das größte Potenzial zur Förderung von Lernprozessen liegt dem ICAP-Modell zufolge jedoch in einem Engagement in interaktiven Aktivitäten. Hier können Lernende nämlich im Optimalfall *gemeinsam* Inferenzen ziehen, und dies sogar zu Inhalten, zu denen etwaig vorliegende Lernmaterialien keine direkten Informationen liefern, insofern entsprechende Ideen von der/dem Lernpartner*in den Diskurs eingebracht werden. Schematisch dargestellt besagt die ICAP-Hypothese also, dass interaktive Aktivitäten für den Wissenserwerb das größte Potenzial besitzen, gefolgt von konstruktiven Aktivitäten. An dritter Stelle stehen aktive Aktivitäten, und an letzter Stelle passive Aktivitäten.

Nicht verschwiegen werden soll an dieser Stelle, dass Chi und Wylie (2014) die Haltbarkeit der ICAP-Hypothese an einige Bedingungen knüpfen: Erstens betonen sie, dass der Zusammenhang zwischen sichtbaren Lernaktivitäten und nicht-sichtbaren kognitiven Prozessen nicht als deterministisch, sondern als probabilistisch aufgefasst werden soll. Dies bedeutet, dass nicht in jedem einzelnen Fall, in dem Schüler*innen interaktive Lernaktivitäten zeigen, auch tatsächlich gemeinsame Inferenzprozesse stattfinden. Genauso können durchaus auch beim Zuhören in Vorträgen (als passive Aktivität) im Einzelfall sehr hochwertige kognitive Prozesse stattfinden, die über das isolierte Speichern der präsentierten Informationen hinausgehen. Chi und Wylie (2014) betonen jedoch, dass zumindest das Potenzial bzw. die Wahrscheinlichkeit für hochwertige kognitive Prozesse steigt, je mehr konstruktive und interaktive Lernaktivitäten Schüler*innen zeigen und je weniger sie sich im passiven und aktiven Modus befinden. Zweitens funktioniert die ICAP-Hypothese nur dann, wenn die betreffenden Lernaktivitäten tatsächlich inhaltsbezogen und eben nicht off-topic sind. Wohl bekannt sind etwa Befunde aus der Forschung zum kooperativen Lernen, denen zufolge diese Lernform nicht immer zu besseren Effekten auf den Wissenserwerb führt als individuelle Formen des Lehrens und Lernens, welche auf Basis des ICAP-Modells dann Lernaktivitäten höchstens auf der konstruktiven Stufe ermöglichen (siehe Weinberger/Stegmann/Fischer 2010). Dies hat unter anderem oft damit zu tun, dass in Kleingruppen auch häufig ‚off-topic‘ diskutiert wird; dass derartige Off-Topic-Diskussionen nur ein geringes Potenzial zur Förderung des Wissenserwerbs haben, dürfte klar sein. Und drittens weisen Chi und Wylie (2014) darauf hin, dass höhere Aktivitätsstufen in der Regel auch Aktivitäten auf niedrigeren Stufen mitbeinhalten. Lernen Schüler*innen etwa in Kleingruppen, so ist es hierfür notwendig, zumindest immer wieder auch passiv zu sein (etwa während man den Ausführungen der/des Lernpartnerin/Lernpartners zuhört).

Auf empirischer Ebene hat die ICAP-Hypothese weitgehend Unterstützung erfahren, auch wenn zu konstatieren ist, dass es sich dabei zumeist um eher indirekte empirische Evidenz handelt, die post hoc im Sinne des ICAP-Modells reinterpretiert werden kann (siehe Chi/Wylie 2014). Eine direkte Überprüfung der ICAP-Hypothese im Sinne eines gerichteten, experimentellen Vergleichs des Wissenserwerbs von Lernenden, die sich passiv, aktiv, konstruktiv oder interaktiv mit den gleichen Lerninhalten auseinandersetzen sollten, ist bisher nur vereinzelt in Angriff genommen worden. In einer solchen Studie untersuchten Menekse und Kolleg*innen (2013) Studierende der Material- und Ingenieurswissenschaften, denen ein Text zu den physikalischen Eigenschaften unterschiedlicher Materialien vorgelegt wurde. Dabei wurden die Studierenden randomisiert einer von vier Versuchsbedingungen zugewiesen: In der passiven Bedingung sollten die Studierenden den Text lediglich lesen. In der aktiven Bedingung sollten sie die wichtigsten Textstellen markieren. In der konstruktiven Bedingung sollten sie Abbildungen, die im Text enthalten waren, auf Basis der textuellen Information selbst beschriften. Und in der interaktiven Bedingung sollten sie über diese unvollständigen Abbildungen in Zweiergruppen diskutieren und diese dann vervollständigen. In der Tat zeigten sich im nachfolgenden Wissenstest Ergebnisse, die komplett im Einklang mit der ICAP-Hypothese standen: Den höchsten Wissenserwerb zeigten Studierende aus der interaktiven Bedingung, gefolgt von Lernenden aus der konstruktiven Bedingung. Diese wurden wiederum gefolgt von Lernenden aus der aktiven Bedingung. Den geringsten Wissenserwerb zeigten Studierende, die sich nur passiv mit den Lerninhalten auseinandergesetzt hatten.

3.2 Einordnung des Lernens von Erklärungen und des Lernens durch Erklären in das ICAP-Modell

Auf Basis des ICAP-Modells können die zwei in Abschnitt 2 beschriebenen Formen des Erklärens nun wie folgt charakterisiert werden: Das Lernen von (lehrer*innenseitigen oder medial präsentierten) Erklärungen kann als Prototyp dessen verstanden werden, was Chi und Wylie (2014) als ‚passive' Lernaktivität bezeichnen: Die/der Schüler*in rezipiert die jeweilige Erklärung lediglich (je nach Modalität durch Zuhören, Lesen oder Zusehen) und wird kaum dazu angeregt, sich in höherwertigen kognitiven Prozessen zu engagieren. Insofern ist das Potenzial des Lernens von Erklärungen für den Wissenserwerb im ICAP-Sinne als eher begrenzt einzuschätzen.

Anders sieht es für das Lernen durch Erklären aus: Hier befinden sich die Schüler*innen mindestens auf der konstruktiven Stufe des ICAP-Modells, zumindest dann, wenn sie sich der Anforderung bzw. Möglichkeit gegenüber-sehen, Erklärungen nicht nur vorzulesen oder wörtlich zu wiederholen, sondern selbst auf Basis vorhandener Lernmaterialien und evtl. ihres Vorwissens zu ge-nerieren. Insofern beinhaltet das Lernen durch Erklären – zumindest aus der Perspektive des ICAP-Modells – ein deutlich höheres Potenzial zur Auslösung hochwertiger kognitiver Lernprozesse und damit zur Steigerung des Wissens-erwerbs.

4. Empirische Erkenntnisse der lehr-lernpsychologischen Forschung zum Lernen von Erklärungen

Auch wenn dem ICAP-Modell zufolge das Lernen von (sog. instruktionalen) Er-klärungen ein geringeres Potenzial zur Förderung des Wissenserwerbs mit sich bringt als das Lernen durch Erklären, hat sich die psychologisch orientierte Lehr-Lernforschung in der Vergangenheit intensiv damit befasst, wie Erklärungen beschaffen sein müssen, damit Rezipient*innen so gut wie möglich von diesen profitieren. Dies trifft allerdings deutlich mehr auf solche Erklärungen zu, die in Lernmaterialien enthalten sind (wie etwa Schulbüchern oder Erklärvideos), als auf lehrer*innenseitige Erklärungen. Dies mag damit zusammenhängen, dass ge-rade im Kontext der Forschung zu lehrer*innenzentrierten Instruktionsansätzen wie der direkten Instruktion (Slavin 2008) eher breiter vom Begriff des ‚Präsen-tierens neuer Inhalte‘ als vom ‚Erklären‘ gesprochen wird (zusammenfassend vgl. Lipowsky 2015).

Generell – und mit den Annahmen des ICAP-Modells korrespondierend – werden die Effekte des Erhalts von Erklärungen in der lehr-lernpsychologischen Forschung als eher gering bewertet (vgl. Webb/Mastergeorge 2003). Wittwer und Renkl (2008) weisen allerdings darauf hin, dass instruktionale Erklärun-gen durchaus sinnvoll sein können, und zwar insbesondere dann, wenn Schü-ler*innen noch über geringes Vorwissen zu den neu zu erlernenden Inhalten verfügen. Aus der entsprechenden Forschung können mindestens drei Empfeh-lungen abgeleitet werden, die Lehrpersonen sowie Urheber*innen von medial präsentierten Erklärmaterialien beherzigen sollten. Diese werden im Folgenden dargestellt.

a. Effektive Erklärungen sind an das Vorwissen der Lernenden angepasst.
Dass Lehrerhandlungen ganz grundsätzlich an das Vorwissen der Schüler*innen angepasst sein sollten, um effektiv zu sein, ist wahrlich nichts Neues und unter dem Begriff des „adaptiven Unterrichtens“ (vgl. Meschede/Hardy 2020, S. 571) vielfach beschrieben worden. Dies trifft selbstverständlich auch auf Erklärungen zu. Erklärungen sind demnach dann besonders effektiv, wenn sie die konkre-ten Fehlkonzepte und Wissenslücken der Schüler*innen adressieren und dies in

einer für ihren aktuellen Kenntnis- und Entwicklungsstand adäquaten sprachlichen Komplexität tun. Wie wichtig eine möglichst gute Passung instruktionaler Erklärungen zum Vorwissen von Lernenden ist, zeigt exemplarisch eine Studie von Wittwer, Nückles und Renkl (2008): In dieser laborexperimentellen Studie wurden 45 Computerexpert*innen 45 Computerlaien zugelost, von denen sie per Chat Hilfe für die Lösung von insgesamt sechs Internet- bzw. Computerproblemen erbitten sollten. Zuvor wurde das Vorwissen der Laien über einen entsprechenden Test erfasst. Den Expert*innen wurde das Ergebnis der Person, mit der sie interagieren sollten, kurz vor dem Chat entweder (a) korrekt mitgeteilt oder (b) als höher oder (c) als geringer beschrieben als es tatsächlich war. Die Autoren erfassten dann im sich anschließenden Chat die Häufigkeit von basalen und von fortgeschrittenen Statements. Es zeigte sich, dass die Expert*innen generell häufiger basale als fortgeschrittene Statements produzierten; der Unterschied zwischen diesen beiden Arten von Statements war aber dann am größten, wenn den Expert*innen ein (vermeintlich) geringes Vorwissen der/des Laien mitgeteilt worden war, d. h. die Expert*innen passten die Komplexität ihrer Erklärungen dem (angenommenen) Vorwissensniveau der Lernenden an. In einem abschließenden Wissenstest schnitten dann allerdings diejenigen Laien am besten ab, deren Vorwissen den Expert*innen korrekt mitgeteilt worden war. Dieses Ergebnis liefert einen Beleg dafür, dass Lernende von Erklärungen am meisten profitieren, wenn diese ihrem (tatsächlichen) Wissensniveau angepasst sind.

Empirische Studien aus der sogenannten Multimedia-Forschung (zusammenfassend vgl. Mayer 2019) zeigen zudem, dass instruktionale Erklärungen mit steigender Expertise der Lernenden an Effektivität verlieren und im Extremfall sogar weniger gut funktionieren als das Vorenthalten von Erklärungen. Dieses Phänomen erklärt sich dadurch, dass Erklärungen dann, wenn die/der Lernende bereits über entsprechendes Wissen verfügt, redundant sind und unnötigerweise eigentlich für weitere Wissenskonstruktionsprozesse potenziell verfügbare kognitive Ressourcen binden. Dieses als „expertise reversal" bzw. „redundancy effect" (Kalyuga/Sweller 2014) bezeichnete Phänomen wurde in zahlreichen Studien beobachtet: Beispielsweise untersuchten McNamara, Kintsch, Songer und Kintsch (1996) die Effekte des Lernens von instruktionalen Texten, die mit Kohärenzhilfen angereichert waren, im Vergleich zu Texten ohne diese Kohärenzhilfen auf den Wissenserwerb. Es zeigte sich, dass von den Kohärenzhilfen lediglich Schüler*innen mit geringerem Vorwissen profitierten; Lernende mit höherem Vorwissen zeigten dagegen in einem anschließenden Wissenstest bessere Leistungen, wenn sie zuvor den reduzierten Text gelesen hatten.

Insgesamt kann demnach festgehalten werden, dass Lehrpersonen sowohl bei der Produktion eigener Erklärungen als auch bei der Auswahl und Gestaltung von Erklärmaterialien (wie instruktionalen Texten, Schulbüchern oder Erklärvideos) darauf achten sollten, dass die jeweiligen Erklärungen möglichst gut auf das Vorwissensniveau ihrer Schüler*innen abgestimmt sind.

b. Effektive Erklärungen fokussieren auf Konzepte und Prinzipien.

Mit Blick auf den Inhalt effektiver Erklärungen argumentieren Wittwer und Renkl (2008), dass Erklärungen dann besonders effektiv sind, wenn sie auf dem jeweiligen Lerninhalt zugrundeliegende oder für diesen zentrale Konzepte und Prinzipien fokussieren als wenn sie Schüler*innen lediglich dazu auffordern, bestimmte Lösungs- oder Lernschritte auszuführen, ohne genauer zu erklären, warum diese Schritte wichtig sind. Die Autoren illustrieren dies mit dem Verweis auf eine Studie von Fender und Crowley (2007): In dieser Studie wurden Kinder im Alter von drei bis acht Jahren untersucht, die gemeinsam mit ihren Eltern ein naturwissenschaftliches Museum besuchten und dort ein Zoetrop ansahen (eine drehbare Trommel, in das die/der Betrachtende durch Schlitze seitlich hineinsehen kann und an dessen Innenwände statische Bilder – z. B. eines Pferdes mit unterschiedlichen Hufstellungen – angebracht sind; beim Drehen des Zoetrops ergibt sich die optische Illusion, dass das Pferd ‚galoppiert'). Die Kinder wurden mit ihren Eltern dabei beobachtet, wie sie das Zoetrop nutzten. Post hoc wurde dabei zwischen Eltern unterschieden, die ihren Kindern keine Erklärungen zur Funktionsweise des Zoetrops und zur Begründung der Entstehung des optischen Effekts gaben, und Eltern, die ihren Kindern konzeptuelle Erklärungen dazu gaben (z. B. ‚Dein Auge sieht nur einzelne Bilder, aber dein Gehirn setzt die Bilder so zusammen, dass sie einen Film ergeben' oder ‚Genauso funktionieren Zeichentrickfilme'). In einem anschließenden Wissenstest schnitten Kinder, die entsprechende konzeptuelle Erklärungen erhalten hatten, signifikant besser ab als Kinder, denen derartige Erklärungen vorenthalten worden waren.

Um die Aufmerksamkeit von Schüler*innen auf zentrale Prinzipien und Konzepte zu richten, bietet es sich zudem an, den Schüler*innen mehrere prinzipienbasierte Erklärungen zu mehreren aufeinanderfolgenden Problemen zu geben und sie dazu aufzufordern, über die Gemeinsamkeiten und Unterschiede zwischen den Problemen und den entsprechenden Erklärungen nachzudenken. Dass dies wirkt, konnte in einer Studie von Nokes-Malach und Kollegen (2013) gezeigt werden: Hierbei wurden Studienanfänger*innen der Physik ausgearbeitete Lösungsbeispiele zu mehreren Aufgaben aus dem Bereich Rotationskinematik präsentiert. Die Studierenden wurden dabei randomisiert entweder dazu aufgefordert, die Beispiele lediglich zu lesen, oder dazu, Gemeinsamkeiten und Unterschiede zwischen den Aufgaben und in den Lösungsbeispielen enthaltenen Erklärungen zu identifizieren (d. h.: nach Analogien zu suchen). Es zeigte sich, dass Studierende, die dazu aufgefordert worden waren, Analogien zu identifizieren, zwar in einem nahen Transfertest (d. h. einem Test mit ähnlichen Aufgaben zu denen, die ihnen in der Lernphase präsentiert worden waren) schlechter abschnitten als Lernende, die nur zum Lesen aufgefordert worden waren. Bei schwierigeren Aufgaben drehte sich dieser Effekt allerdings ins Gegenteil: Hier war das Finden von Analogien dem reinen Lesen signifikant überlegen. Lernende aus der Analogiefindungsbedingung erwarben also offensichtlich ein besseres

Verständnis von den den Aufgaben zugrundeliegenden Prinzipien und konnten diese leichter auf komplett neue Aufgaben transferieren.

Zusammenfassend lässt sich festhalten, dass Lehrpersonen bei der Formulierung von Erklärungen darauf achten sollten, dass sie den Schüler*innen Kernkonzepte und -prinzipien erklären und nicht nur simple Aufforderungen zum Abarbeiten einzelner Lösungs- oder Fertigkeitsschritte geben sollten.

c. Nach der Präsentation von Erklärungen nicht einfach zum nächsten Thema übergehen, sondern Übungsgelegenheiten geben.

Wie oben erwähnt, spielt das Lernen von Erklärungen vor allem zu Beginn des Erwerbs neuen Wissens eine wesentliche Rolle. Insbesondere, wenn es sich um den Erwerb von prozeduralem Wissen (d.h.: Fertigkeiten) handelt, ist es jedoch wichtig, dass der Erwerbsprozess mit dem Erhalt von Erklärungen nicht aufhört. Vielmehr ist es extrem wichtig, dass dem Erhalt von Erklärungen ausreichende Gelegenheiten zum Üben folgen.

Dieser Umstand wird in theoretischen Modellen zum Fertigkeitserwerb (vgl. Anderson 1996) deutlich. In Andersons ACT-Theorie wird der Erwerb neuer Fertigkeiten als dreistufiger Prozess konzeptualisiert. In Stufe 1 (deklarative Stufe) wird die zu erwerbende Fertigkeit vom Lernenden zunächst deklarativ repräsentiert. Beispielsweise weiß ein*e Schüler*in auf dieser Stufe, dass bei der Division von Brüchen zunächst der Bruch, durch den dividiert werden soll, umgekehrt werden muss (d.h. dass Zähler und Nenner vertauscht werden müssen), danach das ‚geteilt-durch‘-Symbol das ‚Mal‘-Zeichen ersetzt werden und schließlich die Zahlen in den Zählern und die Zahlen in den Nennern miteinander multipliziert werden müssen. Genau hierfür sind explizite (und wie beschrieben an das Vorwissen der Schüler*innen angepasste, fachlich korrekte und eben prozessbezogene) Erklärungen eminent wichtig. Im Ergebnis verfügen Schüler*innen im Idealfall über deklaratives Wissen dazu, wie entsprechende Aufgaben *im Prinzip* zu lösen sind. Auf dieser deklarativen Stufe können Schüler*innen in der Regel die einzelnen Schritte und Teilfertigkeiten zwar gut benennen; deren Ausführung ist aber sehr häufig noch recht fehlerbehaftet. Damit sich dies ändert, muss dieses deklarative Wissen nun in prozedurales Wissen umgewandelt werden. Dies geschieht auf Stufe 2 (Kompilation) des ACT-Modells, und hierfür ist *Üben* der zentrale Mechanismus. Durch das wiederholte Bearbeiten von analogen Aufgaben, in denen das bislang nur deklarativ vorhandene Wissen über die Fertigkeit angewendet werden muss, wird dieses deklarative Wissen nach und nach in so genannte ‚Produktionsregeln‘ (in Form von ‚Wenn-Dann‘-Regeln) überführt, die im Langzeitgedächtnis gespeichert werden und auf die die/der Schüler*in bei der Bearbeitung einer neuen Aufgabe zurückgreifen kann. Durch das wiederholte Anwenden der betreffenden Produktionsregel wird diese gestärkt und konsolidiert. In Stufe 3 (Tuning) wird dieses deklarative Wissen dann durch eine

Auseinandersetzung mit verschiedenen Varianten und Schwierigkeitsgraden analoger Aufgaben nach und nach weiter verfeinert und gestärkt.

Empirische Studien in diesem Zusammenhang zeigen, dass durch Üben dann bessere Effekte erzielt werden, wenn Übungsphasen nicht etwa lange am Stück andauern, sondern wenn stattdessen ‚verteilt' geübt wird. Entsprechende Befunde zeigten sich etwa in einer Studie von Barzagar Nazari und Ebersbach (2018): Dabei erhielten Dritt- und Siebtklässler*innen zunächst eine Einführung zu einem mathematischen Thema (3. Klasse: Multiplikation; 7. Klasse: Stochastik). Im Anschluss übten sie an drei Aufgabensets, entweder komplett am Tag nach der Einführung des Themas oder verteilt über drei Tage. Die Ergebnisse zeigten, dass Schüler*innen der siebten Klasse sowohl nach einer Woche als auch nach sechs Wochen analoge Aufgaben besser lösen konnten, wenn sie verteilt als wenn sie en bloc geübt hatten. Für Drittklässler*innen zeigte sich der Effekt ebenfalls, allerdings nur in einem Test, der nach einer Woche absolviert wurde, nicht aber nach sechs Wochen. Ähnliche Befunde konnten auch meta-analytisch in einer Studie von Cepeda und Kolleg*innen (2006) bestätigt werden, in die 254 Studien einbezogen wurden.

Zusammenfassend kann also festgehalten werden, dass Erklärungen von Seiten der Lehrperson oder durch instruktionale Materialien sehr häufig noch nicht ausreichen, um den Wissenserwerb von Schüler*innen nachhaltig positiv zu beeinflussen. Gerade für den Erwerb von Fertigkeiten müssen danach mehr oder weniger umfangreiche Übungsgelegenheiten geschaffen werden, die die Umwandlung deklarativen Wissens in prozedurales Wissen unterstützen.

5. Empirische Erkenntnisse der lehr-lernpsychologischen Forschung zum Lernen durch Erklären

Wie beschrieben wohnt dem Lernen durch Erklären aus theoretischer Perspektive ein erhebliches Potenzial zur Förderung des Wissens- und Kompetenzerwerbs inne, da Schüler*innen bei der Produktion von Erklärungen sich im Sinne des ICAP-Modells mindestens auf der konstruktiven, im Falle des Gebens von Erklärungen in sozialen Kontexten (etwa während einer Kleingruppenphase) manchmal sogar auf der interaktiven Stufe der von Chi und Wylie (2014) differenzierten Lernaktivitäten befinden. Auf kognitiver Ebene sind folglich hochwertige Inferenzprozesse wahrscheinlich, die mit einer tiefen Elaboration der zu erklärenden Inhalte einhergehen. Es ist daher nicht verwunderlich, dass sich die lehr-lernpsychologische Forschung mit der Erforschung des Lernens durch Erklären noch intensiver beschäftigt hat als mit dem Lernen von Erklärungen. Im Folgenden werden auf Basis entsprechender empirischer Befunde drei Empfehlungen formuliert, die Lehrpersonen Anhaltspunkte für die Gestaltung von

Unterrichtsszenarien und -situationen geben sollen, in denen Schüler*innen Inhalte erklären sollen.

a. Ausreichende Gelegenheiten schaffen, in denen Schüler*innen erklären müssen

Dass das Lernen durch Erklären effektiv im Sinne einer Förderung des Wissenserwerbs ist, wurde unter anderem in der Forschung zu ausgearbeiteten Lösungsbeispielen demonstriert. Es hat sich nämlich wiederholt gezeigt, dass die (sowieso schon i. d. R. sehr effektive) Methode des Lernens aus Lösungsbeispielen (siehe Atkinson et al. 2002) noch weiter an Effektivität gewinnt, wenn diese sogenannte ‚Selbsterklärungsprompts‘ beinhalten. Dies sind Aufforderungen an die/den Lernenden, sich die einzelnen im Lösungsbeispiel präsentierten Problemlöseschritte immer wieder selbst zu erklären (z. B. in einem Urnenexperiment mit Zurücklegen: ‚Erkläre, warum bei diesem Problem die Formel für die Bestimmung der Wahrscheinlichkeit bei einem Experiment mit Zurücklegen angewendet werden muss‘). Der positive Effekt derartiger mit Selbsterklärungsprompts angereicherter ausgearbeiteter Lösungsbeispiele wurde in zahlreichen Studien belegt. Beispielsweise sollten in einer Studie von Renkl und Kollegen (1998) Auszubildende einer Bank mithilfe von ausgearbeiteten Lösungsbeispielen Fertigkeiten zur Zinsrechnung erwerben. Hierzu erhielten sie zunächst einen Instruktionstext, der die basalen Prinzipien der Zinsrechnung erklärte. Im Anschluss wurden ihnen neun ausgearbeitete Lösungsbeispiele präsentiert. Während des Studiums dieser Lösungsbeispiele wurde die Hälfte der Proband*innen aufgefordert, laut zu denken (ohne Selbsterklärungsprompts). Die andere Hälfte der Teilnehmer*innen wurde instruiert, sich die einzelnen Lösungsschritte selbst zu erklären (mit Selbsterklärungsprompts). Die Ergebnisse zeigten, dass Auszubildende, die die Lösungsbeispiele mit Selbsterklärungsprompts durcharbeiteten, in anschließenden Übungsaufgaben signifikant bessere Leistungen erbrachten als Lernende aus der Bedingung ohne Selbsterklärungsprompts. Dies zeigte sich sowohl für Aufgaben, die den in den Lösungsbeispielen präsentierten Aufgaben relativ ähnlich waren (naher Transfer), als auch für Aufgaben, die inhaltlich weiter entfernt waren (weiter Transfer). Ähnliche Ergebnisse konnten auch in einer Meta-Analyse von Bisra und Kolleg*innen (2018) über insgesamt 64 Studien hinweg beobachtet werden.

Die Tatsache, dass der Unterricht in einer Klasse eine soziale Situation darstellt, führt zu der Frage, ob das Geben von Erklärungen möglicherweise noch effektiver ist, wenn Schüler*innen entsprechende Erklärungen nicht sich selbst, sondern ihren Mitschüler*innen geben. So könnten Schüler*innen schon allein durch die Erwartung, ihren Mitschüler*innen gegenüber Sachverhalte Erklärungen geben zu müssen, dazu angeregt werden, die betreffenden Lerninhalte tief zu verarbeiten. Entsprechende Befunde erbrachten etwa Studien von Fiorella und Mayer (2013 und 2014). Auch das Stellen von Rückfragen durch die/den Rezipient*in der Erklärung kann beim Erklärenden zu weiteren kognitiven Restrukturierungen führen und entsprechend zum Lernen beitragen (Plötzner et al.

1999). Die Tatsache, dass die Effekte des Gebens von Erklärungen auf den eigenen Wissenserwerb in neueren Studien (zusammenfassend siehe Lachner et al. 2022) aber zumindest zum Teil auch in nicht-interaktiven Lernsituationen gefunden wurden (also in Situationen, in denen Lernende Erklärungen entwickeln bzw. abgeben sollten, ohne dass danach ein*e Mitschüler*in auf diese etwa mit Rückfragen reagiert), scheinen allerdings nahezulegen, dass in diesem Zusammenhang weniger der soziale Austausch über die Erklärungen, sondern eher der vorgelagerte Prozess des Konstruierens von Erklärungen eine zentrale Rolle spielt. Lachner und Kolleg*innen (2022) weisen allerdings auf zahlreiche Rahmenbedingungen hin, die die Effekte des Lernens durch Erklären beeinflussen könnten. Hierzu gehört etwa die Modalität, in der die Erklärungen produziert werden. Jacob und Kolleg*innen (2018) fanden diesbezüglich, dass das mündliche Erklären bessere Effekte erzielte als das Generieren von schriftlichen Erklärungen, zumindest bei schwierigeren Inhalten. Auch scheint eine hohe soziale Präsenz des Publikums eher ungünstigere Effekte auf den Wissenserwerb mit sich zu bringen als eine geringe soziale Präsenz (Lachner et al. 2022).

Insgesamt ergibt sich aus alldem, dass Lehrpersonen im Unterricht und außerhalb des Unterrichts immer wieder Gelegenheiten schaffen sollten, in denen Schüler*innen Lerninhalte sich selbst oder anderen erklären sollen. Weitere Forschung ist allerdings nötig, um die genauen Rahmenbedingungen zu identifizieren, die vorliegen müssen, um die Potenziale des Lernens durch Erklären für den Wissenserwerb auszuschöpfen.

b. Darauf achten, dass Schüler*innen mit den Erklärungen ihrer Mitschüler*innen weiterarbeiten

Im vorherigen Abschnitt ist bereits angedeutet worden, dass die Präsenz von Mitschüler*innen, denen gegenüber Erklärungen abgegeben werden, eine wichtige Rolle für die Effektivität des Lernens durch Erklären zu spielen scheint. Der Wert der Anwesenheit eines Publikums sollte unter Berücksichtigung des in Abschnitt 3 beschriebenen ICAP-Modell (Chi/Wylie 2014) sogar noch größer sein, wenn Erklärungen vom Publikum (d. h. von anderen Schüler*innen) aufgegriffen und für die eigene weitere Wissenskonstruktion genutzt werden. Auf diese Weise werden die im ICAP-Modell angesprochenen und für die Wissenskonstruktion besonders entscheidenden gemeinsamen Inferenzprozesse erst möglich. Entsprechend sollten Lehrpersonen dafür Sorge tragen, dass schüler*innenseitige Erklärungen nicht im luftleeren Raum hängen bleiben, sondern von den Mitschüler*innen als Grundlage für deren eigenes Lernen genutzt werden.

In besonderem Maße wird diese Idee in soziokulturell orientierten Instruktionsansätzen wie dem Knowledge-Building-Ansatz von Scardamalia und Bereiter (2006) vertreten. Gemäß diesem (für Lehrpersonen im deutschsprachigen Raum sicherlich recht revolutionär anmutenden) Ansatz steht weniger der Wissenserwerb der/des einzelnen Schülers/Schülerin im Vordergrund, sondern vielmehr die Frage, wie es die ganze Klasse als sog. „knowledge-building community" (Scardamalia/Bereiter 2006, S. 98) schaffen kann, ihr kollektives Verständnis von einem breit gefächerten Thema graduell zu erweitern. Für diesen sozialen Wissenskonstruktionsprozess stellen von den Schüler*innen geäußerte Erklärungen (dort „ideas" genannt; ebd.) gleichsam die Keimzelle dar. Lehrpersonen sind in diesem Ansatz dazu aufgefordert, in der Klasse zunächst einen „Ethos" (Scardamalia/Bereiter 2014, S. 11) zu schaffen, demzufolge den Schüler*innen klar sein soll, dass jeder Beitrag jeder/jedes Schülerin/Schülers wertvoll ist, um das kollektive Wissen zu erweitern. Der soziale Wissenskonstruktionsprozess selbst wird dann mit Hilfe digitaler Technologien unterstützt, konkret mit der im Internet zugänglichen Plattform „Knowledge Forum"[1]. Dort können Schüler*innen jederzeit neue Ideen und Erklärungen posten, die dann als Knoten innerhalb eines stetig wachsenden Netzwerks an weiteren Ideen und Erklärungen repräsentiert sind und von allen Schüler*innen angeklickt, gelesen und erweitert werden können. In einer empirischen Studie mit College-Schüler*innen, die ein Technologieentwicklungsprojekt verfolgten, konnten Lin et al. (2017) etwa beobachten, dass diese nach einer 18-wöchigen Knowledge-Building-Einheit über signifikant gestiegene Fertigkeiten zum divergenten Denken verfügten als zu Beginn der Einheit. Auch zeigte sich, dass die Schüler*innen gegen Ende der Einheit deutlich besser dazu in der Lage waren, vielversprechende Ideen zu produzieren und auf den Beiträgen ihrer Mitschüler*innen aufzubauen.

Eine sich hieran anschließende Frage ist, auf welche Weise sich Lernende genau mit den Beiträgen ihrer Mitlernenden beschäftigen sollten. Dieser Frage sind Vogel und Kolleg*innen (2016) im Kontext einer empirischen Studie nachgegangen, in der Studienanfänger*innen der Mathematik jeweils in Zweigruppen mathematische Beweisaufgaben lösen sollten und deren Diskurse während den Aufgabenbearbeitungen aufgezeichnet und näher untersucht wurden. Dabei zeigte sich, dass der Wissenserwerb der Lernenden davon abhing, ob und wie sie sich in ihren Beiträgen aufeinander bezogen: So war die Anzahl von konstruktiven Statements im Sinne des ICAP-Modells (z. B. Statements, in denen die Lernenden neue Ideen oder Vorschläge zur jeweiligen Aufgabe produzierten), nicht signifikant mit dem Wissenserwerb assoziiert. Je mehr sich die Lernenden aber in ihren Äußerungen aufeinander bezogen, desto mehr mathematische Argumentationskompetenz erwarben sie. Dabei zeigte sich allerdings ein interessanter Effekt: Der Kompetenzerwerb war nämlich umso höher, je häufiger in den Gruppen *dialektische* Prozesse zu beobachten waren, mit deren Hilfe die Lernenden die Erklärungen ihrer Lernpartner*innen kritisierten oder Gegenargumente ins Feld führten. Die Häufigkeit *dialogischer* Diskursprozesse, also solcher Äußerungen, in denen die Lernenden die Erklärungen ihrer Lernpartner*innen erweiterten, ohne sie zu kritisieren, waren zwar ebenfalls positiv mit dem Erwerb

---

1 Die Seite ist abrufbar unter: https://www.knowledgeforum.com (Abfrage: 05.04.23).

mathematischer Argumentationskompetenz verbunden; dies war jedoch in geringerem Ausmaß der Fall als bei der Häufigkeit dialektischer Diskursprozesse.

Zusammengefasst lässt sich daher sagen, dass Lehrpersonen darauf achten sollten, dass ihre Schüler*innen mit den Äußerungen ihrer Mitschüler*innen weiterarbeiten sollten, und zwar insbesondere auf eine dialektische Art und Weise. Hierzu eignet sich etwa das Bilden von Gruppen, in denen unterschiedliche Ansichten zu einem Lerngegenstand vorliegen und in denen die Aufgabe ist, am Ende zu einer ausgewogenen Sichtweise zu kommen.

c. Schüler*innen beim Geben von Erklärungen anleiten

Dass Schüler*innen spontan allerdings nur selten derartige hochwertige, dialektische Diskursprozesse zeigen, hat die lehr-lernpsychologische Forschung zum kollaborativen Lernen (Lernen in Kleingruppen) wiederholt demonstriert. Ohne entsprechende Anleitung beziehen sich Lernende generell nur sehr selten in ihren Aussagen aufeinander. Es stellt sich also die Frage, was Lehrpersonen tun können, um sicherzustellen, dass sich die Schüler*innen (möglichst auf dialektische Art und Weise) auf die Äußerungen ihrer Lernpartner*innen beziehen.

Ein in diesem Sinne effektiver Ansatz ist, die Zusammenarbeit von Kleingruppen mit sogenannten Kooperationsskripts zu strukturieren (siehe Kollar et al. 2018). Kooperationsskripts sind instruktionale Maßnahmen, die unter den Lernenden einer Kleingruppe Lernaktivitäten und Kooperationsrollen so verteilen und sequenzieren, dass eine wechselseitige Bezugnahme zwischen den Lernenden möglichst unausweichlich wird. Mit Blick auf mathematische Beweisaufgaben, wie sie in der Studie von Vogel et al. (2016) verwendet wurden, könnten Lehrpersonen etwa Zweiergruppen von Schüler*innen bilden und jeweils der/dem einen Schüler*in die Vorgabe machen, einen ersten Vorschlag dazu zu formulieren, wie das betreffende mathematische Beweisproblem angegangen werden könnte. Der/dem Lernpartner*in könnte dagegen die Aufgabe übertragen werden, diesen Erstvorschlag kritisch zu kommentieren und einen Gegenvorschlag zu machen, bevor beide Lernende zu einer Kompromissfindung aufgefordert werden. In der Tat wurde ein solches Kooperationsskript in einer Studie von Kollar und Kolleg*innen (2014) im Kontext der Bearbeitung mathematischer Beweisaufgaben eingesetzt. Dabei zeigten sich positive Effekte einer solchen ‚geskripteten' Kooperation auf den Erwerb sozialer Aspekte mathematischer Argumentationskompetenz, wenn auch nicht auf den inhaltlichen Wissenserwerb. Vogel et al. (2017) konnten in einer Metaanalyse mit 22 Studien dementsprechend deutlich positive Effekte von Kooperationsskripts im Vergleich zu unstrukturiertem kooperativem Lernen auf den Erwerb von allgemeinem Kooperationskompetenzen sowie geringere, aber dennoch positive Effekte auf den Erwerb inhaltlichen Wissens beobachten. Ähnliche Befunde fanden Radkowitsch et al. (2020) in einer weiteren Meta-Analyse. Zusätzlich konnten sie zeigen, dass das Lernen mit Kooperationsskripts trotz theoretischer

Befürchtungen (siehe z. B. Selbstbestimmungstheorie der Motivation; Ryan/ Deci 2000) auf empirischer Ebene im Mittel keine motivationalen Einbußen mit sich zu bringen scheint.

Zusammengefasst kann daher gesagt werden, dass Lehrpersonen bei der Umsetzung kollaborativen Lernens auf eine angemessene Strukturierung achten sollten, die Schüler*innen darin unterstützt, hochwertige interaktive (d. h. vor allem auch: dialektische) Lernaktivitäten zu zeigen.

6. Abschließende Gedanken

Ziel des vorliegenden Beitrags war, einen Überblick über die lehr-lernpsychologische Forschung zur Bedeutung von Erklärungen für das Lernen von Schüler*innen zu geben. Die entsprechende Forschung betont – sowohl aus theoretischen als auch aus empirischen Gründen – die besondere Bedeutung, die dem Lernen durch Erklären (gerade auch im Vergleich zum Lernen von Erklärungen) zukommt, da die Schüler*innen vor, während und nach der Entwicklung eigener Erklärungen eher zu kognitiven Prozessen angeregt werden, die mit einer tiefen Elaboration der zu erklärenden Inhalte und damit zu einem tiefen Verständnis von Lerninhalten beitragen können. Nichtsdestotrotz können auch lehrerseitige Erklärungen oder medial präsentierte Erklärungen den Wissenserwerb von Schüler*innen positiv beeinflussen, insbesondere in frühen Phasen des Wissens- und Fertigkeitserwerbs. Aber auch hier ist – ganz im Sinne des ICAP-Modells – darauf zu achten, dass die Schüler*innen nicht einfach passive Rezipient*innen von Informationen sind, sondern dass sie diese im weiteren Verlauf des Lernens eigenständig anwenden. Für Lehrpersonen ergibt sich somit die Anforderung, das eigene Unterrichten nicht nur als die Transmission von Informationen (in Form von Erklärungen) zu verstehen, sondern eigene Erklärungen gezielt dann einzusetzen, wenn es um den initialen Wissens- und Fertigkeitserwerb geht, und ansonsten vielfältige Möglichkeiten dazu zu geben, dass Schüler*innen auf eine produktive Weise mit diesen Inhalten weiterarbeiten – und dies kann gerade auch beinhalten, dass die Schüler*innen dazu angehalten werden, selbst Erklärungen zu generieren. Wie beides – das Lernen von Erklärungen wie auch das Lernen durch Erklären – optimalerweise gestaltet werden kann, ist in den Abschnitten 4 und 5 auf Basis der Befunde entsprechender empirischer Studien gezeigt worden und kann Lehrpersonen hoffentlich darin unterstützen, entsprechende Lerngelegenheiten in ihrem Unterricht zu implementieren und zu gestalten.

Literatur

Anderson, John (1996): ACT – a simple theory of complex cognition. In: American Psychologist 51, H. 4, S. 355–365.

Arnold, Julia/Kremer, Kerstin/Mayer, Jürgen (2016): Scaffolding beim Forschenden Lernen – eine empirische Untersuchung zur Wirksamkeit von Lernunterstützungen. In: Zeitschrift für Didaktik der Naturwissenschaften 23, S. 21–37.

Atkinson, Robert K./Derry, Sharon J./Renkl, Alexander/Wortham, Donald (2000): Learning from examples: instructional principles from the worked examples research. In: Review of Educational Research 70, H. 2, S. 181–214.

Barzagar Nazari, Katharina/Ebersbach, Mirjam (2018): Distributing mathematical practice of third and seventh graders: applicability of the spacing effect in the classroom. In: Applied Cognitive Psychology 33, H. 2, S. 288–298.

Biesra, Kiran/Liu, Qing/Nesbit, John C./Salimi, Farimah/Winne, Philipp H. (2018): Inducing self-explanation: a meta-analysis. In: Educational Psychology Review 30, S. 703–725.

Cepeda, Nicholas J./Pashler, Harold/Vul, Edward/Wixted, John T./Rohrer, Doug (2006): Distributed practice in verbal recall tasks: a review and quantitative synthesis. In: Psychological Bulletin 132, H. 3, S. 354–380.

Chi, Michelene T. H. (2009): Active-constructive-interactive: A conceptual framework for differentiating learning activities. In: Topics in Cognitive Science, 1, H.1, S. 73–105.

Chi, Michelene T. H./Wylie, Ruth (2014): The ICAP framework: linking cognitive engagement to active learning outcomes. In: Educational Psychologist 49, H. 4., S. 219–243.

Dong, Anmei/Jong, Morris Siu-Yung/King, Ronnel B. (2020): How does prior knowledge influence learning engagement? The mediating roles of cognitive load and help-seeking. In: Frontiers in Psychology 11, S. 1–10.

Engelschalk, Tobias/Daumiller, Martin/Reindl, Marion/Dresel, Markus (2019): Forschungsmethoden. In: Urhahne, Detlef/Dresel, Markus/Fischer, Frank (Hrsg.): Psychologie für den Lehrberuf. Berlin: Springer, S. 533–561.

Fiorella, Logan/Mayer, Richard E. (2013): The relative benefits of learning by teaching and teaching expectancy. In: Contemporary Educational Psychology 38, H. 4, S. 281–288.

Fiorella, Logan/Mayer, Richard E. (2014): Role of expectations and explanations in learning by teaching. In: Contemporary Educational Psychology 39, H. 2, S. 75–85.

Helmke, Andreas/Schrader, Friedrich-Wilhelm (2008): Merkmale der Unterrichtsqualität: Potenzial, Reichweite und Grenzen. In: Schaal, Bernd/Huber, Franz (Hrsg.): Qualitätssicherung im Bildungswesen. Auftrag und Anspruch der bayerischen Qualitätsagentur. Münster: Waxmann, S. 69–108.

Jacob, Leonie/Lachner, Andreas/Scheiter, Katharina (2020): Learning by explaining orally or in written form? Text complexity matters. In: Learning and Instruction 68, Artikel 101344.

Kalyuga, Slava/Sweller, John (2014): The redundancy principle in multimedia learning. In: Mayer, Richard E. (Hrsg.): The Cambridge handbook of multimedia learning. Cambridge: Cambridge University Press, S. 247–262.

Kollar, Ingo/Fischer, Frank (2019): Lehren und Unterrichten. In: Urhahne, Detlef/Dresel, Markus/Fischer, Frank (Hrsg.): Psychologie für den Lehrberuf. Berlin: Springer, S. 333–351.

Kollar, Ingo/Ufer, Stefan/Reichersdorfer, Elisabeth/Vogel, Freydis/Fischer, Frank/Reiss, Kristina (2014): Effects of heuristic worked examples and collaboration scripts on the acquisition of mathematical argumentation skills of teacher students with different levels of prior knowledge. In: Learning and Instruction 32, S. 22–36.

Lachner, Andreas/Hoogerheide, Vincent/van Gog, Tamara/Renkl, Alexander (2022): Learning-by-teaching without audience or interaction: when and why does it work?. In: Educational Psychology Review 34, S. 575–605.

Lazonder, Ard/Harmsen, Ute (2016): Meta-analysis of inquiry-based learning: effects of guidance. In: Review of Educational Research 86, H. 3, S. 681–718.

Lin, Pei-Yi/Chang, Yu-Hui/Lin, Hsien-Ta/Hong, Huang-Yo (2017): Fostering college students' creative capacity through computer-supported knowledge building. In: Journal of Computers in Education 4, S. 43–56.

Lipowsky, Frank (2015): Unterricht. In: Wild, Elke/Möller, Jens (Hrsg.): Pädagogische Psychologie. Berlin: Springer, S. 69–105.

Mayer, Richard E. (2019): Thirty years of research on online learning. In: Applied Cognitive Psychology 33, S. 152–159.

McNamara, Danielle S./Kintsch, Eileen/Songer, Nancy Butler/Kintsch, Walter (1996): Are good texts always better? Interaction of text coherence, background knowledge, and levels of understanding in learning from text. In: Cognition and Instruction 14, H. 1, S. 1–43.

Menekse, Muhsin/Chi, Michelene T. H. (2019): The role of collaborative interactions versus individual construction on students' learning of engineering concepts. In: European Journal of Engineering Education 44, H. 5, S. 702–725.

Menekse, Muhsin/Stump, Glenda S./Krause, Stephen/Chi, Michelene T. H. (2013): Differentiated overt learning activities for effective instruction in engineering classrooms. In: Journal of Engineering Education 102, H. 3., S. 346–374.

Meschede, Nicola/Hardy, Ilonca (2020): Selbstwirksamkeitserwartungen von Lehramtsstudierenden zum adaptiven Unterrichten in heterogenen Lerngruppen. In: Zeitschrift für Erziehungswissenschaft 23, S. 565–599.

Nokes-Malach, Timothy J./vanLehn, Kurt/Belensky, Daniel M./Lichtenstein, Max/Cox, Gregory (2013): Coordinating principles and examples through analogy and self-explanation. European Journal of Psychology of Education 28, S. 1237–1263.

Ploetzner, Rolf/Dillenbourg, Pierre/Preier, Michael/Traum, David (1999): Learning by explaining to oneself and to others. In: Dillenbourg, P. (Hrsg.): Collaborative learning – cognitive and computational approaches. Amsterdam: Pergamon, S. 103–121.

Radkowitsch, Annika/Vogel, Freydis/Fischer, Frank (2020): Good for learning, bad for motivation? A meta-analysis on the effects of computer-supported collaboration scripts. In: International Journal of Computer-Supported Collaborative Learning 15, H. 1, S. 5–47.

Renkl, Alexander/Stark, Robin/Gruber, Hans/Mandl, Heinz (1998): Learning from worked-out examples: the effects of example variability and elicited self-explanations. In: Contemporary Educational Psychology 23, S. 90–108.

Reusser, Kurt (2005): Problemorientiertes Lernen – Tiefenstruktur, Gestaltungsformen, Wirkung. In: Beiträge zur Lehrerbildung 23, H. 2, S. 159–182.

Rotgans, Jerome I./Schmidt, Henk G. (2017): The role of interest in learning: knowledge acquisition at the intersection of situational and individual interest. In: O'Keefe, Paul A./Harackiewicz, Judith (Hrsg.): The science of interest. Cham: Springer, S. 69–93.

Ryan, Richard/Deci, Edward L. (2000): Self-determination theory and the facilitation of intrinsic motivation, social development, and well-being. In: American Psychologist 55, H. 1, S. 68–78.

Scardamalia, Marlene/Bereiter, Carl (2006): Knowledge Building: Theory, pedagogy, and technology. In: Sawyer, Keith (Hrsg.): The Cambridge Handbook of the Learning Sciences. Cambridge: Cambridge University Press, S. 97–115.

Scardamalia, Marlene/Bereiter, Carl (2014): Smart technology for self-organizing processes. In: Smart Learning Environments 1, H. 1: S. 1–13.

Seidel, Tina/Prenzel, Manfred/Rimmele, Rolf/Dalehefte, Inger Marie/Herweg, Constanze/Kobarg, Mareike/Schwindt, Katharina (2006): Blicke auf den Physikunterricht: Ergebnisse der IPN Videostudie. In: Zeitschrift für Pädagogik 52, H. 6, S. 799–821.

Slavin, Robert E. (2008): The effective lesson. In Slavin, Robert E. (Hrsg.): Educational Psychology: Theory and Practice. London: Pearson.

Strauß, Sebastian/Rummel, Nikol (2020): Promoting interaction in online distance education: designing, implementing and supporting collaborative learning. In: Information and Learning Sciences 121, H. 5/6, S. 251–260.

Sweller, John R./van Merrienboer, Jeroen J. G./Paas, Fred (2019): Cognitive architecture and instructional design: 20 years later. In: Educational Psychology Review 31, S. 261–292.

Vogel, Freydis/Kollar, Ingo/Ufer, Stefan/Reichersdorfer, Elisabeth/Reiss, Kristina/Fischer, Frank (2016): Developing argumentation skills in mathematics through computer-supported collaborative learning: the role of transactivity. In: Instructional Science 44, H. 5, S. 477–500.

Vogel, Freydis/Wecker, Christof/Kollar, Ingo/Fischer, Frank (2017): Socio-cognitive scaffolding with collaboration scripts: a meta-analysis. In: Educational Psychology Review 29, H. 3, S. 477–511.

Webb, Noreen M./Mastergeorge, Ann (2003): Promoting effective helping behaviour in peer-directed groups. In: International Journal of Educational Research 39, H. 1–2, S. 73–97.

Weinberger, Armin/Stegmann, Karsten/Fischer, Frank (2010): Learning to argue online. scripted groups surpass individuals; unscripted groups do not. In: Computers in Human Behavior 26, H. 4, S. 506–515.

Wittwer, Jörg/Nückles, Matthias/Renkl, Alexander (2008): Is underestimation less detrimental than overestimation? The impact of experts' beliefs about a layperson's knowledge on learning and question asking. In: Instructional Science 36, H. 1, S. 27–52.

Wittwer, Jörg/Renkl, Alexander (2008): Why instructional explanations often do not work: a framework for understanding the effectiveness of instructional explanations. In: Educational Psychologist 43, H. 1, S. 49–64.

Das Blickverhalten von Lehrpersonen und Lernenden in schulischen Erklärsituationen

Özün Keskin, Sylvia Gabel und Andreas Gegenfurtner

1. Einführung in die Thematik der professionellen Unterrichtswahrnehmung

Eine Grundschullehrperson plant für ihre heutige Mathematikstunde in einer dritten Klasse die Einführung des rechten Winkels. Dafür beginnt sie zunächst mit der Zeichnung eines Rechtecks auf der Tafel. Ihre Erklärungen an der Tafel beinhalten unterstützende Verbalisierungen über vier rechtwinklige Ecken und je zwei sich gegenüberliegenden, gleich langen Seiten; als Hilfsmittel benutzt sie einen Zeigestock und ein Geodreieck. In dieser Erklärsituation lässt die Lehrperson ihren Blick abwechselnd zwischen der Tafelskizze und den Gesichtern einzelner Grundschulkinder in der Klasse wandern, um sich zu versichern, dass alle Kinder die Erklärungen verstehen. Die Lernenden blicken abwechselnd auf die Tafel, den Zeigestock, das Geodreieck und die Lehrperson. Daraufhin wiederholt die ganze Klasse gemeinsam folgenden Merksatz: *Ein Rechteck hat vier rechte Winkel.* Anschließend dürfen die Schüler*innen selbstständig Rechtecke in ihr Schulheft zeichnen und mit dem Geodreieck die rechten Winkel ermitteln.

Dieses fiktive Beispiel stellt eine typische Erklärsituation im Unterricht dar. Es wird deutlich, dass das Blickverhalten der Lehrperson in dieser Situation essenziell ist, um sich Informationen über die Verständnisprozesse der Lernenden zu verschaffen.

Die professionelle Wahrnehmung ist eine Kernkompetenz von Lehrpersonen, welche die Wahrnehmung als kognitiven Prozess und handlungsbezogene Performanz beschreibt (Blömeke et al. 2015). Der Begriff der professionellen Wahrnehmung geht zurück auf Goodwin (1994), der in einer Reihe faszinierender Ethnographien untersuchte, wie Expert*innen in verschiedenen Disziplinen-etwa der Archäologie, Ozeanographie oder Geochemie- ,professionell sehen'. Sherin (1998) brachte diesen Begriff schließlich auch in den Schulkontext ein und erforschte Lehrpersonen und deren Wahrnehmung, etwa beim Erklären im Klassenzimmer und bei videobasierten Reflexionen von Unterrichtssituationen. Derzeit nutzen Forschende weltweit die Methode des *Eye Trackings*, um die Augenbewegungen von Lehrenden und Lernenden in den Blick zu nehmen, etwa in den Fächern Mathematik (Stahnke/Blömeke 2021), Musik (Hicken/Duke 2023) oder auch Sport (Valladares Rodríguez et al. 2016). Der professionelle Blick von

Lehrpersonen ist dabei in verschiedenen Theoriemodellen situiert, die der nachfolgende Abschnitt kurz diskutiert.

1.1 Theoriemodelle professioneller Unterrichtswahrnehmung

Aktuelle Forschungsarbeiten zur professionellen Unterrichtswahrnehmung nutzen eine Vielzahl theoretischer Modelle; davon betrachtet der folgende Abschnitt vier Modelle näher: (a) das *(Revised) Learning to Notice Framework* (van Es/Sherin 2002, 2021), (b) das Modell *Noticing and Reasoning as Two Components of Professional Vision* (Seidel/Stürmer 2014), (c) das PID-Modell (*perception, interpretation, decision-making*; Blömeke et al. 2015) und (d) die *Cognitive Theory of Visual Expertise* (Gegenfurtner et al. 2023).

Van Es und Sherin (2002) beschrieben in ihrem *Learning to Notice Framework* die professionelle Wahrnehmung von Lehrpersonen in zwei Subkomponenten: *Attending* und *Interpreting*. Sie erweiterten ihr Modell im Jahre 2021 und ergänzten die Begriffe *Shaping, Disregarding* und *Adopting a Stance of Inquiry* im *Revised Learning to Notice Framework* (van Es/Sherin 2021). *Attending* meint das Wahrnehmen von relevanten und das Ignorieren von irrelevanten Informationen im Unterricht. *Interpreting* meint das Nutzen von vorhandenem Wissen und Erfahrungen, um visuelle Wahrnehmungen zu erklären und eine forschende Haltung einzunehmen. *Shaping* schließlich meint das Schaffen von Interaktionen und Kontexten, um zusätzliche Informationen über Lernende und ihre Lernprozesse zu erhalten. Diese drei Komponenten—*Attending, Interpreting* und *Shaping*—bilden das Konstrukt des *Noticing*, welches durch Interaktionen mit der Umwelt ermöglicht wird (van Es/Sherin 2021).

Seidel und Stürmer (2014) definieren in ihrem Modell zwei Subkomponenten der professionellen Unterrichtswahrnehmung: *Noticing* und *Reasoning*. *Noticing* beschreibt die Fähigkeit von Lehrpersonen, die Aufmerksamkeit im Unterricht auf relevante Informationen lenken zu können. *Reasoning* beschreibt die Fähigkeit von Lehrpersonen, relevante Informationen im Unterricht mit pädagogischem Wissen zu erklären und zu bewerten. In diesem Zusammenhang unterscheiden Seidel und Stürmer drei Komponenten: (1) die Fähigkeit, die relevanten Informationen von unterrichtlichen Situationen differenziert beschreiben zu können (*Description*), (2) die Fähigkeit, Situationen wissensbasiert erklären zu können (*Explanation*) und (3) die Fähigkeit, Vorhersagen über die Konsequenzen bestimmter unterrichtlicher Ereignisse für das Lernen der Schüler*innen treffen zu können (*Prediction*). Anders als van Es und Sherin (2021) nutzen Seidel und Stürmer den Begriff des *Noticings* nicht synonym für Unterrichtswahrnehmung, sondern als Teilprozess der visuellen Informationsaufnahme, insbesondere in Bezug auf Zielklarheit, Unterstützung und Lernklima. *Noticing* bei Seidel und

Stürmer (2014) ist also vergleichbar (aber nicht deckungsgleich) mit dem Begriff des *Attending* bei van Es und Sherin (2021).

Blömeke et al. (2015) beschreiben professionelle Unterrichtswahrnehmung als Kompetenz, die einerseits durch kognitive und affektiv-motivationale Dispositionen situationsunabhängig determiniert ist und sich andererseits in spezifischen Lehr- und Lernsettings situationsspezifisch zeigt. Im Zentrum des Modells stehen die drei Fähigkeiten Wahrnehmung (*perception*), Interpretation (*interpretation*) und Entscheidungsfindung (*decision-making*), die dem PID-Modell von Blömeke et al. (2015) den Namen gaben. Das *Decision-Making* ist in diesem Modell eine wichtige Teilkomponente, welche die Modelle von Seidel und Stürmer (2014) und van Es und Sherin (2002, 2021) so nicht konzeptualisieren. Geprägt ist der Prozess des unterrichtlichen Entscheidens von Jacobs et al. (2010); er beschreibt Möglichkeiten von Lehrpersonen, auf Lernende und ihr Verhalten zu reagieren (momentaner Zustand) oder Handlungsalternativen zu erwägen (zukünftige Überlegungen). Hierzu nochmal ein kurzer Exkurs auf das Eingangsbeispiel: Interpretiert die Lehrkraft nun, dass einige Schüler*innen die Erklärung nicht verstanden haben, kann diese beispielsweise durch Nachfragen auf das Verhalten der Schüler*innen reagieren (momentaner Zustand) oder eine alternative Erklärung in Erwägung ziehen (zukünftige Überlegungen), was das *Decision-Making* in diesem Modell beschreiben würde.

Gegenfurtner et al. (2023) beschreiben in der *Cognitive Theory of Visual Expertise*, wie Expert*innen domänenspezifische Informationen verarbeiten. Die Theorie basiert auf drei Annahmen, zwei Gedächtniskomponenten und acht Prozessen der Informationsverarbeitung. Die Annahmen sind: (1) Expert*innen haben eine erweiterte Kapazität im Langzeitarbeitsgedächtnis, (2) Expert*innen führen eine wissensbasierte Informationsverarbeitung durch und (3) Expert*innen gestalten praxisbasierte Interaktionen. Die Gedächtniskomponenten sind das visuelle Register und das Langzeitarbeitsgedächtnis. Die Prozesse der Informationsverarbeitung sind zunächst das Auswählen aufgabenrelevanter visueller Information (*1. Selecting relevant information*) und das gleichzeitige Ignorieren irrelevanter Information im visuellen Register (*2. Ignoring irrelevant information*). Die Entscheidung, ob eine visuelle Information relevant oder irrelevant ist, beruht auf dem vorhandenen Wissen im Langzeitarbeitsgedächtnis (*3. Wissensbasiertes Noticing*). Dabei ist es den Expert*innen möglich, auch in der Peripherie ihres Blickfeldes Informationen wahrzunehmen (*4. Erweiterung des Blickfeldes durch parafoveale Verarbeitung*). Die Theorie nimmt ferner an, dass Expert*innen nicht nur einzelne Informationseinheiten wahrnehmen, sondern einzelne Wahrnehmungen zu größeren Chunks aggregieren (*5. Chunking*) und das so entstandene mentale Modell im Langzeitarbeitsgedächtnis mit gespeichertem deklarativem, prozeduralem und metakognitivem Wissen integrieren (*6. Integrating*). Zudem nutzen Expert*innen erlernte visuelle Praktiken, um ihr Blickfeld aktiv zu formen und mit der Umgebung zu interagieren (*7. Using visual practices to* *interact with the environment*). Beispielsweise können Lehrpersonen durch einen Positionswechsel im Klassenzimmer andere Perspektiven einnehmen, um ihr eigenes Tafelbild auf Übersichtlichkeit zu prüfen oder um die Fremdbeschäftigung der Lernenden zu kontrollieren. Schließlich nutzen Expert*innen ihr metakognitives Wissen, um ihre Informationsverarbeitungsprozesse zu kontrollieren und zu regulieren (*8. Monitoring*).

Die vorgestellten Theoriemodelle beschreiben Ansätze, den professionellen Blick von Lehrpersonen theoretisch zu modellieren. Allen Modellen gemein ist die Annahme, dass erfahrene Lehrpersonen Informationen im Unterricht wissensbasiert wahrnehmen und deuten – ein Merkmal hoher Professionalität und Expertise (Bromme 1992). „Expertise in einer bestimmten Profession, sei es im Lehrberuf oder in der Medizin, zeichnet sich durch ausgeprägte Problemlösefähigkeiten aus, die in verschiedenen Situationen und auf sehr hohem Leistungsniveau angewendet werden" (Seidel 2022, S. 19). Diese Fähigkeit ist vor allem auf das domänenspezifische Wissen, die Erfahrungen und die Reflexion zurückzuführen (Boshuizen et al. 2020). Jedoch stellt sich die Frage, wie dieses Zusammenspiel balanciert werden muss, damit Lehrpersonen Expertise entwickeln. Für den Lehrberuf sind fachliches Wissen, fachdidaktisches Wissen und pädagogisch-psychologisches Wissen sehr relevant (Shulman 1986; Voss et al. 2011). Fachwissen meint fachspezifisches Wissen, welches für den Unterricht unabdingbar ist. Fachdidaktisches Wissen bezeichnet das Wissen über Darstellungsmöglichkeiten und Instruktionen zur Vermittlung der fachlichen Inhalte. Pädagogisch-psychologisches Wissen ist das Wissen zur Schaffung, Aufrechterhaltung und Verbesserung einer effektiven Lehr-Lernsituationen. Auf Erklärsituationen im schulischen Kontext bezogen besitzt die Lehrkraft folglich über einen Unterrichtsgegenstand fachspezifisches Wissen, das durch fachdidaktisches Wissen adressatenorientiert aufbereitet und durch pädagogisch-psychologisches Wissen in einer effektiven Lehr-Lernatmosphäre erklärt wird. Gleichzeitig liegt die visuelle Wahrnehmungsexpertise von Lehrkräften darin, gleichzeitig die Verständnisprozesse der Schüler*innen zu beobachten, zu interpretieren und weiterführende Handlungsentscheidungen zu treffen.

1.2 *Eye Tracking* als Methode zur Erfassung von professioneller Unterrichtswahrnehmung

Im Kontext der Unterrichtswahrnehmung ist die Professionalität und Expertise von Lehrpersonen mit ihrer Ausrichtung des Blickverhaltens auf relevante Prozesse im Klassenzimmer assoziiert. Einen forschungsmethodischen Zugang, um die in den Theoriemodellen beschriebenen Informationswahrnehmungs- und -verarbeitungsprozesse der professionellen Unterrichtswahrnehmung empirisch zu untersuchen, bietet das Eye Tracking.

Die Methode des *Eye Trackings* kommt in verschiedenen Disziplinen zum Einsatz, etwa in der Medizin (Ashraf et al. 2018), der Verkehrspsychologie (Alberti et al. 2012) oder auch im Lehrberuf (Huang et al. 2023). In den vergangenen Jahren ist die Anzahl an Studien zur professionellen Unterrichtswahrnehmung stetig gestiegen (Keskin et al. in Druck). Die Methode des *Eye Trackings* dient dabei zur Untersuchung von visuellen Aufmerksamkeitsprozessen. Eye Tracker registrieren über Infrarotlichtimpulse die Augenbewegungen einer Lehrperson, um etwa die räumliche Position, die Dauer oder eine zeitliche Abfolge von Blickpunkten zu analysieren (Goldberg et al. 2021). *Eye Tracking*-Geräte unterscheiden sich in monitorbasierte und mobile Eye Tracker. Der monitorbasierte Eye Tracker kommt häufig nach dem Unterricht zum Einsatz, wenn Lehrpersonen videographierte Unterrichtsstunden betrachten, analysieren und über unterrichtliches Handeln reflektieren (on action). Der mobile Eye Tracker hingegen ähnelt einer Brille, welche die Lehrperson während des Unterrichtens trägt (in action).

In der schulischen *Eye Tracking*-Forschung interessiert, auf welche Bereiche Lehrende und Lernende schauen. Diese Bereiche des visuellen Feldes sind sogenannte *Areas of Interest* (AOI). Im schulischen Unterricht können Bereiche bzw. *Areas of Interest* zum Beispiel eine Schülerin oder ein Schüler, eine Schüler*innengruppe, die Lehrperson, Unterrichtsmaterial wie die Tafel oder ein Buch, und auch für die aktuelle Unterrichtssituation irrelevante Bereiche sein. *Eye Tracking*-Forschende analysieren in der Regel, wie oft oder wie lange Personen auf diese AOIs blicken. Häufig genutzte Parameter in der *Eye Tracking*-Forschung sind Fixationen, Sakkaden und Scanpaths.

Fixationen beschreiben eine kurze Zeitspanne, in der die Mikrobewegungen der Augen auf einen kleinen Bereich beschränkt sind (Holmqvist et al. 2011). Zumeist untersucht *Eye Tracking*-Forschung die Anzahl (Anzahl der Fixationen während einer Zeitspanne in der AOI) und Dauer von Fixationen (verstrichene Zeit zwischen dem ersten und dem letzten Blickpunkt, aus denen die Fixationen bestehen) oder auch die Zeit bis zur ersten Fixation in einem bestimmten AOI. Der *Gaze Relational Index* (GRI; Gegenfurtner et al. 2020; Lowe/Boucheix 2016) setzt die Dauer und Anzahl von Fixationen ins Verhältnis und bietet ein Maß für die Verarbeitungstiefe: Expert*innen neigen zu kurzen, wenigen Fixationen, weil ihre Informationsverarbeitung wissensbasiert und die En- bzw. Dekodierung von Wissenselementen im Langzeitarbeitsgedächtnis rasch abläuft; Noviz*innen hingegen zeigen tendenziell eher wenige, dafür längere Fixationen, weil sie länger brauchen, Information aufzunehmen und im Arbeitsgedächtnis zu verarbeiten (Gegenfurtner et al. 2011, 2023). Sakkaden beschreiben sehr schnelle Augenbewegungen zwischen zwei Fixationspunkten (Bozkir et al. 2022). Dabei ist zwischen der Anzahl und der Geschwindigkeit von Sakkaden zu unterscheiden. Während einer Sakkade ist eine Informationsaufnahme nicht möglich.

Scanpaths oder Blickpfade beschreiben die zeitliche Abfolge von Sakkaden und Fixationen im Raum (Grub et al. in Druck). Scanpaths sind nützlich, um komplexe

Blickbewegungsabfolgen zu identifizieren und typische Muster und Ketten in der Informationsaufnahme zu beschreiben. Ein typischer Blickpfad im Klassenzimmer ist beispielsweise der Blick der Lehrperson auf die Tafel → auf Schülerin A → auf Schüler B → zurück auf Schülerin A → und dann wieder auf die Tafel. Aktuelle Ergebnisse der visuellen Expertiseforschung zeigen, dass erfahrene Lehrpersonen längere Blickpfade haben und mehr Lernende fixieren als unerfahrene Lehrpersonen, die kürzere Fixationsketten haben und schneller wieder auf das Unterrichtsmaterial blicken (Keskin et al. in Druck; Kosel et al. 2021; McIntyre/Foulsham 2018).

Studien zur professionellen Wahrnehmung mit *Eye Tracking* analysieren oft mit Hilfe dieser Parameter die Augenbewegung von Lehrpersonen und Lernenden. Die Forschungsarbeiten im Kontext der Unterrichtswahrnehmung basieren häufig auf der Eye-Mind-Hypothese: Just und Carpenter (1980) stellten in der Erforschung des Leseverhaltens die Hypothese auf, dass die Fixation beim Lesen eines Wortes auf die kognitive Verarbeitung des Wortes in diesem Moment hindeutet. Dieser Annahme zufolge markiert das Blickverhalten einen bestimmten Bereich, auf den Personen ihre Aufmerksamkeit lenken und Informationen verarbeiten: Prozesse der visuellen Informationsaufnahme korrespondieren mit Prozessen der kognitiven Informationsverarbeitung (Just/Carpenter 1980). Daher ist die Triangulation der *Eye Tracking*-Daten mit qualitativen Verbaldaten (z. B. retrospektive Interviews oder Protokolle lauten Denkens) nützlich, um neben der reinen Analyse, wohin eine Person schaut, auch zu ergründen, warum eine Person auf bestimmte AOIs blickt. In Bezug auf die Eye-Mind-Hypothese ist zwar anzunehmen, dass eine Person, die einen Bereich fixiert, auch die dort enthaltenen Informationen verarbeitet (Grub et al. in Druck; Just/Carpenter 1980). Jedoch ist die Konklusion, von den Augenbewegungen auf den kognitiven Prozess zu schließen, umstritten (Holmqvist et al. 2011; Klein et al. 2021). Daher ist der Begriff der verborgenen Aufmerksamkeit näher zu betrachten (Posner 1980). Der Blick ist dieser Annahme zufolge nur eingeschränkt mit der kognitiven Verarbeitung verbunden. Demnach sind Wahrnehmungsprozesse nicht immer mit dem Blick vereinbar sind. Das *Eye Tracking* ermöglicht diese Diskrepanzen aufzuklären, wenn mehrere Datenquellen zur Verfügung stehen. Vorhandene Studien zur professionellen Unterrichtswahrnehmung nutzen häufig diese Möglichkeiten und erheben neben Augenbewegungen beispielsweise auch Protokolle lauten Denkens.

2. Bisherige Eye-Tracking-Befunde zur professionellen Unterrichtswahrnehmung im Kontext von Erklärsituationen

Das *Eye Tracking* dient bei der Untersuchung der professionellen Unterrichtswahrnehmung in erster Linie zur Aufnahme und Analyse der Augenbewegungen. Ein übergeordnetes Forschungsziel ist dabei, die Aufmerksamkeitsverteilung der Lehrpersonen zu erforschen und beispielsweise Unterschiede in der

Wahrnehmung zwischen erfahrenen und weniger erfahrenen Lehrpersonen zu entdecken; ein weiteres Ziel ist, den Blick der Lehrpersonen, aber auch der Lernenden in Abhängigkeit zu verschiedenen Unterrichtssituationen näher zu betrachten (Rüth et al. 2020).

Das Erklären hat im Unterricht eine hohe Relevanz. Es stellt sowohl die Kommunikation als auch die Interaktion der Lernenden mit der Lehrperson dar. Dabei geht es in erster Linie um „eine spezielle Form der Wissensvermittlung" (Leitgeb 2021, S. 23), welche mit dem Ziel verbunden ist, den Lerngegenstand zu vermitteln. In diesem Zusammenhang ist das Erklären als Übermitteln von Wissen oder Entfalten von Wissen zu verstehen (Kiel 1999). Dabei soll auf der einen Seite die Lehrperson das Wissen den Lernenden erklären und lehren (Leitgeb 2021). Auf der anderen Seite sollen die Lernenden den Lerngegenstand auch erklären können, damit sie Wissen weiterentwickeln und präsentieren können (Schmölzer-Eibinger/Fanta 2014). Erklären ist eine didaktische Handlung und verlangt Professionalität. Die Lehrperson besitzt die Fähigkeit, über Fachwissen zu verfügen und dieses an die Lernenden in entsprechender Weise zu übermitteln. Dabei handelt es sich um einen aktiven Prozess, mit dem Ziel, kognitive Aktivierung und Verständnis bei den Lernenden zu erlangen. Hierzu gestaltet die Lehrperson Lernsituationen, in denen die Lernenden Wissen entfalten und dabei kritisch-reflektiert vorgehen können (Kiel 1999). Zumeist geschieht diese Form der Wissensübermittlung in Frontal- oder Einzelsituationen. Die Lernenden spielen in diesem Prozess ebenfalls eine aktive Rolle und konstruieren eigene Wissensschemata.

Es stellen sich somit zwei verschiedene Akteure einer Erklärsituation heraus: Auf der einen Seite ist die Lehrperson im Fokus und soll das Wissen weitergeben. Auf der anderen Seite stehen die Lernenden im Mittelpunkt und sollen daran arbeiten, ihr eigenes Wissen weiterzuentwickeln. Dabei sind die jeweiligen Blickbewegungen der Lehrperson und Lernenden bedeutsam, um Aufmerksamkeitsprozesse in den jeweiligen Erklärsituationen aufzudecken. Der folgende Abschnitt stellt zunächst Befunde zu Blickbewegungen von Lehrpersonen in Frontal- und Einzelsituationen dar und anschließend Befunde zu Blickbewegungen von Lernenden.

2.1 Der Blick der Lehrperson in Frontalsituationen

Lehrpersonen haben die Möglichkeit, ihren Unterricht in verschiedenen Sozialformen zu gestalten, etwa dem Frontalunterricht. Darin führt die Lehrperson zumeist in einen neuen Unterrichtsgegenstand ein und präsentiert die Thematik in Erarbeitung mit der gesamten Klasse. Die Lehrperson nimmt eine erklärende Position ein und ist dafür verantwortlich, das Wissen zu übermitteln (Gudjons 2021).

Einige *Eye Tracking*-Studien beschäftigen sich dabei mit der Frage, welche visuellen Informationen in Erklärsituationen im Frontalunterrichtunterricht relevant sind. Määttä et al. (2021) untersuchten beispielsweise den Blick von sechs finnischen Lehrpersonen im Mathematikunterricht der Sekundarstufe. Dabei sollten sie die Lernenden in ein geometrisches Problem einführen und die neue Thematik erklären. Die Untersuchung zeigte, dass Lehrpersonen in frontalen Erklärsituationen den Blick gezielt auf Gesichter und Körper der Lernenden richten. Diesen Befund stellten auch schon McIntyre et al. (2017) und McIntyre und Foulsham (2018) heraus. Weiterhin konnten McIntyre et al. (2017) und McIntyre und Foulsham (2018) festhalten, dass Lehrpersonen in Erklärsituationen zwei unterschiedliche Blickausprägungen haben: den kommunikativen Blick und den aufmerksamen Blick. Der kommunikative Blick zeigte sich vor allem in Situationen, in denen die Lehrperson selbst etwas erklärte. Der aufmerksame Blick hingegen zeigte sich in Situationen, in denen die Lehrperson den Antworten von Seite der Lernenden zuhörte. Määttä et al. (2021) untersuchten sechs finnische Mathematiklehrpersonen der Sekundarstufe, die mit ihren Lernenden ein geometrisches Problem lösen sollten. Sie konnten festhalten, dass der Blick der Lehrperson häufig auf das Gesicht und den Körper der Lernenden gerichtet ist, wenn sie z. B. versucht, die Lernenden zu motivieren. Eine weitere Studie von Stahnke und Blömeke (2021) untersuchte deutsche Lehrpersonen der Sekundarstufe in den Fächern Mathematik und Biologie. Die Lehrpersonen betrachteten ein Video, in dem eine Lehrperson zu erkennen ist, die den Lernenden Aufgaben etwa zum Bruchrechnen anhand von Lösungen erklärt. Die Befunde zeigen, dass Lehrpersonen in solchen Erklärsituationen ihren Blick häufiger auf die Lernenden fixieren. Auch Kosel et al. (2021) führten dazu eine Studie mit neun deutschen Lehrpersonen durch, die ein Video einer Unterrichtsstunde in Mathematik in einer achten Jahrgangsstufe zu sehen bekamen, in der eine Lehrperson frontal vor der Klasse steht und ein mathematisches Thema erklärt. Anhand von Scanpaths konnten sie feststellen, dass die Lehrpersonen die Lernenden im Video gleichmäßig betrachteten und wiederkehrende Scans durchführten. Die Diagnostikfähigkeit von Lehrpersonen in Erklärsituationen untersuchten Seidel et al. (2021) mit sieben Lehrpersonen in einer Videobetrachtung. Sie konnten festhalten, dass Lehrpersonen aufgrund der vorliegenden Profile der Lernenden (Verständnisprobleme und Motivationsdefizite) entsprechende Beurteilungen treffen können und ihre Blicke dabei als Wahrnehmungsindikator dienen; insgesamt war in dieser Studie festzuhalten, dass Lehrpersonen in frontalen Erklärsituationen als Expert*innen agieren und sowohl die Situation richtig beurteilen als auch die notwendige Erklärung zum Verständnis und Wissensübermittlung abgeben können, indem sie ihren Blick vorrangig auf die Lernenden richteten.

2.2 Der Blick der Lehrperson in Einzelsituationen

Eine weitere Unterrichtsform, die häufig im Unterricht zu beobachten ist, ist die Einzelarbeitsphase (Gudjons 2021). In solchen Gegebenheiten ist der Lernende aktiv und erarbeitet sich den Unterrichtsgegenstand mit Unterstützung der Lehrperson. Dabei ist eine Lehrperson-Lernenden-Interaktion anzutreffen, in der die Lehrperson den Wissensprozess im Rahmen eines Scaffoldings moderiert und offene Fragen klärt. Das Erklären nimmt in diesem Zusammenhang eine ergänzende Rolle ein. Die Interaktion zwischen Lehrperson und Lernende soll das Ziel haben, Wissen anzueignen und zu transferieren.

Haataja et al. (2019) untersuchten in ihrer Studie eine finnische Mathematiklehrperson aus der Sekundarstufe, mit dem Ziel, die Häufigkeit der Blickkontakte zwischen Lehrperson und Lernenden und deren Zusammenhang mit den pädagogischen Absichten der Lehrperson herauszufinden. Die Lehrperson trug während des Unterrichts einen mobilen *Eye Tracker*. Haataja et al. unterscheiden in ihrer Studie zwischen kognitivem und affektivem Scaffolding. Mit kognitivem Scaffolding ist das Strukturieren der Aufgaben gemeint, um dem aktuellen Kompetenzstand der Lernenden zu entsprechen und das Verständnis der Lernenden zu unterstützen. Das Erklären des relevanten Unterrichtsgegenstandes ist dementsprechend anzupassen. Affektives Scaffolding bezieht sich auf die Problemlösephase und die Rolle der Lehrperson, welche (häufig) nach dem kognitiven Scaffolding die Motivation der Lernenden fördern und Frustration verhindern soll (Van de Pol et al. 2010). Haataja et al. (2019) konnten anhand der Zahl der Fixationen zeigen, dass die Lehrperson während des kognitiven Scaffoldings häufig auf das Heft der Lernenden und während des affektiven Scaffoldings häufig in die Gesichter der Lernenden blickte. In ihrer Studie im Mathematikunterricht an finnischen Schulen berichten Pouta et al. (2021), dass Lehrpersonen häufig ihre Aufmerksamkeit auf Informationen lenken, die zum Verständnis der Lernenden hilfreich sind und beim Erklären unterstützen. Dadurch schaffen die Lehrpersonen beim Erklären einen Raum geteilter Aufmerksamkeit, der Lernende dabei unterstützt, mathematische Inhalte besser zu verstehen. In dieser Studie trugen vier Lehrpersonen der Primarstufe einen mobilen *Eye Tracker*, während sie das Bruchrechnen im Unterricht behandelten.

Insgesamt ist anzunehmen, dass Lehrpersonen in Einzelsituationen den Blick auf das Unterrichtsmaterial lenken, welches sich als notwendig beim Erklären herausstellt. Die Lernenden nehmen diesen Blick als relevant wahr und können diesem folgen (Csibra/Gergely 2009).

2.3 Der Blick der Lernenden

Eye Tracking macht nicht nur den Blick der Lehrpersonen sichtbar, sondern auch den Blick der Lernenden. Lernende haben eine zentrale Bedeutung, wenn es um den Wissenserwerb geht. Sie sollen den Wissensgegenstand übermittelt bekommen, aber auch aktiv an diesem Prozess teilnehmen. Dabei ist die Frage interessant, auf welche Informationen die Lernenden ihren Blick und damit ihre Aufmerksamkeit lenken.

Haataja et al. (2021) führten eine Studie mit 47 Schüler*innen der Sekundarstufe im Mathematikunterricht durch, um nonverbale Interaktionen im Unterricht zu erforschen. Dabei konnten sie herausfinden, dass Lernende den Blick der Lehrperson nachverfolgen, wenn die Erklärungen der Lehrperson hilfreich sind. Außerdem konnten die Autor*innen mit Hilfe von Kameras, die im Klassenzimmer aufgestellt wurden, feststellen, dass Lernende weniger auf die Lehrperson blicken und dem Blick der Lehrperson ausweichen, wenn diese Instruktionen erteilt oder zur Aufmerksamkeit ermahnt.

Eine weitere Studie von Kwon et al. (2017) untersuchte eine*n Schüler*in im naturwissenschaftlichem Unterricht auf ihre visuelle Aufmerksamkeit. Dabei konnten sie entdecken, dass die Schüler*in nach den ersten 15 Minuten des Unterrichts mit den Augen um das Klassenzimmer herumblickte und sich passiv verhielt, wobei sie weiterhin versuchte konzentriert mitzuarbeiten.

Insgesamt ist festzuhalten, dass nonverbale Interaktionen im Unterricht zwischen Lernenden und Lehrpersonen an Bedeutung gewinnen, wenn die Lehrperson die Lernenden bewusst wahrnimmt und zur Mitarbeit ermuntert. Die Konzentrationsschwelle sollte bedacht werden, damit die Schüler*innen im Verlauf des Unterrichtes ihren Blick auf relevante Informationen beibehalten. Dabei sollten Lehrpersonen die Erklärsituation als Möglichkeit ansehen, die Lernenden mit ihrem eigenen Blickverhalten auf die Aufgabe zu fokussieren und sie kognitiv zu aktivieren.

3. Diskussion

Dieses Kapitel hat sich mit dem Blick von Lehrpersonen und Lernenden in Erklärsituationen beschäftigt und einige exemplarische Befunde präsentiert. Es zeigte sich, dass *Eye Tracking* eine häufig angewandte Methode zur Erforschung professioneller Unterrichtswahrnehmung in Erklärsituationen ist. Dabei konnten Forscher*innen belegen, dass erfahrene Lehrpersonen ihren Blick auf relevante Informationen im Unterricht lenken, wenn sie frontal im Klassenzimmer stehen oder individuell einer oder einem Lernenden etwas erklären. Außerdem ist der Literatur zu entnehmen, dass Lernende in Erklärsituationen ebenfalls eine zentrale Rolle einnehmen, wenn die Lehrperson diese aktiv einbezieht und Möglichkeiten zur Interaktion bietet.

Auf Grundlage dieses Überblicks folgen nun theoretische Implikationen und Linien für zukünftige Forschung.

3.1 Theoretische Implikationen

In den letzten Jahren fand die Entwicklung einiger zentraler Theoriemodelle und theoretisch modellierter Subprozesse statt (Blömeke et al. 2015; Jacobs et al.

2010; Seidel/Stürmer 2014; van Es/Sherin 2011). Zu den aktuellsten Entwicklungen zählen das *Revised Learning to Notice Framework* (van Es/Sherin 2021) und die *Cognitive Theory of Visual Expertise* (Gegenfurtner et al. 2023). All diese Theorien haben zur Erweiterung des Verständnisses der professionellen Unterrichtswahrnehmung beigetragen. Es ist jedoch auch wichtig, die Bedeutung des Blickes im Allgemeinen zu verstehen. Der Begriff im Rahmen der professionellen Wahrnehmung bezieht sich nach Goodwin (1994) auf eine bestimmte Disziplin, welche konkrete professionelle Praktiken verlangt, die innerhalb dieser Disziplin entwickelt, kultiviert und ausgeführt werden. Bezogen auf den Unterricht und auf Erklärsituationen bringt der Blick demnach einige Funktionen mit sich: Hierbei kann es sich um präventives Klassenmanagement, Aufmunterung, Lenkung der Aufmerksamkeit, Ermahnung, aber auch um Aufforderung zum Sprechen handeln. Die Rolle des Wissens ist jedoch nicht außer Acht zu lassen, welche sich unter anderem als Element der Professionalität und Expertise von Lehrpersonen auszeichnet und einen erheblichen Beitrag dazu leistet, visuelle Informationen effektiv zu verarbeiten (Boshuizen 2020; Voss 2011). Lehrpersonen sind vor allem in ihrem fachlichen Wissen, fachdidaktischen Wissen und pädagogisch-psychologischen Wissen ständig gefragt und müssen sich darin weiterbilden. Durch visuelle Informationen und die damit verbundenen Interaktionen können sie dann schließlich die Lernatmosphäre beeinflussen und den weiteren Unterrichtsverlauf entsprechend gestalten.

3.2 Linien zukünftiger Forschung

Professionelle Wahrnehmung gewinnt in der Forschung immer mehr an Bedeutung. Eine solide Befundlage zur visuellen Expertise von Lehrpersonen ist bereits vorhanden und teilweise hier in den Abschnitten 2.1 und 2.2 präsentiert. Dabei ist anzumerken, dass Mixed-Method-Designs in diesen Forschungsvorhaben empfehlenswert sind, damit Forscher*innen Zugang zu Indikatoren visueller und kognitiver Verarbeitungsprozesse erhalten und diese in ihren Analysen integrieren (Dizinger/Böhm-Kasper 2012). Zukünftige Forschungen sollten zudem weitere Aspekte (z. B. untersuchen von verschiedenen Heterogenitätsaspekten, asynchrones Unterrichten, außerschulische Erklärsituationen) berücksichtigen, um dieses Forschungsfeld stärker auszubauen.

Der professionelle Blick muss bei Noviz*innen erst geschult werden. Schon im Lehramtsstudium können Unterrichtsvideos oder Praktikumsphasen eine gute Möglichkeit zur Schulung der professionellen Wahrnehmung darstellen (Gold et al. 2021). Dabei können spezifische Aufgabenstellungen (Grub et al. 2022a, 2022b) oder Prompts (Martin et al. 2022) die Aufmerksamkeit von Noviz*innen auf relevante Situationen lenken und damit die professionelle Wahrnehmung schulen (Gabel/Gegenfurtner 2022). Im Praktikum bietet sich das Unterrichten für Lehramtsstudierende schließlich als eine gute Gelegenheit zum Üben an. Zu Beginn des Referendariats und im weiteren Verlauf des Berufs ist diese Expertise dann erforderlich, um in Erklärsituationen professionell handeln zu können.

Noch vergleichsweise wenig erforscht ist der Bereich der Heterogenität. Nicht alle Lernenden im Klassenzimmer sind gleich; sie differieren beispielsweise hinsichtlich ihrer sozialen Herkunft, ihres Migrationshintergrunds, ihrer geschlechtlichen Identität oder auch im Grad einer körperlichen oder geistigen Behinderung. Es lässt sich vermuten, dass Lernende mit Heterogenitätsmerkmalen sich weniger beachtet fühlen als Lernende ohne diese Merkmale (Vieluf/ Sauerwein 2018). Bisher konnte eine *Eye Tracking*-Studie festhalten, dass Lehrpersonen auf Lernende mit Migrationshintergrund weniger und kürzer fixieren als auf Lernende ohne Migrationshintergrund (Keskin/Gegenfurtner 2022). Für die Erklärkomponente im Unterricht könnte diese Erkenntnis dazu führen, dass Lernende mit Migrationshintergrund keine individuellen Möglichkeiten bekommen, den Unterrichtsgegenstand auf Nachfrage erklärt zu bekommen. Weitere Heterogenitätsmerkmale könnten untersucht werden, um die Aufmerksamkeitsverteilung in Abhängigkeit zu Heterogenitätsdimensionen der Lernenden zu erforschen.

Weiterhin ist die Thematik des Blickverhaltens in (hoch)schulischen Erklärsituationen im digitalen Bereich (z. B. Distanzlernen, Online-Vorlesungen via Zoom) weiter zu erforschen. Im Zuge der Corona-Pandemie hat dieser Bereich einen hohen Stellenwert erreicht und verlangt nach intensiver Untersuchung – beispielsweise ist dabei die Frage nach der Aufmerksamkeitsverteilung im synchronen Online-Unterricht sehr bedeutsam. Hierfür kann mit Hilfe des *Eye Trackings* die Augenbewegungen der Lehrperson aufgenommen und analysiert werden.

Literatur

Alberti, Concetta F./Gamberini, Luciano/Spagnolli, Anna/Varotto, Diego/Semenzato, Luca (2012): Using an eye-tracker to assess the effectiveness of a three-dimensional riding simulator in increasing hazard perception. In: Cyberpsychology, Behavior, and Social Networking 15, H. 5, S. 274–276. www.liebertpub.com/doi/10.1089/cyber.2010.0610 (Abfrage: 05.04.23).

Ashraf, Hajra/Sodergren, Mikael H./Merali, Nabeel/Mylonas, George/Singh, Harsimrat/Darzi, Ara (2018): Eye-tracking technology in medical education: A systematic review. In: Medical Teacher 40, H. 1, S. 62–69. https://spiral.imperial.ac.uk/handle/10044/1/54517 (Abfrage: 05.04.23).

Blömeke, Sigrid/Gustafsson, Jan-Erik/Shavelson, Richard J. (2015): Beyond dichotomies: Competence viewed as a continuum. In: Zeitschrift für Psychologie 223, S. 3–13. https://www.researchgate.net/publication/271839473_Beyond_Dichotomies_Competence_Viewed_as_a_Continuum/link/54d39f300cf2501791826c63/download (Abfrage: 05.04.23)

Boshuizen, Henny P./Gruber, Hans/Strasser, Josef (2020): Knowledge restructuring through case processing: The key to generalise expertise development theory across domains? In: Educational Research Review 29, 10031. https://www.researchgate.net/publication/338539371_Knowledge_restructuring_through_case_processing_The_key_to_generalise_expertise_development_theory_across_domains (Abfrage: 05.04.23).

Bozkir, Efe/Kasneci, Gjergji/Utz, Sonja/Kasneci, Enkelejda (2022, June 8–11): Regressive saccadic eye movements on fake news. In: 2022 Symposium on Eye Tracking Research and Applications (ETRA '22), [Symposium]. Eye Tracking Research and Applications (ETRA), Seattle, WA, USA. https://dl.acm.org/doi/abs/10.1145/3517031.3529619 (Abfrage: 05.04.23)

Bromme, Rainer (1992): Der Lehrer als Experte. Zur Psychologie des professionellen Wissens. Waxmann.

Csibra, Gergely/Gergely, György (2009): Natural pedagogy. In: Trends in Cognitive Sciences 13, H. 4, S. 148–153. https://www.researchgate.net/publication/24200509_Natural_Pedagogy (Abfrage: 05.04.23)

Dizinger, Vanessa/Böhm-Kasper, Oliver (2012): Mixed Methods zur Analyse interprofessioneller Kooperation an Ganztagsschulen. In: Gläser-Zirkuda, Michaela/Seidel, Tina/Rohlfs, Carsten/Gröschner, Alexander/Ziegelbauer, Sascha (Hrsg.): Mixed Methods in der empirischen Bildungsforschung. Münster: Waxmann, S. 135–149.

Gabel, Sylvia/Gegenfurtner, Andreas (2022, November): Prompts vs. Spezifische Aufgabenstellung: Minimalintervention zur Förderung der professionellen Wahrnehmung von Lehrkräften. [Poster]. 7. Wissenschaftliches Symposium des Projektes „Förderung der Lehrerprofessionalität im Umgang mit Heterogenität" (LeHet) an der Universität Augsburg, Augsburg.

Gegenfurtner, Andreas/Boucheix, Jean-Michel/Gruber, Hans/Hauser, Florian/Lehtinen, Erno/Lowe, Richard K. (2020): The gaze relational index as a measure of visual expertise. In: Journal of Expertise 3, H. 1, S. 32–40.

Gegenfurtner, Andreas/Gruber, Hans/Holzberger, Doris/Keskin, Özün/Lehtinen, Erno/Seidel, Tina/Stürmer, Kathleen/Säljö, Roger (2023): Towards a cognitive theory of visual expertise: Methods of inquiry. In: Damşa, Crina/Rajala, Antti/Ritella, Giuseppe/Brouwer, Jacob (Hrsg.): Re-theorizing learning and research methods in learning research. London: Routledge.

Gegenfurtner, Andreas/Lehtinen, Erno/Säljö, Roger (2011): Expertise differences in the comprehension of visualizations: A meta-analysis of eye-tracking research in professional domains. In: Educational Psychology Review 23, H. 4, S. 523–552. https://www.researchgate.net/publication/241037549_Expertise_Differences_in_the_Comprehension_of_Visualizations_A_Meta-Analysis_of_Eye-Tracking_Research_in_Professional_Domains (Abfrage: 05.04.23).

Goodwin, Charles (1994): Professional vision. In: American Anthropologist 96, H. 3, S. 606–633. https://pages.ucsd.edu/~johnson/COGS102B/Goodwin94.pdf (Abfrage: 05.04.23).

Gold, Bernadette/Pfirrmann, Christina/Holodynski, Manfred (2021): Promoting professional vision of classroom management through different analytic perspectives in video-based learning environments. In: Journal of Teacher Education 72, H. 4, S. 431–447. https://journals.sagepub.com/doi/epub/10.1177/0022487120963681 (Abfrage: 05.04.23).

Goldberg, Patricia/Sümer, Ömer/Stürmer, Kathleen/Wagner, Wolfgang/Göllner, Richard/Gerjets, Peter/Kasneci, Enkelejda/Trautwein, Ulrich (2021): Attentive or not? Toward a machine learning approach to assessing students' visible engagement in classroom instruction. In: Educational Psychology Review 33, H. 1, S. 27–49. https://psycnet.apa.org/record/2019-79420-001 (Abfrage: 05.04.23).

Grub, Ann-Sophie/Biermann, Antje/Brünken, Roland (in Druck): Eye tracking as a process-based methodology to assess teacher professional vision. In: Gegenfurtner, Andreas/Stahnke, Rebekka (Hrsg.): Teacher professional vision: Theoretical and methodological advances. London: Routledge.

Grub, Ann-Sophie/Biermann, Antje/Brünken, Roland (2022a): Professional knowledge and task instruction specifitiy as influencing factors of prospective teachers' professional vision. In: Teaching and Teacher Education 109, S. 1–14. https://www.researchgate.net/publication/355408378_Professional_knowledge_and_task_instruction_specificity_as_influencing_factors_of_prospective_teachers'_professional_vision (Abfrage: 05.04.23).

Grub, Ann-Sophie/Biermann, Antje/Lewalter, Doris/Brünken, Roland (2022b): Professional vision and the compensatory effect of a minimal instructional intervention: A quasi-experimental eye-tracking study with novice and expert teachers. In: Frontiers in Education 7, S. 1–17. https://www.frontiersin.org/articles/10.3389/feduc.2022.890690/full (Abfrage: 05.04.23).

Gudjons, Herbert (2021): Frontalunterricht – neu entdeckt: Integration in offene Unterrichtsformen. Klinkhardt.

Haataja, Eeva/Salonen, Visajaani/Laine, Anu/Toivanen, Miika/Hannula, Markku S. (2021): The relation between teacher-student eye contact and teachers' interpersonal behavior during group work: A multiple-person gaze-tracking case study in secondary mathematics education. In: Educational Psychology Review 33, H. 1, S. 51–67. https://psycnet.apa.org/record/2020-36886-001 (Abfrage: 05.04.23).

Haataja, Eeva/Salonen, Visajaani/Toivanen, Miika/Hannula, Markku S. (2019): Teacher-student eye contact during scaffolding collaborative mathematical problem-solving. In: LUMAT: International Journal on Math, Science and Technology Education 7, H. 2, S. 9–26. https://www.researchgate.net/publication/336933752_Teacher-student_eye_contact_during_scaffolding_collaborative_mathematical_problem-solving (Abfrage: 05.04.23).

Hicken, Laura K./Duke, Robert A. (2023): Differences in attention allocation in relation to music teacher experience and expertise. In: Journal of Research in Music Education 70, H. 4, S. 369–384. https://journals.sagepub.com/doi/pdf/10.1177/00224294221096701 (Abfrage: 11.04.2023)

Holmqvist, Kenneth/Nyström, Marcus/Andersson, Richard/Dewhurst, Richard/Jarodzka, Halszka/Van de Weijer, Joost (2011): Eye tracking: A comprehensive guide to methods and measures. Oxford University Press.

Huang, Yizhen/Miller, Kevin F./Cortina, Kai S./Richter, Dirk (2023): Teachers' professional vision in action. In: Zeitschrift für Pädagogische Psychologie 37, H. 1–2, S. 122–139. https://econtent.hogrefe.com/doi/abs/10.1024/1010-0652/a000313 (Abfrage: 05.04.23).

Jacobs, Victoria R./Lamb, Lisa L./Philipp, Randolph A. (2010): Professional noticing of children's mathematical thinking. In: Journal for Research in Mathematics Education, 41, H. 2, S. 169–202. https://doi.org/10.5951/jresematheduc.41.2.0169

Just, Marcel A./Carpenter, Patricia A. (1980): A theory of reading: From eye fixations to comprehension. In: Psychological Review 87, H. 4, S. 329–354. https://psycnet.apa.org/record/1980-27123-001 (Abfrage: 05.04.23).

Kiel, Ewald (1999): Erklären als didaktisches Handeln. Ergon.

Keskin, Özün/Gegenfurtner, Andreas (2022, November): Der Blick auf Lernende – Aufmerksamkeitsallokation von Lehramtsstudierenden auf Schüler*innen mit und ohne Migrationshintergrund. [Koreferat]. 7. Wissenschaftliches Symposium des Projektes „Förderung der Lehrerprofessionalität im Umgang mit Heterogenität" (LeHet) an der Universität Augsburg, Augsburg.

Keskin, Özün/Gegenfurtner, Andreas/Seidel, Tina/Stürmer, Kathleen (in Druck): Eye-Tracking Research on Teacher Professional Vision: A Meta-Analytic Review. In: Educational Research Review.

Klein, Pascal/Hahn, Larissa/Kuhn, Jochen (2021): Einfluss visueller Hilfen und räumlicher Fähigkeiten auf die graphische Interpretation von Vektorfeldern: Eine Eye-Tracking-Untersuchung. In: Zeitschrift für Didaktik der Naturwissenschaften 27, H. 1, S. 181–201. https://www.researchgate.net/publication/353936827_Einfluss_visueller_Hilfen_und_raumlicher_Fahigkeiten_auf_die_graphische_Interpretation_von_Vektorfeldern_Eine_Eye-Tracking-UntersuchungImpact_of_Visual_Cues_and_Spatial_Abilities_on_the_Visual_Interpr/link/611b430e1ca20f6f8629858c/download (Abfrage: 05.04.23).

Kosel, Christian/Holzberger, Doris/Seidel, Tina (2021): Identifying expert and novice scanpath patterns and their relationship to assessing learning-relevant student characteristics. In: Frontiers in Education 5, S. 1–16. https://www.frontiersin.org/articles/10.3389/feduc.2020.612175/full (Abfrage: 05.04.23).

Kwon, Seyung-Hyung, Kim, Dong Yong, Lee, Yeong-Ji/Kwon, Yong-Ju (2017): Visual attention of science class: An eye-tracking case study of student and teacher. In: International Journal on Information 20, H. 9, S. 6679–6686.

Leitgeb, Karin (2021): „Erklären können" im (Philosophie-)Unterricht. Fachdidaktische Überlegungen [Diplomarbeit]. Karl-Franzens-Universität Graz.

Lowe, Richard K./Boucheix, Jean-Michel (2016): Principled animation design improves comprehension of complex dynamics. In: Learning and Instruction 45, S. 72–84. https://www.researchgate.net/publication/305687346_Principled_animation_design_improves_comprehension_of_complex_dynamics (Abfrage: 05.04.23).

Määttä, Olli/McIntyre, Nora/Palomäki, Jussi/Hannula, Markku S./Sheinin, Patrik/Ihantola, Petri (2021): Students in sight: Using mobile eye-tracking to investigate mathematics teachers' gaze behaviour during task instruction-giving. In: Frontline Learning Research 9, H. 4, S. 92–115. https://journals.sfu.ca/flr/index.php/journal/article/view/965 (Abfrage: 05.04.23).

Martin, Monika/Farrell, Meg/Seidel, Tina/Rieß, Werner/Königs, Karen D./van Merriënboer, Jeroen J.G./Renkl, Alexander (2022): Focused self-explanation prompts and segmenting foster pre-service teachers' professional vision – but only during training. In: International Journal of Educational Technology in Higher Education 19, H. 34, S. 435–455. https://link.springer.com/article/10.1007/s11251-017-9445-x (Abfrage: 05.04.23).

McIntyre, Nora A./Foulsham, Tom (2018): Scanpath analysis of expertise and culture in teacher gaze in real-world classrooms. In: Instructional Science 46, H. 3, S. 435–455.

McIntyre, Nora A./Mainhard, M. Tim/Klassen, Robert M. (2017): Are you looking to teach? Cultural, temporal and dynamic insights into expert teacher gaze. In: Learning and Instruction 49, S. 41–53. https://www.sciencedirect.com/science/article/abs/pii/S0959475216302894 (Abfrage: 05.04.23).

Posner, Michael I. (1980): Orienting of attention. In: Quarterly Journal of Experimental Psychology 32, H. 1, S. 3–25. https://www.researchgate.net/publication/15830678_Orienting_of_Attention (Abfrage: 05.04. 23).

Pouta, Maikki/Lehtinen, Erno/Palonen, Tuire (2021): Student teachers' and experienced teachers' professional vision of students' understanding of the rational number concept. Educational Psychology Review 33, H. 1, 109–128. https://doi.org/10.1007/s10648-020-09536-y (Abfrage: 13.05.23).

Rüth, Marco/Zimmermann, Daniel/Kaspar, Kai (2020): Mobiles Eye-Tracking im Unterricht. Analyse der visuellen Aufmerksamkeit von Lehrpersonen zur Förderung professioneller Unterrichtswahrnehmung. In: Kaspar, Kai/Becker-Mrotzek, Michael/Hofhues, Sandra/König, Johannes/Schmeinck, Daniela (Hrsg.): Bildung, Schule, Digitalisierung. Münster: Waxmann, S. 223–228.

Schmölzer-Eibinger, Sabine/Fanta, Johanna (2014): Erklären lernen. Ein prozedurorientiertes didaktisches Modell zur Förderung literaler Handlungskompetenz am Beispiel des Erklärens. In: Bachmann, Thomas/Feilke, Helmuth (Hrsg.): Werkzeuge des Schreibens. Beiträge zur Didaktik der Textprozeduren. Stuttgart: Klett, S. 157–175.

Seidel, Tina/Stürmer, Kathleen (2014): Modeling and measuring the structure of professional vision in preservice teachers. In: American Educational Research Journal 51, H. 4, S. 739–771.

Seidel, Tina (2022): Professionelle Unterrichtswahrnehmung als Teil von Expertise im Lehrberuf. Weiterentwicklungsperspektiven für die videobasierte Lehrerforschung. In: Junker, Robin/Zucker, Verena/Oellers, Manuel/Rauterberg, Till/Konjer, Sabrina/Meschede, Nicola/Holodynski, Manfred (Hrsg.): Lehren und Forschen mit Videos in der Lehrkräftebildung. Münster: Waxmann, S. 17–37.

Seidel, Tina/Schnitzler, Katharina/Kosel, Christian/Stürmer, Kathleen/Holzberger, Doris (2021): Student characteristics in the eyes of teachers: Differences between novice and expert teachers in judgment accuracy, observed behavioral cues, and gaze. In: Educational Psychology Review 33, H. 1, S. 69–89. https://link.springer.com/article/10.1007/s10648-020-09532-2. (Abfrage: 05.04.23).

Shulman, Lees S. (1986): Those who understand: Knowledge growth in teaching. Educational Researcher 15, H. 2, S. 4–14. https://www.jstor.org/stable/1175860 (Abfrage: 05.04.23).

Stahnke, Rebekka/Blömeke, Sigrid (2021): Novice and expert teachers' noticing of classroom management in whole-group and partner work activities: Evidence from teachers' gaze and identification of events. In: Learning and Instruction 74. https://www.researchgate.net/publication/350406618_Novice_and_expert_teachers'_noticing_of_classroom_management_in_whole-group_and_partner_work_activities_Evidence_from_teachers'_gaze_and_identification_of_events (Abfrage: 05.04.23).

Valladares Rodríguez, Santiago/Furelos, Roberto/Calvo, Marcos M. (2016): Análisis de la percepción visual y respuesta verbal sobre contenidos deportivos generales y específicos de los estudiantes de CCAFYD [Visual perception and verbal answer analysis about general and specific sports contents of CCAFYD's students]. In: Sportis 2, H. 1, S. 4–22. https://www.researchgate.net/publication/305286615_Analisis_de_la_percepcion_visual_y_respuesta_verbal_sobre_contenidos_deportivos_generales_y_especificos_de_los_estudiantes_de_CCAFYD (Abfrage: 05.04.23).

Van de Pol, Janneke/Volman, Monique/Beishuizen, Jos (2010): Scaffolding in teacher-student interaction: a decade of research. In: Educational Psychology Review 22, S. 271–297. https://www.researchgate.net/publication/225487532_Scaffolding_in_Teacher-Student_Interaction_A_Decade_of_Research (Abfrage: 05.04.23).

van Es, Elizabeth/Sherin, Miriam (2021): Expanding on prior conceptualizations of teacher noticing. In: ZDM 53, H. 1, S. 17–27. https://www.researchgate.net/publication/348180913_Expanding_on_prior_conceptualizations_of_teacher_noticing (Abfrage: 05.04.23).

van Es, Elizabeth/Sherin, Miriam (2002): Learning to notice: Scaffolding new teachers' interpretations of classroom interactions. Journal of Technology and Teacher Education 10, H. 4, S. 571–596.

Vieluf, Svenja/Sauerwein, Markus N. (2018): Does a lack of teachers' recognition of students with migration background contribute to achievement gaps? In: European Educational Research Journal. https://journals.sagepub.com/doi/epub/10.1177/1474904118810939 (Abfrage: 05.04.23).

Voss, Thamar/Kunter, Mareike/Baumert, Jürgen (2011): Assessing teacher candidates' general pedagogical/psychological knowledge: Test construction and validation. In: Journal of Educational Psychology 103, H. 4, S. 952–969. https://www.researchgate.net/publication/216743444_Assessing_Teacher_Candidates'_General_PedagogicalPsychological_Knowledge_Test_Construction_and_Validation (Abfrage: 05.04.23

Gesten des Erklärens

Eine Fallstudie zur Wissensvermittlung auf YouTube

Pepe Droste und Alexander Werth

1. Einleitung

Für die Vermittlung und den Erwerb von Wissen in Bildungsinstitutionen ist sprachliche Kommunikation wesentlich. Eine Ressource, die in den vergangenen Jahren in Kontexten nonformalen Lernens immer wichtiger geworden ist, sind Erklärvideos auf Online-Plattformen wie YouTube. Repräsentativen Bevölkerungsumfragen zufolge nutzen ca. drei Viertel der Jugendlichen im Alter zwischen zwölf und 19 Jahren regelmäßig YouTube (Medienpädagogischer Forschungsverbund Südwest 2022). Fast die Hälfte der Jugendlichen findet YouTube wichtig für die Schule – davon fast drei Viertel im Sinne einer Lernhilfe (Rat für Kulturelle Bildung 2019). Im Zeitraum während der Homeschooling-Politik 2019/2020 haben etwa vier von fünf Jugendlichen Videos auf YouTube zum Lernen genutzt, kaum mehr als die Hälfte hingegen Wikipedia (Medienpädagogischer Forschungsverbund Südwest 2020, S. 69). Die Verbreitung nonformalen Lernens mit Videos auf YouTube ist vor dem Hintergrund einer „Kultur der Digitalität" (Stalder 2016) zu verstehen, die im Zuge sozialer Transformationsprozesse, die einen Großteil des Alltags durchziehen, als Katalysator für die Herausbildung und Aneignung neuer Praktiken der Vermittlung und des Erwerbs von Wissen wirkt.

Ein zentrales Element solcher Videos ist die Aktivität des Erklärens. Es geht um die Vermittlung von Wissen, darum, etwas „verständlich zu machen" (Antaki 1994, S. 2). Eine wissende Person erklärt öffentlich einen Gegenstand, einen Sachverhalt, eine Vorgehensweise o. Ä. Dabei kommt multimodalen Praktiken zentrale Bedeutung zu – ganz gleich, ob das Video animiert ist, als Podcast mit *voice over* produziert wird oder eine Person zeigt, die erklärt. Wenn eine Person gezeigt wird, spielt wie in der direkten Interaktion das körperliche Verhalten eine profilierte Rolle. Dazu lassen sich etwa Wechsel in der Körperorientierung und insbesondere Gesten zählen.

Im vorliegenden Beitrag nehmen wir die Rolle von Gesten in Erklärvideos anhand eines Videos auf YouTube zum Thema Mathematik empirisch in den Blick. Uns interessiert, welche Gesten im Zusammenhang von Aktivitäten verwendet werden, die die Beteiligten selbst als Erklären begreifen. Welche Funktionen nehmen die Gesten für die Erklärungen (und Teile davon) ein und wie ist das Zusammenspiel zwischen verbalen und nonverbalen Ressourcen ausgestaltet?

Im Folgenden skizzieren wir kurz den aktuellen Forschungsstand zu YouTube als multimedialer und multimodaler Lernplattform (Abschnitt 2) und Erklären aus multimodaler Perspektive (Abschnitt 3). Daraufhin stellen wir unsere Untersuchungen zu multimodalen Praktiken in Mathematik-Erklärvideos auf YouTube vor (Abschnitt 4). Abschließend diskutieren wir unsere Untersuchungsergebnisse hinsichtlich der Bedeutung von Multimodalität in Erklärvideos auf YouTube für nonformales Lernen (Abschnitt 5).

2. YouTube-Videos als multimediale und multimodale Erklärressourcen

In der gegenwärtigen „digitalen Gesellschaft" (Nassehi 2019) sind digitale Medien nicht nur mit Veränderungen verbunden, wie die Wissensvermittlung in Bildungsinstitutionen wie der Schule gestaltet wird und wie Wissen sprachlich vermittelt wird (siehe z.B. Beißwenger/Knoop 2019).[1] Vielmehr tragen digitale Medien darüber hinaus Bildungsressourcen auch in nicht-institutionelle Kontexte hinein. Eine zentrale Rolle dabei spielen Online-Plattformen wie YouTube. YouTube stellt ein laufend aktualisiertes Repositorium an Erklärvideos zur Verfügung, das virtuell global zugänglich ist und thematisch relativ unbeschränkt das abdeckt, was Menschen interessiert oder interessieren könnte. Adressiert wird die gesamte Bandbreite von praktischen Instruktionen wie die Anleitung zur Pflege einer Shimano-Hinterradnabe bis hin zu abstrakten Erklärungen wie die der Corioliskraft und ihrer komplexen Konsequenzen für das Leben auf der Erde. Im Alltag bedienen die Erklärvideos Bedürfnisse von Nachhilfe, Wünsche nach der Vertiefung und Sicherung von Wissen sowie nach Erschließung von neuen, insbesondere speziellen oder ‚ausgefallenen' Themen (siehe hierzu Wolf et al. 2021). Erklärvideos auf YouTube sind nicht lediglich einer virtuell globalen Öffentlichkeit zugänglich, sondern durch sie wird die Wissensvermittlung informalisiert, de-institutionalisiert und individualisiert, was aus einer normativen Perspektive mit Chancen und Risiken verbunden ist (Bersch et al. 2020). Sie ermöglichen grundsätzlich einen sehr selbstständigen Umgang mit Bildungsressourcen (vgl. Arendes 2019). Hinsichtlich der (i) Auswahl und (ii) Rezeption von Erklärvideos bringt YouTube als Plattform eine große Handlungsfähigkeit für Rezipient:innen mit. Zu (i): Diese können Inhalte anhand eigener Kriterien auswählen und müssen sich nicht etwa an institutionellen Vorgaben orientieren. Erklärvideos können so anhand der Beschreibungen, die die Videos bewerben, an den individuellen Wissensstand angeschlossen werden. Darüber hinaus zählen Kanäle mit bestimmten Schwerpunkten, ihre Abonnements und spezielle YouTube-Persönlichkeiten zu den Auswahlkriterien. Zudem können ästhetische Kriterien wie die

---

1 Siehe als Beispiel Auer (2020) zu *genau* als Gliederungssignal in PowerPoint-Präsentationen.

Gestaltung der Videos herangezogen werden. Nicht zuletzt ist die Einschätzung, wie gut im Video erklärt wird, ein zentrales Kriterium der Auswahl. Dies spiegelt sich zum Beispiel in der Häufigkeit wider, mit der in den Kommentaren das Erklären (gerade positiv) bewertet wird (Busch im Erscheinen). Zu (ii): Erklärvideos auf YouTube erlauben eine relativ große Flexibilität bei der Beschäftigung mit Inhalten. Rezipient:innen sind weder an Raum noch an Zeit gebunden. Der Wissenstransfer findet zerdehnt statt. Sie können dabei auch ihr eigenes Tempo der Wissensaneignung bestimmen, insofern, als sie pausieren, wiederholen, vorspringen und abbrechen können.

Andererseits sind die Möglichkeiten der Partizipation auf YouTube eingeschränkt (siehe Dynel 2014 zu den Partizipationsstrukturen in der Kommunikation auf YouTube). In dieser Hinsicht ist die Handlungsfähigkeit von Rezipient:innen gering, denn in Erklärvideos lässt sich nicht partizipativ eingreifen. In dem primär monologischen Genre gibt es keine Möglichkeiten zur Rückkopplung zwischen den Beteiligten wie Rückmeldesignale oder Nachfragen, die synchrone Interaktionen so wirkungsvoll für die Vermittlung und Aneignung von Wissen machen. Die hauptsächliche Möglichkeit der Partizipation bildet die Anschlusskommunikation in Form formalisierter Bewertungen und offener Kommentare. Hier lassen sich in der Tat interaktive, in die Affordanzen des Mediums eingepasste Praktiken der Aushandlung von Wissen beobachten, die kommunikativ dialogische Elemente mit sich bringen (Busch im Erscheinen). Die Videos lassen sich somit als stabile kommunikative Elemente innerhalb eines multimedial und multimodal fortgeschriebenen Textes verstehen (Benson 2015; Androutsopoulos/Tereick 2015).

3. Erklären in YouTube-Videos als interaktive und körperliche Aktivität

Im Folgenden wollen wir die Videos selbst innerhalb dieses multimedialen und multimodalen Textes näher betrachten. Was diese Videos durchzieht, ist der Anspruch, Erklärungen zu liefern. Dabei ist die Definition von Erklären sehr problematisch. Erklärungen sind aus vielfältigen Perspektiven der Pragmatik heraus in den Blick genommen worden, wobei die Begriffe davon, was eine Erklärung ist, was erklärt werden kann und welche Typen von Erklärungen voneinander unterschieden werden können, stark voneinander abweichen (Hohenstein 2006; Vogt 2016; Klein 2001; Antaki 1988, 1994; Spreckels 2009; Kotthoff 2009; Harren 2008; Meißner/Wyss 2017; Morek 2012, 2018; Stukenbrock 2009; Koole 2009; siehe Einleitung in diesen Band). Zwei zentrale Charakteristika, die sich in der Literatur zu Erkläraktivitäten wiederfinden, sind die Relevanz lokaler Wissensasymmetrien, die spezifische Partizipationsstrukturen (Goffman 1981) implizieren, und der Umstand, dass Erklärungen – unabhängig von der jeweiligen

Art und dem Thema – kommunikative Einheiten im Sinne von „big packages" (Sacks 1992) bilden, d. h. Einheiten, die über einzelne Äußerungen hinausgehen und kontextuell abgegrenzt werden (siehe Quasthoff/Heller/Morek 2017).

Ein großer Teil der pragmatischen Literatur zum Erklären fokussiert auf Gespräche, wie z. B. solche im Klassenzimmer und in der Familie. Beim Erklären im Gespräch orientieren sich die Beteiligten an spezifischen kommunikativen Aufgaben. Morek (2012, S. 63) hat fünf Aufgaben empirisch herausgearbeitet, denen Beteiligte bei der Einbettung, Konstitution und Interpretation von Erklärungen im Gespräch interaktive Relevanz beimessen:

(1) Herstellung thematischer Relevanz
(2) Konstituieren des Explanandums
(3) Durchführen der Erklärung
(4) Abschluss der Aktivität
(5) Überleitung zur folgenden Aktivität

Voraussetzung für Erkläraktivitäten ist, dass die Beteiligten eine gemeinsame Fokussierung auf ein Thema herstellen. Erst dann lässt sich ein Gegenstand etablieren, für den eine Wissensasymmetrie zwischen den Parteien angenommen bzw. angezeigt wird. Mittel, die immer wieder eingesetzt werden, um ein Explanandum zu konstituieren, sind Fragen zum Warum, Was und Wie des Themas (Blum-Kulka/Hamo/Habib 2010; Bova/Arcidiacono 2013; Morek 2012; siehe auch Klein 2009). Im Gespräch hängen die Beiträge zu diesen Aufgaben von den Partizipationsrollen ab, die die Beteiligten für sich beanspruchen. Wer welche Beiträge zu den unterschiedlichen Aufgaben in Erkläraktivitäten liefert, ist nicht grundsätzlich vorbestimmt, sondern vielmehr Gegenstand lokaler interaktiver Aushandlung. Die eigentliche Erklärung umfasst typischerweise die Bedeutung, Funktion oder Struktur des zu erklärenden Gegenstandes durch den/die Sprecher:in, der/die bis zum Abschluss der Erklärung prinzipiell das Rederecht besitzt. Die Erklärung kann im Gespräch durch die Interaktionsbeteiligten mithilfe von Rückmeldesignalen, Verstehensdokumentationen, Fragen etc. entscheidend mitgesteuert werden. Gerade für den Abschluss von Erkläraktivitäten hat es sich als wichtig erwiesen, dass sich die Beteiligten daran orientieren, die Aktivität zu einem gemeinsam bestätigten Ende zu bringen, wie eben durch eine Verstehensdokumentation der adressierten Person(en). Erst daraufhin lässt sich beobachten, wie Beteiligte den Übergang im gemeinsamen Handeln herstellen, insofern, als eine neue Aktivität begonnen oder die vorherige Aktivität wiederaufgenommen wird.

Bisher ist wenig darüber bekannt, wie in Erklärvideos auf YouTube erklärt wird. Grundsätzlich lassen sich in Erklärvideos die für Gespräche herausgearbeiteten kommunikativen Aufgaben beobachten, wobei die Affordanzen des Mediums andere Partizipationsmöglichkeiten erlauben, die zum einen den Rezipient:innen weitaus weniger Spielraum zur Partizipation erlauben und zum anderen einen statischen Zuschnitt auf die Rezipient:innen bedingen. Etwa kann es sich hinsichtlich des Gegenstandes, für den eine lokale Wissensasymmetrie relevant gemacht wird, immer nur um eine angenommene lokale Asymmetrie handeln, die erst durch die Anschlusskommunikation zwischen den Parteien (vorrangig mithilfe von Kommentaren) ausgehandelt werden kann. Ähnliches gilt für Verstehensdokumentationen und damit für den gemeinsamen Abschluss der Aktivität.

Eine Gemeinsamkeit des Erklärens in Erklärvideos auf YouTube mit dem in direkten Interaktionen ist die körperliche Sichtbarkeit und Profilierung der Person, die erklärt. Damit rückt das körperliche Verhalten während des Erklärens in den Fokus, insbesondere Gesten. Das Vorkommen von Gesten beim Erklären ist intensiv aus psychologischer und psycholinguistischer Perspektive untersucht worden (z. B. Goldin-Meadow et al. 2001; Novack et al. 2014). Die zumeist experimentellen Studien sind jedoch nicht an der Verwendung von Gesten als kommunikativen Ressourcen interessiert. Gesten werden eher als analytischer Zugang zu den mentalen Konzepten der Personen verstanden. Welche Rolle Gesten beim Erklären als Aktivität spielen, ist bisher nicht gut beschrieben. Allerdings gibt es einige wenige Untersuchungen, die darauf fokussieren, welchen Beitrag Gesten sowie andere körperliche und materielle Ressourcen in direkten Interaktionen zur Herstellung und Sicherung von Intersubjektivität leisten. Hier einschlägig ist Stukenbrocks (2009) Untersuchung, wie verbale und visuelle Verfahren innerhalb von Erkläraktivitäten in medizinischen Interaktionen verschränkt sind. Erklären ist in der *face-to-face*-Interaktion nur unscharf von anderen Aktivitäten wie Zeigen und Demonstrieren abzugrenzen. Stukenbrock (2009) verdeutlicht, dass aus multimodaler Perspektive „Erklären, Zeigen und Demonstrieren keine diskreten Aktivitätskategorien mit scharfen Grenzen bilden, sondern vielmehr durch Familienähnlichkeiten miteinander verbunden sind und in der emergierenden Interaktion fließend ineinander übergehen können" (Stukenbrock 2009, S. 173). Erklären sowie die körperlich-visuellen Verfahren des Zeigens und Demonstrierens sind in diesem Sinne zumeist ineinander verwoben. Körperlich-visuelle Verfahren können dabei etwa die Herstellung relevanter Interaktions- und Wahrnehmungsräume, die Herstellung von Referenz durch Zeigegesten und körperliche Inszenierungen umfassen. In Hinblick auf Bildungskontexte ist z. B. für Worterklärungen im Fremdsprachenunterricht untersucht, wie Lehrkräfte Gesten einsetzen, um die Bedeutung neuer Ausdrücke zu erklären (Lazaraton 2004; Waring/Creider/Box 2013). Kupetz (2011) zeigt wiederum, wie das körperliche Verhalten eines erklärenden Schülers zum kollaborativen Erklären und der Organisation der Partizipation im Klassenzimmer beitragen. Dabei entstehen bei der Verfertigung von Erklärungen in der multimodalen Interaktion komplexe Orchestrierungen unterschiedlicher semiotischer Ressourcen, wie Heller (2016) für Erklärungen von Kindern im Mathematikunterricht zeigt. Vor diesem Hintergrund stellt sich die Frage, wie in Erklärvideos auf YouTube Gesten eingesetzt werden, um Erklären als Aktivität zu konstituieren.

4. Gesten in Mathematik-Erklärvideos: Eine Fallstudie zu „Brüche kürzen"

Im Folgenden nehmen wir die Gesten beim Erklären in Erklärvideos auf You-Tube aus einer interaktional-linguistischen, multimodal-konversationsanalytischen Sicht (Stukenbrock 2009, 2015; Mondada 2016) genauer in den Blick. Wir verfolgen dies anhand einer exemplarischen Analyse der Verwendung von Gesten in einem Erklärvideo zum mathematischen Thema „Brüche kürzen und der ggT". Das Video entstammt einer größeren Kollektion an Erklärvideos zu mathematischen Themen auf YouTube, die die erklärende Person körperlich profilieren und die als ‚Erklärungen' ausgewiesen sind. Insofern als das, was im Video ‚getan' wird, bzw. die Intention des Videos als Erklären verstanden wird (z. B. durch Beschreibungen, metapragmatische Formeln wie etwa *heute möchte ich euch erklären wie…*, Nutzerkommentare wie z. B. *gut erklärt*👍), erlauben die Videos, eine emische Perspektive auf Erkläraktivitäten einzunehmen. Es ging uns also nicht darum, Videos aus einer von den Beteiligten losgelösten analytischen Perspektive als Erklärvideos zu kategorisieren, sondern die Perspektive der Beteiligten selbst bei der Datenerhebung zu berücksichtigen.

Das Video wurde vollständig nach GAT 2 transkribiert (Selting et al. 2009).[2] Die Transkription von Gesten orientiert sich an Mondada (2022). Zusätzlich wurden in den Videos alle Gesten codiert. Wir folgen dabei dem Gestenbegriff, wie er von Kendon, McNeill, Mondada, Stukenbrock und anderen vertreten wird, und ihrer Gestentypologie (Kendon 2004; McNeill 2000; Stukenbrock 2009, 2015). Gesten werden hiernach in einem weiten Sinn als sichtbare körperliche Handlungen (Kendon 2004, S. 7) verstanden. Sie sind somit nicht auf manuelle Bewegungen beschränkt. Zusätzlich wurden kommunikative Aktivitäten wie Zeigen und Demonstrieren, die kommunikativen Aufgaben des Erklärens nach Morek (2012) sowie sprachliche Gliederungssignale annotiert.

Die Auswahl des Videos „Brüche kürzen und der ggT" für unsere exemplarische Analyse begründet sich aus dem Umstand, dass das Video unter den weiteren Videos zum Kürzen von Brüchen mit mehr als eine Million Aufrufen und mehr als 10.000 „gefällt-mir"-Angaben (Stand Februar 2023) das mit Abstand populärste Video in der Kollektion ist.[3] Autor des Videos ist Christian Spannagel, Professor für Mathematikdidaktik an der PH Heidelberg, dessen zugehöriger YouTube-Kanal (Stand Februar 2023) 116.000 Abonnenten hat;[4] als Upload-Datum ist der 9.11.2016 angegeben. Im Video wird in ca. fünf Minuten erklärt, wie man mithilfe des größten gemeinsamen Teilers Brüche kürzt. Das Video ist

---

2   Für Unterstützung bei der Transkription danken wir Günter Koch.

3   Unter https://www.youtube.com/watch?v=kOrlFwyZn7s (letzter Aufruf: 08.03.2023).

4   Wir danken Christian Spannagel für sein Einverständnis, im Folgenden Screenshots aus dem Video zu zeigen.

monologisch. Der Sprecher befindet sich vor einer Kreidetafel, die ihm als Projektionsfläche für Demonstrationen beim Erklären dient.

Im Video realisiert der Sprecher insgesamt 68 Arm-Hand-Gesten. Diese lassen sich unterschiedlichen Gestenfamilien zuordnen, deren Beiträge im Kontext der jeweils lokal relevanten Aufgaben beim Erklären wir im Folgenden eingehender beschreiben und analysieren möchten.

4.1 Fokussierung und Herstellung thematischer Relevanz

Die Partizipationsbedingungen beim Erklären in YouTube-Videos unterscheiden sich grundsätzlich von denen beim Erklären in der *face-to-face*-Interaktion, insofern als eine wechselseitige Wahrnehmung der Beteiligten auf und vor dem Bildschirm nicht möglich ist. Dennoch spielt die Multimodalität eine ebenso zentrale Rolle. Auch für Erklärvideos gilt, dass zunächst die Herstellung eines gemeinsamen Aufmerksamkeitsfokus relevant ist. Die Fokussierung ist Voraussetzung für das, was folgt, wobei das Folgende nicht kontingent von der Fokussierung ist, denn die Fokussierung kann durch die medialen Affordanzen bedingt nicht ratifiziert werden. Sie wird für alle praktischen Zwecke angenommen.

Beim Fokussieren sind Gesten wichtige Ressourcen. In dem Fallbeispiel dient die eröffnende Begrüßung des Sprechers der Fokussierung. Der Sprecher ist der Kamera zugewandt. Das hörbare Einatmen und der Gruß *hallo zusammen* wird von einer Geste begleitet, die zur Aufmerksamkeitssteuerung des Grußes beiträgt:

```
(1) Brüche kürzen und der ggT (00:00:00)
01 S:   *°hhh #*´halLO* `zusAmmen*
        *......*Geste-*,,,,,,,,,,*
   abb       #Abb. 1
```

Abb. 1

Beim Einatmen hebt der Sprecher die Hände und führt simultan zum Fokusakzent auf *hallo* eine kurze Taktstock-Bewegung mit beiden Armen aus, bei der die Zeigefinger beider Hände jeweils nach oben gestreckt und die anderen Finger zur

Faust gekrümmt sind (siehe Abb. 1). Die Geste trägt dazu bei, eine geteilte Aufmerksamkeit für das Folgende zu schaffen.

Wichtiger Bestandteil der Fokussierung ist die Bestimmung des thematischen Fokus. Bereits zu Beginn des Videos ist der Bruch, der als Beispiel bei der Erklärung dient, wie man kürzt, an die Tafel im Hintergrund geschrieben und damit für die Beteiligten als Objekt sichtbar. Nach der Begrüßung wendet sich der Sprecher der Tafel zu und fragt „ja was hAm wir hier hinten an der TAfel stehen." (Z. 02). Dabei zeigt er auf den Bruch (siehe Abb. 2):

```
(2) Brüche kürzen und der ggT (00:00:03)
02 S:   ja *was #hAm wir hier* hinten an der TAfel stehen.
           *zeigt-----------*
    abb          #Abb. 2
```

Abb. 2

```
03      klar;
04      ein BRUCH.
05      dreihundertsEchzig dreihundertachtundSIEBzigstel.
```

Durch den Fragesatz und die redebegleitende Geste lenkt der Sprecher die Aufmerksamkeit der Rezipient:innen auf den Bruch, der den Ausgangspunkt der folgenden Erklärung konstituiert. Die Zeigegeste verweist dabei bereits vor dem lokaldeiktischen Ausdruck *hier hinten an der Tafel* auf das Objekt, das es zu fokussieren gilt.

4.2 Konstituieren des Explanandums

Auch für die kommunikative Aufgabe, das Explanandum zu konstituieren, spielen Gesten eine wichtige Rolle. Im Video werden bei der auf die Fokussierung und Herstellung von Relevanz folgenden Konstitution des Explanandums, d. h. des Kürzens von Brüchen, mehrere Gesten verwendet. Diese tragen auf verschiedene Weise zur Kontextualisierung bei, was es im Folgenden zu erklären gilt.

(3) Brüche kürzen und der ggT (00:00:07)

```
06 S:   *hhh° *`ja;=
        *.....*palm-up-->
07      =aber wie der #expEr*te oder* die expErtin mit geübtem
                                                    blIck erKENNT?
        -------------------*,,,,,,,*
   abb              #Abb. 3
```

Abb. 3

```
08      (0.4)
09      äh *is das #keine schöne* DARstellung für den bruch.=ne,
           *zeigt---------------*
   abb              #Abb. 4
```

Abb. 4

```
10      viel schöner WÄre es, (0.3)
11      *°h *die ge (.) *#!KÜRZ!te* darstellung zu haben.
        *...*Geste------*,,,,,,,,,*
   abb              #Abb. 5
```

Abb. 5

```
12      kÜrzen was IS das nochmal- *(0.3)
                                 *...-->
13      #*zÄhler* und* nEnner werden durch dieselbe zAhl diviDIERT.
         *zeigt-*,,,,*
   abb #Abb. 6
```

Abb. 6

```
14      (0.9)
15      okay.
```

Das Explanandum wird in diesem Fall nicht ‚geradeheraus' formuliert. Vielmehr wird es zunächst insofern gerahmt, als die Offensichtlichkeit eines Problems bei der Darstellung des Bruchs an der Tafel verdeutlicht wird. Das Satzgefüge „aber wie der expErte oder die expErtin mit geübtem blIck erKENNT? (0.4) äh is das keine schöne DARstellung für den bruch.=ne," (Z. 07–09) wird von zwei unterschiedlichen Gesten begleitet. Bei der Positionierung der Rezipient:innen als Expert:innen durch den adversativ angeschlossenen Relativsatz hebt der Sprecher die Arme, wobei die Handfläche der linken Hand offen ist und seitlich nach oben zeigt, die der rechten Hand hingegen – durch das Fixieren der Kreide bedingt – nur teilweise offen ist (siehe Abb. 3). Der Hauptsatz wird dann von einer Zeigegeste zum Bruch an der Tafel begleitet (siehe Abb. 4). Die Offene-Hand-Geste (*palm-up*) projiziert zunächst die Offensichtlichkeit des Problems für alle Beteiligten; die Zeigegeste lenkt dann den Aufmerksamkeitsfokus auf den visualisierten Bruch, der als Beispiel für das Problem dient: der an der Tafel angeschriebene Bruch ist keine adäquate mathematische Darstellung („keine schöne DARstellung" Z. 09), woraus sich die Notwendigkeit ergibt, den Bruch zu kürzen (vgl. zur Indizierung von epistemischer Offensichtlichkeit in Argumentationen durch *palm-up*-Gesten auch Marrese et al. 2021). Gleich zu Beginn der Einführung des Explanandums wird auf diese Weise nicht nur durch das Zeigen die Aufmerksamkeit auf relevante Aspekte des Kontexts gelenkt, sondern zugleich eine auf die Adressat:innen bezogene Wissenseinschätzung als Rahmung vorgenommen, indem Anhaltspunkte dafür geliefert werden, was diese wissen sollten und was von der folgenden Erklärung zu erwarten ist.

Nach dieser Rahmung führt der Sprecher ‚die gekürzte Darstellung des Bruchs' als Explanandum ein: „viel schöner WÄre es, (0.3) °h die ge (.) !KÜRZ!te darstellung zu haben." (Z. 10–11). Prosodisch ist die Nominalphrase *die gekürzte Darstellung* durch eine besondere starke Ausprägung des Fokusakzents herausgestellt. Zur Indizierung der Wichtigkeit trägt eine simultane Taktstock-Geste mit beiden Händen bei, deren größtmögliche Ausprägung in Abb. 5 dargestellt ist. Während der Realisierung des Artikels hebt der Sprecher die angewinkelten Arme, wobei diese nach vorne weisen und die Finger der linken Hand gespreizt sind. Beim Apex, d.h. der größtmöglichen Ausprägung der Geste, verharrt er, während er das Präfix ge- realisiert und eine Pause macht. Das prominente Element kürzte wird dann von einer Abwärtsbewegung beider Arme begleitet. Die Geste dient zur Herstellung von Prominenz der Nominalphrase als zentrales Element für die Konstitution des Explanandums. Nach der Lenkung des Aufmerksamkeitsfokus und der epistemischen Positionierung wird hier also profiliert, um was es im Folgenden tatsächlich geht.

Bei der anschließenden allgemeinen Bestimmung des Kürzens leistet eine Zeigegeste zum Bruch an der Tafel die Rückbindung der abstrakten Definition „zÄhler und nEnner werden durch dieselbe zAhl diviDIERT" (Z. 13) an das konkrete Beispiel (siehe Abb. 6). Dadurch wird nicht nur die Definition konkretisiert, sondern eine grundsätzliche Refokussierung auf die Tafel vorgeschlagen. Diese ist Voraussetzung für den nächsten Abschnitt der Erkläraktivität, nämlich für die Durchführung der Erklärung. Einen Hinweis auf die entsprechende Gliederung gibt dann das darauffolgende Gliederungssignal okay in Zeile 15, mit dem der momentane Aktivitätsabschnitt abgeschlossen und zugleich der nächste Abschnitt eingeleitet wird (vgl. Betz et al. 2021).

4.3 Durchführen der Erklärung

Bei der Durchführung der eigentlichen Erklärung lassen sich verschiedene Verwendungen von Gesten beobachten. In das Erklären ist hierbei die Aktivität des Demonstrierens eingebettet, bei der Sprecher mit Kreide das Beispiel an der Tafel visualisiert. Dabei wechselt er in seiner Körperausrichtung zwischen der Zuwendung zur Kamera und zur Tafel. Eine wichtige Funktion, die Gesten bei der Durchführung der Erklärung übernehmen, ist das Anleiten der visuellen Orientierung. Immer wieder zeigt der Sprecher auf Teile seiner Visualisierung auf der Tafel und lenkt damit den Fokus der Aufmerksamkeit. Entsprechende Verwendungen von Zeigegesten illustriert der folgende Ausschnitt:

```
(4) Brüche kürzen und der ggT (00:02:19)
115 S:   ham wir zwanzig einundZWANzigstel;=
116      =ALso? *(0.4)
             *,,,,,-->
```

```
117      #*dreihundertsech*zig* dreihundertachtundsIEbzigstel ist
                      das gleiche wie #*zwanzig* einundZWANzigstel;
         *zeigt---·------*...*              *zeigt--*
abb      #Abb. 7                            #Abb. 8
```

Abb. 7   Abb. 8

```
118      (0.3) *jetz kann man #SCHAUen-*
              *zeigt------------------*
abb                         #Abb. 9
```

Abb. 9

```
119      (0.4) lässt sich das noch weiter KÜRzen,=
120      =nein lässt sich nich mehr weiter KÜRzen;=
121      =weil zwanzig und einundzwanzig ham KEInen geMEINsamen
                                                      TEIler mehr.
122      (0.3) okay.
```

In dem Ausschnitt präsentiert der Sprecher die Gleichung (Z. 117), wobei er zunächst die Aufmerksamkeit auf den Ausgangsbruch lenkt. Die entsprechende Zeigegeste mit der rechten Hand, die auch die Kreide hält, ist mit dem Zeigefinger realisiert (siehe Abb. 7). Redebegleitend wechselt er daraufhin seine Position und zeigt auf die gekürzten Brüche. Für diese Zeigegesten dient die offene linke Hand (siehe Abb. 8 und 9). Form-Funktions-Unterschiede, wie sie z. B. Kendon (2004, S. 200–205) in Abhängigkeit von der Beschaffenheit des Zeigobjektes (v. a. Personen vs. Gegenstände) beschreibt, sind hierbei nicht zu erkennen (siehe allgemein Stukenbrock 2015). Die Geste mit offener Hand dient ebenso zum Zeigen auf den visualisierten Bruch wie die Geste mit ausgestrecktem Zeigefinger. Der Unterschied in diesem Ausschnitt ist durch die körperliche Ausrichtung zur Tafel zu erklären. Dabei wechselt nicht nur die Hand, die der Tafel zugewandt ist, sondern durch das Fixieren der Kreide ist es für den Sprecher nicht möglich, mit der rechten Hand eine ähnliche Geste zu machen wie anschließend mit der linken Hand. Alle drei Gesten lenken die Aufmerksamkeit nacheinander auf zentrale Bestandteile der Demonstration und tragen so zu einer strukturierten Verstehensanleitung bei.

Zu Zeigegesten zur Aufmerksamkeitssteuerung kommen Gesten zur Hervorhebung von Rede, wie im folgenden Ausschnitt. In dem Ausschnitt beginnt der Sprecher einen neuen Abschnitt im Erklären und resümiert dann die Demonstration des Kürzens in einzelnen Schritten (Z. 119–123). Daraufhin leitet er eine allgemeine Regel ab, nämlich die Notwendigkeit, die größte Zahl zu suchen (Z. 124–130). Die Regel ist als Konditionalkonstruktion formuliert, wobei das Attribut des Objekts in der Protasis gestisch unterstrichen wird (siehe Abb. 10).

```
(5) Brüche kürzen und der ggT (00:02:34)
119 S:   okay.
120      (1.9)
121      `ja:: hh° äh-
122      das wär natürlich bisschen UMständlich jetzt-=
123      =das ganz so *in einzelnen *SCHRITten zu machen;=ne,=
                      *zeigt zur Tafel*
124      =wie hätten wir es SCHNELler machen können,
125      (1.2)
126      schneller hätten_wer_s MACHen können?
127      (1.0)
128      wenn wir (0.7) die *!GRÖ:#:SS!te* zAhl gesucht hätten,
                            *Kreisbewegung*
    abb                    #Abb. 10
```

Abb. 10

```
129      (0.5)
130      durch die dreihundertsechzig und dreihundertachtundsiebzig
                                        TEILbar sind.=ja,
131      (0.7)
132      ähm ts durch welche zahlen ham wir denn geTEILT.
```

```
133      durch ZWEI?
134      durch drei,
135      und durch DREI.
```

Durch die kreisbildende Hand- bzw. Armbewegung wird das zentrale Element der Erklärung mit Prominenz versehen. Zur Prominenz des Attributs trägt maßgeblich auch die prosodische Gestaltung bei. Die ikonische Geste fällt mit einem besonders starken Nukleusakzent auf dem Adjektiv *größte* zusammen.

Gesten dienen bei der Durchführung der Erklärung auch dazu, Äußerungen zu modalisieren. So werden immer wieder Gesten eingesetzt, um die Haltung des Sprechers zu der Voraussetzbarkeit von Wissen zu verdeutlichen. Einen entsprechenden Fall veranschaulicht der folgende Ausschnitt, in dem der Sprecher den Bruch mit zwei faktorisiert hat:

```
(6) Brüche kürzen und der ggT (00:01:08)
56 S:    `okay; hh°
57       `so.
58       +(0.5) °h+
         +hebt Hand+
59       +das heißt wir können jetzt hIEr (0.3) die+ *zwei
                                               #WEG*kürzen.=ne,=
         +schreibt an die Tafel-------------------+
                                               *Geste*
abb                                            #Abb. 11
```

Abb. 11

```
60       =und sieht *↑↑AH-
                    *zeigt zur Tafel-->
61       dreihundertsechzig dreihundertachtundsIEbzigstel* IST
                                                    -->*
         das gleiche wie hundert*achtzig hundert#neunund*Achtzigstel;
                               *Geste------------------*
abb                                            #Abb. 12
```

Abb. 12

62   klar;

Die Konklusion, dass sich die zwei wegkürzen lässt, wird durch eine wegwerfende Geste bei den Elementen *zwei wegkürzen* begleitet. Durch die vertikale Bewegung, bei der die angewinkelten Arme nach vorne-oben weisen und die Hände nach unten abgeknickt werden (siehe Abb. 11), wird die Konklusion als trivial dargestellt, da die Gemeinsamkeit von Zähler und Nenner hinsichtlich des Faktors zwei offensichtlich ist; sie ist voraussetzbar und bedarf keiner weiteren Erklärung.

Dieselbe Geste begleitet dann auch die folgende Animation des Verstehens der Gleichung von Ausgangsbruch und gekürztem Bruch (Z. 60–61). Das Element des gekürzten Bruchs wird von einer wegwerfenden Geste begleitet (siehe Abb. 12), die wiederum verdeutlicht, dass die Äquivalenz der beiden Brüche offensichtlich und voraussetzbar ist. Einen entsprechenden Hinweis darauf gibt das folgende Gliederungssignal *klar*, mit dem der Sprecher voraussetzt, dass die Rezipient:innen das lokal relevante Wissen bereits vorher hatten.

Mit den Gesten werden hier also Haltungen hinsichtlich der epistemischen Relationen zwischen Sprecher und Rezipient:innen vorgenommen. Beim Erklären tragen die entsprechenden Gesten als metapragmatischer Kommentar des Adressatenzuschnitts auch entscheidend dazu bei, den Schwierigkeitsgrad des Explanandums zu bewerten. Dies erlaubt, auf weitere exkurshafte Erklärungen zu verzichten, womit die Stringenz im Erklären erreicht wird.

Eine andere Funktion bei der Durchführung der Erklärung hat die Geste, die der folgende Ausschnitt illustriert. Der Ausschnitt steigt ein, als der Sprecher gerade performativ die Operation des Kürzens demonstriert. Es geht um die Suche nach der Zahl, durch die geteilt werden kann. Als Erklärung fügt der Sprecher einschubartig die Aufforderung ein, die Quersumme der Zahlen zu bilden. Die Aufforderung realisiert er mit einem deontischen Infinitiv. Dabei bricht er die Zeigegeste zur Tafel ab, die bislang seine Rede begleitet hat, und zeigt auf seinen Kopf.

```
(7) Brüche kürzen und der ggT (00:01:20)
66 S:   so- °hh
67      wAs können wir jetzt weiter MACHen. (0.4)
68      *also hundertneununddAchtzig ist nich* durch ZWEI teilbar;=ne?
        *zeigt zur Tafel--------------------*
69      schaun_wer mal ob_mer durch ne ANdere zahl dividIEren
        können- (0.3)
70      ´ah `JA.
71      *(0.8)
        *zeigt zur Tafel-->
72      hundertachtzig ist durch DREI teilbar-*
                                        -->*
73      *QUERsumme #´bilden.*=ja?
        *zeigt zum Kopf-----*zeigt zur Tafel-->
   abb             #Abb. 13
```

Abb. 13

```
74      hundertneunundachtzig* ist AUCHdurch drei teilbar,=
                             -->*
75      =also ↓↓KÜRZ_wer doch mit DREI.
```

Von der Ausgangsposition an der Tafel wird der Zeigefinger der rechten Hand nach oben ausgestreckt; die anderen Finger bleiben zur Faust gekrümmt und halten die Kreide fest. Der Zeigefinger wird kurz in Richtung Schläfe und anschließend zurück in die Ausgangsposition geführt (siehe Abb. 13). Diese Geste macht zum einen den Aufruf von Wissen darum relevant, die Teilbarkeit zweier Zahlen durch eine Zahl durch die Bildung der Quersumme zu ermitteln. Die Zeigegeste unterstützt dabei die Anleitung der Rezipient:innen, welche Wissenskomponenten sie abrufen müssen, um den Bruch teilen zu können. Zum anderen signalisiert die Geste in Kombination mit dem deontischen Infinitiv, dass die Quersumme des Bruchs im Kopf, also dort, worauf der Zeigefinger verweist, gerechnet werden sollte; entsprechendes hatte der Sprecher bereits vor dem Ausschnitt angemahnt.

Bei der Durchführung der Erklärung kommen Gesten damit wichtige Funktionen als kommunikative Ressourcen zu, insofern, als sie nicht nur zur Steuerung der Aufmerksamkeitsorientierung der Rezipient:innen, sondern auch zur Strukturierung der Erklärung und der Modalisierung der bzw. Einnahme von Haltungen dienen.

4.4 Abschluss und Überleitung

Auch beim Abschluss des Erklärens spielen Gesten in Erklärvideos eine wichtige Rolle. An zentralen Stellen finden sich wieder Zeigegesten zur Steuerung der Aufmerksamkeit wie auch beschreibende und akzentuierende Gesten. Im folgenden Ausschnitt kommt der Sprecher zum Abschluss der Erklärung. Mit der projizierenden Konstruktion *das heißt* leitet er die entscheidende Regel ein (Z. 119–124). Nach dem Adverbial *beim Kürzen* hält der Sprecher vorerst inne. Während der Pause zeigt er mit der offenen Hand auf die Formel des größten gemeinsamen Teilers (siehe Abb. 14). Die Fortsetzung der Deklarativstruktur wird dann von zwei Zeigegesten begleitet, die die Aufmerksamkeitsorientierung auf die demonstrierten Lösungswege richten (siehe Abb. 15 und 16).

```
(8) Brüche kürzen und der ggT (00:04:26)
119 S:   das HEISST?
120      (0.5)
121      beim *KÜRzen,*
              *Geste--*
122      *(2.0)#
         *zeigt-->
   abb       #Abb. 14
```

Abb. 14

```
123      nimmt man am *besten *!GLEICH!* den ge ge tE von zähler und
                                                              nenner;=
         -->*zeigt--*--------*
```

Abb. 15   Abb. 16

```
124     *=und #dividIErt* beide duch den ge TE. (.)
        *Kreisbewegung--*
  abb       #Abb. 17
125     *#dAnn is man schon* FERtig. (0.3)
        *Kreisbewegung-----*
  abb       #Abb. 18
```

Abb. 17   Abb. 18

Der zeitliche Ablauf der Koordination von verbalisierter Regel und Zeigegesten lässt sich als multimodale Gestalt (Mondada 2016) beschreiben. Zunächst dient das Zeigen mit der offenen Hand dazu, die Lösung zu präsentieren. Hier lenkt der Sprecher zum einen die Aufmerksamkeit auf die formelhafte Visualisierung der Lösung, verdeutlicht über den Typ von Zeigegeste gleichzeitig aber auch das Lösungsangebot für das am Anfang aufgeworfene Problem, dass der Bruch „keine schöne Darstellung" hatte, und zwar analog dazu, wie man in der offenen Hand einen Gegenstand anbietet. Daraufhin lenken die Zeigegesten die Aufmerksamkeit auf die Lösungswege, von denen der Lösungsweg über den ggT verbal als bester Weg gewertet wird. Die entscheidende Handlung des Dividierens verdeutlicht der Sprecher schließlich mithilfe einer Offenen-Hand-Geste, die eine Kreisbewegung ausführt (siehe Abb. 17). Dieselbe Kreisbewegung der offenen Hände begleitet die anschließende explizite Verbalisierung des Abschlusses der Aktivität („dAnn is man schon FERtig." Z. 125), wie Abb. 18 illustriert. Die Geste dient dazu, den Handlungsprozess retrospektiv zu verdeutlichen. Sie kontextualisiert zudem das Resümee. Die verschiedenen Gesten tragen somit redebegleitend entscheidend dazu bei, das Erklären als Aktivität abzuschließen.

Als Überleitung zu Folgeaktivitäten nach dem Abschluss der Erklärung finden sich bei Erklärvideos auf YouTube – durch die medialen Affordanzen bedingt – immer Vorschläge für weitere Videos. Diese können zum einen ähnliche Videos umfassen bzw. solche, die ein ähnliches Interesse bedienen, zum anderen speziell Videos desselben Kanals. Manchmal wird auch im Video selbst auf Anschlussaktivitäten hingewiesen. Dies ist auch in unserem Beispielvideo der Fall. Nach dem Abschluss der Erklärung gibt der Sprecher zunächst einen Ausblick durch die Formulierung einer Folgefrage, die als Gegenstand weiterer Einheiten bestimmt wird (Z. 127–130). Daraufhin leitet er von einer weiteren Implikation eine Aufgabe ab, die er den Rezipient:innen stellt (Z. 130–139).

```
(9) Brüche kürzen und der ggT (00:04:38)
127 S:  die FRAge is natürlich; (.)
128     wie FINdet man den ge ge *tE- (.)*
                                  *Kreisbewegung*
129     damit werden wir uns jetzt beFASsen ne einheit,
130     UND? (0.4)
131     es gibt natürlich nich nur so was wie den ge ge TE,
132     sondern auch (.) das ka ge VAU.
133     ne,
134     das kleinste gemeinsame VIELfache; (0.4)
135     und EUre auf*gabe* jetzt# zu *DIE*sem video is?
                  *...*Geste-----*,,,*
    abb                       #Abb. 19
```

Abb. 19

```
136     (1.3)
137     *wO spielt beim* brUchrechnen eigentlich das kleinste
                              gemeinsame VIELfache ne rolle.
        *Kreisbewegung-*
138     (0.5)
139     macht mal VORschläge; *(0.3)#(0.4)*
                              *Geste------*
    abb                       #Abb. 20
```

Abb. 20

Im Abschluss finden sich wieder Kreisbewegungen der geöffneten Handflächen, die bestimmte Teile des Ausblicks akzentuieren und die die fokussierten Probleme herausstellen, nämlich die Folgefragen, wie man den größten gemeinsamen Teiler findet und wo das kleinste gemeinsame Vielfache eine Rolle spielt (Z. 128 und 137). Entscheidend bei der Überleitung der Aktivität ist dabei nicht nur die Detaillierung von Implikationen und der Ausblick auf die Adressierung in einer nächsten Einheit, sondern darüber hinaus die Formulierung einer Aufgabe an die Rezipient:innen. Dabei unterstreichen zwei Gesten Aspekte der Handlungsanweisung bzw. -aufforderung, wobei sie sich in ihrer Zeitlichkeit unterscheiden. Begleitend zu der Nominalphrase *eure Aufgabe* macht der Sprecher eine Geste, bei der er den Arm nach oben streckt und die Finger zur Kralle formt (siehe Abb. 19). Durch die Geste deutet er ein Greifen eines Objekts an und projiziert so simultan zur Rede schon die Eigenleistung der Rezipient:innen, die erst in der Folge detailliert wird. Die Geste projiziert schon zu Beginn, dass es hier darum geht, die Inhalte des Videos metaphorisch gesprochen „in die Hand zu nehmen", diese weiterzudenken und daraus die Relevanz des kleinsten gemeinsamen Vielfachen für die Mathematik abzuleiten. Die Offene-Hand-Geste zum Abschluss der letzten Äußerung (siehe Abb. 20) fordert dann regelrecht zur Eigenleistung auf. Hier wird auf verbaler Ebene das Weiterdenken als Handlungsanweisung expliziert („macht mal VORschläge;", Z. 139); durch die anschließende Geste wird dann im Anschluss der nächste Zug an das Publikum übergeben.

5. Fazit

In diesem Beitrag haben wir die Verwendung von Gesten beim Erklären auf YouTube in den Blick genommen. Anhand einer exemplarischen Untersuchung eines Erklärvideos zum Kürzen von Brüchen haben wir gezeigt, dass verschiedene Arten von Gesten als kommunikative Ressourcen dienen, die im Kontext der lokal relevanten kommunikativen Aufgaben beim Erklären für Zwecke wie die Steuerung der Aufmerksamkeit, Akzentuierung und Modalisierung eingesetzt werden. Aufgrund der speziellen Partizipationsstruktur hat bei der Interpretation der Gesten das zentrale Bedeutung, was im Video den Gesten vorausgegangen ist, und auch das, was zeitgleich geschieht („why that now?", Schegloff/Sacks 1973, S. 299). Zum anderen gibt das, was im Video folgt, Aufschluss darüber, wie die Gesten zu verstehen sind. Bei der Aktivität des Erklärens haben sich in unserer Analyse zum Beispiel anschließende Gliederungssignale als sehr aufschlussreich hinsichtlich der Interpretation von Gesten erwiesen, die unmittelbar zuvor vorgekommen sind. So sind Gesten in YouTube-Erklärvideos letztlich als Teile multimodaler Gestalten zu begreifen, die kontextsensitiv Verstehensanleitungen dazu geben, was gerade getan wird.

Der Geltungsbereich unserer Befunde ist – wie für Fallstudien üblich – beschränkt, er definiert sich im Wesentlichen über die spezifische Kommunikationssituation und die damit einhergehende Möglichkeit, die Erklärung über einen Tafelanschrieb zu visualisieren und frei von Unterbrechungen zu präsentieren. Für weiterführende Studien, die die Charakteristika erklärender Gesten in den Blick nehmen, wäre zu prüfen, inwiefern andere Kontextausprägungen, etwa in Bezug auf die Sichtbarkeit von Explanans und Explanandum, die Dialogizität der Erkläraktivität oder auch den Professionalisierungsgrad des/der Erklärenden, einen Einfluss darauf haben, wie und in welchem Umfang Gesten des Erklärens verwendet werden. Vor dem Hintergrund der Wichtigkeit von YouTube-Erklärvideos, insbesondere für den Schulunterricht, erscheint es dabei äußerst vielversprechend, die Aktivität des Erklärens in der Partizipation auf YouTube weiter zu untersuchen.

Literatur

Androutsopoulos, Jannis/Tereick, Jana (2015): YouTube: Language and discourse practices in participatory culture. In: Georgakopoulou, Alexandra/Spilioti, Tereza (Hrsg.): The Routledge Handbook of Language and Digital Communication. London/New York: Routledge, S. 354–368.

Antaki, Charles (Hrsg.) (1988): Analyzing Everyday Explanation: A Casebook of Methods. London: Sage Publications.

Antaki, Charles (1994): Explaining and Arguing: The Social Organization of Accounts. London: Sage Publications.

Arendes, Cord (2019): Sesamstraße und Telekolleg als Vorbilder? Erklärvideos auf YouTube als Fortsetzung des traditionellen Schul- und Bildungsfernsehens „mit anderen Mitteln". In: Bunnenberg, Christian/Steffen, Nils (Hrsg.): Geschichte auf YouTube. Berlin/Boston: de Gruyter, S. 27–60.

Auer, Peter (2020): Genau! Der auto-reflexive Dialog als Motor der Entwicklung von Diskursmarkern. In: Weidner, Beate/König, Katharina/Imo, Wolfgang/Wegner, Lars (Hrsg.): Verfestigungen in der Interaktion. Konstruktionen, sequenzielle Muster, kommunikative Gattungen. Berlin/Boston: de Gruyter, S. 263–294.

Beißwenger, Michael/Knopp, Matthias (Hrsg.) (2019): Soziale Medien in Schule und Hochschule: Linguistische, sprach- und mediendidaktische Perspektiven. Berlin: Peter Lang.

Benson, Phil (2015): YouTube as Text. Discourse and Digital Practices. London: Routledge.

Bersch, Sabrina/Merkel, Andreas/Oldenburg, Reinhard/Weckerle, Martin (2020): Erklärvideos: Chancen und Risiken – zwischen fachlicher Korrektheit und didaktischen Zielen. In: GDM – Mitteilungen der Gesellschaft für Didaktik der Mathematik 109, S. 58–63.

Betz, Emma/Deppermann, Arnulf/Mondada, Lorenza/Sorjonen, Marja-Leena (Hrsg.) (2021): OKAY across Languages: Toward a Comparative Approach to its use in Talk-in-interaction. Amsterdam: John Benjamins.

Blum-Kulka, Shoshana/Hamo, Michal/Habib, Talia (2010): Explanations in naturally occurring peer talk: Conversational emergence and function, thematic scope, and contribution to the development of discursive skills. In: First Language 30, H. 3-4, S. 440-460.

Bova, Antonio/Arcidiacono, Francesco (2013): Investigating children's why-questions: A study comparing argumentative and explanatory function. In: Discourse Studies 15, H. 6, S. 713-734.

Busch, Florian (im Erscheinen): Wissen in Interaktion auf YouTube. Praktiken der interaktionalen Aneignung von Deutsch-Erklärvideos.

Dynel, Marta (2014): Participation framework underlying YouTube interaction. In: Journal of Pragmatics 73, S. 37-52.

Goffman, Erving (1981): Forms of Talk. Philadelphia: University of Pennsylvania Press.

Goldin-Meadow, Susan/Nusbaum, Howard/Kelly, Spencer D./Wagner, Susan (2001): Explaining math: Gesturing lightens the load. In: Psychological Science 12, H. 6, S. 516-522.

Harren, Inga (2008): Erklären in unterrichtlichen und außerunterrichtlichen Kontexten. In: Zeitschrift für Germanistische Linguistik 36, H. 3, S. 462-466.

Heller, Vivien (2016): Meanings at hand: Coordinating semiotic resources in explaining mathematical terms in classroom discourse. In: Classroom Discourse 7, H. 3, S. 253-275.

Hohenstein, Christiane (2006): Erklärendes Handeln im wissenschaftlichen Vortrag: ein Vergleich des Deutschen mit dem Japanischen. München: Iudicium.

Kendon, Adam (2004): Gesture: Visible Action as Utterance. Cambridge: Cambridge University Press.

Klein, Josef (2001): Erklären und Argumentieren als interaktive Gesprächsstrukturen. In: Brinker, Klaus et al. (Hrsg.): HSK Text- und Gesprächslinguistik. Bd. 2. Berlin/New York: de Gruyter, S. 1309-1329.

Klein, Josef (2009): Erklären-was, Erklären-wie, Erklären-warum. Typologie und Komplexität zentraler Akte der Welterschließung. In: Vogt, Rüdiger (Hrsg.): Erklären: Gesprächsanalytische und fachdidaktische Perspektiven. Tübingen: Stauffenburg, S. 25-36.

Koole, Tom (2009): Erklären in der Mathematikklasse: Eine angewandte Konversationsanalyse. In: Vogt, Rüdiger (Hrsg.): Erklären: Gesprächsanalytische und fachdidaktische Perspektiven. Tübingen: Stauffenburg, S. 109-121.

Kotthoff, Helga (2009): Erklärende Aktivitätstypen in Alltags- und Unterrichtskontexten. In: Spreckels, Janet (Hrsg.): Erklären im Kontext. Neue Perspektiven aus der Gesprächs- und Unterrichtsforschung. Hohengehren: Schneider Verlag, S. 120-146.

Kupetz, Maxi (2011): Multimodal resources in students' explanations in CLIL interaction. In: Novitas-ROYAL 5, H. 1, S. 121-141.

Lazaraton, Anne (2004): Gesture and speech in the vocabulary explanations of one ESL teacher: A microanalytic inquiry. In: Language Learning 54, H. 1, S. 79-117.

Marrese, Olivia H./Raymond, Chase Wesley/Fox, Barbara A./Ford, Cecilia E./Pielke, Megan (2021): The grammar of obviousness: The palm-up gesture in argument sequences. In: Frontiers in Communication 6, S. 663067.

McNeill, David (Hrsg.) (2000): Language and Gesture. Cambridge: Cambridge University Press.

Medienpädagogischer Forschungsverbund Südwest (2020): JIM-Studie 2020. Jugend, Information, Medien. Basisuntersuchung zum Medienumgang 12- bis 19-Jähriger in Deutschland. Stuttgart: Landesanstalt für Kommunikation Baden-Württemberg.

Medienpädagogischer Forschungsverbund Südwest (2022): JIM 2022. Jugend, Information, Medien. Basisuntersuchung zum Medienumgang 12- bis 19-Jähriger in Deutschland. Stuttgart: Landesanstalt für Kommunikation Baden-Württemberg.

Meißner, Iris/Wyss, Eva Lia (Hrsg.) (2017): Begründen - Erklären - Argumentieren: Konzepte und Modellierungen in der Angewandten Linguistik. Tübingen: Stauffenburg Verlag.

Mondada, Lorenza (2016): Challenges of multimodality: Language and the body in social interaction. In: Journal of Sociolinguistics 20, H. 3, S. 336-366.

Mondada, Lorenza (2022): Conventions for multimodal transcription. www.lorenzamondada.net/multimodal-transcription (Abfrage: 27.02.2023).

Morek, Miriam (2012): Kinder erklären: Interaktionen in Familie und Unterricht im Vergleich. Tübingen: Stauffenburg.

Morek, Miriam (2018): Explanative Diskurspraktiken in schulischen und außerschulischen Interaktionen: Ein Kontextvergleich. In: Swiss Journal of Educational Research 33, H. 2, S. 211–230.

Nassehi, Armin (2019): Muster: Theorie der digitalen Gesellschaft. München: Beck.

Novack, Miriam A./Congdon, Eliza L./Hemani-Lopez, Naureen/Goldin-Meadow, Susan (2014): From action to abstraction: Using the hands to learn math. In: Psychological Science 25, H. 4, S. 903–910.

Quasthoff, Uta/Heller, Vivien/Morek, Miriam (2017): On the sequential organization and genre-orientation of discourse units in interaction: An analytic framework. In: Discourse Studies 19, H. 1, S. 84–110.

Rat für Kulturelle Bildung (2019): Jugend/YouTube/Kulturelle Bildung. Horizon 2019. Studie: Repräsentative Umfrage unter 12- bis 19-Jährigen zur Nutzung kultureller Bildungsangebote an digitalen Kulturorten. Essen.

Sacks, Harvey (1992): Lectures on Conversation. Oxford: Basil Blackwell.

Schegloff, Emanuel A./Sacks, Harvey (1973): Opening up closings. In: Semiotica 8, S. 289–327.

Selting, Margret et al. (2009): Gesprächsanalytisches Transkriptionssystem 2 (GAT 2). In: Gesprächsforschung – Online-Zeitschrift zur verbalen Interaktion 10, S. 353–402.

Spreckels, Janet (Hrsg.) (2009): Erklären im Kontext: neue Perspektiven aus der Gesprächs- und Unterrichtsforschung. Baltmannsweiler: Schneider Hohengehren.

Stalder, Felix (2016): Kultur der Digitalität. Berlin: Suhrkamp.

Stukenbrock, Anja (2009): Erklären – Zeigen – Demonstrieren. In: Spreckels, Janet (Hrsg.): Erklären im Kontext. Neue Perspektiven aus der Gesprächs- und Unterrichtsforschung. Baltmannsweiler: Schneider Hohengehren, S. 160–176.

Stukenbrock, Anja (2015): Deixis in der face-to-face-Interaktion. Berlin/New York: de Gruyter.

Vogt, Rüdiger (Hrsg.) (2016): Erklären: gesprächsanalytische und fachdidaktische Perspektiven. Tübingen: Stauffenburg.

Waring, Hansun Zhang/Creider, Sarah Chepkirui/Box, DiFelice Catherine (2013): Explaining vocabulary in the second language classroom: A conversation analytic account. In: Learning, Culture and Social Interaction 2, H. 4, S. 249–264.

Wolf, Karsten D./Cwielong, Ilona Andrea/Kommer, Sven/Klieme, Katrin Ellen (2021): Leistungsoptimierung von Schülerinnen und Schülern durch schulbezogene Erklärvideonutzung auf YouTube: Entschulungsstrategie oder Selbsthilfe? In: MedienPädagogik: Zeitschrift für Theorie und Praxis der Medienbildung 42, S. 380–40

II Fachdidaktische Perspektiven

Erklären im Kontext sprachlicher Heterogenität

Von konzeptionellen Herausforderungen zu sprachbildenden Perspektiven[1]

Ana da Silva

0. Einleitung und Überblick

Erklären ist allgegenwärtig und dennoch – oder gerade deshalb – begrifflich schwer zu fassen. Aus handlungstheoretischer Sicht ist *Erklären* eine mentalsprachliche Aktivität, die in spezifischer Weise dem Wissensausbau dient. In semantischer Hinsicht lässt sich eine Nähe zum *Begründen, Erläutern* oder *Illustrieren* erkennen. Die angenommene Ähnlichkeit verleitet im (wissenschafts-)alltäglichen Sprachgebrauch häufig dazu, derartige und weitere Ausdrücke als (Quasi-)Synonyme zu behandeln (vgl. Ehlich 2009, S. 11–14). Somit ist eine konzeptionelle Schärfung erforderlich, um die Funktionsweise und den kommunikativen Zweck von *Erklären* in spezifischen gesellschaftlichen Handlungsbereichen systematisch zu erfassen.

In meinen Beitrag möchte ich daher zunächst einige allgemeine Aspekte des *Erklärens* aus theoretisch-analytischer Sicht reflektieren (siehe den Abschnitt 1.). Daran anknüpfend werden im Abschnitt 2.1 institutionsbezogene kommunikative Bedingungen, wie sie im Kontext des schulischen Unterrichts beispielsweise in der Rollenverteilung zwischen Lehrkraft und Schüler*innen zu beobachten sind, zur genaueren Erfassung der sprachlichen Handlung bzw. des sprachlichen Handlungsmusters des *Erklärens* in den Blick genommen (zur Bestimmung der Analysekategorien vgl. Nardi 2017; Hohenstein 2006 u. a.). Im Abschnitt 2.2 wird der Fokus auf die zunehmende sprachliche Heterogenität der Schüler*innenschaft gerichtet: Aus der Sicht des Faches Deutsch als Zweitsprache wird untersucht, welche Bezüge zwischen *Erklären* und sprachbildenden Aspekten des Wissensausbaus hergestellt werden können (vgl. da Silva 2021; Peuschel/Burkard 2019). Die Relevanz derartiger Überlegungen zeigt sich besonders deutlich, wenn man berücksichtigt, dass insbesondere für mehrsprachige Lernende die im Unterricht verwendete Sprache sowohl Lerngegenstand als auch Medium der fachlichen Wissensvermittlung und Wissensaneignung ist (vgl. Peuschel 2020; Michalak/Lemke/Goeke 2015). Dieser

---

1 Das diesem Bericht zugrundeliegende Vorhaben wurde im Rahmen der gemeinsamen „Qualitätsoffensive Lehrerbildung" von Bund und Ländern mit Mitteln des Bundesministeriums für Bildung und Forschung unter dem Förderkennzeichen 01JA1809 gefördert. Die Verantwortung für den Inhalt dieser Veröffentlichung liegt bei der Autorin.

Zusammenhang wird anschließend anhand einer Transkriptanalyse zu einem Ausschnitt aus dem Lehrfilm „Eine Pfütze am Himmel heißt nicht Pfütze!" (Quehl/
Trapp 2020) exemplarisch veranschaulicht (siehe den Abschnitt 2.3). Der Beitrag
endet mit einem zusammenfassenden Fazit, in dem der Stellenwert des gemeinschaftlich angebahnten *ko-konstruktiven Erklärens* als Aktivator fachlich-sprach-
licher Wechseldynamiken herausgestellt wird (siehe den Abschnitt 3.).

1. Konzeptuelle Klärung: Semantische und handlungsanalytische Aspekte des Erklärens

Mit Bezugnahme auf Wörterbucheinträge und etymologische Rekonstruktionen
der Wortbestandteile von *Erklären* fasst Nardi (2017, S. 107) dessen semantische
Charakteristik wie folgt zusammen:

> „Das Verb *erklären* bezeichnet eine Handlung des Klärens, die durch einen intensiven
> und schrittweisen Prozess zusammenhängende Aspekte, die dem Erklärungsgegen-
> stand innewohnen, ans Licht bringt" (ebd.).

Dass eine semantisch-komparative Sichtweise auch bei verwandten Sprachen
relevant ist, zeigt sich, wenn man die bedeutungstragenden Bestandteile von Erklären mit der semantischen Struktur des englischen *explain*, des französischen
expliquer oder des niederdeutschen *duidelijk maken* vergleicht. Hier zeigen sich
jeweils andere metaphorische Bezüge („Ebenmachen", „Entfalten" bzw. das resul-
tatfokussierende „Deutlichmachen"), die die einzelnen Wortbedeutungen prägen
(vgl. Ehlich 2009, S. 12).
  Wie eingangs erwähnt, führt die semantische Nähe zu sprechhandlungsbe-
zeichnenden Verben wie z. B. *Begründen, Erläutern* oder *Illustrieren* dazu, dass
die alltägliche und wissenschaftssprachliche Verwendung von *Erklären* in zahlreichen Fällen unpräzise erfolgt. Hieraus ergibt sich umso mehr das Erfordernis einer systematischen theoretischen Begriffsbestimmung (vgl. Ehlich 2009,
S. 11–14; da Silva 2022). Im Folgenden wird daher auf die analytisch hochgradig konsistente handlungstheoretische Konzeption von *Erklären* Bezug genommen, wie sie im Rahmen der *Funktionalen Pragmatik* (FP) entwickelt wurde. Das
sprachtheoretische Grundmodell der FP fokussiert die spezifischen Relationen
der *mentalen Dimension Π*[2] von Sprecher*innen (S) und Hörer*innen (H), der
außersprachlichen Wirklichkeit P und der *sprachlichen Äußerung p* (vgl. Ehlich/

---

2 Die Berücksichtigung der mentalen Dimension von Sprecher*innen und Hörer*innen ermöglicht einen analytischen Zugang zur Erfassung von Wissensbeständen und ihrer Bearbeitung und bildet damit einen wesentlichen Ausgangs- und Bezugspunkt bei der Rekonstruktion sprachlicher Handlungen bzw. Handlungsmuster (vgl. Nardi 2017, S. 20).

Rehbein 1986, S. 96). Zudem wird der *Zweckhaftigkeit* sprachlichen Handelns eine zentrale Rolle beigemessen (vgl. Ehlich 2007a). Mit Blick auf *Erklären* werden folgender Zweck sowie folgende Voraussetzung hervorgehoben:

> „Spezifisch für das *Erklären* ist, dass es einem *Wissensausbau* dient und damit auch ein bestimmtes Kenntnisniveau auf der Hörerseite (H) voraussetzt. Tatsächlich kann eine Einsicht H's [sic!] in den funktionalen Zusammenhang des Erklärten und eine Erkenntnis über den Erklärensgegenstand nur stattfinden, wenn H das ‚Erklärungssystem', d. h. die Annahmen über Regelhaftigkeiten des Erklärensgegenstandes mit dem/der erklärende/n Sprecher/in (S) teilt [...]" (Hohenstein 2009, S. 40).

Damit ergeben sich wichtige Unterschiede zu weiteren sog. *explanativen Handlungen* (vgl. ebd., S. 38–41):

> „Das *Begründen* und das *Erläutern* setzen demgegenüber an Verstehens- bzw. Entscheidungsproblemen von H an, die in der Interaktion virulent geworden sind und die das Potential haben, die kooperative Interaktion zu gefährden. Sie haben häufig eine reparative, in den eigentlichen Interaktionsverlauf eingeschobene Qualität. Das *Instruieren* kann im Sinne eines ‚Erklären, wie' eingesetzt werden, ist aber auf die Handlungsfähigkeit Hs, nicht das bloße ‚Wissen wie' gerichtet" (ebd., S. 41).

Was das *Erklären* betrifft, so kann dieses entweder als *sprachliche Handlung* oder als komplexes *sprachliches Handlungsmuster*[3] realisiert werden: Betrachtet man *Erklären* als sprachliche Handlung, so ist der Wissenstransfer von Sprecher*innen zu Hörer*innen, d. h. die Übertragung spezifischen Wissens über den internen Funktionszusammenhang des Erklärgegenstands von zentraler Bedeutung (vgl. Nardi 2017, S. 110). Tritt *Erklären* als komplexes sprachliches Handlungsmuster auf, so kann man mit Hohenstein (2006, S. 26) von *erklärendem Handeln* als *Illokutionsverbund* sprechen, der sich wiederum aus weiteren Handlungsmustern, etwa *Ankündigen, Erläutern, Begründen, Exemplifizieren* u. a. (vgl. Nardi 2017, S. 113), konfiguriert. Hierbei bleibt zu beachten: „Sie [die weiteren Handlungsmuster, AdS] haben eine eigene illokutive Qualität, aber sie tragen zum Gesamtzweck des Erklärens, d. h. dem systematischen und strukturierten Wissensauf- und -ausbau, bei" (ebd.; ergänzt von AdS). Darüber hinaus kann *Erklären* in verschiedene Erklärungstypen, wie z. B. Handlungserklärung, Worterklärung oder Gegenstandserklärung unterteilt werden (vgl. Hohenstein 2006, S. 118–133). In Hinblick auf die jeweiligen Bestimmungsmerkmale von Handlungsmustern, wie z. B. die kommunikative Vorgeschichte, spezifische Wissensdefizienzen und ihre Bearbeitung,

---

3   Die Kategorie des Handlungsmusters lässt sich folgendermaßen bestimmen: „Das sprachliche Handlungsmuster ist eine gesellschaftlich erarbeitete Handlungsform, die der Bearbeitung von Zwecken dient, welche immer neu aktuell werden" (Ehlich 2010, S. 249).

lassen sich die Charakteristika von *Erklären* aus handlungsorientierter Sicht wie folgt zusammenfassend darstellen:

Tab. 1: Auszug aus einer Gegenüberstellung explanativer Sprachhandlungen nach Hohenstein (2009, S. 40; gekürzt von AdS)

Handlungsmuster/Charakteristik	Erklären
Vorgeschichte	Wissensauf- und -ausbau-Diskurse; asymmetrisches Wissen/ Wissensdivergenz
Ansatzpunkt	Funktionszusammenhang (was, wie, warum) in P
Defizienz	H hat keine Einsicht in den Funktionszusammenhang: gefährdet ‚nur' eigene Erkenntnis
Bearbeitung	S zerlegt Erklärensgegenstand in konstitutive Bestandteile, Funktionszuordnung. Verankerung in Π H
Zweck	Strukturierter Wissensausbau, Einsicht/Erkenntnis p → (P in ΠH)

Verknüpft man die semantisch-orientierte Perspektive mit einer handlungs-analytischen Sicht auf Sprache, so ist zu erwarten, dass es in Interaktionssituationen mit Sprechenden unterschiedlicher Ausgangssprachen zum einen zu einzelsprachlich bedingten Divergenzen in der Abgrenzung unterschiedlicher Illokutionen von *Erklären* und anderen explanativen Sprechhandlungen kommen kann. Zum anderen können auch Unterschiede in der Situationseinschätzung und bei Handlungsentscheidungen bezüglich der Angemessenheit von explanativen Sprechhandlungen entstehen (vgl. Hohenstein 2009, S. 42). Dies verdeutlicht ein weiteres Mal die Relevanz einer genauen Betrachtung der formal-funktionalen Zusammenhänge von einzelsprachspezifischen sprachlichen Handlungen bzw. Handlungsmustern (vgl. ebd., S. 38–41; Hohenstein 2006).

2. *Erklären* in sprachlich heterogenen Unterrichtskontexten

2.1 Allgemeine institutionelle Rahmenbedingungen und Realisierungsweisen von *Erklären*

Explanative Sprechhandlungen erscheinen aufgrund ihrer jeweiligen Spezifika in unterschiedlichen Interaktionssituationen häufig in einer charakteristischen Ausprägung. Wenn wir *Erklären* in unterrichtlichen Kontexten betrachten, so lässt sich zunächst festhalten, dass es als kooperatives sprachliches Handeln innerhalb eines institutionell gerahmten Lehr-/Lerndiskurses realisiert wird. Die kommunikative Konstellation ist durch eine Wissensasymmetrie zwischen den Interagierenden gekennzeichnet (siehe den Abschnitt 1.): Lehrkräfte nehmen i. d. R. die Expert*innenrolle ein (vgl. Hohenstein 2006, S. 90), die durch erklärendes

Handeln Wissen an ihre Schüler*innen übertragen. Dies geschieht zumeist in mehreren Phasen mit typischem Ablauf (vgl. Neumeister 2009, S. 17 f.): Nach einer lehrer*innenseitigen Initiierung erfolgt eine gezielte Hinführung zum zu erklärenden Sachverhalt/Gegenstand, in die auch schüler*innenseitige Äußerungen integriert werden. Anschließend wird zum „Erklärkern" übergeleitet, den die Lehrkraft in Form einer Regel, eines Merksatzes o. Ä. zusammenfasst. Es können zudem noch Exemplifizierungen, die den Lernenden ermöglichen, das Erklärte (besser) anzuwenden, hinzugefügt werden (vgl. ebd.).[4]

Bei bestimmten Sozialformen oder insbesondere bei offener Unterrichtsgestaltung können auch die Lernenden als Expert*innen fungieren oder adressiert werden, sodass *Erklären* nicht nur als Lehrer*innen-Schüler*innen-Handlung, sondern auch als Schüler*innen-Schüler*innen-Handlung oder gar als Schüler*innen-Lehrer*innen-Handlung zu verstehen ist. All diesen Konstellationen ist gemein, dass erklärendes Handeln zu einem strukturierten Ausbau des hörer*innenseitigen Wissens führen soll (vgl. Hohenstein 2009, S. 40; Meißner/Wyss 2017; Morek 2019; Spreckels 2019). Darüber hinaus ist aber auch zu berücksichtigen, dass *Erklären* in unterrichtlichen Kontexten häufig in das Handlungsmuster *Aufgabe-Stellen/Aufgabe-Lösen* eingebettet ist (vgl. Hohenstein 2006, S. 81 in Anlehnung an Ehlich/Rehbein 1986). Besonders deutlich wird dies, wenn *Erklären* als Operator in mündlichen oder schriftlichen Aufgabenstellungen mit fachspezifischer Ausprägung Verwendung findet (vgl. Peuschel/Burkard 2019, S. 59; siehe hierzu auch das Konkretisierungsraster nach Tajmel/Hägi-Mead 2017 bzw. die erweiterte Version des Konkretisierungsrasters in Zörner/Must 2019). Die kommunikative Zwecksetzung erfährt dann eine spezifische Verschiebung: Mit Hilfe des *Erklärens* sollen Lernende ihr Wissen verbalisieren; *Erklären* fungiert damit als Mittel zum Zweck der Wissensdarlegung. Die dem *Erklären* inhärente Zwecksetzung des hörer*innenseitigen Wissensausbaus wird, sofern allein

---

4   In diesem Zusammenhang sei auf das Projekt FALKE („Fachspezifische Lehrerkompetenz im Erklären") der Universität Regensburg verwiesen, in dem Qualitätsindikatoren von *Erklären* erarbeitet werden. Zu den fächerübergreifenden Qualitätsmerkmalen zählen *Strukturiertheit*, bezogen u. a. auf den inhaltlichen Aufbau und hinsichtlich einer logisch-stringenten Vorgehensweise, *Adressat*innenorientierung*, d. h. die Berücksichtigung von volitionalen, motivationalen und kognitiven Aspekten der Rezipient*innen, *sprachliche Verständlichkeit* in Bezug auf unterschiedliche sprachliche Ebenen sowie *Sprech- und Körperausdruck*, der Phänomene wie Artikulation, Mimik/Gestik etc. umfasst. Als fachspezifisches Qualitätsmerkmal gelten z. B. bestimmte Darstellungsformen im Musikunterricht (vgl. Lindl et al. 2019, S. 131).
Über die Qualitätsindikatoren hinaus kann *Erklären* selbst als Qualitäts- und sogar als Quantitätsmerkmal gelungenen Unterrichts aufgefasst werden: „Der Erfolg und die hohe Wertschätzung des guten Erklärens liegen darin, dass gutes Erklären das Lernen leichter und angenehmer macht. Es reduziert die Anstrengungen und verschafft das Gefühl von Effizienz und Effektivität: Lernen lohnt sich, Lernzeit ist nicht vertan, Lernen erscheint kurzweilig" (Leisen 2007, S. 461).

die Lehrkraft die Rezipient*innenrolle einnimmt, aufgehoben. Wird der Adressat*innenkreis jedoch auf die Mitlernenden erweitert, so kann z. B. bei einer mündlichen Realisierung des Handlungsmusters *Aufgabe-Stellen/Aufgabe-Lösen* das darin eingebettete *Erklären* in seiner Realisierung durch Schüler*innen den Zweck des strukturierten hörer*innenseitigen Wissensausbaus auch weiterhin erfüllen.

2.2 *Erklären* unter Berücksichtigung sprachlicher Heterogenität und Sprachbildung

Für die weitere Betrachtung erklärenden Handelns nehmen nicht nur die thematisierten institutionellen Rahmenbedingungen von Schule und Unterricht einen zentralen Stellenwert ein; vielmehr soll der Betrachtungsfokus auf die Lernenden selbst ausgerichtet werden. Diese zeichnen sich in aller Regel durch ein hohes Maß an Heterogenität in unterschiedlichen Dimensionen (vgl. Hartinger et al. 2022), jedoch allem voran hinsichtlich ihrer sprachlichen Voraussetzungen aus:

> „Mit der Redeweise von sprachlicher Heterogenität wird […] nicht allein auf die sich entwickelnden Deutschkenntnisse jüngst zugewanderter Kinder und Jugendlicher rekurriert. Sie bildet vielmehr den gesamten Bereich individuellen und gruppenspezifischen Sprachgebrauchs in Schule und Unterricht vor dem Hintergrund von sprachlichen Normalitätserwartungen ab. Damit kann sprachliche Heterogenität im Klassenzimmer als Normalfall bezeichnet werden, mit dem Lehrkräfte umzugehen lernen sollten" (Peuschel/Burkard 2019, S. 27).

Die hier zitierte „Redeweise von sprachlicher Heterogenität" bildet somit eine weitere Rahmenbedingung für erklärendes Handeln im Unterricht ab.[5] Berücksichtigt man außerdem die unterschiedlichen Funktionsbereiche von Sprache im Fachunterricht, in denen Sprache nicht nur als Lernmedium, sondern auch als Lern- und Reflexionsgegenstand, als Kommunikationsmittel u. a. dient (vgl. Michalak/Lemke/Goeke 2015, S. 13–22; Peuschel 2020, S. 427–431), so zeichnet sich immer deutlicher die Relevanz ab, erklärendes Handeln mit der Betrachtung sprachbildender Aktivitäten zu verknüpfen. Ähnlich wie die diesem Beitrag zugrunde liegende Verwendungsweise des Begriffs der „sprachlichen Heterogenität" ist auch „Sprachbildung" ein *alle* Lernenden miteinbeziehendes Konzept:

> „*Sprachbildung* (bzw. sprachliche Bildung) ist als ein Oberbegriff zu verstehen, der alle Formen von gezielter Sprachentwicklung umfasst. Sprachbildung zielt darauf ab, die

---

5 Eine differenzierte Betrachtung von Sprache als zentraler Heterogenitätsdimension im schulischen Kontext erfolgt in Peuschel (2020, S. 424–427).

Sprachkompetenzen aller Schülerinnen und Schüler zu verbessern, unabhängig davon, ob sie in Deutschland aufgewachsen oder neu zugewandert sind. Sprachbildung findet im Sprach- und Fachunterricht statt […]" (Jostes 2017, S. 118).

Die Umsetzung von Sprachbildung im Fachunterricht setzt eine sprachbewusste Unterrichtsgestaltung voraus (vgl. Michalak/Lemke/Goeke 2015). In diesem Zusammenhang kommt dem didaktischen Konzept des *Scaffolding*, wie es von Gibbons (2002) im australischen Primar- und Sekundarschulkontext erarbeitet und im Rahmen von Unterrichtsforschung im deutschen Bildungsbereich adaptiert und weiterentwickelt wurde (vgl. z.B. Kniffka/Neuer 2008; Krämer 2009), eine wichtige Rolle zu. Mit Bezugnahme auf Gibbons (2006) fassen Quehl/Trapp (2020, S. 42 ff.) die wesentlichen Prinzipien des Scaffolding dahingehend zusammen, dass die Unterrichtssprache nicht künstlich vereinfacht werden dürfe, sondern eine bewusste Aufmerksamkeitsorientierung der Lernenden auf die sprachliche Realisierung von Fachinhalten erfolgen sollte. Zudem müssten die Lernenden genügend Gelegenheiten zur Interaktion erhalten, um die Herausforderung zu bewältigen, alltagssprachliche Äußerungen in eine bildungs- bzw. fachsprachliche Ausdrucksweise zu überführen. In diesem Zusammenhang sei auf eine ko-konstruktivistische Perspektive der Gesprächsführung zwischen Lehrkraft und Lernenden verwiesen (vgl. ebd., S. 52), die sich, wie im Folgenden anhand einer exemplarischen Transkriptanalyse von Teilen eines Unterrichtsgesprächs gezeigt wird, gerade mit Blick auf sprachbildende Aspekte des *Erklärens* als besonders zielführend erweist.

2.3 *„weil die Sonne trifft den Teller am meisten als das Glas"* – eine exemplarische Analyse von *ko-konstruktivem Erklären* im Sachunterricht

2.3.1 Informationen zur untersuchten Filmsequenz und handlungsanalytische Rahmung

Als besonders richtungsweisend hinsichtlich der Frage, wie fachliches und inhaltliches Lernen im Unterricht vor dem Hintergrund der zunehmenden sprachlichen Heterogenität von Schüler*innen gelingen kann, gilt nach wie vor das Modellprogramm FörMig („Förderung von Kindern und Jugendlichen mit Migrationshintergrund", Projektlaufzeit: 2004–2009; vgl. hierzu z.B. Gogolin et al. 2011a; Gogolin et al. 2011b). In den vielfältigen Materialien, die hieraus entstanden sind, wird u.a. eine engere Verzahnung von Theorie und Praxis angestrebt. Dies trifft auch auf den 16-minütigen Lehrfilm „Eine Pfütze am Himmel heißt nicht Pfütze!" zu, in dem Quehl/Trapp (2020) in anschaulicher Weise zeigen, wie Sprachbildung im Sachunterricht einer dritten Grundschulklasse umgesetzt werden kann.[6] Die wesentliche didaktische Grundlage des gefilmten Sachunterrichts zum Thema „Wasserkreislauf" bildet das Scaffolding-Konzept (siehe den Abschnitt 2.2). Mit Blick auf die im vorliegenden Beitrag zentral gestellte Frage, wie *Erklären* unter besonderer Berücksichtigung der sprachlichen Voraussetzungen der Lernenden aus sprachbildender Perspektive realisiert werden kann, wird nun exemplarisch folgender Teilausschnitt aus „Eine Pfütze am Himmel heißt nicht Pfütze!", in dem die vorwiegend mehrsprachigen Schüler*innen ihre Beobachtungen zu einem zuvor durchgeführten Verdunstungsexperiment versprachlichen sollen, anhand des in Quehl/Trapp (2020) veröffentlichten Transkripts näher betrachtet:

Transkriptauszug zum ko-konstruktiven *Erklären* im Sachunterricht aus Quehl/Trapp (2020, S. 69–71). Zur Transkriptionskonvention siehe ebd., S. 64.[7]

Lehrer:	jetzt suche ich jemanden (.) von der (.) Gruppe die den Teller (.) genommen hat
Il.:	(4) als Erstes (.) hamm wa (.) ein (.) Glas genommen da hamm wa (1) ein Strich gemacht bis wohin das Wasser hin soll (.) dann hamm wa (.) hm das Wasser voll gemacht in den Glas dann hamm wa das (.) in den Teller geschüttet (2) und dann hamm wa (1) geguckt was passiert (2) hmm (2) d- (1) hm (.) wir hamm erst ääh einn (2) Klebeband geklebt
T.:	(1) damit wir wissen bis wohin das Wasser war (2) wie wie wie hoch das war also eigentlich
Il.:	∟ und am nächsten Tag war das Wasser bisschen
T.:	bisschen ( )
Il.:	(1) hm
T.:	(2) (flüsternd) tiefer
Il.:	tiefer (.) da (.) das war nich so voll wie (.) wir das (1) wie (.) wie wir das voll gemacht haben
Lehrer:	(2) was war der (.) andere Teil von (1) eurem Versuch
Il.:	(4) und bei dem Becher (.) war hat war (.) war da auch ein (1) Wasser drin (1) da war auch Wasser drinne (.) und dann hamm wa (.) das bis (.) wo der Strich war voll gemacht und das is auch (1) bisschen (2) t- (.) tiefer gegangen (4) K.?
K.:	warum war da kein Wasser drinne
Il.:	(2) wo? (.) in den
K.:	∟ in den Glas drinne
Il.:	da war bisschen n- (.) da war Wasser drinne (.) aber das war nich bei (1) Strich (1) das is bisschen nach unten gegangen
B.:	wie is das weggegangen (.) das Wasser?
Il.:	(4) äääh
Lehrer:	(2) was vermutet ihr (.) warum is auf dem Teller (.) kein Wasser mehr und in dem Glas is noch Wasser?

---

6   Für weitergehende Informationen zum Entstehungshintergrund des Films siehe Quehl/Trapp (2020, S. 11 f.). Der Film ist in zugangsgeschützter Form online verfügbar (https://www.waxmann.com/waxmann-buecher/?tx_p2waxmann_pi2%5bbuchnr%5d=4180&tx_p2waxmann_pi2%5baction%5d=show, Abfrage: 27.04.23).

7   Die Genehmigung zur Zitierung des gesamten Abschnitts wurden von der Verfasserin eingeholt.

Ay.:	ääh (1) das (.) hm (1) d-das Teller is so tief und das Ding und das (.) das schmale Glas is so hoch (.) und dafür is da kein Wasser drinne (1) nur wenich
Lehrer:	und der Teller is ganz flach (.) S.
S.:	weil (.) weil die Sonne trifft den Teller am meisten als das Glas (1) weil
C.:	∟ und dann trocknet das
S.:	∟ dann (1) weil dann löst sich das Wasser auf
Lehrer:	ja
C.:	das Wasser war doch in Teller drin
Lehrer:	hm
C.:	∟ (oder nich) (2) und dann is das Wasser nach (3) unten z
Lehrer:	das Wass- ja wer hilft? (1) Ke.
Ke.:	die Oberfläche is (mehr)
Lehrer:	hm?
Ke.:	die O-ber-fläche (is mehr)
Lehrer:	(2) es is von der Oberfläche aufgestiegen (.) hm (.) so
S.:	ich weiß noch
Lehrer:	∟ wo is es denn (.) wo is denn die größere Oberfläche bei dem Glas oder bei dem Teller?
Ke.:	bei dem Glas
S.:	∟ Herr Quehl ich hab noch was
Lehrer:	wo is die größere (.) Ooberfläche hier oben (1) bei dem Glas oder bei dem Teller?
S.:	Herr Quehl ich wollt noch was
Ke.:	∟ Glas
?:	Nein
S.:	Herr Quehl
Lehrer:	Was meinst du K.?
K.:	∟ Teller
Ki:	ich mein auch Teller
Lehrer:	∟ bei dem Tel-ler ist die Oberfläche größer (1) und deshalb verdampft da auch mehr (1) S.
S.:	wenn (.) wenn der Dampf aufsteigt (1) dann wenn d- (.) dann wenn das (1) dann wenn das (1) Wasser was aus Dampf is wieder kalt wird (.) dann regnet es

In Anlehnung an Gibbons (2006) wird das sprachliche Handeln in dieser Filmsequenz als „Angeleitetes Berichten" (Quehl/Trapp 2020, S. 45) im Rahmen einer sog. „Forscherkonferenz" (ebd.) klassifiziert. Es handelt sich hierbei v. a. um die in Abschnitt 2.2 skizzierte Herausforderung, alltagssprachliche Ausdrucksformen in fach- und bildungssprachliche Elemente zu überführen. Der Sachunterricht wird somit zu einem kommunikativen Handlungsfeld, in dem die Lehrkräfte „ihre Lehr- und Instruktionssprache angemessen modellieren und funktional einsetzen sowie Unterrichtskommunikation und Unterrichtsdiskurse entsprechend gestalten" (Peuschel/Burkard 2019, S. 85) sollen. Erschwerend zeigt sich bei dieser Phase die Tatsache, dass die konkrete Anschaulichkeit des zwei Tage zuvor durchgeführten Verdunstungsexperiments nicht mehr in derselben Art und Weise gegeben ist. Das Anleiten seitens der Lehrkraft wird in unterschiedlicher Weise realisiert, u. a. kommen Wortkarten mit fachsprachlichem Wortschatz

(z. B. „der Wasserdampf", „verdunsten") oder bildungssprachlicher Kollokationen („Wir vermuten, dass") stumm zum Einsatz, indem die Lehrkraft nonverbal auf die auf dem Boden verteilten Wortkarten zeigt (siehe z. B. die Ansicht im Filmausschnitt 10:24). Wie aus Abb. 1 hervorgeht, lässt sich das scaffoldingbezogene *Angeleitete Berichten* aus handlungsanalytischer Sicht auf einer Ebene zwischen dem übergeordneten Handlungsmuster *Aufgabe-Stellen/Aufgabe-Lösen* und verschiedenen konkreten sprachlichen Handlungen, unter denen das gemeinschaftlich zwischen Lehrkraft und Lernenden angebahnte *ko-konstruktive Erklären* einen zentralen Stellenwert einnimmt, verorten:

Abb. 1: Handlungsebenen der untersuchten Filmsequenz

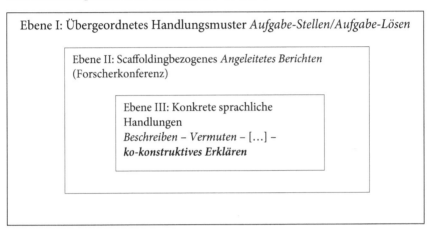

2.3.2 Etappen zum *ko-konstruktiven Erklären*

Betrachten wir die Ebene III der konkreten sprachlichen Handlungen näher, so ist zu erkennen, dass die Schülerin Il. das *Angeleitete Berichten* vorwiegend als *Beschreiben* realisiert. Durch das *Beschreiben* sollen die Lehrkraft und die Mitschüler*innen eine Orientierung mittels räumlicher Dimensionen des thematisierten Sachverhalts erfahren (vgl. Hohenstein 2009, S. 39; Rehbein 1984, S. 74–77):

„(4) als Erstes (.) hamm wa (.) ein (.) Glas genommen da hamm wa (1) ein Strich gemacht bis wohin das Wasser hin soll (.) dann hamm wa (.) hm das Wasser voll gemacht in den Glas dann hamm wa das (.) in den Teller geschüttet (2) und dann hamm wa (1) geguckt was passiert (2) hmm (2) d- (1) hm (.) wir hamm erst ääh einn (2) Klebeband geklebt"

Die Relevanz einer solchen Orientierung lässt sich darauf zurückführen, dass der Sachverhalt nicht im Wahrnehmungsfeld der Hörer*innen liegt (vgl.

Rehbein 1984, S. 76). Da der Sachverhalt aber auch nicht mehr im Wahrnehmungsfeld der Sprecherin liegt, zeigen sich Verbalisierungsschwierigkeiten, die zum einen die Chronologie des Beschriebenen betreffen (siehe z. B. den Nachtrag „wir hamm erst ääh einn (2) Klebeband geklebt"), zum anderen auch den Wissensaufbau bei den Rezipierenden gefährden, sodass der Mitschüler T. ergänzend *erklärt*: „(1) damit wir wissen bis wohin das Wasser war (2) wie wie wie hoch das war also eigentlich". Die Schülerin Il. fährt mit ihrer Beschreibung fort („ ᴸ und am nächsten Tag war das Wasser bisschen"), gerät aber schnell ins Stocken, weil ihr der passende Fachwortschatz zu fehlen scheint. T. unterstützt die Verbalisierungsbemühungen, indem er „bisschen" wiederholt und „tiefer" vorschlägt. Il. greift den Vorschlag zwar auf, umschreibt jedoch den Sachverhalt zusätzlich noch genauer („tiefer (.) da (.) das war nich so voll wie (.) wir das (1) wie (.) wie wir das voll gemacht haben"). Möglicherweise erscheint ihr „tiefer" nicht passend genug zu sein, um den Sachverhalt angemessen zu erfassen.

Die Lehrkraft greift schließlich ein und lenkt die Verbalisierung auf einen anderen Versuchsabschnitt („(2) was war der (.) andere Teil von (1) eurem Versuch"). Daraufhin setzt Il. beschreibend fort („(4) und bei dem Becher (.) war hat war (.) war da auch ein (1) Wasser drin (1) da war auch Wasser drinne (.) und dann hamm wa (.) das bis (.) wo der Strich war voll gemacht und das is auch (1) bisschen (2) t- (.) tiefer gegangen (4) K.?"). Dass eine derartige Wiedergabe *äußerer* Aspekte des Sachverhalts (vgl. Rehbein 1984, S. 74) nicht ausreicht, wird mit der Frage des Mitschülers K. deutlich: „warum war da kein Wasser drinne". Erneut zeigt sich das Erfordernis des *Erklärens*, um tatsächlich auch den Funktionszusammenhang zu versprachlichen, sodass eine tiefergehende Einsicht der Rezipierenden in den zu erkennenden Sachverhalt der Verdunstung ermöglicht wird. Im darauffolgenden Gesprächssegment bleibt die Sprecherin Il. aber im beschreibenden Handlungsmodus („(2) wo? (.) in den", „da war bisschen n- (.) da war Wasser drinne (.) aber das war nich bei (1) Strich (1) das is bisschen nach unten gegangen"); es gelingt ihr somit nicht, K.s Frage nach dem „warum" zu beantworten. Der Mitschüler B. paraphrasiert schließlich K.s Frage („wie is das weggegangen (.) das Wasser?").

Auf Il.s Zögern hin („(4) ääääh") greift der Lehrer erneut in das Gespräch ein, indem er nun *alle* Lernenden adressiert („(2) was vermutet ihr (.) warum is auf dem Teller (.) kein Wasser mehr und in dem Glas is noch Wasser?"). Er fordert die Lernenden auf, Vermutungen über mögliche kausale Zusammenhänge anzustellen. Das *Vermuten* wird zu einer zentralen Vorstufe des *ko-konstruktiven Erklärens*: Der Lernende Ay. startet sogleich einen ersten Versuch („ääh (1) das (.) hm (1) d-das Teller is so tief und das Ding und das (.) das schmale Glas is so hoch (.) und dafür is da kein Wasser drinne (1) nur wenich"), den der Lehrer lexikalisch präzisiert („und der Teller is ganz flach (.) S."). Anschließend erteilt er dem Schüler S. das Rederecht, der seine Vermutung zu verbalisieren beginnt

(„weil (.) weil die Sonne trifft den Teller am meisten als das Glas (1) weil"), vom Mitschüler C. unterbrochen wird („ └ und dann trocknet das") und seine Äußerung schließlich beendet („ └ dann (1) weil dann löst sich das Wasser auf"). Nach einem kurzen Hörersignal des Lehrers („ja") ergreift erneut C. das Wort („das Wasser war doch in Teller drin"). Das von C. verwendete „doch" lässt auf Inkongruenzen in seiner Wissensbearbeitung schließen. Der Lehrer sendet ein weiteres Hörersignal („hm") und C. fährt fort, seine Wissensdefizienz zu versprachlichen („ └ (oder nich) (2) und dann is das Wasser nach (3) unten z"). Die Lehrkraft verneint zwar nicht explizit C.s Äußerung, die Adressierung der Mitschüler*innen als „Helfende" verdeutlicht aber, dass weitere bzw. andere Vermutungen erforderlich sind („das Wass- ja wer hilft? (1) Ke."). Der angesprochene Lernende Ke. nennt nun den für die Erfassung des Sachverhalts zentralen Ausdruck „Oberfläche" („die Oberfläche is (mehr   )" und „die O-ber-fläche (is mehr)"). Der Lehrer greift diesen sofort auf („(2) es is von der Oberfläche aufgestiegen (.) hm (.) so") und expliziert den Sachverhalt mit Hilfe des Fachbegriffs des „Aufsteigens". Erst an dieser Stelle ist somit die eingangs von K. gestellte Frage „warum war da kein Wasser drinne" beantwortet.

Im darauffolgenden Segment versucht der Schüler S. mehrmals das Rederecht zu erlangen („ich weiß noch", „ └ Herr Quehl ich hab noch was", „Herr Quehl ich wollt noch was", „Herr Quehl"), da er, wie seine letzte Äußerung zeigt („wenn (.) wenn der Dampf aufsteigt (1) dann wenn d- (.) dann wenn das (1) dann wenn das (1) Wasser was aus Dampf is wieder kalt wird (.) dann regnet es") noch weiteres Wissen zum „Aufsteigen" hinzufügen möchte. Die Lehrkraft hingegen wehrt S.s Bemühungen um das Rederecht ab, um den Begriff der „Oberfläche" in seiner Wirkweise näher zu betrachten. („ └ wo is denn (.) wo is denn die größere Oberfläche bei dem Glas oder bei dem Teller?"). Dass Ke.s Antwort („bei dem Glas") unzutreffend ist, soll den Lernenden durch die Wiederholung der Lehrerfrage („wo is die größere (.) Ooberfläche hier oben (1) bei dem Glas oder bei dem Teller?"), bei der die betonte Dehnung in „Ooberfläche" und die deiktische Fokussierung „hier oben" auffällt, verdeutlicht werden. Dennoch wiederholt Ke. seine Antwort („ └ Glas"), woraufhin der Lehrer K. adressiert („Was meinst du K.?"). Sowohl der angesprochene K. („ └ Teller") als auch sein Mitschüler Ki. („ich mein auch Teller") nennen die richtige Antwort. Die Lehrkraft verbalisiert schließlich den kausalen Sachverhalt, untermauert das Gesagte mit gezielter Gestik und überführt damit die unterschiedlichen Vermutungen in eine den Funktionszusammenhang *erklärende* Äußerung („ └ bei dem Tel-ler ist die Oberfläche größer (1) und deshalb verdampft da auch mehr (1) S."). Der Weg des strukturierten Wissensausbaus, der im *Erklären* mündet, wurde damit durch intensive gemeinschaftliche Bemühungen um eine inhaltlich zutreffende und gleichzeitig sprachlich angemessene Wiedergabe des Verdunstungsexperiments erfolgreich gemeinsam begangen.

3. Ko-Konstruktives *Erklären* und die Aktivierung fachlich-sprachlicher Wechseldynamiken

Wie aus der Transkriptanalyse in 2.3 hervorgeht, nimmt *Erklären* in seiner spezifischen Zwecksetzung des strukturierten Wissensausbaus beim sog. „Angeleiteten Berichten" über ein zuvor von den Lernenden durchgeführtes Verdunstungsexperiment (vgl. Quehl/Trapp 2020, S. 69 ff.) einen zentralen Stellenwert ein. Die sprachliche Handlung des *Beschreibens* (vgl. ebd., S. 69 f.) erweist sich mit Blick auf die Verankerung von Wissenselementen bei den Mitschüler*innen schnell als unzureichend. Das von Mitlernenden eingeforderte *Erklären* (vgl. ebd., S. 70) manifestiert sich jedoch als Herausforderung, der in fachlicher *und* sprachlicher Sicht zu begegnen ist. Die Lehrkraft initiiert schließlich die sprachliche Handlung des *Vermutens* (vgl. ebd.). Diese führt in gemeinschaftlicher Anstrengung zu einer lehrerseitigen Verbalisierung des Sachverhalts, die eine tatsächliche Einsicht in den Funktionszusammenhang ermöglicht (vgl. ebd., S. 70 f.). Die Lehr- und Instruktionssprache (vgl. Peuschel/Burkard 2019, S. 88–91) zeichnet sich somit durch eine Zurückhaltung übende und gleichzeitig lenkende Vorgehensweise aus, die die kommunikativen Voraussetzungen für ko-konstruktives *Erklären* schafft. Die Adressierung und Einbindung *aller* Lernenden in den Prozess des Wissensausbaus eröffnet zudem die Möglichkeit, sprachbildenden Aspekten, z.B. der Suche nach passenden (Fach-)Begrifflichkeiten, die für gelingendes *Erklären* unerlässlich sind, besondere Aufmerksamkeit zukommen zu lassen.

Abschließend lässt sich festhalten, dass sich gerade beim *Erklären* in sprachlich-heterogenen Unterrichtskontexten die teils abstrakten Prinzipien einer sprachbildenden Vorgehensweise (siehe den Abschnitt 2.2) zu wesentlichen Gelingensbedingungen von *Erklären* konkretisieren. Die Berücksichtigung der vielfältigen sprachlichen Voraussetzungen der Lernenden und die fokussierte Weiterentwicklung ihres (fach-)sprachlichen Handlungsrepertoires bilden die zentrale Grundlage für die Aneignung von Fachwissen. *Erklären*, vor allem realisiert als ko-konstruktives sprachliches Handeln, kommt somit das Potenzial zu, die komplexe Wechseldynamik, die sich aus dem Zusammenspiel fachlichen und sprachlichen Lernens ergibt, in spezifischer Weise zu aktivieren und im sprachbildenden Sinne für sprachlich heterogene Lernende nutzbar zu machen.

Literatur

da Silva, Ana (2022): „Ich habe mir selbst eine Frage gestellt ... sollte ich nicht tun" – Zum Umgang mit Wissensdivergenzen und Verständigungserfordernissen in (Erklär-)Videos. In: Auteri, Laura/Barrale, Natascia/Di Bella, Arianna/Hoffmann, Sabine (Hrsg.): Jahrbuch für Internationale Germanistik. Wege der Germanistik in transkultureller Perspektive. Akten des XIV. Kongresses der Internationalen Vereinigung für Germanistik (IVG) (Bd. 12), Frankfurt a.M.: Peter Lang, S. 321–338.

da Silva, Ana (2021): „Und in ‚mathematisch' sieht der Satz des Pythagoras dann so aus..." – Potentiale und Grenzen von Erklärvideos aus sprachbildender Sicht. In: Matthes, Eva/Heiland, Thomas/

Siegel, Stefan T. (Hrsg.): Lehrvideos – das Bildungsmedium der Zukunft? Erziehungswissenschaftliche und fachdidaktische Perspektiven. Bad Heilbrunn: Julius Klinkhardt, S. 83–92.

Ehlich, Konrad (2010): Sprechhandlungsanalyse. In: Hoffmann, Ludger (Hrsg.): Sprachwissenschaft. Ein Reader. 3. Auflage. Berlin, New York: de Gruyter, S. 242–257.

Ehlich, Konrad (2009): Erklären verstehen – Erklären und Verstehen. In: Vogt, Rüdiger (Hrsg.): Erklären. Gesprächsanalytische und fachdidaktische Perspektiven. Tübingen: Stauffenburg, S. 11–24.

Ehlich, Konrad (2007a): Sprache und sprachliches Handeln. 3 Bände. Berlin, New York: de Gruyter.

Ehlich, Konrad (2007b): Funktional-pragmatische Kommunikationsanalyse: Ziele und Verfahren. In: ders.: Sprache und sprachliches Handeln. Band 1: Pragmatik und Sprachtheorie. Berlin, New York: de Gruyter, S. 9–28.

Ehlich, Konrad/Rehbein, Jochen (1986): Muster und Institution. Tübingen: Narr.

Gibbons, Pauline (2006): Unterrichtsgespräche und das Erlernen neuer Register in der Zweitsprache. In: Mecheril, Paul/Quehl, Thomas (Hrsg.): Die Macht der Sprachen. Englische Perspektiven auf die mehrsprachige Schule. Münster: Waxmann, S. 269–290.

Gibbons, Pauline (2002): Scaffolding Language, Scaffolding Learning. Teaching Second Language Learners in the Mainstream Classroom. Portsmouth, NH: Heinemann.

Gogolin, Ingrid/Dirim, Inci/Klinger, Thorsten/Lange, Imke/Lengyel, Drorit/Michel, Ute/Neumann, Ursula/Reich, Hans H./Roth, Hans-Joachim/Schwippert, Knut (2011a): Förderung von Kindern und Jugendlichen mit Migrationshintergrund FörMig. Bilanz und Perspektiven eines Modellprogramms (= FörMig Edition Band 7). Münster: Waxmann.

Gogolin, Ingrid/Lange, Imke/Hawighorst, Britta/Bainski, Christiane/Heintze, Andreas/Rutten, Sabine/Saalmann, Wiebke (2011b): Durchgängige Sprachbildung. Qualitätsmerkmale für den Unterricht (= FörMig Material Band 3). Münster: Waxmann.

Hartinger, Andreas/Dresel, Markus/Matthes, Eva/Nett, Ulrike E./Peuschel, Kristina/Gegenfurtner, Andreas (Hrsg.) (2022): Lehrkräfteprofessionalität im Umgang mit Heterogenität: theoretische Konzepte, Förderansätze, empirische Befunde. Münster: Waxmann.

Hohenstein, Christiane (2009): Interkulturelle Aspekte des Erklärens: In: Vogt, Rüdiger (Hrsg.): Erklären. Gesprächsanalytische und fachdidaktische Perspektiven. Tübingen: Stauffenburg, S. 37–55.

Hohenstein, Christine (2006): Erklärendes Handeln im Wissenschaftlichen Vortrag. Ein Vergleich des Deutschen mit dem Japanischen. München: iudicium.

Jostes, Brigitte (2017): „Mehrsprachigkeit", „Deutsch als Zweitsprache", „Sprachbildung" und „Sprachförderung". Begriffliche Klärungen. In: Jostes, Brigitte/Caspari, Daniela/Lütke, Beate (Hrsg.): Sprachen – Bilden – Chancen. Sprachbildung in Didaktik und Lehrkräftebildung. Münster u. a.: Waxmann, S. 103–126.

Kniffka, Gabriele/Neuer, Birgit (2008): „Wo gehts hier nach ALDI?" Fachsprachen lernen im kulturell heterogenen Klassenzimmer. In: Budke, Alexandra (Hrsg.): Interkulturelles Lernen im Geographieunterricht. Magdeburg: Potsdamer Geographische Forschungen Bd. 27, S. 121–136.

Krämer, Silke (2009): Scaffolding – ein Baugerüst für die Fachsprache. In: Unterricht Chemie 20, H. 111/112, S. 34–43.

Lehrfilm „Eine Pfütze am Himmel heißt nicht Pfütze!", online verfügbar unter: https://www.waxmann.com/waxmann-buecher/?tx_p2waxmann_pi2%5bbuchnr%5d=4180&tx_p2waxmann_pi2%5baction%5d=show (Abfrage: 27.12.2022).

Leisen, Josef (2007): Das Erklären im Unterricht. In: Der mathematische und naturwissenschaftliche Unterricht 60, H. 8, S. 459–462.

Lindl, Alfred/Gaier, Lisa/Weich, Matthias/Frei, Mario/Ehras, Christina/Gastl-Pischetsrieder, Maria/Elmer, Michael/Asen-Molz, Katharina/Ruck, Anna-Maria/Heinze, Jana/Murmann, Renate/Gunga, Eileen/Röhrl, Simone (2019): Eine ‚gute' Erklärung für alle?! Gruppenspezifische Unterschiede in der Beurteilung von Erklärqualität – erste Ergebnisse aus dem interdisziplinären Forschungsprojekt FALKE. In: Ehmke, Timo/Kuhl, Poldi/Pietsch, Marcus (Hrsg.): Lehrer. Bildung. Gestalten. Beiträge zur empirischen Forschung in der Lehrerbildung. Weinheim, S. 128–141.

Meißner, Iris/Wyss, Eva Lia (Hrsg.) (2017): Begründen – Erklären – Argumentieren. Konzepte und Modellierungen in der Angewandten Linguistik. Tübingen: Stauffenburg Verlag.

Michalak, Magdalena/Lemke, Valerie/Goeke, Marius (Hrsg.) (2015): Sprache im Fachunterricht: Eine Einführung in Deutsch als Zweitsprache und sprachbewussten Unterricht. Tübingen: Narr Francke Attempto.

Morek, Miriam (2019): Artikel „Erklären". In: Rothstein, Björn/Müller-Brauers, Claudia (Hrsg.): Kernbegriffe der Sprachdidaktik Deutsch. Baltmannsweiler: Schneider-Verlag Hohengehren, S. 70–72.

Modellprogramm FörMig, online verfügbare Informationen unter: https://www.foermig.uni-hamburg.de (Abfrage: 27.12.2022).

Nardi, Antonella (2017): Studentisches erklärendes Handeln in der Tesina auf Deutsch. Vorwissenschaftliches Schreiben in der Fremdsprache an der italienischen Universität. Münster: Waxmann.

Neumeister, Nicole (2009): „Wissen, wie der Hase läuft". Schüler erklären Redenarten und Sprichwörter. In: Spreckels, Janet (Hrsg.): Erklären im Kontext. Neue Perspektiven aus der Gesprächs- und Unterrichtsforschung. Baltmannsweiler: Schneider-Verlag Hohengehren, S. 13–32.

Peuschel, Kristina (2020): Theorien sprachlicher Bildung in der heterogenen Schule. In: Harant, Martin/Thomas, Philipp/Küchler, Uwe (Hrsg.): Theorien! Horizonte für die Lehrerbildung. Tübingen: Tübingen University Press, S. 423–434.

Peuschel, Kristina/Burkard, Anne (2019): Sprachliche Bildung und Deutsch als Zweitsprache in den geistes- und gesellschaftswissenschaftlichen Fächern. Tübingen: Narr Francke Attempto.

Projekt FALKE, online verfügbare Informationen unter: https://www.uni-regensburg.de/sprache-literatur-kultur/germanistik-did/downloads/falke/index.html (Abfrage: 27.12.2022).

Quehl, Thomas/Trapp, Ulrike (2020): Sprachbildung im Sachunterricht der Grundschule. Mit dem Scaffolding-Konzept unterwegs zur Bildungssprache. 2. Auflage. Münster, New York: Waxmann.

Rehbein, Jochen (1984): Beschreiben, Berichten und Erzählen. In: Konrad Ehlich (Hrsg.): Erzählen in der Schule. Tübingen: G. Narr, S. 67–124.

Spreckels, Janet (Hrsg.) (2009): Erklären im Kontext. Neue Perspektiven aus der Gesprächs- und Unterrichtsforschung. Baltmannsweiler: Schneider-Verlag Hohengehren.

Tajmel, Tanja/Hägi-Mead, Sara (2017): Sprachbewusste Unterrichtsplanung. Prinzipien, Methoden und Beispiele für die Umsetzung. Münster et al.: Waxmann.

Zörner, Anika/Must, Thomas (2019): Aufgabenstellungen sprachsensibel aufschlüsseln. Herausforderung Lehrer_innenbildung – Zeitschrift zur Konzeption, Gestaltung und Diskussion 2, H.1, S. 227–240.

"That is a role play. Okay? So you're going to go into groups in a minute."

Lehrer*innenseitiges Erklären und Instruieren in *classroom management*-Szenarien des Englischunterrichts: Komplexe Handlungsanweisungen aus fremdsprachendidaktischer Perspektive

Katrin Thomson

1. Einleitung

Lehrerseitiges[1] Erklären findet im modernen Fremdsprachen- bzw. Englischunterricht in unterschiedlichen Kontexten und Facetten statt. Zwar traten infolge der kommunikativen Wende und der damit verbundenen Etablierung des kommunikativen Ansatzes lehrerzentrierte Diskursformate (wie der Lehrervortrag) zugunsten lerneraktivierender und interaktionsfördernder Formen prinzipiell eher in den Hintergrund, aber nichtsdestotrotz zeigt die Unterrichtsrealität, dass lehrerseitiges Erklären ein fester Bestandteil des Fremdsprachenunterrichts (in der Folge: FSU) ist (Appel 2009; Kirchhoff 2017). Insbesondere (aber keinesfalls ausschließlich) in deduktiv ausgerichteten Unterrichtskontexten geben Lehrkräfte beispielsweise im Zusammenhang mit der Vermittlung sprachsystemischen Wissens fachinhaltliche Erklärungen, etwa zu grammatikalischen Phänomenen, Wortbedeutungen oder den phonetisch-phonologischen Besonderheiten der Fremdsprache. Ferner findet lehrerseitiges Erklären auch in Verbindung mit kulturellem, literarischem und medialem Lernen statt. Neben fachinhaltsbezogenen Erklärvorgängen kommt lehrerseitiges Erklären allerdings auch in Unterrichtskontexten und -phasen vor, die vornehmlich der Steuerung des Unterrichtsgeschehens und der organisatorischen Schaffung von Lernumgebungen dienen. Erklärhandlungen in solchen Zusammenhängen sind auf der Ebene des ablauf- bzw. organisationsbezogenen Unterrichtsdiskurses bzw. dem *classroom management discourse* (Thomson 2022a) verortet. In der englischsprachigen

---

1 Auf die Verwendung einer gendersensiblen Sprache wird in diesem Beitrag Wert gelegt. Weibliche und männliche Formen werden gleichermaßen und gleichwertig verwendet. Darüber hinaus werden neutrale Formen („Lehrkraft") sowie das Gendersternchen („Lehrer*innen", „Schüler*innen") genutzt. Zugunsten des Leseflusses und einer besseren Lesbarkeit wird nachfolgend jedoch v. a. bei Komposita („Lehrerbildung", „Lehrerwissen") und Adjektiven („lehrerseitig", „lehrerzentriert", „schülerorientiert", „lernerseitig") das generische Maskulinum verwendet, das stets alle Geschlechter einbezieht.

Fachliteratur werden diese Mikrokontexte des Unterrichtsdiskurses als *procedural contexts* (Seedhouse 2004) oder *managerial mode* (Walsh 2006) bezeichnet. Im Verbund mit der Sprachhandlung des Instruierens tritt lehrerseitiges Erklären in den Übergangsphasen einer Unterrichtsstunde (*transitional phases*) in Form von Handlungserklärungen in Erscheinung, die in komplexe Handlungsanweisungen eingebettet bzw. mit ihnen verwoben sind.

Der vorliegende Beitrag fokussiert mündlich realisierte lehrerseitige Handlungsanweisungen (*instructions*) im Englischunterricht der Sekundarstufe, in die – bedingt durch die Situationsspezifik des Unterrichts – Erklärhandlungen (*explanations*) unterschiedlichen Umfangs integriert sind. Der Beitrag beleuchtet diesen speziellen Typus des *classroom management*-Diskurses aus einer domänenspezifischen, d. h. konkret aus einer fremdsprachen- bzw. englischdidaktischen Perspektive. Dabei richtet sich das Interesse weniger auf – im grammatischen Sinne – einfache Handlungsanweisungen, wie sie mitunter in Redemittellisten in den Anhängen aktueller Englischlehrwerke zu finden sind (sog. *classroom phrases* wie *Open your books at page…*, *Look at the blackboard.*, *Tick the correct answer.*). Im Fokus stehen vielmehr komplexe Handlungsanweisungen, deren Komplexität aus einer Reihe unterrichtssituativer Faktoren erwächst. Dazu zählt u. a. die situationsbedingte Notwendigkeit, ergänzende Erklärungen zu a) noch unbekannten (mitunter ebenfalls komplexen) Aufgaben-/Übungsformaten, b) noch nicht geläufigen mehrschrittigen Methoden des kooperativen Lernens oder zu c) den zu verwendenden Arbeits-/Lernmaterialien in den Instruiervorgang einzubinden, um Schüler*innen ein weitgehend lehrerunabhängiges, selbstgesteuertes Arbeiten und Lernen zu ermöglichen sowie einen reibungslosen Ablauf des Unterrichts zu gewährleisten. Die aus solchen Konstellationen resultierende Vielschichtigkeit von Handlungsanweisungen stellt insbesondere im Kontext des idealerweise in der Zielsprache zu realisierenden FSUs spezielle, d. h. fachspezifische Anforderungen an Lehrkräfte, für die es angehende Englischlehrer*innen im Zuge ihrer Lehramtsausbildung zu sensibilisieren und vorzubereiten gilt. Mehr noch: Komplexe Handlungsanweisungen können hinsichtlich ihrer Realisierung im FSU durchaus auch zu einer echten Herausforderung (nicht nur für angehende Lehrkräfte) avancieren – dann nämlich, wenn die Situationsspezifik des Unterrichts beispielsweise einerseits einen detaillierten, ausführlichen Erklärvorgang verlangt, dieses Erfordernis andererseits jedoch dem Qualitätskriterium der Kompaktheit und Kürze beim Instruieren diametral entgegensteht. So entstehen im Aufeinandertreffen der verschiedenen Kriterien des 'guten', qualitätsvollen Erklärens und Instruierens mitunter diverse Reibungspunkte und Verknotungen, mit denen sich Lehrkräfte konfrontiert sehen. Auf diese zum Teil widersprüchlichen, miteinander konfligierenden Anforderungen wird einzugehen sein – nicht zuletzt auch im Hinblick auf erforderliche lehrerbildnerische Maßnahmen, die sich noch stärker als bisher an den konkreten Praxisanforderungen des Englischunterrichts orientieren sollten.

Ausgehend von einem Überblick zur Erklär- und Instruktionsforschung in der Englischdidaktik (Abs. 2) werden im Folgenden die beiden Sprachhandlungstypen hinsichtlich ihrer unterschiedlichen Zwecksetzungen und Bedeutungsverwendungen in diesem Beitrag näher beleuchtet (Abs. 3). Aus fremdsprachendidaktischer Perspektive werden anschließend zentrale Gütekriterien und Qualitätsmerkmale ‚guten' Erklärens und Instruierens im Kontext komplexer Handlungsanweisungen dargestellt. Vor diesem Hintergrund werden die eingangs erwähnten Reibungspunkte und die damit verbundenen Herausforderungen für Englischlehrkräfte kritisch diskutiert (Abs. 4). An einem konkreten Unterrichtsbeispiel wird unter Verwendung gesprächsanalytischer Verfahren die Komplexität und Vielschichtigkeit von Instruier- und Erklärprozessen auf der Ebene des *classroom management*-Diskurses herausgearbeitet. Gezeigt wird, dass auch erfahrene Lehrkräfte trotz aller Professionalität in diesen spezifischen Unterrichtskontexten hinsichtlich ihrer Sprachhandlungs- und Entscheidungsprozesse immer wieder neu gefordert sind und folglich bereits im Zuge der universitären Lehrerbildung eine gezielte Kompetenzanbahnung und Sensibilisierung (nicht nur) hinsichtlich des fremdsprachlichen *instruction-giving* erfolgen sollte (Abs. 5). Ausgehend von dieser im Fachdiskurs inzwischen mehrfach betonten Notwendigkeit richtet sich der Blick im abschließenden Abschnitt exemplarisch auf konkrete Lehr-Lern-Formate im universitären Ausbildungskontext, die entsprechende Angebote für angehende Englischlehrer*innen bereitstellen (Abs. 6).

2. Erklären und Instruieren in der englischdidaktischen Forschung und Fachdiskussion

2.1 Englischdidaktische Erklärforschung

Lehrerseitiges Erklären stand lange Zeit außerhalb des Interessengebietes fremdsprachendidaktischer Forschung. Mit der kommunikativen Wende (*communicative turn*) in den 1970er/80er Jahren vollzog die Fremdsprachendidaktik einen grundlegenden Paradigmenwechsel, der durch eine Abkehr vom bislang vorherrschenden lehrerzentrierten Unterricht hin zu einer betonten lernerorientierten, kommunikativen Ausrichtung gekennzeichnet war – und nach wie vor ist. Interaktionsfördernden Sozialformen wie Partner- und Gruppenarbeit bzw. methodischen Verfahren des kooperativen Lernens wird im kommunikativen Ansatz (*Communicative Language Teaching*) Vorrang gegeben (z. B. Schumann 2017). Lehrerzentrierte bzw. -gesteuerte Formate wie Lehrervortrag oder Plenarunterricht, die u. a. auch lehrerseitige Erklärvorgänge enthalten können, traten hingegen im kommunikativen FSU in ihrer Bedeutung zurück und fanden entsprechend auch in der wissenschaftlichen Auseinandersetzung bzw. empirischen

Forschung lange Zeit wenig Beachtung. Letzteres wird mit dem Umstand erklärt, dass eine theoretische und/oder empirische Fokussierung auf lehrerzentrierte Diskursformate und Sprachhandlungen (wie dem Erklären) dem geltenden Paradigma eines auf die Lernenden ausgerichteten FSUs nicht gerecht werden würde (Appel 2009; Schilcher et al. 2021).

Die Unterrichtsrealität zeigt aber, dass lehrerseitiges Erklären im fremdsprachlichen Klassenzimmer trotz der prinzipiell kommunikativen Ausrichtung durchaus hochfrequentiert stattfindet (Appel 2009). Der Umstand, dass in der täglichen Praxis des Englischunterrichts „nicht unerhebliche Unterrichtsanteile im erklärenden Modus" (Kirchhoff 2017, S. 120) realisiert werden, unterstreicht den Stellenwert kompetenten Erklärens im unterrichtlichen Handeln der Lehrkräfte. Im Zuge des seit einigen Jahren zu verzeichnenden Forschungsinteresses in Bezug auf die Professionalität bzw. Professionalisierung von Fremdsprachenlehrer*innen sind nun u. a. unterrichtsdiskursive Kompetenzen, die solche des ‚guten‘ Erklärens (und Instruierens) einschließen, stärker in den Fokus gerückt (Thomson 2022b). In der speziell auf den Englischunterricht bezogenen empirischen Erklärforschung liegen inzwischen Arbeiten vor, die sich mit dem lehrerseitigen Erklären von fachinhaltlichen Gegenständen im Kontext des Grammatikunterrichts befassen (z. B. Keßler [2]2016; Josefy [2]2016; Rathausky 2011). Darüber hinaus ist gegenwärtig ein verstärktes Interesse an der Untersuchung von professionellem Wissen, u. a. auch in Bezug auf die Testung von Erklärwissen angehender Englischlehrer*innen, festzustellen. Im Paradigma der quantitativen Forschung verortet, wurde z. B. in einer Studie das fachdidaktische Professionswissen von Englischlehrkräften u. a. in Bezug auf schülergerechte Erklärungen von Grammatikphänomenen in Lehrwerken untersucht (Kirchhoff 2017). Jüngst widmete sich die englischdidaktische Erklärforschung im Rahmen eines inter- und transdisziplinären Projekts der „didaktischen Qualität unterrichtlichen Erklärens" (Schilcher et al. 2017, S. 445) und untersuchte mithilfe von speziell für diesen Zweck angefertigten Videovignetten und unter Einsatz eines computerbasierten Fragebogens, wie verschiedene Statusgruppen der jeweiligen Fachdomäne (Didaktiker*innen, Lehrer*innen, Lehramtsstudierende, Schüler*innen) die wahrgenommene didaktische Qualität dieser Erklärsequenzen beurteilen (Gastl-Pischetsrieder/Kirchhoff (in Vorb.); Schilcher et al. 2017; Schilcher et al. 2021). Erwartbar ist, dass die Forschungsaktivitäten in Bezug auf professionelles Erklärwissen und Erklärkompetenzen innerhalb der empirischen Fremdsprachendidaktik- bzw. Professionsforschung weiter intensiviert werden, denn unabhängig von den konkreten unterrichtlichen Erklärkontexten wird dem gelingenden, d. h. qualitätsvollen und effektiven Erklären allgemeinhin eine zentrale Bedeutung im Hinblick auf die Lernwirksamkeit von Unterricht zugeschrieben. Es gilt als empirisch belegt, dass sich ‚gutes‘ Erklären sowohl auf die Unterrichtsqualität als auch auf die Verstehensprozesse und Lernleistungen von Schüler*innen auswirkt (Lindl et al. 2019). Dementsprechend gilt die Fähigkeit einer Lehrkraft,

‚gut' erklären zu können, als zentrale Komponente professioneller Kompetenz (Leisen 2013; Lindl et al. 2019; Neumeister/Vogt 2015; Schilcher et al. 2017; Spreckels 2009; s. auch die Einleitung zum vorliegenden Band). Dies wiederum gilt nicht nur für fachinhaltsbezogene Erklärvorgänge (wie z. B. im Rahmen des Grammatik- oder Literaturunterrichts), sondern gleichermaßen auch für Erklärhandlungen auf der Ebene des ablauf- bzw. organisationsbezogenen Unterrichtsdiskurses, sprich in *classroom management*-bezogenen Sprachhandlungen, zu denen auch das Geben von Handlungsanweisungen (*instruction-giving*) zählt.

Eine fachspezifische Annäherung an das lehrerseitige Erklären in Handlungsanweisungen fehlt in der fremdsprachendidaktischen Forschung bislang. Sie findet ihre Legitimierung u. a. aber darin, dass in großangelegten Vergleichsstudien und Metaanalysen auch für den FSU deutliche Wirkzusammenhänge zwischen effizienterem *classroom management* einerseits und einem gesteigerten Lerninteresse, einer größeren Lern- und Anstrengungsbereitschaft sowie einem signifikanten Leistungszuwachs andererseits aufgezeigt werden konnten (vgl. Helmke [7]2017; Helmke et al. 2008; Lotz/Lipowsky 2015; Hattie 2009). Folglich ist kompetentes, ‚gutes' Erklären auch in diesen Kontexten des Englischunterrichts unerlässlich – jedoch keinesfalls selbstverständlich oder immer gegeben.

2.2 *Instruction-giving* in der englischdidaktischen Unterrichtsforschung

Lehrerseitiges Instruieren ist hierzulande in den vergangenen Jahren aus gesprächsanalytischer Perspektive stärker in den Fokus empirischer Untersuchungen gerückt (z. B. Glaser 2020; Limberg 2017; Schwab 2016; Solmecke 2000). Dabei wird mitunter auf die Funktion von Handlungsanweisungen als wichtige Steuerungselemente des Unterrichts hingewiesen und somit ein Bezug zur nichtfachinhaltlichen Unterrichtsdiskursebene angedeutet. Eine explizite, d. h. auch nominell-begriffliche Verortung des *instruction-giving* auf der Diskursebene des *classroom management* findet in fremdsprachendidaktischen Publikationen im deutschsprachigen Raum bislang jedoch nur zögerlich statt (bislang z. B. Müller-Hartmann/Schocker 2018; Schwab 2016; Thomson 2022a). Dies mag an dem Umstand liegen, dass *classroom management* ursprünglich und über lange Zeit ausschließlich als allgemeinpädagogisches Konzept verstanden wurde, das sich auf die Sicherung eines reibungslosen Unterrichtsablaufs und der damit verbundenen Bewältigung bzw. Vermeidung von Unterrichtsstörungen bezog (zu denen u. a. das Geben von Handlungsanweisungen zählt) und somit scheinbar keiner domänenspezifischen Annäherung in den einzelnen Fachdisziplinen bedurfte (z. B. Haag/Streber [2]2020).

Im heute weiter gedachten Verständnis von *classroom management* rücken (neben vielen weiteren Aspekten) insbesondere die Fähigkeiten von Lehrkräften in den Mittelpunkt, im Unterricht lernförderliche Lernumgebungen gestalten und Lernprozesse planen, organisieren, initiieren und begleiten zu können. Mit dieser konzeptuellen Erweiterung hat sich die Sichtweise auf *classroom management* verändert: Heute wird es als ein zu den wissenschaftlichen Disziplinen und Fächern transversal liegendes „Querschnittsthema" (ebd., S. 13) verstanden, das innerhalb der Fachdomänen sehr viel stärker als bislang aus einer je eigenen, fachspezifischen Perspektive zu denken ist. Verschiedene Fachdisziplinen nähern sich seit einigen Jahren dem Konzept aus ihren jeweils domänenspezifischen Blickwinkeln an und gehen der Frage nach, welche fachspezifischen Anforderungen ‚gutes' *classroom management* an Fachlehrer*innen z. B. im Sport-, Physik-, Musikunterricht stellt (s. Thomson 2022a). Innerhalb der Fremdsprachendidaktik ist jüngst, wenngleich eben zögerlich, ebenfalls eine fachspezifische Auseinandersetzung mit dieser Thematik – auch im Hinblick auf die Lehrerbildung – zu beobachten (Buchanan/Timmis 2019; Macías 2018; Macías/Sánchez 2015; Müller-Hartmann/Schocker 2018; Thomson 2022a; Wright 2005; Zein 2018). In diesen Gesamtzusammenhang also sind die im Folgenden skizzierten empirischen Untersuchungen zum *instruction-giving* im Englischunterricht zu rücken, wenngleich die Autor*innen selbst diese Verortung nicht immer explizit vornehmen.

An den Schnittstellen zwischen Fremdsprachendidaktik und Gesprächs-, Unterrichts- und Professionsforschung wird in einer Reihe von video-/transkriptbasierten Fallstudien u. a. untersucht, wie sowohl erfahrene als auch angehende Englischlehrer*innen Handlungsanweisungen im Unterricht konkret umsetzen (u. a. Glaser 2020; Limberg 2017; Schwab 2016; Seedhouse 2009; Solmecke 1998). Innerhalb dieser Perspektivierung ist auch dieser Beitrag zu verorten. Das zentrale Erkenntnisinteresse dieser gesprächsanalytisch-rekonstruktiv ausgerichteten Untersuchungsansätze[2] gilt dabei der Frage, welche Merkmale und Phänomene im konkret gezeigten Sprachhandeln von Englischlehrkräften dazu beigetragen haben, dass die gegebenen Handlungsanweisungen – gemessen an ihren didaktischen Zwecksetzungen – rückblickend entweder als effektiv/gelungen oder ineffektiv/misslungen zu bewerten sind. Aus den Untersuchungsergebnissen werden häufig Implikationen für eine weiter zu optimierende Unterrichtsqualität und Lehrerbildung abgeleitet. Bislang gibt es im universitären Kontext der Englischlehrerbildung allerdings nur wenige forschungsbegleitete Lehr-Lern-Formate (Blell/von Bremen 2022; Thomson 2022c), die sich speziell der Anbahnung von Instruier-/Erklärkompetenzen im Kontext von fremdsprachlichen Handlungsanweisungen widmen (s. hierzu genauer Abs. 6). Die Anbahnung von

---

2   In der fremdsprachendidaktischen Unterrichtsforschung hat sich für die mikroanalytische Untersuchung von Interaktionen im FSU eine mit der Gesprächs- und Konversationsanalyse eng verwandte Untersuchungsmethode herausgebildet, die die Spezifik des fremdsprachlichen Lehrens/Lernens in den Fokus rückt: *CA-for-SLA* (*Conversation Analysis for Second Language Acquisition*) (Schwab 2016, S. 124 ff.; Walsh 2013, S. 25 ff.).

professioneller *classroom discourse competence* (CDC) ist nach wie vor ein in der Englischlehrerbildung generell vernachlässigter Bereich (Thomson 2022).

Zum *instruction-giving* liegen außerdem Untersuchungen vor, die an das Erkenntnisinteresse der Verstehens- und Verständlichkeitsforschung anknüpfen. Studien wie z. B. die von Somuncu/Sert (2019) richten ihren Fokus auf Verstehens-/Verständlichkeitsbarrieren bzw. auf lernerseitige Signale des Nicht-Verstehens und untersuchen, wie Englischlehrkräfte auf diese reagieren.[3] Dass das rezipientenseitige Verstehen/Nicht-Verstehen als Variable in diesen Untersuchungen dezidiert Berücksichtigung findet, unterstreicht, dass die von der Lehrkraft gegebenen Handlungsanweisungen trotz ihres meist monolithisch-monologischen Charakters als prinzipiell interaktiv-dialogisch angelegte Formate des Unterrichtsdiskurses zu sehen sind (hierzu auch Hohenstein [2]2016, S. 39; Lindl et al. 2019, S. 130 f.).

Diesen (keinesfalls vollständigen) Forschungsüberblick schließend, sei zusammenfassend Folgendes festgehalten: Wenngleich sich die Forschungslage zum Erklären und Instruieren in den vergangenen Jahren innerhalb der Fremdsprachendidaktik zum Positiven entwickelt hat, bedarf es im Bereich der Unterrichts- und Lehrerbildungsforschung nach wie vor theoretischer Forschungsbeiträge und empirischer Untersuchungen, die weitere Unterrichtskontexte in den Blick nehmen und die „jeweils besonderen Profile des Erklärens und Instruierens herausarbeiten" (Thim-Mabrey 2020, S. 8). Der vorliegende Beitrag mit seinem differenzierten Blick auf komplexe Sprachhandlungsprozesse im *instruction-giving* des Englischunterrichts möchte dem Rechnung tragen.

3. Die Sprachhandlungstypen Instruieren und Erklären

Innerhalb der disziplinenübergreifenden Erklärforschung nimmt die Diskussion darüber, was Erklären im Kern meint, wie es aus sprechakttheoretischer Perspektive charakterisiert werden kann oder wie es sich von anderen Sprachhandlungstypen unterscheidet, beträchtlichen Raum ein (Thim-Mabrey 2020). Dieser Fachdiskurs, dessen Linienführungen innerhalb des hier gesetzten Rahmens im Einzelnen nicht nachgezeichnet werden können, hat eine Reihe von Begrifflichkeiten und Typologien hervorgebracht, die verdeutlichen, dass von einem breiten Verwendungsspektrum auszugehen und die Sprechhandlung des Erklärens entsprechend differenziert zu betrachten ist (Klein [2]2016). In ganz ähnlicher Weise trifft dies auch auf das Instruieren zu (Becker-Mrotzek 2004; Weber 1982).

Die Frage, ob und inwiefern diese beiden Sprachhandlungstypen voneinander abgegrenzt werden können, wird in der Forschung allgemeinhin unterschiedlich

---

3   Zu weiteren Studien mit diesen und ähnlich gelagerten Erkenntnisinteressen siehe jeweils den Forschungsüberblick in Markee (2015) und Glaser (2020).

beantwortet (vgl. Hohenstein [2]2016; Klann-Delius et al. (1985); Neumeister/ Vogt 2015, S. 578). Konkret in der fremdsprachendidaktischen Forschung wird das Instruieren z. B. bei Boa Ha/Wanphet (2016) den direktiven Sprechhandlungen zugeordnet, wodurch auf konzeptioneller Ebene zunächst eine Abgrenzung zum Erklären als explanative Sprechhandlung erfolgt. Diese wird jedoch in ihrer Definition, „*Instructions* [...] *explain how to* accomplish a task." (ebd., S. 138), wieder aufgehoben. Todd (1997) betrachtet *instructions* und *explanations* als unterschiedliche Sprechhandlungen und widmet ihnen in seiner Praxishandreichung ein je eigenes Kapitel. Ur (1996) wiederum überschreibt den Abschnitt zu Handlungsanweisungen in ihrem Trainingsbuch mit „Explanations and Instructions" (S. 16 ff.) und konstatiert: „One particular kind of *explanation* [...] is *instruction*: the *directions* that are given to introduce a learning task" (16, alle Hervorhebungen KT), wodurch Handlungsanweisungen gleichermaßen als explanative und direktive Sprechhandlungen charakterisiert werden.

Die Herausforderung einer konsequenten Unterscheidung zwischen *Erklären* und *Instruieren* liegt augenscheinlich u. a. in dem Umstand begründet, dass das Erklären insbesondere in unterrichtlichen Kontexten eher selten isoliert in prototypischer Reinform realisiert wird, sondern im ‚Illokutionenverbund' mit anderen Sprachhandlungstypen auftritt (Spreckels 2011, S. 71; Kotthoff 2009, S. 128), d. h. in andere Formen eingebettet (Ernst 2017, S. 166) bzw. mit anderen Formen vermischt ist (Todd 1997, S. 32). Trotz dieser Vermischungstendenzen werden die Begriffe im vorliegenden Beitrag nicht synonym verwendet. *Instruieren* wird hier als direktive und *Erklären* als explanative Sprechhandlung verstanden, weil im Anschluss an Hohenstein ([2]2016) von jeweils grundlegend verschiedenen Zwecksetzungen ausgegangen wird. Ferner wird das Instruieren als die im hier fokussierten Unterrichtskontext übergeordnete, primäre Sprachhandlung gesehen, in die das Erklären als sekundäre Sprachhandlung integriert ist. Innerhalb des Verbunds von Instruier- und Erklärhandlungen besteht somit eine strukturelle ‚Illokutionshierarchie' (vgl. Grossmann 2011, S. 69).

3.1 Zum Bedeutungs- und Verwendungsspektrum von Instruieren

Das lehrerseitige Instruieren im hier gemeinten Verwendungskontext des *instruction-giving* findet seine synonymischen Entsprechungen in den Verben ‚anweisen, auffordern'. Instruierprozessen in ablauf-/organisationsbezogenen Unterrichtskontexten ist ein an die Lernenden gerichteter verbindlicher Aufforderungscharakter inhärent. Die Zwecksetzung besteht darin, die Lernenden zur Ausübung bzw. Durchführung einer bestimmten, sich meist unmittelbar anschließenden Handlung (bzw. mehrerer Handlungen) zu veranlassen. Dementsprechend stellen ‚Handlungsanweisung' und ‚Handlungsaufforderung' bedeutungsverwandte Konzepte zum hier verwendeten Instruier-Begriff dar.[4] Mit diesem Typus des Instruierens ist im Anschluss an Weber (1982) eine gewisse Weisungsbefugnis seitens der instruierenden Person verbunden – im Unterrichtskontext ist dies i.d.R. die Lehrkraft. Auf sprachlicher Ebene kommt der Aufforderungscharakter im englischsprachigen *instruction-giving* z.B. durch die Verwendung von Imperativen zum Ausdruck (z.B. *Take notes. Write three sentences. Listen carefully.*). Indirekt werden Lernende z.B. auch durch sprachliche Strukturen wie *I want you to…, I'd like you to…, I expect you to…, Let's…, Would you please…?* zur Ausübung bestimmter Handlungen aufgefordert. Auch die Formel *you*+Indikativ Präsens, 2. Pers. Sg./Pl. findet in Äußerungen wie *You talk to your partner about… You turn the sheet…* sehr häufig Verwendung (s. hierzu Limberg 2017, S. 102 ff.; Todd 1997, S. 32 ff.).[5]

Innerhalb des weiten Bedeutungsspektrums von Instruieren wird der Begriff in der hier verwendeten Bedeutungsfacette abgegrenzt von ,vermitteln, unterweisen'. Instruieren in einem so gemeinten Sinnzusammenhang bezieht sich auf Prozesse der Wissens-, Kenntnis- und Informationsvermittlung (vgl. Weber 1982, S. 1) mit dem Ziel eines Lernzuwachses bzw. einer „Sinnexpansion" (Ehlich [2]2016, S. 21) auf Seiten des Adressaten – im Unterrichtskontext ist dies i.d.R. der/die Lernende. Diese Bedeutungsfacette von Instruieren findet sich in der englischsprachigen Fachliteratur z.B. in Begriffen wie *grammar instruction* oder *form-focused instruction*. *Instruction* in diesem Sinne meint die Vermittlung sprachsystemischen Wissens im Kontext des Grammatikunterrichts. Ein Bezug zu *instruction-giving* in *classroom management*-Kontexten wird damit nicht hergestellt. Der im Fachdiskurs etablierte Begriff der *instructional explanation* bzw. ,instruktionalen Erklärung' hat ebenfalls nichts mit den Instruier-/Erklärprozessen im Zusammenhang mit Handlungsanweisungen zu tun. Vielmehr rekurrieren diese Begriffe allgemein auf Erklärprozesse im Rahmen der fachinhaltsbezogenen Wissensvermittlung in (institutionellen) Lehr-Lern-Kontexten (z.B. Wörn 2014, S. 29 ff.).

Ferner wird das Instruieren im hier verwendeten Sinne von der Bedeutungsnuance ,anleiten' begrifflich abgegrenzt. Das Anleiten, wie es z.B. in Spiel-, Bastel- oder Bedienungsanleitungen anzutreffen ist, verfolgt das Ziel der Vermittlung

---

4 Auch Begriffe wie ,Arbeitsanweisung' (Grossmann 2011) und ,Arbeitsauftrag' (Limberg 2017) finden in diesem Zusammenhang mitunter Verwendung und werden hier als Synonyme verstanden.

5 In der Formel *you*+Indikativ Präsens greifen die Sprachhandlungstypen *Instruieren* und *Erklären-wie* ineinander, wobei der Erklärcharakter die Ebene des Instruierens überlagert. Die Lehrkraft vermittelt in erster Linie Handlungswissen (*Erklären-wie*), damit die Schüler*innen wissen und verstehen, wie sie verfahren sollen. Die Erwartungshaltung, dass die Lernenden im Anschluss in der zuvor erklärten Art und Weise arbeiten, wird dabei aber impliziert und in Form einer indirekten Aufforderung mitgedacht.

von Handlungswissen/-konzepten. Eine Anleitung zeigt auf, *wie* etwas geht oder gemacht wird, stellt aber noch keine direkte Aufforderung oder Anweisung dar, diese Handlung auch unmittelbar auszuführen. Anleiten, wie etwas gemacht wird, ist nicht identisch mit anweisen/auffordern, etwas zu tun.

3.2 Erklären im Kontext von *instruction-giving*

In seiner Grundbedeutung wird Erklären i. S. v. ,klar machen, verdeutlichen, verständlich machen' definiert (Neumeister/Vogt 2015, S. 562 f.). Verstehen stellt somit das primäre Ziel des Erklärens dar (Findeisen 2017, S. 14). Charakteristisch für eine Erklärsituation ist eine vorgängig bestehende Wissensasymmetrie zwischen Sprecher A, der über ein spezifisches Wissen verfügt, und Sprecher B, der dieses Wissen (noch) nicht hat (Lindl et al. 2019, S. 129; Neumeister/Vogt 2015, S. 563). Mit Abschluss des Erklärvorgangs soll dieses Wissensgefälle idealerweise aufgehoben bzw. neutralisiert sein, indem bei Sprecher B ein Wissenszuwachs stattgefunden hat (vgl. Ernst 2017, S. 159). In unterrichtlichen Erklärkontexten sind dabei typischerweise die Rollen zwischen Lehrkraft (i. d. R. die wissende Person) und den Lernenden (i. d. R. die nicht-wissenden Personen) klar verteilt. Mit Blick auf den FSU ist zudem zu berücksichtigen, dass der Erklärvorgang üblicherweise in der Zielsprache realisiert wird, die die Schüler*innen nicht in demselben Maße beherrschen wie die Lehrkraft (von *native speakers* einmal abgesehen). Folglich bedeutet dies, dass neben dem erwähnten Wissensgefälle in Bezug auf einen Erklärgegenstand i. d. R. auch ein Kompetenzunterschied in sprachlicher Hinsicht besteht. Erklärprozesse im Englischunterricht finden demnach unter besonderen Rahmenbedingungen statt und stellen entsprechend spezielle fachspezifische Anforderungen an die Lehrkräfte.

Im Kontext von Handlungsanweisungen beziehen sich Erklärvorgänge charakteristischerweise auf die Art und Weise, *wie* eine nachfolgende Unterrichtsaktivität (z. B. die Bearbeitung einer Aufgabe oder Übung) von den Schüler*innen umgesetzt werden soll, d. h. es geht im Kern um Erklärungen zum Ablauf einer Handlung bzw. mehrerer Handlungsschritte – je nachdem, wie komplex die sich anschließende Unterrichtsaktivität ist. Es handelt sich im Anschluss an Klein (²2016) somit um den Erklärtyp *Erklären-wie* bzw. um auf Prozessabläufe gerichtete Handlungserklärungen, im Zuge derer prozedurales Wissen vermittelt wird. Über dieses Handlungswissen zu verfügen, ist für Lernende eine grundlegende Voraussetzung, um die nachfolgende Aktivität in der von der Lehrkraft intendierten Art und Weise durchführen zu können. Hinsichtlich der sprachlichen Realisierung sind insbesondere bei mehrteiligen, komplexen Anschlussaktivitäten syntaktische Strukturen charakteristisch, die durch entsprechendes *sign-posting* die Chronologie der einzelnen Schritte und Phasen markieren (z. B. *So, first you need to..., Then you have to... before you..., And finally...*). Darüber hinaus findet die oben erwähnte Struktur *you*+Indikativ Präsens in diesem Erklärmodus häufig Verwendung. Sofern den Lernenden für die Umsetzung der Anschlusstätigkeit verschiedene Möglichkeiten zur Auswahl stehen, gebrauchen Lehrkräfte häufig die Struktur *you can*+Infinitiv, um die einzelnen Handlungsoptionen zu verdeutlichen (z. B. *you can talk about X or you can talk about Y, you can choose between…, you can decide whether…*).

Darüber hinaus können Erklärvorgänge in diesem Unterrichtskontext auch Elemente des Erklärtyps *Erklären-was* aufweisen. Klein (ebd., S. 29) versteht darunter „Sacherklärungen", die „subsidär" neben den dominanten Typus des *Erklären-wie* treten. Diese Form des Erklärens ist dann erforderlich, wenn den Lernenden beispielsweise ein Konzept (z. B. *mediation, mindmap*), ein Aufgaben- oder Übungsformat (z. B. *role play, keyword transformation*), ein methodisches Verfahren (z. B. *fishbowl, jigsaw puzzle*), eine Lern-/Arbeitstechnik (z. B. *scanning, note-taking*) etc. noch unbekannt oder nur wenig vertraut ist. Fehlt Schüler*innen beispielsweise ein Grundverständnis davon, was Sprachmittlung bzw. *mediation* überhaupt meint, wozu sie dient und was in schriftlichen/mündlichen Sprachmittlungskontexten zu beachten ist, dürfte die Bearbeitung einer konkreten Sprachmittlungsaufgabe für die Lernenden kaum leistbar sein. Durch die Erklärhandlungen der Lehrkraft muss dieses Grundverständnis v. a. bei ‚Erstbegegnungen' im Unterricht zunächst hergestellt werden. Eingebettet in das übergeordnete Diskursformat des Instruierens gehen Erklären-was und Erklären-wie oftmals nahtlos ineinander über bzw. sind miteinander verwoben und binden oft auch weitere Handlungstypen wie das Exemplifizieren und Demonstrieren mit ein.

4. Kriterien und Qualitätsmerkmale effektiver Handlungsanweisungen im FSU

Ausgehend von den Erkenntnissen aus empirischen Untersuchungen zum *instruction-giving* (s. o. Abs. 2) lässt sich ein ausdifferenzierter Kriterienkatalog für effektives, qualitätsvolles Instruieren generieren. Praxisorientierte Handreichungen spiegeln diese Gelingensmerkmale weitgehend wider und bieten insbesondere angehenden Englischlehrkräften einen Handlungsleitfaden für die Unterrichtspraxis (z. B. Scrivener 2014; Scrivener 2011; Sowell 2017; Todd 1997; Ur 1996). Die Kriterien[6] lassen sich grob in drei Kategorien einteilen: Kriterien mit Bezug auf die (a) inhaltlich-strukturelle ‚Textgrammatik', (b) sprachliche Realisierung und (c) mediale Darbietung von Handlungsanweisungen.

---

6 Die nachfolgenden Ausführungen beruhen auf den in diesem Beitrag berücksichtigten Forschungsarbeiten und Praxishandreichungen zum *instruction-giving*.

Die erstgenannte Kategorie (a) bezieht sich primär auf die klare und logische Sequenzierung von Handlungsanweisungen. Besonders bei komplexen Handlungsanweisungen, die sich oft auf ebenso komplexe, mehrteilige Anschlusstätigkeiten der Lernenden beziehen, müssen die einzelnen Textkomponenten im Instruiervorgang sinnvoll angeordnet sein, damit die Lernenden verstehen und nachvollziehen können, was sie tun sollen. Empfohlen wird beispielsweise, den Instruierprozess mit einer Einordnung der nachfolgenden Aktivität in das bisherige Unterrichtsgeschehen zu beginnen. Zur Groborientierung für die Lernenden ist es dabei wichtig, das Zielprodukt (z. B. Posterpräsentationen im Rahmen eines *gallery walk*, Darbietung von *freeze frames* zu einem gelesenen Romanausschnitt usw.) eingangs klar zu benennen. Unterrichtslogik und Linienführung werden auf diese Weise für Lernende transparent, und sie verstehen, wie das Vorangegangene mit dem Nachfolgenden verbunden ist. Weitere Komponenten wie z. B. Angaben zum Modus (mündlich, schriftlich, nicht-sprachlich), zur Sozialform (Einzel-, Partner-, Gruppenarbeit), zum zeitlichen Rahmen (Bearbeitungsdauer), zu den zu verwendenden Materialien (Lehrwerk, Arbeitsblätter, Utensilien usw.) sind an geeigneter Stelle zu integrieren, wobei zusätzlich von der Lehrkraft zu entscheiden ist, zu welchem Zeitpunkt z. B. das Material tatsächlich aus- oder die Gruppen eingeteilt werden sollen. Die Verstehensüberprüfung stellt einen weiteren Baustein bzw. eine Mikrosequenz in der Textgrammatik von komplexen Handlungsanweisungen dar. Bevor die Lernenden zur Durchführung der Zieltätigkeit aufgefordert werden, ist es sinnvoll, abzusichern, dass die Anweisungen tatsächlich verstanden wurden. Dabei erweisen sich *comprehension checks* wie *Do you understand?* oder *Do you know what to do?* erwiesenermaßen oft als wirkungslos, da Lernende (non-)verbal zwar Verstehen signalisieren können, jedoch letztlich nicht gewährleistet ist, dass sie tatsächlich verstanden haben. Die Verwendung der sog. *concept-checking*-Technik (Sowell 2017, S. 15; Todd 1997, S. 37 f.) stellt eine wirkungsvollere Maßnahme dar. Dabei fragt die Lehrkraft gezielt nach wichtigen Aspekten, die es bei der selbständigen Durchführung der Anschlusstätigkeit zu beachten gibt (z. B. *How many ideas are you supposed to collect? How many rounds are you supposed to do in your group? How do you know when to switch partners?* usw.). Der mitunter in Praxishandreichungen auch zu findenden Empfehlung, die Handlungsanweisungen von einigen Schüler*innen wiederholen zu lassen (z. B. Scrivener 2011, S. 65), ist mit Vorsicht zu begegnen, da die Aufforderung zur spontansprachlichen, kohärenten Wiedergabe von komplexen Handlungsanweisungen in der Fremdsprache zu kognitiver wie sprachlicher Überforderung insbesondere bei Lernenden mit begrenzten Sprachkompetenzen führen kann.

Für die Kategorie der sprachlichen Realisierung von Handlungsanweisungen (b), die neben verbalen Aspekten auch non-verbale und paralinguistische umfasst, liegen ebenfalls konkrete Qualitätsmerkmale vor. Die nachfolgend genannten Kriterien basieren auf der Grundannahme, dass Handlungsanweisungen im

Kontext des FSUs grundsätzlich in der Fremdsprache gegeben werden.[7] Hiervon ausgehend wird in der Fachliteratur u. a. die Notwendigkeit betont, ablauf- und organisationsbezogene Unterrichtsphasen, in die die Handlungsanweisungen eingebettet sind, sprachlich durch die Verwendung von *transition markers* (ein Subtyp der *discourse markers*) zu rahmen. Durch entsprechendes *sign-posting* (mit Wörtern wie *okay, alright, now, so*) werden verbalsprachliche Signale gesetzt, die die Aufmerksamkeit der Lernenden lenken. Ein explizites *cueing* bzw. *handing-over* (wie z. B. *Let's go., Please start now., Okay, go ahead.*) am Ende des Instruiervorgangs markiert die Aufforderung zum Ausführen der Handlung(en). Ein häufig betontes Qualitätskriterium ist ferner die Anpassung des Sprechverhaltens der Lehrkraft an das fremdsprachliche Kompetenzniveau der Lernenden. Das Konzept der *teacherese* sieht eine Simplifizierung der Lehrersprache z. B. in Bezug auf Lexik (u. a. durch die Verwendung hochfrequentierten, bekannten Wortschatzes) und Grammatik (u. a. durch die Verwendung einfacher, kurzer Sätze) vor. Ferner wird empfohlen, wichtige Punkte mehrfach zu wiederholen, die Sprechgeschwindigkeit zu reduzieren, die Lautstärke zu variieren, die Anweisungen deutlich und mit gezielten Wortakzentuierungen zu artikulieren, Pausen zur Informationsverarbeitung bewusst zu setzen und nonverbale Unterstützungselemente (Gestik, Mimik) verstehensfördernd zu verwenden. Schließlich sind auch Aspekte wie Raumpositionierungen, Raumbewegungen und Körperhaltung der Lehrkraft für gelingendes Instruieren bedeutsam. Variation in Bezug auf Nähe-/Distanzrelationen (*proximity*) sowie generell die Präsenz der Lehrperson sollten im *instruction-giving* berücksichtigt werden.

Die dritte Kategorie (c) schließlich bezieht sich auf Aspekte der (multi-)medialen bzw. (multi-)modalen Darbietung. Ausschließlich verbalsprachlich gegebene Handlungsanweisungen werden aufgrund der begrenzten Aufmerksamkeitsspanne gegebenenfalls nicht vollständig erfasst und verarbeitet. Ikonisch-visuelle Elemente (z. B. Skizzen und Symbole mithilfe derer zentrale Schritte/Phasen der anschließenden Schülertätigkeit visualisiert/schriftlich fixiert werden) können als zusätzliche Verstehenshilfen eingesetzt werden und sprechen in stärkerem Maße visuelle Lernertypen an. Sieht die Anschlusstätigkeit eine Verwendung von Materialien vor (Poster, Arbeitsblatt, Lehrwerk, Wörterbuch, Kärtchen usw.), sollten diese als Referenzobjekte in den Instruier- bzw. Erklärvorgang integriert werden (z. B. durch Hochhalten, Zeigegesten). Auch der unter b) bereits erwähnte Einsatz verstehensförderlicher Gestik und Mimik zählt zu diesem Bereich der multimodalen Darbietung.

---

7 Dass dies keinesfalls für jedes Klassenzimmer anzunehmen ist, verdeutlichen nicht nur Untersuchungen aus der fremdsprachendidaktischen Unterrichts- und Professionsforschung, sondern auch die im Fachdiskurs kontrovers geführte Diskussion über die Verwendung der Erstsprache (nicht nur in Bezug auf *classroom management*-Kontexte des FSUs). Siehe hierzu z. B. Glaser 2020; Limberg 2017; Thomson 2022a; Todd 1997.

In der Zusammenschau dieses (nicht vollständigen) Kriterienkatalogs wird augenscheinlich, wie hoch die Anforderungen qualitätsvollen Instruierens an Englischlehrkräfte sind. Noch einmal höher liegen diese, wenn in den Instruierprozess zusätzlich auch Erklärhandlungen integriert werden (müssen). Die innerhalb der Erklärforschung ermittelten Gütekriterien ‚guten' Erklärens (z. B. Ehras/Dittmer 2018; Leisen 2013; Lindl et al. 2019; Schilcher et al. 2017) decken sich zum Teil mit denen des Instruierens: Klarheit, Verständlichkeit, logische Struktur, Visualisierungen, verstehensfördernder Einsatz von Gestik/Mimik und abschließende Verstehensüberprüfung sind ebenfalls grundlegende Qualitätsmerkmale lernwirksamen Erklärens. In Anbetracht der unterschiedlichen Zwecksetzungen des Instruierens und Erklärens gilt es, neben den gemeinsamen v. a. auch speziell die für das Erklären relevanten Kriterien zu beleuchten.

Zu diesen gehört u. a. die fachliche Korrektheit, die sich beim Erklären-was und Erklären-wie in Handlungsanweisungen z. B. auf die korrekte Erklärung eines Konzepts oder Aufgabenformats, einer Lerntechnik oder kooperativen Lernform beziehen kann. Da die zentrale Zwecksetzung des lehrerseitigen Erklärens in der Wissensvermittlung bzw. im Verstehen und Wissenszuwachs zu sehen ist, setzt qualitätsvolles Erklären voraus, dass die Lehrkraft selbst über das erforderliche Wissen verfügt, um den jeweiligen Gegenstand korrekt erklären zu können. Wenn eine Lehrkraft beispielsweise die Lernenden auffordert, die Lesetechnik des *skimming* anzuwenden („Skim the text."), erklärend hinzufügt, dass der betreffende Text also nicht detailliert zu lesen ist, dann aber noch weiter ausführt, dass die Lernenden den Text scannen müssen („Just scan scan scan scan scan and find […]"), dann ist das Kriterium der fachlichen Korrektheit in diesem Kontext nicht erfüllt. Den Lernenden dürfte kaum klar geworden sein, dass es sich beim *skimming* und *scanning* um unterschiedliche Lesetechniken handelt bzw. worin genau die Unterschiede bestehen.[8] Fremdsprachliches Erklären erfordert somit professionelles fachliches und fachdidaktisches Wissen, das im Erklärprozess jeweils abgerufen, synthetisiert und adressatenadäquat versprachlicht werden muss. Aus kognitivistisch-konstruktivistischer Perspektive ist dabei in besonderem Maße das Vorwissen der Lernenden zu berücksichtigen. Sind Lernende nicht in der Lage, „mentale Vorstellungen" (Kotthoff 2009, S. 121) zu einem Erklärgegenstand (Erklären-was) oder Handlungsablauf (Erklären-wie) zu entwickeln, weil die übermittelten Informationen (noch) nicht mit den vorhandenen Wissensstrukturen verknüpft werden können, entstehen mitunter Verstehensbarrieren, die sich wiederum hinderlich auf die Durchführung der Anschlusstätigkeit auswirken können. Die passgenaue Abstimmung der

---

8　Das Beispiel rekurriert auf einen Ausschnitt aus einer videographierten Englischstunde in einer 9. Realschulklasse. Der Unterrichtsmitschnitt des KMK-Unterrichtsdiagnostik-Teams ist abrufbar unter: http://www.unterrichtsdiagnostik.info/media/files/Unterrichtsvideo-RS-E-Sequenz_3.mp4 (letzter Abruf: 21.03.2023).

Erklärvorgänge auf die kognitiven und fremdsprachlichen[9] Voraussetzungen der Lernenden stellt demnach eine besondere Anforderung lehrerseitigen Erklärens im Englischunterricht dar.

Als weiteres Kriterium des qualitätsvollen Erklärens gilt das lehrerseitige Demonstrieren bzw. Exemplifizieren (z. B. Todd 1997, S. 78 ff.). Beide Sprachhandlungstypen dienen der Verstehensintensivierung und sollen die Lernenden darin unterstützen, die anschließende(n) Aktivität(en) selbständig und in der intendierten Weise ausüben zu können. Beim Demonstrieren (i. S. v. ‚zeigen‘, ‚vormachen‘) wird gezeigt, wie eine bestimmte Handlung umgesetzt werden soll (z. B. Handhabung einer *placemat*-Vorlage, Positionierung und Positionswechsel bei der *zipper*-Methode). Das Demonstrieren erfüllt dabei die Funktion des *procedural scaffolding* und hebt primär auf die Ebene des Erklären-wie ab. Das Exemplifizieren hingegen bezieht sich stärker auf die sprachlich-inhaltliche Ebene. Konkrete Sprachverwendungsbeispiele (z. B. die Verwendung bestimmter Redemittel des Argumentierens in einer *fishbowl discussion*) verdeutlichen dabei modellhaft, was von den Lernenden in sprachlich-inhaltlicher Hinsicht erwartet wird. Die Konkretisierung am (Satz-/Dialog-)Beispiel dient ferner auch der sprachlichen Modellierung, an der sich die Lernenden orientieren können (*lexical/interactional scaffolding*).

Schließlich müssen Erklären-was- und Erklären-wie-Prozesse auch vollständig sein, damit die Zielaktivitäten von den Lernenden in der vorgesehenen Art und Weise vollumfänglich umgesetzt werden können. Vollständige Erklärungen sind wichtig, um Störungen/Unterbrechungen im Unterrichtsablauf zu vermeiden. Werden wichtige Details (z. B. zum Handlungsablauf einer Aktivität) im Erklärvorgang ausgespart, spiegelt sich dies zeitverzögert erst in der Durchführungsphase wider, wenn der Arbeitsprozess der Lernenden an einem bestimmten Punkt ins Stocken gerät und die Lehrkraft ‚nachjustieren‘ muss. Vollständige Erklärungen sind insbesondere dann erforderlich, wenn den Lernenden im Unterricht etwas zum ersten Mal begegnet (vgl. Scrivener 2014, S. 131) und somit nicht auf Handlungsroutinen zurückgegriffen werden kann. Ist ihnen z. B. ein Aufgabenformat, Konzept oder methodisches Verfahren noch gänzlich unbekannt, müssen die lehrerseitigen Erklärhandlungen unweigerlich detaillierter, kleinschrittiger und somit umfangreicher ausfallen, als dies im Kontext des *instruction-giving* normalerweise üblich ist. Faktoren wie Vertrautheit, Vorwissen und Vorerfahrungen der Lernenden spielen demnach auch in *classroom management*-Szenarien eine bedeutende Rolle und wirken sich auf die Komplexität, Detailliertheit und den zeitlichen Rahmen lehrerseitiger Erklärhandlungen aus.

---

9   Auf den Aspekt der Passung zwischen lehrerseitigem Erklären und den fremdsprachlichen Kompetenzen der Lernenden wird unten in diesem Abschnitt genauer eingegangen.

Im zuletzt genannten Punkt ist angedeutet, dass durch die in Handlungsanweisungen mitunter einzubindenden Erklärhandlungen eine Reihe von Spannungsmomenten entstehen können, die die Lehrkräfte wiederum vor größere Herausforderungen und Entscheidungen in Bezug auf ihr unterrichtliches Handeln stellen. Die Erklärkriterien der Detailliertheit und Vollständigkeit beispielsweise erzeugen im Kontext komplexer Handlungsanweisungen Reibungspunkte mit bestimmten Qualitätsmerkmalen des Instruierens (wie etwa dem der Kürze). Erforderliche Erkläreinschübe sowie die v. a. im FSU notwendigen Wiederholungen und Paraphrasen zentraler Aspekte führen ebenfalls unweigerlich zu größeren Erklärumfängen, die es im Kontext von Handlungsanweisungen eigentlich zu vermeiden gilt. Exemplifizierungen, Veranschaulichungen und Visualisierungen tragen ebenfalls zu größerer Komplexität bei und bewirken zudem einen erhöhten Sprechanteil der Lehrkraft (*teacher talking time*), den es im kommunikativen FSU zugunsten gesteigerter Schüleraktivität und Schülersprechzeit (*student talking time*) eigentlich zu reduzieren gilt. Die daraus insgesamt resultierenden Längen stehen schließlich auch in einem Spannungsverhältnis zur begrenzten Konzentrationsspanne der Lernenden. Speziell im Kontext des FSUs entsteht außerdem dann ein weiterer Reibungspunkt, wenn das Kriterium der sprachlichen Einfachheit in Handlungsanweisungen mit den Prinzipien sprachlernförderlicher Lehrersprache kollidiert: Einerseits ist eine Lehrkraft angehalten, ihr Sprechverhalten an das Kompetenzniveau der Lernenden anzupassen (*simplification, teacherese*) und für alle Lernenden verständlichen Sprachinput anzubieten; andererseits ist sie – als primäres Modell gesprochener Sprache – stets gefordert, den Sprachinput so anzureichern und zu variieren (*rich input*), dass fremdsprachliches Lernen gefördert wird und nicht stagniert. Letzteres rekurriert auf Vygotskys Konzept der *zone of proximal development* und Krashens *i+1*-Hypothese. Auf der ablauf- und organisationsbezogenen Diskursebene des *classroom management* ist diese ‚sprachliche Reichhaltigkeit‘ allein schon deshalb nicht zu vernachlässigen, weil gerade in solchen Unterrichtskontexten authentische mündliche Lehrer-Schüler-Interaktion in der Fremdsprache, d. h. ‚echte‘ Interaktion mit genuinen Mitteilungsbedürfnissen möglich ist (Thomson 2022a). Eine allzu starke Vereinfachung des Sprachinputs, die mitunter sogar zu einer Art Reduktionssprache führt (Schröder 2010), ist im Kontext des *classroom management* u. a. auch deshalb zu vermeiden, weil *over-simplification* lernerseitiges Verstehen sogar erschweren kann (vgl. Todd 1997). Im Unterschied zu Fächern, die in der Erstsprache unterrichtet werden, bietet der *classroom management*-Diskurs im FSU wertvolle Lerngelegenheiten (dazu ausführlich Thomson 2022a, S. 112–118).

Vor diesem Hintergrund wird deutlich, dass es eines hohen Maßes an professioneller Unterrichtsdiskurskompetenz (*classroom discourse competence*) bedarf, um diesen zum Teil miteinander konfligierenden Qualitätsansprüchen im FSU gerecht werden zu können. Dass sich effektives Instruieren und Erklären in Handlungsanweisungen nicht ausschließlich für angehende Englischlehrkräfte als Herausforderung erweist, sondern auch erfahrene Lehrkräfte stets neu gefordert sind, soll am nachfolgenden Transkriptbeispiel verdeutlicht werden.

5. Lehrerseitiges Instruieren und Erklären: Ein Unterrichtsbeispiel

Der transkribierte Ausschnitt (Transkript 1) basiert auf einer videographierten Doppelstunde im Fach Englisch zu Beginn der Jahrgangsstufe 5 an einem Gymnasium.[10] Der Übertritt von der Primar- in die Sekundarstufe I liegt zum Zeitpunkt der Aufnahme erst wenige Wochen zurück. Aufgrund unterschiedlicher Lernvoraussetzungen wird die Klasse von der Lehrkraft, in diesem Fall ein erfahrener Lehrer, als leistungsheterogen eingeschätzt. Der aufgezeichnete Unterricht stellt die Mündlichkeit in den Fokus und knüpft damit an die Kompetenzausrichtung des Englischunterrichts in der Grundschule an. Zur Förderung der Sprechkompetenz in multilogischen Interaktionssituationen sollen die Lernenden in Kleingruppen selbstständig ein Rollenspiel zum Thema *Camping in Scotland* entwickeln. In der vorangegangenen Unterrichtsphase wurden hierfür zahlreiche Redemittel für verschiedene situative Kontexte erarbeitet (u. a. *activities, meeting people, shopping*) und auf der gesamten Innenfläche der aufgeklappten Kreidetafel schriftlich fixiert. Zur Visualisierung und Semantisierung wurde außerdem diverses Bildmaterial in das Tafelbild integriert (z. B. Zelt, Lebensmittelgeschäft, schottische Landschaften). Der hier präsentierte Ausschnitt zeigt die Übergangsphase, in der der Lehrer von der Erarbeitung der Redemittel zur Gruppenarbeitsphase überleitet:

Transkript 1, Instruier- und Erklärvorgang, 02:13 min

```
001   T:    ((tritt rückwärts gehend einige Schritte zur Seite, zeigt
002         während des Sprechens auf Tafelanschrieb)) <<cresc> so we have
003         a LOT of words> about camping in SCOTLAND a:nd (.)
004         ((Zeigegeste)) <<acc> so for example about CAMPING>
005         ((Zeigegeste)) about ACTIVITIES (.)
```

---

10 Die Filmsequenz wird auf dem Onlineportal QUA-LiS NRW (Qualitäts- und UnterstützungsAgentur, Landesinstitut für Schule, NRW) öffentlich bereitgestellt. URL: https://www.schulentwicklung.nrw.de/cms/englisch-in-der-grundschule/unterrichtsanregungen/unterrichtsvideos/film-7-camping-in-scotland/filmsequenzen-7.html (letzter Zugriff: 30.04.2023). Alle Informationen und Angaben zur Lerngruppe, Lehrkraft und zum Unterrichtskontext sind dieser Quelle entnommen. Der hier diskutierte Ausschnitt wurde von der Autorin nach GAT2 transkribiert.

```
006        ((Zeigegeste)) about MEETING people (.) ↓a:nd about ↓shopping
007        <<len> ((tritt vorwärts in Raummitte)) your ↑JOB NO::W (--) is
008        (.) to ((imitiert Schreibbewegung mit rechter Hand)) write a
009        ↓ROLE PLAY (.) a ↓ROLE PLAY ((tritt rückwärts gehend mittig an
010        Tafel)) ↓so (.) ↑for example> (.) ((imitiert mit seinen Händen
011        zwei Dialogpartner A/B, verstellt Stimme)) <<hohe Stimmlage,
012        Sprechbewegung von A mit rechter Hand> ↑hello> (--) <<imitiert
013        Sprechbewegung von B mit linker Hand> ↑hello> (.) <<imitiert
014        Sprechbewegung von A mit rechter Hand> my name is: (.) ↓peter>
015        (.) <<imitiert Sprechbewegung von B mit linker Hand> my name
016        is: (.) ↓emma> <<imitiert Sprechbewegung von A mit rechter
017        Hand> how old are ↑YOU> <<imitiert Sprechbewegung von B mit
018        linker Hand> i'm TEN years old (.) what about ↑YOU> ((imitiert
019        abwechselnd Sprechbewegungen von A/B mit beiden Händen ohne zu
020        sprechen, 3 Sek.)) that is a role play ↑okay ↓=so (.)
021        ((zeichnet mit beiden Zeigefingern jeweils halbkreisförmige
022        Bewegung, der geschlossene Kreis stellt das Klassenkollektiv
023        dar)) you're going to go into GROUPS in a ↑minute (.) and THEN
024        you ↓write a role play ((tritt an Tafel, zeigt während des
025        Sprechens auf Redemittel, Laufbewegungen vor Tafel)) you can
026        write your role play (--) abou:t (--) ↑SCOTLAND (--) <<zeigt
027        mit linken Arm und Zeigefinger auf imaginären See, sehr hohe
028        Stimmlage, imitiert Sprecher A> OH LOOK there's a LAKE> (.)
029        <<zeigt mit rechtem Arm und Zeigefinger auf imaginären Fluss,
030        sehr tiefe Stimmlage, imitiert Sprecher B> OH and there's a
031        RIVER> <<zeigt mit linken Arm und Zeigefinger auf imaginäre
032        Bäume> there're many TREES> ((zeigt auf Tafelanschrieb)) you
033        can (.) <<acc> write something about> CAMPING ((beide Unterarme
034        zur Seite wegstreckend, Handflächen nach oben zeigend)) (--) a
035        STORY about CAMping= <<acc> =something that happens> (.)
036        ((zeigt auf Tafelanschrieb)) you CAN write <<acc> something
037        about an ac an an ↑ACTIVITY> ((beide Unterarme nach vorn
038        wegstreckend, Handflächen nach oben zeigend)) (--) you CAN
039        write something about an ↑ACTIVITY =so you go: <<imitiert
040        Ruderbewegung> CANOEING on a RIVER> and <<streckt beide Arme
041        nach oben weg> and SUDDENLY (.) something ↑happens> <<rall>
042        ((zeigt auf Tafelanschrieb)) you can write about MEETING
043        ↑PEOPLE ((berührt Tafel mit rechter Hand)) (2.0) OR you can
044        write (.) a little ↓role play about going ↓shopping>
045        ((Kameraschnitt auf SSS, T positioniert sich mittig vor der
046        Klasse)) you already worked in groups (.) <<rall> ↑YESTERDAY
047        (.) so let's go (.) into the same groups (.) ↓NOW ↓please>
```

108

```
048              <<acc> ↓let's go>
049    SSS:    ((stellen Tische und Stühle für Gruppenarbeit um))
050    T:      ((steht seitlich vor Tafel, hält Blatt Papier in den Händen))
051              ↓okay (.) <<len> NOW you're in your GROU:PS (.) and now
052              <<Zeigefingergeste mit rechter Hand> FIRST of ↑a:ll> (--) YOU
053              (.) as the GROU:P (.) needs to say (.) <<geht zur Tafel> do you
054              want to do a role pla:y> (.) <<zeigt auf Kategorie> about THIS>
055              (.) <<wiederholt Zeigegeste> about THIS>> (.) <<wiederholt
056              Zeigegeste> <<acc> do you want an> ↑ACTIVITY: ↑role ↑play:> (.)
057              <<wiederholt Zeigegeste> <<acc> do you want something about>
058              ↑MEETING ↑people> (.) <<wiederholt Zeigegeste> or (.) about
059              (.)↓SHOPPING.> <<hält Blatt Papier vor sich mit beiden Händen
060              hoch, rüttelt daran mehrfach> <<rall> you have your ↑DISCUSSION
061              WORDS (.) so take this LIST (.) ((SSS holen Blatt aus ihren
062              Schulsachen hervor)) and now TALK with your PARTNER ↑please
063              (--) WHAT (.) you want to do in your ↓role ↓play>> ((mit
064              rechter Hand halbkreisförmige Bewegung nach vorn, 1 Sek.))
065              <<acc> ↓let's go>
066    SSS:    ((beginnen Gruppenarbeit))
```

5.1 Aspekte qualitätsvollen Instruierens und Erklärens im gezeigten Lehrerhandeln

Bei erster Betrachtung der Sequenz wird deutlich, dass das gezeigte Lehrerhandeln in vielen Punkten den oben erläuterten Qualitätsmerkmalen ‚guter' Handlungsanweisungen gerecht wird. Zieht man die Kriterien der Kürze und Sequenzierung heran, lässt sich feststellen, dass die konsequent in der Fremdsprache realisierte Handlungsanweisung mit einer Gesamtlänge von 2:13 min kompakt ist und eine klare, nachvollziehbare Binnenstruktur aufweist, die sich grob als eine Abfolge mehrerer Mikrosequenzen beschreiben lässt (z. B. Markierung des Übergangs, Zusammenfassung, Handlungsanweisung *role play*, Erklärvorgang *role play* usw.). Die Unterrichtsphase wird durch *discourse marker* sprachlich markiert und somit von den sie umgebenden Phasen abgegrenzt. Das in Z. 002 verwendete „so" markiert den Beginn des Übergangs. Eingerahmt wird die Sequenz in Z. 047-048 wiederum durch den Diskursmarker *so* sowie durch ein deutliches *handing-over* an die Lernenden. Mit „let's go" und „now please" wird das Ende des ersten *teacher turn* markiert und eine an die Klasse gerichtete Aufforderung zur unmittelbaren Umsetzung einer konkreten Handlung („go into the same groups") kommuniziert. Auch während des Instruier- und Erklärvorgangs verwendet der Lehrer *sign-posts* zur Strukturierung des Diskurses (z. B. „your job now" in Z. 007, „so for example" in Z. 010). Begleitet und unterstützt wird das sprachlich realisierte *sign-posting* auf paralinguistischer Ebene auch durch gezielte

Variationen in der Sprechlautstärke (Z. 002 f.) und Wortakzentuierung (z. B. 004–006) sowie auf non-verbaler Ebene durch parallel pointiert eingesetzte Zeigegesten, die die Wortakzentuierungen unterstreichen. Das gezeigte Sprechverhalten des Lehrers ist in diesen Punkten dem lernerseitigen Verstehen zuträglich.

Durch dynamische, auf die verbalsprachliche Ebene abgestimmte Körperhaltungen (abwechselndes Drehen des Oberkörpers zur Tafel und Klasse), Raumpositionen (z. B. Z. 001, 045–046) und Raumbewegungen (z. B. 024–025) gelingt es der Lehrkraft außerdem, die Tafel mit den darauf verschriftlichten Redemitteln als zentrales Referenzobjekt einzubeziehen. Die Lernenden können durch die deiktischen Signale des Lehrers und anhand des Tafelanschriebs nachvollziehen, was die Lehrkraft auf sprachlicher Ebene ausführt.

Darüber hinaus integriert der Lehrer ablaufbezogene sprachliche Strukturierungshilfen, die den Lernenden eine Orientierung zum weiteren Unterrichtsverlauf geben und die Zieldimension ihres Handelns transparent machen: Die Äußerung „So we have a lot of words" (Z. 002–003) leitet zunächst rekapitulierend eine Zusammenfassung des bisher Erarbeiteten ein. Mit „your job now is to write a role play" (Z. 007–009) expliziert der Lehrer, dass ‚nun' etwas Neues folgt und es sich bei dem zu entwickelnden Zielprodukt um ein Rollenspiel handelt (Textsorte), das in schriftlicher Form (Modus) und in kooperativer Zusammenarbeit („groups", Z. 023) entstehen soll. Die Ankündigung, dass die Gruppenbildung „in a minute" erfolgen wird, zeigt die weitere Linienführung auf, impliziert aber gleichzeitig auch, dass die Lernenden zunächst weiter in der Rolle der Zuhörenden verbleiben sollen, da der Instruier- und Erklärvorgang noch nicht abgeschlossen ist.

Die bereits zitierte Äußerung „your job now is to write a role play" hat nicht nur orientierende Funktion. Sie hat auch (einen hier abgeschwächten) Aufforderungscharakter und stellt die eigentliche Handlungsanweisung dar, die aus Sicht des Lehrers aber offenbar noch weiterer Erklärungen und Konkretisierungen bedarf (s. u.). Die Handlungsanweisung selbst wird nicht in Form einer direkten Aufforderung mithilfe eines Imperativs realisiert (wie etwa in *Write a role play.*). Vielmehr verwendet der Lehrer hier eine die Befehlsform abschwächende Konstruktion („your JOB now is to write"), die die an die Lernenden gerichtete Handlungsaufforderung aber dennoch deutlich impliziert. Diese Formulierung wird den Kriterien eines möglichst reichhaltigen Inputs und authentischen Sprachgebrauchs des Englischen im mündlichen Unterrichtsdiskurs gerecht. Zudem bietet sie den Lernenden mit dem hier umgangssprachlich verwendeten „job" eine lexikalisch-stilistische Variante zum sonst geläufigen „task" an.

Vermutlich in Anbetracht der unterschiedlichen Lernvoraussetzungen und „heterogenen Vorkenntnisse" in der Klasse (QUA-LiS 2023)[11], entscheidet sich der

---

11 Siehe den Abschnitt „Didaktische Hinweise". URL: https://www.schulentwicklung.nrw. de/cms/englisch-in-der-grundschule/unterrichtsanregungen/unterrichtsvideos/film-7-camping-in-scotland/filmsequenzen-7.html (letzter Zugriff: 30.04.2023).

Lehrer dazu, nicht nur den weiteren Ablauf der Gruppenarbeitsphase, sondern auch das Konzept *role play* als solches zu erklären. Die eingeschobene Erklärhandlung des Lehrers (Z. 010–044) besteht somit aus zwei Mikrosequenzen: eine erste Passage im Typus des Erklären-was (Z. 010–020) und eine sich daran anschließende Phase im Typus des Erklären-wie (Z. 020–044). Erstere wird wiederum durch Diskursmarker gerahmt („so" in Z. 010, „that is a role play okay" in Z. 020). Auch hier ist auf den ersten Blick erkennbar, dass bestimmte Kriterien bedient werden: Der Lehrer veranschaulicht und konkretisiert durch Beispiele (Exemplifizieren z. B. in Z. 012–018) und Vormachen (Demonstrieren z. B. in Z. 039–041). Er verstellt zudem seine Stimme in den Beispielsätzen, um unterschiedliche Sprecher/Rollen zu imitieren (Stimmmodulation, Tonhöhensprünge). Zudem wiederholt er die Satzstruktur „you can write about" in sich nur geringfügig voneinander unterscheidenden Variationen insgesamt fünfmal (Z. 025–026, 032–033, 036–037, 042, 043–044), um das Spektrum der zur Auswahl stehenden Umsetzungsmöglichkeiten deutlich aufzuzeigen.

Die Entscheidung, den Lehrermonolog (Z. 001–048) durch die physische Aktivierung der Lernenden zu unterbrechen (Zusammenrücken der Gruppentische, Einfinden in den Kleingruppen), ist mit Blick auf die Aufmerksamkeitsspanne der Lernenden sinnvoll getroffen und bewirkt eine Auflockerung des Unterrichtsgeschehens. Die kurze Unterbrechung hilft zudem, die Konzentration wieder zu schärfen und den Fokus neu auszurichten. Die sich daran anschließende kurze Sequenz (Z. 050–065) enthält keine weiteren Erklärungen zur inhaltlichen Ausgestaltung der Rollenspiele. Der Lehrer erklärt vielmehr, dass die Lernenden in ihren Kleingruppen zunächst („first of all", Z. 052) interaktiv aushandeln müssen, worum es in ihrem Rollenspiel gehen soll (*procedural scaffolding* als sequentielle Unterstützung). Dabei geht er erneut unter Einsatz von Zeigegesten und Wortakzentuierungen die einzelnen thematischen Kategorien an der Tafel durch, ohne jede explizit zu benennen. Verkürzend greift er mehrfach auf die deiktische Formulierung „about this" zurück. Durch die ebenfalls mehrfach wiederholte Formulierung „do you want"/„or do you want" wird gleichzeitig betont, dass die Lernenden ihre Entscheidungen an den eigenen Interessenlagen ausrichten können. Mit der Redemittelliste („discussion words") kommt ein weiteres Referenzobjekt hinzu, das den Lernenden als Unterstützungsangebot (*lexical/interactional scaffolding*) an die Hand gegeben ist, um diesen ersten Schritt sprachlich bewältigen zu können. Mit klaren Instruktionen – hier in Verwendung von Imperativen in „take this list", „talk to your partner" und „let's go" – erfolgt das *handing-over* mit der Aufforderung zum Beginn der Gruppenarbeit.

5.2   Zooming-in: Mikroanalytische Annäherung an den Erklärvorgang

Die Sequenz weist, wie gezeigt, in vielerlei Hinsicht eine hohe Instruier- und Erklärqualität auf. Vor dem Hintergrund der Zwecksetzungen lehrerseitigen

Erklärens (Wissensvermittlung, lernerseitiges Verstehen) scheint eine mikroanalytische Betrachtung insbesondere der Erklärsequenz (Z. 010–044) aber dennoch lohnenswert. Konkret wird dabei den Fragen nachgegangen, welche Verstehensanforderungen der Erklärvorgang in der Fremdsprache an die Lernenden stellt und ob angesichts der erwähnten Heterogenität der Klasse den Kriterien der Verständlichkeit, Vollständigkeit und Angemessenheit in hinreichendem Maße Rechnung getragen wird. Diese Fragen scheinen berechtigt, weil – wie der weitere Unterrichtsverlauf im Videomitschnitt zeigt (Transkript 2) – unmittelbar nach Beginn der Gruppenarbeitsphase zumindest von einigen Lernenden Nicht-Verstehen in Bezug auf das Konzept *role play* signalisiert wird und der Lehrer entsprechend nachjustieren muss. Durch eine mikroanalytische Betrachtung der Erklärsequenz in Transkript 1 können Aspekte beleuchtet werden, die dazu beigetragen haben mögen.

Transkript 2, Lehrerseitiges Nachjustieren in der Gruppenarbeitsphase, 00:17min

```
067   T:    ((steht an einem Gruppentisch, spricht zu Gruppe)) your ↑JO:B
068         ↑now (.) <<acc> you have to write a role play ein Rollenspiel
069         ↑alright> (.) <<all> Rollenspiel> (.) ((zeigt auf Tafel)) and
070         you have to take either CAMPING or ACTIVITIES or MEETING people
071         or ↓SHOPPING (.) What do you want to ↓do (?    ?) talk to your
072         friends ((entfernt sich vom Gruppentisch))
```

Im Typus des Erklären-was verdeutlicht der Lehrer in Transkript 1 oben zunächst, was ein Rollenspiel ist. Bei der Semantisierung verzichtet er gänzlich auf metasprachliche Konzepterklärungen und Paraphrasen (wie etwa *A role play is…* oder *In a role play, two or more…*). Stattdessen demonstriert er unter Einsatz von Gestik und Stimmmodulation am konkreten Beispiel („for example", Z. 010), was unter einem Rollenspiel zu verstehen ist. Stellvertretend für die Rollen der beteiligten Sprecher verwendet der Lehrer seine Hände. Dafür legt er die vier Fingerspitzen jeder Hand jeweils auf der Daumeninnenseite ab, sodass sich alle Fingerspitzen einer Hand berühren und zwischen Daumen und Handinnenseite ein Hohlraum entsteht. Er hält beide Hände in einer Weise vor sich hoch, dass die beiden ‚Spitzen', die jeweils die Mundöffnungen von zwei Sprechern darstellen sollen, aufeinander zeigen. Damit soll verdeutlicht werden, dass die zwei ‚Personen' einander zugewandt sind und sich in der Interaktion ‚anschauen'. Indem er in sehr schneller Abfolge die Finger vom Daumen einer Hand löst und wieder zusammenführt und dabei gleichzeitig mit verstellter Stimme spricht, wird das Sprechen einer Person imitiert. Die jeweils andere Hand verbleibt währenddessen bewegungslos in der oben beschriebenen Ausgangshaltung, wodurch die ‚Zuhörerrolle' des zweiten ‚Sprechers' impliziert wird. Simuliert wird das *turn-taking* in einem Kennenlerngespräch zwischen ‚Peter' (rechte Hand) und ‚Emma' (linke

Hand), das aus drei *adjacency pairs* (1)–(3) besteht. Thematisch knüpft das Beispiel (Z. 010–018) an die zuvor erarbeitete Redemittel-Kategorie *meeting people* an, was der Lehrer allerdings nicht explizit erwähnt:

	rechte Hand (Sprecher A, Peter):	linke Hand (Sprecher B, Emma):
(1)	„Hello."	„Hello"
(2)	„My name is Peter."	„My name is Emma."
(3)	„How old are you?"	„I'm ten years old. What about you?"

Ohne noch weitere verbale Dialoganteile hinzuzufügen, wiederholt der Lehrer innerhalb von drei Sekunden die beschriebenen Handbewegungen abwechselnd noch weitere sieben Male im Zeitraffer-Modus (insgesamt viermal mit der rechten und dreimal mit der linken Hand), um die Fortsetzung des Dialogs anzudeuten (s. Transkript 1, 018–020). Die hier indirekte Botschaft an die Lernenden ist also, dass der Lehrer dem Umfang nach ein längeres Rollenspiel mit deutlich mehr Redebeiträgen erwartet. Auch dies wird nicht versprachlicht, sondern durch die Gesten lediglich impliziert. Die Was-Erklärung endet, indem der Lehrer die Handgesten und somit auch die ‚Gesprächskonstellation' zwischen ‚Peter' und ‚Emma' auflöst, und sich in seiner unverstellten, eigenen Sprechstimme zusammenfassend an die Klasse wendet: „That is a role play." (Z. 020).

Indem der Lehrer ausschließlich exemplifiziert und demonstriert, bleiben wichtige Aspekte, die ein Rollenspiel ausmachen, unerwähnt. Das Lexem *role play* als solches wird zudem ausschließlich auf phonetisch-phonologischer Ebene, nicht aber graphemisch-orthographisch präsentiert. Mithilfe des Schriftbildes (Tafelanschrieb) könnte eine weitere Semantisierungstechnik verstehensförderlich zum Einsatz kommen (‚play' dürfte den Lernenden geläufig sein; die orthographische Ähnlichkeit zwischen ‚role' und ‚Rolle' kann beim Erschließen und Memorisieren hilfreich sein). Der Lehrer geht offenbar davon aus, dass nicht nur die Vokabel *role play*, sondern auch das Konzept als solches unbekannt ist, was wiederum den Einschub einer Erklären-was-Sequenz notwendig macht. Ungeachtet dessen, ob die Lernenden die Arbeit mit Handpuppen aus dem Englischunterricht der Grundschule (oder aus anderen Kontexten) kennen, ist von ihnen hier insgesamt ein hohe kognitive Transferleistung zu erbringen, bei der sie sich die Implikaturen selbst erschließen müssen. Für Lernende ohne vorhandenes Konzept- und Erfahrungswissen zu ‚role play' ist dies nur in begrenztem Maße leistbar. So müssen sie zunächst die Dialogkonstellation zwischen ‚Peter' und ‚Emma' verstehen und einem situativen Gesprächskontext zuordnen. Während des Hörens eines ihnen unbekannten Dialogs in der Fremdsprache müssen die Lernenden gleichzeitig das Gesagte dekodieren, verarbeiten, kontextualisieren und schließlich einen Zusammenhang zwischen dem Lehrerbeispiel und dem Tafelanschrieb herstellen. Ein Satz wie *The role play I'm going to show you now is an example for ‚meeting people'* könnte diese komplexen *top-down-* und *bottom-up*-Prozesse deutlich entlasten. Ferner müssen die Lernenden erkennen, dass die – im wörtlichen Sinne – Hand-Puppen, ,Peter' und ,Emma', zwei fiktive Personen darstellen, die sich der Lehrer ausgedacht hat. Dass die Lernenden dies in ihrem eigenen *role play* ebenfalls leisten sollen, wird allein durch das Dialogbeispiel nicht klar. Dass man in andere Rollen hineinschlüpfen und dadurch Figuren darstellen kann, die mit der eigenen Persönlichkeit und Identität nichts zu tun haben, ist gerade die Quintessenz eines Rollenspiels (vgl. Ur 1996). Entsprechende Hinweise (wie *You don't have to play yourself. Imagine you are playing someone else.*) und einige treffende (d. h. zum Kontext *camping* passende) Rollen-Beispiele wären v. a. für unerfahrene Schüler*innen wichtig und könnten darüber hinaus die Imaginationskraft und Kreativität der Lernenden fördern. Da die Rollenspiele in Kleingruppen, d. h. in Konstellationen mit mehr als zwei Sprechern (Multilog), entwickelt werden sollen, sich das Lehrerbeispiel in der beschriebenen Darbietungsform allerdings auf einen Dialog bezieht, wird impliziert und erwartet, dass weitere Rollen entwickelt und diese in eine komplexe Figurenkonstellation und „story" (Z. 035) sinnvoll integriert werden müssen. Die Konzeption einer *storyline* bzw. Plotstruktur ist ein komplexes Unterfangen und stellt eine enorme Herausforderung (nicht nur) für Fremdsprachenlernende der Sekundarstufe I dar. Zwar gibt der Lehrer im zweiten Teil des Erklärvorgangs (Erklären-wie) mit der *canoeing*-Episode („so you go canoeing on a river and suddenly something happens", Z. 039–041) für die Kategorie *activities* ein treffendes Beispiel, das als Referenz für weitere Ideen dienen kann. Das damit verbundene Kriterium der Passung erfüllen die wenigen übrigen Beispiele jedoch nur bedingt. Die Beispielsätze in Z. 028–032 (z. B. A: „Oh look there's a lake.", B: „Oh and there's a river.") verdeutlichen kaum, wie sich um sie herum ein komplexeres Handlungsgeschehen mit vier und mehr Rollen entwickeln ließe. Für andere Kategorien (*camping, shopping*) fehlen Exemplifizierungen, sodass aus Lernendensicht vermutlich unklar bleibt, wie ein Rollenspiel in Kleingruppen zu diesen Themen aussehen könnte. In dieser Hinsicht erweist sich der Erklärprozess als unvollständig und in der Auswahl der Beispiele nur begrenzt passend.

Der Erklärvorgang weist in Bezug auf den Modus bzw. die Form des Zielproduktes ,Rollenspiel' zudem eine Diskrepanz auf, die aus Beobachterperspektive für eine gewisse Irritation sorgt: Der Lehrer erwähnt einerseits mehrfach, dass die Schüler*innen in ihren Kleingruppen ein Rollenspiel *schreiben* sollen („write" wird insgesamt sieben Mal verwendet). Andererseits unterstreichen die gegebenen Beispielsätze in direkter Figurenrede den interaktiv-mündlichen Charakter von Rollenspielen, die i. d. R. in Form des darstellenden Spiels (d. h. mündlich und in physischer Aktion) aufgeführt werden. Verben wie *act out, present, perform* oder *show* werden hier allerdings nicht von der Lehrkraft gebraucht, sodass (nicht nur aus Lernerperspektive) zunächst unklar bleibt, warum die Rollenspiele verschriftlicht werden sollen bzw. ob eine Aufführung im weiteren Unterrichtsverlauf vorgesehen ist. Ein kurzer erklärender Hinweis wie *But before we can act out our role plays, we need to write a script.* könnte an dieser Stelle zu mehr

Transparenz und Klarheit verhelfen. Interessanterweise verwendet der Lehrer im fortgesetzten Teil seiner Instruier- und Erklärhandlungen (Z. 050–065) statt *write a role play* die Formulierung *do a role play* (Z. 054), wobei das unspezifische *do* nach wie vor offenlässt, ob es zur Aufführung der Rollenspiele kommen soll. In der ungrammatischen Formulierung „do you want an activity role play" (Z. 056) fehlt die Verbform (z. B. *do you want to write/do/perform*) und damit die Angabe zum Modus schließlich ganz. Die Information, dass die Rollenspiele aufgeführt werden sollen, wird erst später im weiteren Unterrichtsverlauf nachgereicht.

Eine weitere mögliche Verstehensbarriere bewirkt möglicherweise die Sprechgeschwindigkeit des Lehrers. Das Grundtempo seines Sprechens ist durchgängig sehr hoch und wird stellenweise sogar nochmals erhöht. Für Fremdsprachenlernende, die den Übertritt von der Primar- in die Sekundarstufe I gerade erst bewerkstelligt haben, kann die rasche Informationsfolge im Lehrer-*input* bei gleichzeitig ablaufenden komplexen Verarbeitungs- und Transferprozessen eine große Herausforderung darstellen. Eine Verstehensüberprüfung nach diesen komplexen Erklär- und Instruiervorgängen (etwa durch Einsatz der *concept-checking*-Technik) könnte dem Lehrer eine direkte Rückmeldung geben, inwiefern die Lernenden seinen Ausführungen folgen konnten bzw. ob diese verstanden wurden. Dass dies zumindest teilweise nicht der Fall ist, zeigt sich erst nach begonnener Gruppenarbeitsphase (Transkript 2).

Zusammenfassend lässt sich festhalten, dass die Sequenz in vielen Punkten den in Abs. 4 aufgezeigten Qualitätsmerkmalen ‚guten' Instruierens und Erklärens gerecht wird und die Lehrkraft über ein hohes Maß an *classroom discourse competence* (CDC) in diesem Unterrichtskontext verfügt. Dies schließt insbesondere textgrammatische Aspekte (z. B. Sequenzierung, Binnenstruktur) sowie Aspekte der (nicht-)sprachlichen und paralinguistischen Realisierung (z. B. Phasenmarkierungen durch Verwendung von Diskursmarkern, *sign-posting*, *cueing*, verstehensförderlicher Einsatz von Gestik und Körpersprache, Veranschaulichungstechniken, Stimmmodulation, Raumpositionierungen) ein. Nichtsdestotrotz könnte ein *fine-tuning*, d. h. eine kontextsensitivere Feinabstimmung des lehrerseitigen Sprachhandelns auf die Lernvoraussetzungen und Bedarfe der Fremdsprachenlernenden (Morek/Heller 2021), dazu beitragen, die Verstehbarkeit der Erklärprozesse (und Instruierprozesse)[12] zu optimieren. Wenngleich die Erklärung des *role play*-Konzeptes mithilfe von Demonstrations- und Exemplifizierungstechniken den Prinzipien eines lernerorientierten, anschaulichen FSUs durchaus entspricht, scheint das Potenzial des gewählten Verfahrens in dieser Situation und in dieser Lerngruppe begrenzt zu sein, um das Konzept *role play* hinreichend zu erklären. Aufgrund der Aussparungen von wichtigen Details sowie den Verzicht auf metakonzeptionelle Erklärungen und weitere, passgenaue Beispiele im Erklärvorgang kann sich der

---

12 Der fortgesetzte Videomitschnitt zeigt auch, dass einige Schüler nicht verstanden haben, was im ersten Schritt zu tun ist (Rollenspielthema aushandeln) und wie die Redemittelliste („discussion words") zu verwenden ist.

Lehrer zwar kurz fassen, dies aber geht zumindest in Teilen auf Kosten des lerner-seitigen Verstehens. Der Umstand, dass das Format ‚Rollenspiel' im Zentrum einer mehrstündigen Unterrichtssequenz steht, erfordert und legitimiert zugleich einen höheren Erkläraufwand (vgl. Todd 1997, S. 80).

6. Fazit und Ausblick: Instruier-/Erklärfähigkeiten in der Englischlehrerbildung

Komplexe Handlungsanweisungen sind wichtige Steuerungselemente in den Gelenkstellen des Englischunterrichts. Sie erweisen sich als überaus vielschichtig (Schwab 2016, S. 129), weil insbesondere im FSU eine Vielzahl an Faktoren bedacht, mögliche Verstehensbarrieren antizipiert und das lehrerseitige Sprachhandeln in der Fremdsprache auf die Situationsspezifik des Unterrichts jeweils neu abgestimmt werden muss. Englischlehrkräfte benötigen neben analytischen und (selbst-)reflexiven Kompetenzen auch diskursstrategische Fähigkeiten im Umgang mit zum Teil konfligierenden Anforderungen des Instruierens und Erklärens. Effektives, qualitätsvolles Instruieren und Erklären erfordert deshalb (nicht nur) im Kontext komplexer Handlungsanweisungen im hohen Maße professionelle Diskurskompetenz. Das hier besprochene Unterrichtsbeispiel verdeutlicht, dass das Instruieren und Erklären in *classroom management*-Szenarien auch erfahrene Lehrkräfte trotz aller Professionalität und Erfahrung stets neu fordert.

Für angehende Englischlehrer*innen stellen (komplexe) Handlungsanweisungen in noch viel stärkerem Maße eine Herausforderung dar. Gesprächsanalytische Untersuchungen und Rückmeldungen aus der schulunterrichtlichen Ausbildungspraxis spiegeln zurück, dass (nicht nur) Lehramtsstudierende die Wichtigkeit dieser unterrichtlichen Steuerungselemente oft unterschätzen (bzw. sich ihrer Bedeutung gar nicht bewusst sind) und dementsprechend eine sorgfältige Planung im Zuge der Unterrichtsvorbereitung häufig ausbleibt (Glaser 2020; Mehlmauer-Larcher 2018; Prusse-Hess/Prusse 2018; Solmecke 2000). Dies wiederum ist der Tatsache geschuldet, dass die Anbahnung von *classroom discourse competence* in der Englischlehrerbildung generell eine eher randständige Rolle spielt (Thomson 2022) und die Förderung von Diskursfähigkeiten im speziellen Kontext des *instruction-giving* weitgehend vernachlässigt wird (Sowell 2017). Eine gezielte Kontextsensibilisierung und praxisorientierte Vorbereitung auf diese und andere unterrichtsdiskursive Kernpraktiken (*core practices*) von Englischlehrkräften findet oft nicht statt. Die Haltung, dass sich die Fähigkeiten lernwirksamen Erklärens und Instruierens „with time and practice" und „through trial, error and bitter experience" (Seedhouse 2009, S. 66, 69) einstellen würden, kann aus heutiger Sicht sicher nicht mehr als zeitgemäß gelten. In diesem Sinne konstatiert Glaser (2020, S. 79): „[T]he ability to give effective instructions is not something teachers have to ‚wait for' until they have gathered a certain experience on the job, but something that can be learned – and thus trained – during university teacher education."

Erste Entwicklungen in diese Richtung zeichnen sich inzwischen ab. So werden an einzelnen deutschen Hochschulstandorten spezielle Lehr-Lern-Formate für die Englischlehrerbildung entwickelt und implementiert. Das von Blell/von Bremen (2022) konzipierte videobasierte Lehrertraining *VirtU Virtuelle Unterrichtshospitationen* (Universität Hannover) zielt darauf ab, mithilfe von materialgestützten (Selbst-)Lernmodulen die Unterrichtswahrnehmungs- und Reflexionskompetenzen angehender Englischlehrer*innen zu fördern. Dabei wird der Fokus u. a. auch auf das *instruction-giving* gelenkt. Für ausgewählte Videoausschnitte aus authentischem Englischunterricht werden mehrstufige Aufgabendesigns zur Analyse und Reflexion des jeweiligen Lehrersprachhandelns in diesen Unterrichtskontexten bereitgestellt. Thomson (2022c) entwickelt mit *ClaDis* ein Lehrveranstaltungsformat, das sich auf Seminarebene im fachdidaktischen Vertiefungsmodul schwerpunktmäßig der Anbahnung professioneller *classroom discourse competence* (CDC) widmet (Universität Augsburg). Instruieren und Erklären als diskursive Praktiken in komplexen Handlungsanweisungen bilden dabei einen zentralen Gegenstandsbereich, dem sich Lehramtsstudierende (Sekundarstufe) auf unterschiedliche Weise und aus verschiedenen Perspektiven nähern. Dies schließt u. a. die Arbeit mit Videovignetten und Transkripten (Beobachtung/Analyse von Fremdunterricht), die Analyse von Aufgabenstellungen und *task designs* in Lehrwerken, die Erprobung eigenen Lehrerhandelns in simulierten *microteaching*-Sequenzen (videographierter Eigenunterricht), deren video-/transkriptbasierte Analyse auf Grundlage gesprächsanalytischer Verfahren sowie individuell geführte, videogestützte Reflexions- und Feedbackgespräche mit der Dozentin ein. Die Lernarrangements im Seminar zielen darauf ab, den Erwerb professionellen Wissens zu fördern, Fähigkeiten zur professionellen Unterrichtswahrnehmung (*professional vision*) zu entwickeln, im Sinne des *reflective practice*-Paradigmas analytische und (selbst-)reflexive Kompetenzen aufzubauen sowie diskursive Handlungskompetenz im fremdsprachlichen *instruction-giving* zu entwickeln. Forschungsbegleitend untersucht die Autorin das Potenzial dieses Lehr-Lern-Formats in Bezug auf die o. g. Zieldimensionen (aktuell laufendes Forschungsprojekt). Die bisher gewonnenen, vorläufigen Ergebnisse sind äußerst vielversprechend. Sie unterstreichen gleichzeitig aber auch die Notwendigkeit, der Anbahnung professioneller Unterrichtsdiskurskompetenzen bzw. lehrerseitiger Instruier-/Erklärfähigkeiten in der universitären Englischlehrerbildung stärkeres Gewicht zu geben.

Literatur

Appel, Joachim (2009): Erklären im Fremdsprachenunterricht. In: Spreckels, Janet (Hrsg.): Erklären im Kontext. Neue Perspektiven aus der Gesprächs- und Unterrichtsforschung. Baltmannsweiler: Schneider Verlag Hohengehren, S. 33–48.

Becker-Mrotzek, Michael (2004): Schreibentwicklung und Textproduktion. Der Erwerb der Schreibfertigkeit am Beispiel der Bedienungsanleitung. Radolfzell: Verlag für Gesprächsforschung.

Blell, Gabriele/von Bremen, Friederike (2022): Teaching Classroom Discourse Competence through Lesson Observation. Educational Resources Designed for EFL Teacher Training. In: Thomson, Katrin (Ed.) (2022), S. 221–236.

Boa Ha, Chao/Wanphet, Phalangchok (2016): Exploring EFL Teachers' Use of Written Instructions and Their Subsequent Verbal Instructions for the Same Tasks. In: Nordic Journal of English Studies 15, H. 4, S. 135–159.

Buchanan, Heather/Timmis, Ivor (2019): Classroom Management: Art, Craft or Science? In: Walsh, Steve/Mann, Steve (Eds.): The Routledge Handbook of English Language Teacher Education. London/New York: Routledge, S. 319–334.

Ehlich, Konrad (2016): Erklären verstehen – Erklären und Verstehen. In: Vogt, Rüdiger (Hrsg.): Erklären. Gesprächsanalytische und fachdidaktische Perspektiven. 2. Auflage. Tübingen: Stauffenberg, S. 11–24.

Ehras, Christina/Dittmer, Arne (2018): Kennzeichen guten Erklärens im Biologieunterricht. Wie Schüler*innen die Erklärung komplexer biologischer Phänomene wahrnehmen. In: Erkenntnisweg Biologiedidaktik 17, S. 79–93.

Ernst, Diana (2017): Möglichkeiten eines gesprächsanalytischen Zugangs zur Erklärkompetenz. In: Hauser, Stefan/Luginbühl, Martin (Hrsg.): Gesprächskompetenz in schulischer Interaktion – normative Ansprüche und kommunikative Praktiken. Bern: hep, S. 158–188.

Findeisen, Stefanie (2017): Fachdidaktische Kompetenzen angehender Lehrpersonen. Eine Untersuchung zum Erklären im Rechnungswesen. Wiesbaden: Springer Fachmedien.

Gastl-Pischetsrieder, Maria/Kirchhoff, Petra (in Vorb.): Erklären im Englischunterricht. In: Schilcher, Anita et al. (Hrsg.): Fachspezifische Lehrerkompetenzen im Erklären. Weinheim und Basel: Beltz Juventa.

Glaser, Karen (2020): Instruction-Giving in the Primary English Classroom: Creating or Obstructing Learning Opportunities? In: Lenz, Friedrich et al. (Eds.): Classroom Observation. Researching Interaction in English Language Teaching. Frankfurt a. M.: Peter Lang, S. 57–83.

Grossmann, Simone (2011): Mündliche und schriftliche Arbeitsanweisungen im Unterricht Deutsch als Fremdsprache. Frankfurt a. M.: Peter Lang.

Haag, Ludwig/Streber, Doris (2020): Klassenführung: Erfolgreich unterrichten mit Classroom Management. 2. Auflage. Weinheim und Basel: Beltz Juventa.

Hattie, John (2009): Invisible Learning. A Synthesis of over 800 Meta-Analyses Relating to Achievement. London/New York: Routledge.

Helmke, Andreas (2017): Unterrichtsqualität und Lehrerprofessionalität: Diagnose, Evaluation und Verbesserung des Unterrichts. 7. Auflage. Seelze-Velber: Klett Kallmeyer.

Helmke, Andreas et al. (2008): Wirksamkeit des Englischunterrichts. In: DESI-Konsortium (Hrsg.): Unterricht und Kompetenzerwerb in Deutsch und Englisch. Ergebnisse der DESI-Studie. Weinheim: Beltz, S. 382–397.

Hohenstein, Christiane (2016): Interkulturelle Aspekte des Erklärens. In: Vogt, Rüdiger (Hrsg.): Erklären. Gesprächsanalytische und fachdidaktische Perspektiven. 2. Auflage. Tübingen: Stauffenberg, S. 37–55.

Josefy, Almuth (2016): Erklärprozesse im Fach Englisch. Zur Vermittlung grammatischer Inhalte in der Sekundarstufe. In: Vogt, Rüdiger (Hrsg.): Erklären. Gesprächsanalytische und fachdidaktische Perspektiven. 2. Auflage. Tübingen: Stauffenberg, S. 79–91.

Keßler, Jörg-U. (2016): Englischdidaktik in „Erklärungsnot". Implizites und explizites Wissen und die Rolle der Bewusstmachung im schulischen Englischerwerb. In: Vogt, Rüdiger (Hrsg.): Erklären. Gesprächsanalytische und fachdidaktische Perspektiven. 2. Auflage. Tübingen: Stauffenberg, S. 93–107.

Kirchhoff, Petra (2017): FALKO-E: Fachspezifisches professionelles Wissen von Englischlehrkräften. Entwicklung und Validierung eines domänenspezifischen Testinstruments. In: Krauss, Stefan et al. (Hrsg.): FALKO. Fachspezifische Lehrerkompetenzen. Konzeption von Professionswissenstests in den Fächern Deutsch, Englisch, Latein, Physik, Musik, Evangelische Religion und Pädagogik. Münster/New York: Waxmann, S. 113–152.

Klann-Delius, Gisela et al. (1985): Untersuchungen zur Entwicklung von Diskursfähigkeiten am Beispiel von Spielerklärungen. Abschlussbericht des DFG-Projekts. In: Linguistische Arbeiten und Berichte 21. Freie Universität Berlin.

Klein, Josef (2016): Erklären-was, Erklären-wie, Erklären-warum. Typologie und Komplexität zentraler Aspekte der Welterschließung. In: Vogt, Rüdiger (Hrsg.): Erklären. Gesprächsanalytische und fachdidaktische Perspektiven. 2. Auflage. Tübingen: Stauffenberg, S. 25–36.

Kotthoff, Helga (2009): Erklärende Aktivitätstypen in Alltags- und Unterrichtskontexten. In: Spreckels, Janet (Hrsg.): Erklären im Kontext. Neue Perspektiven aus der Gesprächs- und Unterrichtsforschung. Baltmannsweiler: Schneider Verlag Hohengehren, S. 120–146.

Leisen, Josef (2013): Trägst du noch vor oder erklärst du schon? Der Lehrer als Erzähler oder als Erklärer. In: Unterricht Physik 24, H. 135/136, S. 26–32.

Limberg, Holger (2017): Komplexe Arbeitsaufträge im Englischunterricht der Grundschule. In: Schwab, Götz/Hoffmann, Sabine/Schön, Almut (Hrsg.): Interaktion im Fremdsprachenunterricht: Beiträge aus der empirischen Forschung. Münster: LIT Verlag, S. 93–112.

Lindl, Alfred et al. (2019): Eine ‚gute‘ Erklärung für alle?! Gruppenspezifische Unterschiede in der Beurteilung von Erklärqualität – erste Ergebnisse aus dem interdisziplinären Forschungsprojekt FALKE. In: Pietsch, Markus et al. (Hrsg.): Lehrer. Bildung. Gestalten. Beiträge zur empirischen Forschung in der Lehrerbildung. Weinheim und Basel: Beltz Juventa, S. 128–141.

Lotz, Miriam/Lipowsky, Frank (2015): Die Hattie-Studie und ihre Bedeutung für den Unterricht. Ein Blick auf ausgewählte Aspekte der Lehrer-Schüler-Interaktion. In: Mehlhorn, Grit et al. (Hrsg.): Begabungen entwickeln und Kreativität fördern. München: kopaed, S. 97–136.

Macías, Diego F. (2018): Classroom Management in Foreign Language Education: An Exploratory Review. In: Profile: Issues in Teachers' Professional Development 20, 1, 153–166.

Macías, Diego F./Sánchez, Jesús A. (2015): Classroom Management: A Persistent Challenge for Pre-Service Foreign Language Teachers. In: Profile: Issues in Teachers' Professional Development 17, H. 2, S. 81–99.

Markee, Numa (2015): Giving and Following Pedagogical Instructions in Task-Based Instruction: An Ethnomethodological Perspective. In: Jenks, Christopher J./Seedhouse, Paul (Eds.): International Perspectives on ELT Classroom Interaction. Basingstoke: Palgrave Macmillan, S. 110–128.

Mehlmauer-Larcher, Barbara (2018): Eine professionelle Grundhaltung und Freude am Unterrichten der englischen Sprache. In: Prusse-Hess, Barbara/Prusse, Michael (Hrsg.): Wirksamer Englischunterricht. Baltmannsweiler: Schneider Verlag Hohengehren, S. 137–148.

Müller-Hartmann, Andreas/Schocker, Marita (2018): Classroom Management: Lernprozesse organisieren und begleiten, Lernbeziehungen gestalten. In: Der fremdsprachliche Unterricht Englisch 154, S. 2–7.

Neumeister, Nicole/Vogt, Rüdiger (2015): Erklären im Unterricht. In: Becker-Mrotzek, Michael (Hrsg.): Mündliche Kommunikation und Gesprächsdidaktik. Baltmannsweiler: Schneider Verlag Hohengehren, S. 562–583.

Prusse-Hess, Barbara/Prusse, Michael (2018): Wirksamer Englischunterricht – Ein Fazit. In: Dies. (Hrsg.): Wirksamer Englischunterricht. Baltmannsweiler: Schneider Verlag Hohengehren, S. 213–224.

QUA-LiS NRW (2023): Film 7: „Camping in Scotland." Sekundarstufe 1. Klasse 5. Qualitäts- und UnterstützungsAgentur – Landesamt für Schule. URL: https://www.schulentwicklung.nrw.de/cms/englisch-in-der-grundschule/unterrichtsanregungen/unterrichtsvideos/film-7-camping-in-scotland/filmsequenzen-7.html (Abfrage: 30.04.2023).

Rathausky, Almuth (2011): Erklärprozesse im Fach Englisch. Eine qualitative Studie zur Vermittlung grammatischer Inhalte in der Sekundarstufe. Diss. PH Ludwigsburg.

Schilcher, Anita et al. (2021): FALKE: Experiences from Transdisciplinary Educational Research by Fourteen Disciplines. In: Frontiers in Education 5, S. 1–14.

Schilcher, Anita et al. (2017): Ausblick – Aus FALKO wird FALKE. Fachspezifische Lehrerkompetenz im Erklären. In: Krauss, Stefan et al. (Hrsg.): FALKO. Fachspezifische Lehrerkompetenzen. Konzeption von Professionswissenstests in den Fächern Deutsch, Englisch, Latein, Physik, Musik, Evangelische Religion und Pädagogik. Münster/New York: Waxmann, S. 439–451.

Schröder, Konrad (2010): Problematischer Input. Der classroom discourse wird im Englischunterricht häufig vernachlässigt. In: Praxis Englisch, 2, 46–48.

Schumann, Adelheid (2017): Kommunikativer Fremdsprachenunterricht. In: Surkamp, Carola (Hrsg.): Metzler Lexikon Fremdsprachendidaktik. Ansätze, Methoden, Grundbegriffe. 2. Auflage. Stuttgart: Metzler, S. 163–166.

Schwab, Götz (2016): Unterrichtsinteraktionen besser verstehen – Mikroanalytische Ansätze zur Interpretation von sprachlichem Handeln im Englischunterricht. In: Jäkel, Olaf/Limberg, Holger (Hrsg.): Unterrichtsforschung im Fach Englisch. Empirische Erkenntnisse und praxisorientierte Anwendung. Frankfurt a. M.: Peter Lang, S. 123–146.

Scrivener, Jim (2014): Classroom Management Techniques. Cambridge: CUP.

Scrivener, Jim (2011): Learning Teaching. The Essential Guide to English Language Teaching. 3. Auflage. London: Macmillan.

Seedhouse, Paul (2009): How language teachers explain to students what they are supposed to do. In: Spreckels, Janet (Hrsg.): Erklären im Kontext. Neue Perspektiven aus der Gesprächs- und Unterrichtsforschung. Baltmannsweiler: Schneider Hohengehren, S. 66–80.

Seedhouse, Paul (2004): The Interactional Architecture of the Language Classroom: A Conversation Analysis Perspective. Oxford: Blackwell.

Solmecke, Gert (2000): Beobachtung und Analyse der Lehreräußerung als Steuerungsinstrument. In: Bausch, Karl-Richard et al. (Hrsg.): Interaktionen im Kontext des Lehrens und Lernens fremder Sprachen. Tübingen: Narr, S. 226–233.

Solmecke, Gert (1998): Aufgabenstellungen und Handlungsanweisungen im Englischunterricht. Äußerst wichtig – wenig beachtet. In: Praxis des neusprachlichen Unterrichts 45, H. 1, S. 32–44.

Somuncu, Dilara/Sert, Olcay (2019): EFL Trainee Teachers' Orientations to Students' Non-Understanding: A Focus on Task Instructions. In: Nguyen, Hanh thi/Malabarba, Taiane (Eds.): Conversation Analytic Perspectives on English Language Learning, Teaching and Testing in Global Contexts. Bristol/Blue Ridge Summit: Multilingual Matters, S. 110–131.

Sowell, Jimalee (2017): Good Instruction-Giving in the Second Language Classroom. In: English Teaching Forum 55, H. 3, S. 10–19.

Spreckels, Janet (2009): Erklären im schulischen Kontext: neue Perspektiven. In: Spreckels, Janet (Hrsg.): Erklären im Kontext. Neue Perspektiven aus der Gesprächs- und Unterrichtsforschung. Baltmannsweiler: Schneider Verlag Hohengehren, S. 1–11.

Spreckels, Janet (2011): „was ihr jetzt machen sollt" – Aufgabenerklärungen im Deutschunterricht. In: Osnabrücker Beiträge zur Sprachtheorie 80, S. 69–99.

Thim-Mabrey, Christiane (2020): Erklärforschung und Verständlichkeitsforschung in universitären Abschlussarbeiten. In: Thim-Mabrey, Christiane/Rössler, Paul (Hrsg.): Verständliches Erklären und Instruieren: Sprachwissenschaftliche Untersuchungen zu Beispielen medialer, fachlicher, behördlicher und betrieblicher Kommunikation. Univ. Regensburg.

Thomson, Katrin (Hrsg.) (2022): Classroom Discourse Competence. Current Issues in Language Teaching and Teacher Education. Tübingen: Narr.

Thomson, Katrin (2022a): L2 Classroom Management Competence in Pre-Service EFL Teacher Education. A Classroom Discourse Perspective on a Neglected Issue. In: Thomson, Katrin (Hrsg.): Classroom Discourse Competence. Current Issues in Language Teaching and Teacher Education. Tübingen: Narr, S. 105–130.

Thomson, Katrin (2022b): Conceptualizing Teachers' L2 Classroom Discourse Competence (CDC): A Key Competence in Foreign Language Teaching. In: Thomson, Katrin (Hrsg.): Classroom Discourse Competence. Current Issues in Language Teaching and Teacher Education. Tübingen: Narr, S. 31–55.

Thomson, Katrin (2022c): Enhancing EFL Classroom Discourse Competence at Pre-Service University Level. ClaDis – A TEFL Course for Advanced Student Teachers. In: Thomson, Katrin (Hrsg.): Classroom Discourse Competence. Current Issues in Language Teaching and Teacher Education. Tübingen: Narr, S. 237–255.

Todd, Richard Watson (1997): Classroom Teaching Strategies. New York: Prentice Hall.

Ur, Penny (1996): A Course in Language Teaching. Practice and Theory. 13th printing 2006. Cambridge: CUP.

Walsh, Steve (2013): Classroom Discourse and Teacher Development. Edinburgh: EUP.

Walsh, Steve (2006): Investigating Classroom Discourse. London/New York: Routledge.

Weber, Ursula (1982): Instruktionsverhalten und Sprechhandlungsfähigkeit. Eine empirische Untersuchung zur Sprachentwicklung. Tübingen: Max Niemeyer Verlag.

Wörn, Claudia (2014): Unterrichtliche Erklärsituationen. Eine empirische Studie zum Lehrerhandeln und zur Kommunikation im Matheunterricht der Sekundarstufe I. Hamburg: Verlag Dr. Kovač.

Wright, Tony (2005): Classroom Management in Language Education. Basingstoke: Palgrave Macmillan.

Zein, Subhan (2018): Classroom Management for Teaching English to Young Learners. In: Garton, Sue/Copland, Fiona (Eds.): The Routledge Handbook of Teaching English to Young Learners. New York: Routledge, S. 154–168.

Erklären im Literaturunterricht: Eine Auswertung diskursiver Praktiken und Inhalte im Unterrichtsgespräch zu Schillers Ballade „Der Handschuh" (1797)

Julia von Dall'Armi

1. Einleitung

Das Erklären im Literaturunterricht ist bislang wenig erforscht.[1] Dies überrascht umso mehr, als der aus dieser diskursiven Praktik resultierende Analyseertrag von großer Relevanz für die Deutschdidaktik sowie für die Unterrichtspraxis sein dürfte. Es ist nämlich davon auszugehen, dass aus der Umsetzung von Erklärprozessen ein Rückschluss auf schüler*innenseitige Verstehensprozesse und Verständnisnotwendigkeiten im Literaturunterricht möglich ist. Können Schüler*innen beispielsweise einen gesetzten Erklärzugzwang erwartungskonform bedienen, demonstrieren diese ihr literaturdidaktisches Wissen (vgl. zum Thema ‚Wissensdemonstration' Heller 2012), was für die Lehrkraft als Information zur Lernausgangslage oder den jeweiligen Lernfortschritt gewertet werden kann. Dies gilt jedoch auch für den Fall, dass schüler*innenseitig Erklärbedarf markiert und somit Verstehensdefizite angezeigt werden (vgl. z.B. Morek 2016, S. 103). Ein lehrkraftseitiges Setzen von Erklärzugzwängen zu bestimmten Themen ist zudem als Hinweis auf die unterrichtspragmatisch gesetzte Relevanz von Wissensbeständen zu werten und lässt wichtige Rückschlüsse auf die in der Schule erwarteten literaturdidaktischen Anforderungen zu.

Lehrkräfte und Literaturdidaktiker*innen können folglich insgesamt aus dem Thematisieren von Erklärinhalten mögliche Diskrepanzen zwischen dem, was sie selbst für erklärbedürftig halten, und dem, was schüler*innenseitig für erklärrelevant gehalten wird, erkennen und für eine Feinjustierung der eigenen didaktischen Erwartungshaltung in Bezug auf die Lernausgangslage der Schüler*innen sorgen. Die Literaturdidaktik kann diese Erklärinhalte zusätzlich auswerten, indem sie einen fallspezifischen Abgleich zwischen dem, was in der Unterrichtsrealität für erklärbedürftig gehalten wird, und den in der Forschungsdisziplin gesetzten literaturdidaktischen inhaltlichen Relevanzen unternimmt. Die im Rahmen des Erklärens angewandten Vertextungsverfahren sowie die zugehörigen Schritte

1 Die Recherche hat ein Habilitationsprojekt zum Thema ergeben, vgl. Schmidt, Frederike (o.J.): Erklären fachlicher Inhalte im Literaturunterricht. https://didaktikdeutsch.de/zur-sprachlichkeit-in-inszenierungen-literarischen-lernens (Abfrage: 21.04.23).

bilden hier nur auf den ersten Blick ein ausschließliches Anliegen der Sprachdidaktik. Zwar lässt die Umsetzung des Explizierens durchaus einen wichtigen Rückschluss auf die Diskurskompetenzen der Schüler*innen zu; die Rolle des Deutens als literaturunterrichtsspezifische Explikationsvariante ermöglicht jedoch auch einen wichtigen Rückschluss auf seine Beschaffenheit und Funktion im Rahmen der Texterschließung, einem literaturdidaktischen Thema. Insbesondere ist davon auszugehen, dass die im Rahmen einer „ästhetischen Kommunikation" (Albrecht 2022) verhandelten Explananda andere Vertextungsverfahren erforderlich machen als die Explananda der Alltagskommunikation.

Im Beitrag sollen sowohl Erklärinhalte als auch die möglichen Erscheinungsformen des Explizierens in der Literaturstunde im Fokus stehen. Anhand eines Unterrichtsmitschnitts zu Friedrich Schillers „Der Handschuh" (1797) (in einer neunten Jahrgangsstufe einer Gesamtschule) werden die obigen Fragestellungen näher untersucht.[2] Neben einer Charakterisierung textbezogener Verfahrensweisen und Explikationsschritte wird ein Abgleich der erarbeiteten Interpretationsaspekte mit didaktischen Analysen zur Ballade erfolgen, um zu erkennen, welche verstehensrelevanten Aspekte seitens der Lehrkraft und/oder der Schüler*innen thematisiert und welche weiteren Funktionen das Erklären im Kontext einnehmen kann.

In aller Kürze sei der Stundenverlauf skizziert. Die Lehrkraft nennt eingangs das Thema der Stunde („Schillers Ballade „Der Handschuh" – Heute noch aktuell?" (00:00:10)[3]), verschriftlicht dieses an der Tafel und informiert über den geplanten Stundenablauf (00:00:16–00:00:46). Im Anschluss thematisiert sie in Form einer Mischung aus Lehrervortrag und fragend-entwickelndem Unterrichtsgespräch zunächst die Autorenbiographie und den Epochenbezug der Ballade mit den Schüler*innen und stellt im Anschluss einen historischen Bezug zur literarischen Handlung her (00:00:53–0:06:10), um dann den Text prononciert vorzulesen (00:07:45–0:10:33). Nach einer textverständnissichernden Partner*innenarbeit (00:10:49–0:11:44) folgt ein „konstruktivistisch ausgerichtetes" (Albrecht 2022, S. 94) Gespräch über die bekannte Ballade, das vom Leitgedanken einer „Verständigung über literarisches Verstehen" (Wieler, zit. n. Albrecht 2022, S. 103) geprägt ist. Dabei gibt die Lehrkraft verschiedene „Elizitierungsschritte" (Wieler 1989, S. 41) vor, indem sie die im Plenum zu bearbeitenden Aufgabenstellungen an der Tafel notiert (00:19:31–00:20: 06) und so „Leitfragen zur Strukturierung der Unterrichtsstunde" (Wieler 1989, S. 41) vorgibt: *„Worum geht es? Warum handeln Kunigunde und Delorges so? Welche Textstellen haltet ihr für besonders wichtig und warum? Wie beurteilt ihr die Handlungsweisen?"* Die Lehrkraft selbst initiiert und beendet einzelne Unterrichtsphasen, legt aber zu Beginn der Texterschließungsphase eine

---

2   Der Unterrichtsmitschnitt „Deutsch – Klasse 9. Gesamtschule. Schiller: Der Handschuh" findet sich auf der dem von Petersen und Unruh verfassten Band „Guter Unterricht" (2021) beiliegenden Begleit-DVD.

3   Die Zeitangaben erfolgen in hh:mm:ss.

„verfahrensgeregelte kommunikative Ordnung" (Becker-Mrotzek 2009, S. 187) mit Meldekette fest, wodurch der Redeanteil der Schüler*innen erhöht und deshalb komplexe Äußerungspakete untersucht werden können. So lässt sich hieran insbesondere untersuchen, in welchen Kontexten des Unterrichtsgesprächs Explikationen genutzt werden und welche Funktion sie erfüllen. Didaktische Schlussfolgerungen für die Gesprächsführung sowie die verhandelten Inhalte runden die Darstellung ab.

2. Textsortenexplikation zur Bereitstellung konzeptuellen Kontextwissens

Die Lehrkraft setzt vor der Rezitation der Ballade mit der Frage nach der Textsortendefinition einen für Unterrichtsgespräche geradezu klassischen Explikationszugzwang. Dann erteilt sie einer Schülerin, die sich um den Turn mit Handzeichen beworben hat, das Rederecht. Es entsteht folgende dyadische Interaktion:

```
1 Leh:  eine bal^LADE? (---)
2       weiß jemand was eine Bal^LAde ist?
3       (7.00)
4 Sw1:⁴ ist das nicht äh_dass es sich (.) nicht ^REImen muss wie ein
        ge´DICHT,=
5       =sondern dass es eher (-) dass es (.) ´LÄNger ist und dass es nicht
         diese (.) typischen äh(.)geDICHTs(.)¯REgeln HAT?=
6       =also dass-
7 Leh:            wie?
8 Sw1:  ´KEIN; (-) ¯KEIne ^REIme haben muss am ^ENde wie der ´kreuz¯REIM oder
        wie man das ¯NENNT […] wie nennt man das-=
9       =ich hab irgendwie alles ver¯GESsen-=
10      =deshalb irgendwie; […]
11      dass man ¯MEHR (.) sich nicht an so regeln halten muss wie bei manchen
        ge^DICHTten;=
12      =sondern einfach so ¯RUNterschreiben darf,
13 Leh: schön-=da freut sich frau […]  dass wir heute eine kleine
        auffrischungsstunde machen; (.) zu dem thema-=
14      =es ist nämlich ´MEIstens ¯LÄNger-
15      des ist ^RICHtig was du sagst-
16      ¯UND es ist ne ge^schichte;
17      es ist ´GANZ einfach ne ge^schichte (.) in ge´DICHTform;
18      da erzählt jemand ne gedichtete-=
19      =´REIMT sich übrigens auch sehr häufig (.) und ´DIEse geschichte
```

---

4   Sw = Schüler weiblich.

```
        (-) vom ^HANDschuh-=
20      =!DIE! ´REIMT sich ohne ^Ende; [...]⁵ (00:06:14-00:07:18)
```

Die Wissensdefizite auf Seiten der Schülerin offenbaren sich sowohl auf der Ebene
des Inhalts als auch in der sprachlichen Form; schließlich werden sie zusätzlich noch
intonatorisch markiert. Ihre Unsicherheit zeigt sich in metakognitiven Reflexions-
einschüben wie „ich hab irgendwie alles ver⁻GESsen -“ sowie einem Unsicherheit
anzeigenden Tonhöhenanstieg am Ende der jeweiligen Intonationsphrasen, die so
einen fragenden Unterton erhalten. Zudem ist das Äußerungspaket der Schülerin
nicht explikativ strukturiert, was sich etwa am Fehlen von Synonymen oder Um-
schreibungen für die Textsorte ‚Ballade‘ (denkbar wäre etwa die Struktur *Eine Ballade ist ein Erzählgedicht*) und der fehlenden Zuordnung entsprechender Merkmale
(etwa *bildet eine dramatische Handlung ab*) zeigt. Stattdessen wählt die Schülerin
ein Ausweichmanöver, indem sie Merkmale anführt, die die Ballade nach Auffassung der Schülerin eben *nicht* aufweist (Reimlosigkeit, keine Metrik, „nicht diese (.)
typischen äh_geDICHTs(.)regeln“), wodurch eine Textsortenbestimmung nur über
eine indirekte Annäherung, quasi über eine Art Ausschlussprinzip vorgenommen
wird. Inhaltlich liegt die Schülerin falsch; die Lehrkraft jedoch suspendiert eine explizit negative Evaluation des Schüler*innenbeitrags, indem sie einen Hinweis auf
die Auffrischungsnotwendigkeit des Textsortenwissens gibt („da freut sich frau [...]
dass wir heute eine kleine auffrischungsstunde machen; (.) zu dem thema-“) und
damit die Schüler*innenäußerung indirekt als verbesserungsbedürftig einstuft. Danach ratifiziert die Lehrkraft die Aussagen der Schülerin zumindest teilweise, indem
sie das Merkmal der Textlänge akzeptiert, aber im Hinblick auf die Reimlosigkeit
widerspricht und schließlich selbst eine verknappte Explikation abgibt, indem sie
die Ballade als Geschichte in Gedichtform ausweist, aber darauf verzichtet, diese
Umschreibung durch weitere Textmerkmale elaborierend auszuführen.

Der skizzierte Gesprächsverlauf ist interpretationsbedürftig: Zunächst ist zu be-
merken, dass die Lehrkraft den falschen Erklärungsversuch der Schülerin nicht im
Klassenplenum zur Disposition stellt und/oder alternative Explikationsangebote
einholt. Stattdessen beansprucht die Lehrkraft selbst sogleich für sich das Rederecht,
beendet damit die interaktive Explikationssequenz, indem sie eine für die Stunde
verbindliche Erklärung zur Textsorte ‚Ballade‘ abgibt. Dieses Vorgehen ist aus der
Perspektive der Unterrichtskommunikation als ungewöhnlich einzustufen, denn

> „[p]lenar adressierte Lehrerfragen, die Erklärungen in Form übersatzmäßiger explanativer
> Einheiten strukturell erwartbar machen (z. B. Was ist denn ein Globus?) haben [...] in der
> Regel nicht den Status globaler Zugzwänge an einzelne Schüler/innen, eine übersatzmäßige

---

5   Die Auszüge aus dem Unterrichtsgespräch wurden nach GAT 2 transkribiert (Selting et al.
    2009). Da nur ausgewählte Passagen des Unterrichtsgesprächs transkribiert wurden, be-
    ginnt die Nummerierung bei jeder zitierten Textpassage immer mit „1“.

Erklärung zu produzieren, sondern dienen als Auftakt in ein gemeinsames, über interaktive Sequenzen zu vollziehendes orchestriertes Erklären" (Morek 2012, S. 172).

Daraus, dass die Lehrkraft eine Explikationsgelegenheit im Plenum verstreichen lässt, ist anzunehmen, dass weder die Diskurserwerbsförderung im Interessenfokus der Lehrkraft steht, sie also das Explizieren als bekannt und beherrscht voraussetzt, noch die Wissensüberprüfung im Klassenverbund als relevant gesetzt wird. Doch auch die inhaltliche Verkürzung der Explikation als „Geschichte in Gedichtform" seitens der Lehrkraft ist interpretationsbedürftig. Diese Vereinfachung wird bei einem Vergleich mit einer literaturwissenschaftlichen Textsortenbestimmung besonders deutlich:

„Balladen sind […] literarische Texte kürzeren Umfangs, die in lyrisch gebundener Form ungewöhnliche konflikthafte bis ins Dramatische hinein gestaltete Begebenheiten oder Ereignisse aufgreifen, wodurch sie ein starkes, emotionales Moment besitzen. Häufig in Balladen vertreten, aber nicht zwingend sind eine vershaft und strophisch verfasste, lineare, konzise in einprägsamen Szenen dargestellte abgeschlossene Handlung, in deren Zentrum wenige Figuren stehen" (Dube/Führer 2020, S. 12).

Teil der Lehrkrafterklärung sind nicht Textsortenspezifika (geschlossene, einsträngige Handlung mit dramatischen Elementen und wenige Figuren) und auch keine literaturanalytischen Merkmale (Strophen, Metrik). Mit der lehrkraftseitigen Darstellung der Ballade als Geschichte in Reimform handelt es also lediglich um eine Bereitstellung globalen Orientierungswissens für die Schüler*innen. Dafür spricht, dass die Textsortenspezifika im weiteren Stundenverlauf nicht mehr produktiv genutzt werden; so fehlt etwa –wie im traditionellen Literaturunterricht üblich – der Nachweis von Balladenmerkmalen anhand eines besprochenen Textbeispiels. Für das literarische Lernen, insbesondere, das „Gewinnen von prototypischen Vorstellungen von Gattungen/Genres" (Spinner 2006, S. 13) kann diese Erklärung eher nicht eingesetzt werden; möglicherweise liegt dies aber auch nicht im didaktischen Interesse der Lehrkraft. Dass das Explizieren aber im Verlauf der Stunde dennoch fruchtbringend für den literarischen Lernerfolg genutzt wird, sollen die Ausführungen unter 3. zeigen.

3. Textstellenexplikationen als Beitrag literarischen Lernens

Im Rahmen der Sicherung des Textverständnisses werden in der Unterrichtsstunde Explikationen von Textstellen eingesetzt. Diese unterliegen verschiedenen graduellen Abstufungen, die von einem bloß explizierenden Paraphrasieren, also *Übersetzen* einer Textstelle, bis zu einer über das einfache textuelle Verstehen weiterreichenden Bedeutungszuschreibung, dem *Deuten*, reichen. Beide diskursiven Praktiken werden dabei häufig miteinander kombiniert und in größere diskursive Einheiten integriert. Im fortgeschrittenen Stundenverlauf greift die Lehrkraft dazu zunächst auf die eingangs auf der Tafel vorgegebene schriftliche Aufgabenstellung zurück: „Welche Textstellen haltet ihr für besonders wichtig und warum?" Mit dieser Aufgabenstellung setzt die Lehrkraft einen klassischen Argumentationszugzwang und markiert diesen somit als didaktisch relevant. Die Schüler*innenantworten nutzen im Rahmen ihrer Argumentation allerdings Explizierungsverfahren, die die Textstellen übersetzen und deuten, wodurch offenbar wird, dass das Erklären scheinbar eine wichtige argumentationsvorbereitende Funktion hat (vgl. zur Verknüpfung dieser Aspekte auch Morek 2016, S. 110). Dies sei anhand eines besonders umfangreichen Äußerungspakets einer Schülerin vorgeführt, das eine Bewertung der Relevanz der Textstellen mit explikatorischen und deutenden Verfahrensweisen verbindet:

```
1      […] der letzte teil aus strophe ´SECHS in verbindung mit äh_dem
       was du eben geSAGT hast;=
2      =ist strophe ´ACHT am wichtigsten;
3      weil man da ´SIEHT wie-
4      also ich finde man kann aus dem text heraus schließen-=
5      =im grunde genommen-=
6      =wie sie im grunde ^VORher mit ihm umgegangen ist;
7      ´JA: (-) sie stellt ihn praktisch auf die ^PRObe mit-
8      indem- dass sie ihn auffordert ihr diesen ^HANDschuh zu HOlen-
9      (--)
10     und ´DANN kommt dann die ´STElle-
11     äh_ aber mit zärtlichem liebesblick-=
12     =er ver´HEISST ihm sein nahes glück empfängt ihn fräulein
       kuni^GUNde;=
13     =dass sie erst an ^DIEser stelle dann erst anscheinend so
14     richtig sozusagen seine !LIE!be erwidern kann;=
15     =und das find ich am ^DREIStesten und auch (-) sicher am
16     ^WICHtigsten;
17     also der schiller der sagt ja praktisch das damit aus dass sie
       ´ERST dann ihn akzep´TIERT sozusagen;=
18     =die ^LIEbe annimmt-=
19     =die er ihr ⁻SCHENKT- (00:22:49-00:23:39)
```

Die Beurteilung der Relevanz einer Textstelle (Strophe sechs in Verbindung mit Strophe acht) steht zu Beginn des Äußerungspakets und leitet die Argumentation ein; dieses Urteil wird in der Folge durch eine weitere schlussfolgernde Behauptung begründet, wonach Verhaltensänderungen Kunigundes in Abhängigkeit vom Verhalten des Ritters Delorges erkennbar gemacht werden können („weil man da SIEHT wiealso ich finde man kann aus dem text heraus schließen im grunde genommen wie sie im grunde ˆVORher mit ihm umgegangen ist;"). Das *Deuten* der Aufforderung Kunigundes als „auf die Probe stellen" wird mithilfe eines „explizierenden Paraphrasierens von Belegen für eine Deutung" (Heller/Morek 2023, S. 140) beispielhaft illustriert („(--) und DANN kommt dann die STElle- äh_ aber mit zärtlichem liebesblick- = er verˊHEISST ihm sein nahes glück empfängt ihn fräulein kuniGUNde;= dass sie erst an ˆDIEser stelle dann erst anscheinend so richtig sozusagen seine !LIE!be erwidern kann;"). Ein abschließendes Werturteil („und das find ich am ˆDREIStesten und auch (-) sicher am ˆWICHtigsten") wird nochmals mit einer deutenden Schlussfolgerung verbunden, dass Kunigunde Delorges erst mit dem erfolgreichen Bestehen der Mutprobe ihre Gunst schenkt („also der schiller der sagt ja praktisch das damit aus dass sie ERST dann ihn akzepˊTIERT sozusagen; = die ˆLIEbe annimmt die er ihr SCHENKT-"). Indem die Schülerin das Verhalten Kunigundes bewertet, „bring[t]" sie „(s)ubjektive Involviertheit und genaue Wahrnehmung miteinander ins Spiel" (Spinner 2006, S. 8). Das Explizieren bereitet eine „Interaktion zwischen Leser und Text" vor und führt zu einer „emotionalen Nähe" (Winkler 2015, S. 156), die im schlussfolgernden Urteil über Kunigundes Verhaltensweisen („dreist") kulminiert.

Im Äußerungspaket sind verschiedene Vertextungsverfahren und Schritte enthalten, die diskursiv sowohl dem Argumentieren als auch dem Explizieren zuzuordnen sind (vgl. hierzu auch Heller 2021, S. 55). Zum einen findet sich das *Deuten* als Explizieren, da hier ein Handlungsmotiv (vgl. Heller 2021, S. 60) in Form einer Bedeutungszuschreibung (dem „auf die Probe stellen") ohne weiterführende Elaborierung angeboten wird. Eingeleitet wird dieser Prozess über die Modal-Partikel „praktisch" in der Bedeutung ‚eigentlich', die einen Übersetzungsprozess der Textstelle in Alltagssprache beginnen lässt und das Handschuhholen als ‚Probe' einordnet. Heller sieht diesen Schritt in vergleichbaren Schüler*innenäußerungen aus Unterrichtsgesprächen als Beispiel für ein „induktives Generieren von Bedeutungen" (Heller 2021, S. 60), dem Formulieren einer Vermutung ohne weitergehende Begründung.[6] Daneben enthält das Zitat auch die Explikation einer Textstelle, die durch den Paraphrasen-Indikator „anscheinend sozusagen" eingeleitet wird und als „explizierendes Paraphrasieren von Belegen für eine Deutung" (Heller 2021, S. 324) einzustufen ist („Liebesblick: =er verˊHEISST ihm sein nahes glück empfängt ihn fräulein kuniGUNde;= dass sie erst an ˆDIEser stelle dann erst anscheinend so richtig sozusagen seine !LIE!be erwidern kann;-"). Die Sprecherin kombiniert eine Übersetzung der Textstelle mit ihrer Schlussfolgerung, indem sie die späte Verhaltensänderung und Bereitschaft Kunigundes, ihn als Partner zu akzeptieren, andeutet. Im Gegensatz zu einem reinen explizierenden Paraphrasieren einer anderen Schülerin in der Rekapitulationsphase der Stunde („ähm nachdem ˋER (-) diesen (.) handschuh (.) sich wieder (.) genommen hat und ihr wieder zurückgebracht hat (-) hat er gesagt

---

6   Dieses Vertextungsverfahren wird in elaborierterer Form auch noch im Folgebeispiel näher untersucht werden.

dass er diese-diese- (--) ja diesen dank nicht braucht-" (00:13:02–00:13:13) werden hier bereits argumentierende Schwerpunkte gesetzt.

Der Unterschied sei zur Verdeutlichung nochmals anhand des Textendes („Den Dank, Dame, begehrt ich nicht!" (Schiller 1797, V.66) und einer weiteren Schüleräußerung vorgestellt:

```
1    worauf ähm_der edle (.) ritter (-) der edle mann meiner meinung
     nach den handschuh geholt hat-=
2    =ähm_ hat er ja gesagt dass er den (.) DANK nicht be´GEHRT,
3    weil andere (--) äh_edelmänner vielleicht (-) um die ´HAND
     angehalten hätten, (-) wegen dem (.) handschuh;
4    (--) und er halt so (---) ich will jetzt sagen ´KLUG war und
     den (-) DANK halt nicht ^brauchte. (0:13:34- 0:13:55)
```

Der Schüler setzt den Dank, den der Ritter für sein Handeln erwarten könnte, mit einer möglichen Ehe zwischen Delorges und Kunigunde in Form einer Begründung gleich (weil andere (--) äh_edelmänner vielleicht (-) um die ´HAND angehalten hätten,), weist aber auf den optionalen Charakter dieser Bedeutungszuschreibung durch das Modaladverb „vielleicht" hin und ordnet die Explikation damit gleichzeitig zusätzlich als persönliche Vermutung ein. Die Bedeutung der Textstelle selbst, nämlich den Verzicht auf diese Eheschließung, führt er nicht explizit aus, sondern fällt unvermittelt ein abschließendes Werturteil, indem er Delorges' Verzicht auf eine Partnerschaft mit Kunigunde als „klug" einstuft.

Eine elaboriertere Explikation derselben Textstelle („den Dank, Dame, begehr ich nicht") führt ein weiterer Schüler durch:

```
1    [...] und ¯DESwegen ¯DENK ich auch dass ´ER den dank nicht
     begehrt weil (-) eine frau die seine ^LIEbe-=sein ^LEben für
     einen ^HANDschuh riskiert- (---) die braucht man nicht;
2    =die ist ja ¯EIgentlich (--) nicht die ¯RICHtige.
     (00:15:25-00:15:34)
```

Auch hier wird der Dank von Fräulein Kunigunde mit der Aussicht auf eine Partnerschaft gleichgesetzt und die Entscheidung des Ritters, sich nicht auf Kunigunde einzulassen, als positiv bewertet. Im Gegensatz zum ersten Schüler gibt der zweite Schüler dafür jedoch Gründe an. Eine Frau, die einen Verehrer in eine derartige Gefahr bringt, *kann* nicht die geeignete Partnerin für Delorges sein („die braucht man nicht;"). Die Explikation wird nun nicht mehr mit einem Werturteil abgeschlossen, wie dies bei einer Argumentation der Fall wäre, sondern die generische Aussage des Generalpronomens („man") zeigt an, dass der zweite Schüler die Perspektive von Ritter Delorges übernommen und zudem noch als überindividuelle Norm ansieht, also generalisiert hat, ein typisches Merkmal des Explizierens: „Der

Unterschied zwischen Argumentieren und Erklären schließlich lässt sich als anders geartete Konzeptualisierung des in Frage stehenden Gegenstandes verstehen: als Quaestio (Strittiges) im Falle des Argumentierens oder als Verallgemeinerbares, Wahres im Falle des Erklärens" (Morek 2019, S. 73).

Eine alternative Deutungsgenerierung mit Bezug zu derselben Textstelle „Den Dank, Dame begehrt ich nicht!" unternimmt eine weitere Schülerin:

```
1   ähm_also ich denke dass er damit auch (.) sagen ähm ^WOLLte
    dass ähm_sie nicht J^E:den haben kann. (00:29:42-00:29:46)
```

Mit dem „epistemic stance" (John Heritage) „ich denk" wird zwar die Deutung relativiert und als subjektiv-tentativ gekennzeichnet. Die Schülerin übernimmt dann aber die Perspektive von Ritter Delorges und erklärt die Bedeutung der Worte aus seiner Warte heraus, indem sie klar macht, dass seine Ablehnung von Kunigundes Dank bedeutet, dass auch er – genau wie Kunigunde – Wahlfreiheit besitzt.

Das explizierende Deuten dient in diesem wie im letzten Beispiel dazu, „Perspektiven literarischer Figuren nach[zu]vollziehen" (Spinner 2006, S. 9), und stellt einen wesentlichen Beitrag zum literarischen Lernen dar.

Insgesamt erweist sich das Deuten als eine besondere Form des Erklärens, das der Verständigung über Gelesenes dient und als kulturelle Praktik in „Auslegungskulturen" (Assmann 1992, S. 93, vgl. zum Zitat auch Heller 2021, S. 54) häufig genutzt wird (vgl. hierzu Heller 2021, S. 54). Im Gegensatz zu vielen alltagssprachlichen Explikationsverfahren geht es hier darum, zusätzliche Bedeutungen des Textes jenseits eines wörtlichen Textsinns offenzulegen. Wie aus den oben gezeigten Beispielen deutlich geworden sein dürfte, sind die Übergänge des Erklärens zu anderen diskursiven Praktiken, etwa dem Argumentieren oder Beschreiben, fließend. Dieses „pragmatische Kontinuum" (Feilke 2005, S. 45) wird bei der Realisierung des Deutens besonders offensichtlich. Global betrachtet, erfüllt das Deuten literarischer Texte als spezielles Vertextungsverfahren die Funktion des Erklärens, *was, wie* und des Erklärens, *warum*. Im Unterschied zum klassischen Explizieren gibt es zudem zumeist mehrere Deutungsmöglichkeiten, weshalb die diskursive Praxis des Argumentierens Teil der Deutungsoperationen sein sollte. Im Rahmen literarischer Deutungsverfahren werden also zwei diskursive Praktiken, das Erklären und das Argumentieren, miteinander kombiniert.

Dieses Verfahren kann nicht nur praktiziert werden, indem auf Textstellen referiert wird, sondern auch, indem „Leerstellen" (Heller 2021, S. 54) im Text durch Bedeutungszuschreibungen „gefüllt" (Heller 2021, S. 54) werden. Beispiele für dieses Vertextungsverfahren finden sich ebenfalls im Laufe der Stunde. Zum verständnisdokumentierenden Nachvollzug zentraler Abschnitte aus einer Lektüre durch den/die Sprecher*in (Morek/Heller 2022, S. 149) setzt die Lehrkraft eingangs Erzählzugzwänge, die von den Schüler*innen erwartungskonform bedient werden, indem der Inhalt des Textes auf das Wesentliche reduziert und in Form von Deklarativsätzen wiedergegeben wird. Schüler*innenseitig wird diese „rekonstruktive Textwiedergabe" (Heller/Morek 2022, S. 143) dabei spontan in ein abstrahierendes „Verdichten" (Heller 2021, S. 58) der Handlungsmotive der Protagonisten überführt, die die in der Folge gestellten Explikationszugzwänge der Lehrkraft (*„Warum handeln Kunigunde und Delorges so?"*) bereits vorwegnehmen (vgl. zum Übergang von Textrekonstruktion zur Explanation auch Heller/Morek 2022, S. 152). In die sich anschließende Textreflexionsphase, die auf lehrkraftseitig angeleiteten Argumentationszugzwängen beruhen *(„Welche Textstellen haltet ihr für besonders wichtig und warum? Wie beurteilt ihr die Handlungsweisen?")* sind Explikationspassagen eingelagert, die die genannten Handlungsmotive elaboriert darstellen oder Textstellen ‚übersetzen'. Das Unterrichtsgespräch wird über die Herstellung eines Gegenwartsbezugs beendet, der in Form von argumentativ vorgebrachten Redebeiträgen der Schüler*innen umgesetzt wird.

Das Füllen textueller Leerstellen durch das „[i]nduktive[] Generieren von Deutungen" (Heller 2021, S. 60) findet sich gleich mehrfach. Ausgangspunkt bildet die Frage nach dem Motiv von Ritter Delorges, den Raubtierzwinger zu betreten. Eine Schülerin liefert hierfür eine Erklärung:

```
1     ähm_ ´JA-=
2     =also der handschuh ist ja genau zwischen den löwen und den
      ^TIger gefallen;
3     demnach war es auch ((unv.)) gefährlich und ich glaub er ist
      ´DOCH zum teil reingegangen WEIL alle ja ¯DAS (-) geseh-
      ge´HÖR- gehört und des wär ja praktisch-=
4     =es ging ja praktisch auch um die ^EHre dass er den ^HANDschuh
      zurückholt,
5     (-) und das ist glaube ich auch ↑EIN grund warum;
6     ¯ALso weil ähm ich wär- ich wär zum beispiel ↑NICHT
      reingegangen;
7     wegen nem beknackten ^HANDschuh. (0:16:34-0:17:00)
```

Sie leitet die Sequenz mit der Rekonstruktion von Vorgängen ein – dem Fall des Handschuhs mitten ins Raubtiergehege – und zieht daraus eine Schlussfolgerung, die Gefährlichkeit der Situation, die den eigentlichen Erklärbedarf, das Betreten des Käfigs durch Ritter Delorges, zunächst rechtfertigt. Die Schülerin formuliert im Anschluss ein mögliches Handlungsmotiv der Figur, die „Ehre", was zweifach plausibilisiert wird: Zum einen, indem sie auf die Öffentlichkeit der Situation verweist (WEIL alle ja ¯DAS (-) geseh- ge´HÖR- gehört und des wär ja praktisch- =), das Anakoluth aber die aus einer Verweigerung resultierenden imageschädigenden Folgen für Ritter Delorges unausgesprochen lässt. Zum anderen bekräftigt die Schülerin die Zuschreibung des Handlungsmotivs „Ehre", indem sie ein alternatives Szenarios mit Perspektivenwechsel etabliert, nun selbst in die Rolle von Ritter Delorges schlüpft und das Handlungsmotiv für sich selbst ausschließt („ˉALso weil ähm ich wär- ich wär zum beispiel ↑NICHT reingegangen; wegen nem beknackten ˆHANDschuh.“). Ehre wird nun zudem implizit – über Ausschluss – als männliches und historisches Ideal ausgewiesen. Dieser Wechsel wird sprachlich über das verstehensunterstützende „Situieren" (Heller 2021, S. 335) umgesetzt, das Heller wie folgt charakterisiert:

> „Die Sprecherin führt einer noch nicht verstehenden oder noch zweifelnden Zuhörerschaft einen fachlichen Zusammenhang vor Augen, indem sie ihn in einem raumzeitlichen Bezugsrahmen situiert. […] Zudem wird durch Herstellung eines Alltagsbezugs an geteiltes Wissen angeknüpft und dieses aktualisiert" (Heller 2021, S. 335).

Die Schritte innerhalb des Vertextungsverfahrens lassen sich wie folgt charakterisieren: Ein „Szenario" wird „etabliert", danach Schlussfolgerungen gezogen, schließlich „ein Werturteil" gefällt (ebd., S. 338). Dennoch erfüllt die Argumentation explikative Funktionen, indem sie ein Handlungsmotiv des Ritters anführt, also ein Erklären, *warum* für sein Verhalten angibt.

Indem die Schülerin selbst abschließend den Blickwinkel des Ritters übernimmt, zeigt sie, dass auch sie die „Perspektiven literarischer Figuren nachvollziehen" (Spinner 2006, S. 9) kann.

Über das explizierende Füllen textueller Leerstellen kann noch ein weiterer wesentlicher Beitrag zum literarischen Lernen geleistet werden, indem nämlich explikativ „die narrative Handlungslogik" (Spinner 2006, S. 10) des Textes erschlossen wird. Dies kann auch auf der Ebene der Deutung geschehen: Die Lehrkraft weist auf die besonders detaillierte Darstellung der Raubtiere in der Ballade hin, woraufhin eine Schülerin (Sw3) Erklärbedarf anmeldet:

```
1 Sw3: waˊRUM sind denn die ˆTIEre so geˉNAU beschrieben; (5.00)
2       joˉHANN-
3 Sm1:[7] äh:m (---) <<acc> ich glaub es ist einfach so> dass (-) gemeint
         ist- dass (.) es wird am anfang dargestellt dass die tiere
         toˊTAL gefährlich sind -
4       (--) ähm (-) und dass soll dann am ende auch den gag herstellen
         dass er da einfach reingehen kann und den handschuh ˉRAUSholt
         um (---)-dass sie vom ding her gar nicht so gefährlich sind;=
5       =zumindest ˆMENschen gegenüber nicht; (00:15:02-00:15:19)
```

Das „induktive Generieren von Deutungen" (Heller 2021, S. 60) wird hier nicht mehr für ein Handlungsmotiv auf der *histoire*-Ebene, sondern als Erklärung eines dramaturgischen Effekts genutzt. Der Schüler deutet zu Beginn die ausführliche Darstellung der Raubtiere, indem er den Effekt der Darstellung benennt („es wird

---

7   Sm = Schüler männlich

am anfang dargestellt dass die tiere to´TAL gefährlich sind") und aus dem Widerspruch zwischen diesem Effekt und unbehelligtem Betreten des Zwingers durch Ritter Delorges eine Schlussfolgerung für die „dramaturgische Handlungslogik" (Spinner 2006, S. 10) zieht und in ihr einen Überraschungseffekt sieht (ähm (-) und dass soll dann am ende auch den gag herstellen dass er da einfach reingehen kann und den handschuh ˉRAUSholt um – (---) dass sie vom ding her gar nicht so gefährlich sind; = = zumindest ˆMENschen gegenüber nicht;).

Diese „Plausibilisierung" (Heller 2021, S. 56) der Vermutung wird in der Folge noch elaboriert und akzentuiert, indem der Schüler zeigt, weshalb Ritter Delorges trotz der augenscheinlichen Gefahr nicht mit den Tieren kämpfen muss. Dabei stellt er keinen konkreten Textbezug her, der die These stützen könnte. So wäre etwa hier ein Verweis darauf möglich gewesen, dass sich im Gedicht der Löwe als König der Tiere als kampfunwillig erweist und dies einen Einfluss auf die aggressiven übrigen Raubkatzen haben könnte. Das Vorgehen des Schülers stellt also kein *Deuten* durch Herstellen eines Textbezuges dar, sondern ein *Vermuten* und *Plausibilisieren* von Handlungs- oder Vorgangsmotiven durch ein Auffüllen von tatsächlichen oder vermeintlichen Leerstellen.

4. Explikation zur Herstellung eines Autor-Werk-Kontexts

Über den Text hinausgehendes, erklärendes Deuten kann auch praktiziert werden, indem schüler*innenseitig biographisches Kontextwissen genutzt wird. Dabei werden im zitierten Beispiel zusätzlich Passungsdivergenzen offenkundig:

```
1  Leh:  Wie beˆ↑URTEILT ihr dieses verhalten,=
2        =das war ja ˆRICHtig !FRECH! zu dieser (-) ˆDAme zu
          sagen;
3        !DEN! !DANK! !DAME! be´GEHR ich nicht. wie beˆURteilt ihr
          das, (00:28:42-00:28:53)
4        [...]
5  Sm2:  ja nochmal äh_bezogen auf den ˉRITter ähm_ich finde des
          passt auch zu goethe-=
6        =weil damals wars-
7  Leh:  schiller-
8  Sm2:  [...] WEIL damals wars ja so üblich dass man (-) wenn man
          (-) eine solch (.) ˆHOhe dame eben (.) erobern wollte -=
9        =dass man da (-) eine aufgabe für sie erˉLEDIGT und der
          ritter hat sich dann in gewisser weise für die zeit (-) ja
          gegen sie aufgelehnt - (-) was goethe ja auch getan hat;
10 Leh:  ´schiller -
11 Sm2:  ´schiller (...) der sich ja ´AUCH gegen seine zeit so
```

```
                aufgelehnt hat-(00:28:04-00:29:31)
12              [...]
13  Leh:  ich würde gerne ´DEIN- dein beitrag als ˉSCHLUSSwort
                nochmals nehmen;
14              (.) weil ich glaube du hast etwas gesagt was vielleicht
                allen auch klar geworden ist –
15              dieses ist ne geschichte von schiller,
16              und ich hab am anfang gesagt;=
17              =das war jemand der hat ˉAUFbeˉGEHRT (-)gegen
                (-)bestimmte zwänge;
18              das war eigentlich jemand der (-) die ^FREIheit liebte;=
19              =das war ˉSCHILLer;
20              ˉUND du hast es richtig (.) finde ich (.) phantastisch
                ge´SEHEN dass dieser ritter de´LORGES der hat auch was
                von schiller –=
21              =der hat sich nämlich nicht alles bieten lassen-=
22              =der ist- der hat den kopf ^O:ben gehabt-=
23              =übrigens so ähnlich wie der ^LÖWE der ja auch sozusagen
                der ruhige starke der sich auch nicht hat alles bieten
                lassen;
24              und insofern ist das was du eben gesagt hast was ´GANZ
                ˉGANZ ^WICHtiges-=
25              =das ist nicht zu^FÄLLig dass ^SCHILLer diese balˉLAde
                geschrieben hat- [...](00:30:35-00:31:16)
```

Die Lehrkraft setzt zu Beginn der Phase einen Argumentationszugzwang (Wie be^URTEILT ihr dieses verhalten,). Gleichzeitig bedient sie diesen jedoch paradoxerweise selbst, indem sie vorab das eigentlich von den Schüler*innen eingeforderte Werturteil fällt (= das war ja ^RICHtig !FRECH! zu dieser (-) ^DAme zu sagen; !DEN! !DANK! !DAME! beGEHR ich nicht.). Dieses Vorgehen, ein rhetorischer Kunstgriff, dient jedoch dazu, eine eigene Positionierung der Schüler*innen herauszufordern, ja, die eigene unter Umständen infrage zu stellen, und verstärkt gleichzeitig die Notwendigkeit, die Einschätzung argumentativ auszuführen. Ein Schüler bewirbt sich um den Turn, bedient jedoch den Zugzwang nicht erwartungskonform in Form eines Werturteils mit Begründung. Stattdessen offenbart sich eine Divergenz zwischen der Aufforderung und der eigentlich folgenden diskursiven Praktik (vgl. hierzu auch Heller 2021, S. 61). Der lehrerseitig erwartete Dissens wird nicht erzeugt, sondern der Schüler pflichtet der Lehrkraft implizit bei. Eine Deutung wird nicht gefordert, sondern spontan gegeben. Dies geschieht, indem Sm2 eine „Äquivalenzrelation" (Heller 2021, S. 60) zwischen kulturellem Wissen und der Autorenbiographie herstellt (WEIL damals war_s ja so üblich dass man (-) wenn man (-) eine solch (.) ^HOhe dame eben (.) erobern wollte - = dass man da (-) eine aufgabe für sie er⁻LEDIGT und der ritter hat sich dann in gewisser weise für die zeit (-) ja gegen sie aufgelehnt – (-) was goethe ja auch getan hat;). So liefert der Schüler eine Erklärung für das Verhalten von Ritter Delorges auf der kontextuell literarästhetischen Ebene: Der männliche Protagonist wird als Alter Ego Friedrich Schillers interpretiert, der ebenso wie Ritter Delorges gegen gesellschaftliche Zustände aufbegehrt habe. Dabei greift der Schüler auf die eingangs in Form eines Lehrervortrags gegebenen Informationen zu Schiller zurück; dieses Supportangebot wird für eine explizierende Deutung genutzt. Das dabei entstehende „deduktive Deuten durch Anwenden von Konzepten" (Heller 2021, S. 60) enthält begründende wie argumentative Passagen und ermöglicht den Schüler*innen, ein „[l]iteraturhistorisches Bewusstsein [zu] entwickeln" (Spinner 2015, S. 192). Dabei wird jedoch eine Divergenz zwischen dem Argumentationszugzwang und der gegebenen Erklärung offenkundig, die sich zusätzlich in einem „Ausbleiben expliziter Korrekturen bei ‚unpassenden'" Gattungen" (Morek 2016, S. 118) niederschlägt. Dadurch, dass sie den Explikationsversuch des Schülers dennoch positiv evaluiert, elaboriert und den Gedanken sogar nochmals als Schlusswort der Stunde aufgreift, zeigt die Lehrkraft, dass sie der weitgehend abstrakten Explikation vor einer alltagssprachlichen Argumentation den Vorzug gibt, diese aber wohl nicht erwartet hat.

5. Zusammenfassung und Ausblick

Betrachtet man die Funktion von Explikationsverfahren im Literaturunterricht auf einer theoretischen Ebene, so ergibt sich grundsätzlich eine Vielzahl an Einsatzmöglichkeiten. Im Rahmen der Texterschließung könnten diese sowohl auf der Ebene der „idiolektalen literarischen Verstehenskompetenz" (also „der formalen Spezifika eines literarischen Textes") als auch auf derjenigen des „semantischen literarischen Verstehenskompetenz" (dem „Erschließen zentraler Inhalte, Sinnstrukturen und Deutungsspielräume eines literarischen Textes" [8]) stattfinden. Eine Erklärung könnte sich im Literaturunterricht also beispielsweise auf die Textinhalte im Konkreten (z. B. *Um was geht es eigentlich?*) als auch das Füllen literarischer Leerstellen im Rahmen von Deutungsprozessen (z. B. *Was könnte das Ende des Textes bedeuten?*) beziehen. Daneben lassen sich textanalytische Merkmale (z. B. Textsortenbestimmung), ihre Anwendung im Rahmen von Interpretationen (z. B. die Bedeutung der Metrik für eine Deutung) und die Kontextualisierung des Textes innerhalb eines schriftstellerischen Werkes (Herstellen eines biographischen Bezuges) oder der Epoche (Erkennen von Merkmalen eines Literatursystems in einem Text) erklären. Erstere Funktion zeigt sich in der ‚Übersetzung' literarischer Textstellen, die beiden letzteren darin, Nullpositionen

---

8 Die Zitate im Satz sind der Definition von Frederking/Henschel (2019), S. 14 entnommen.

des Textes zu erfassen und zu füllen, z. B. Handlungsmotive oder außertextuelles Wissen (Epoche, Autor, rhetorische Figuren) auf die Texte anzuwenden. Hierbei müssen die gegebenen Explikationsangebote intersubjektiv nachvollziehbar sein, weshalb sie von Plausibilisierungselementen (z. B. Textstellenreferenz, Einbetten in einen situativen Kontext), also argumentativen Vertextungsstrukturen flankiert sein sollten.

Wann werden in der beispielhaft ausgewerteten Unterrichtsstunde Explikationen nun tatsächlich eingesetzt bzw. was wird hingegen nicht erklärt? Auffällig ist, dass keine textstellenbezogenen Begriffsklärungen seitens der Schüler*innen oder der Lehrkraft eingefordert werden. Die in der Ballade vorkommenden Lexeme „Altan" (Schiller 1797, V. 44) oder „Leu" (Schiller 1797, V. 29) dürften einer neunten Jahrgangsstufe wenig geläufig sein; Begriffsklärungsbedarf wird jedoch weder lehrkraftseitig markiert noch schüler*innenseitig spontan markiert. Dies lässt sich jedoch auch als Beleg dafür interpretieren, dass es den Schüler*innen um globale Handlungszusammenhänge geht, die auch jenseits einer genauen Begriffskenntnis problemlos erschlossen werden können. Zudem muss festgehalten werden, dass „diese das Textverständnis aber nicht grundlegend behindern sollten, zumal ihre Bedeutung sich bei textnaher Lektüre […] aus dem Kontext erschließen lassen dürfte (statt vom Altan ist im Text auch vom Balkon die Rede, statt vom Leu auch vom Löwen" (Zabka/Winkler/Wieser/Pieper 2022, S. 94).

Was und unter welchen Bedingungen wird nun überhaupt erklärt? Neben einer eingangs vorgenommenen „formorientierten" Explikationsform der Balladendefinition, welches der Wissensdemonstration dienen soll, wird die „funktionsorientierte" Explikation[9] nicht selten spontan schülerseitig initiiert oder vorgenommen. So lässt sich konstatieren, dass die lehrerseitig initiierte Nacherzählung der Handlung quasi unvermittelt, spontan über in Deutungsversuche geht. Die Schülerinnen und Schülersetzen setzen immer wieder selbsttätig einen Schwerpunkt auf das Erklären, *warum*, indem sie die „narrative und dramaturgische Handlungslogik" (Spinner 2006, S. 10) weitgehend eigenständig rekonstruieren (vgl. dazu Heller 2021, S. 56) und so die Bedeutung der Handlungslogik des Textes akzentuieren, bisweilen aber auch Erklärbedarf anmelden (z. B. die oben gezeigte Bedeutung der Raubtierpassagen). Dabei ist auffällig, dass es sich in der Regel um „Erklärsoli" handelt, also kein „orchestriertes Erklären" (Morek 2012, S. 255 f.) einer Gruppe von Schüler*innen stattfindet. Der schüler*innenseitige Rückfall in Explikationen bei lehrkraftseitigen Beurteilungsfragen zeigt, dass der Explikationsprozess die Argumentation vorbereitet, einschlägige Explikationszugzwänge aber nicht eigens von der Lehrkraft gesetzt werden. Explikationen gelten somit aus Sicht der Lehrkraft in der gezeigten Unterrichtsstunde wohl als wenig didaktisch relevant. Die hier zitierten Schüler*innen wenden die diskursive Praktik des Explizierens im Rahmen aller genannten Kontexte routiniert

---

9   Die Begriffe wurden aus Morek 2012, S. 259 zitiert.

an (Quasthoff 2012, S. 88); die Passungsdivergenzen zeigen jedoch, dass weitaus mehr spontaner Explikationsbedarf angemeldet wird als lehrkraftseitig gefordert wurde. Im Rahmen von Deutungsprozessen kommt dem Erklären eine wichtige, jedoch manchmal unterschätzte Gelenkstelle im Rahmen der dargestellten Deutungspraktiken zu, die einen wesentlichen Beitrag zum Literarischen Lernen leisten kann.

Welche literaturdidaktischen Inhalte werden nun im Rahmen des Unterrichtsgesprächs thematisiert?

Lehrkraftseitige Schritte der Texterschließung erstrecken sich auf die Rekapitulation des Textinhalts, das Herstellen der Handlungslogik sowie die Beurteilung des Verhaltens der Protagonist*innen. Ein Abgleich mit theoretischen didaktischen Analysen zur Ballade ergibt, dass die Lehrkraft die Schüler*innen mit diesen Inhalten erfolgreich zur Rekonstruktion eines mentalen Modells anhält:

> „Welche Figuren kommen vor? In welcher Beziehung und in welchem historisch-gesellschaftlichen Kontext stehen sie? Worin besteht die Zumutung, der Delorges durch Kunigundes Handeln ausgesetzt wird? Worin liegt (innerhalb der vom Text beschriebenen Welt) das Skandalöse in der Reaktion des Ritters nach Bewältigung der Mutprobe?" (Zabka/Winkler/Wieser/Pieper 2022, S. 93)

Zwar erreicht die Lehrkraft dadurch eine gründliche Sicherung des Textverständnisses; eine über die Ballade hinausgehende Bedeutung wird jedoch nicht initiiert. Dies gilt insbesondere für die besondere Kombination des Explizierens mit dem Argumentieren, dem Deuten. Zwar werden lehrkraftseitige mehrere Argumentationszugzwänge gesetzt, doch erst mit spontanen schüler*innenseitig Explikationen finden tatsächlich auch Deutungsprozesse statt. Trotz einzelner schüler*innenseitig vorgebrachter Deutungsaspekte kommt es jedoch nicht zu einem „Verdichten zu einer Kernaussage" (Heller 2021, S. 60), die die Gesamthandlung der Ballade deutet. Die Kritik am höfischen Zeremoniell des Absolutismus wird lediglich mithilfe des Umwegs über die Biographie Schillers erreicht; diese Deutung wird jedoch nicht lehrkraftseitig initiiert, sondern spontan hervorgebracht, trotz Passungsdivergenzen zwischen Zugzwang und Antwort lehrkraftseitig positiv aufgenommen und abschließend als gültige Deutung wiederaufgenommen. Es handelt sich dabei auch in didaktischer Hinsicht um fakultative Zusatzdeutungen, die „man vom Leistungsvermögen der Klasse abhängig machen sollte" (Zabka/Winkler/Wieser/Pieper 2022, S. 94). Dass es der Lehrkraft dennoch nicht von vornherein in der Unterrichtsstunde um eine Gesamtdeutung der Ballade geht, lässt sich auch daran erkennen, dass neben der eingangs problematisierten, geringen Relevanz von Gattungswissen, die ein Textverständnis durchaus hätten unterstützen können, auch literaturwissenschaftliches Wissen wie Sprechinstanz, Vers und Strophenform, Metrik nicht im Fokus der Stunde steht. Deren Deutungspotenzial im Hinblick auf Form-Inhalts-Zusammenhänge hätte hier noch fruchtbringend genutzt und in das lehrkraftseitig souverän geführte Unterrichtsgespräch integriert werden können.

Literatur

Albrecht, Christian (2022): Literarästhetische Erfahrung und literarästhetisches Verstehen. Eine empirische Studie zu ästhetischer Kommunikation im Literaturunterricht (ÄSKIL). Wiesbaden: Springer.

Assmann, Jan (1992): Das kulturelle Gedächtnis. Schrift, Erinnerung und politische Identität in frühen Hochkulturen. München: C. H. Beck.

Becker-Mrotzek, Michael/Vogt, Rüdiger (2009): Unterrichtskommunikation. Linguistische Analysemethoden und Forschungsergebnisse. 2., bearbeitete und aktualisierte Auflage. Tübingen: Niemeyer.

Dube Juliane/Führer, Carolin (2020): Balladen. Didaktische Grundlagen und Unterrichtspraxis. Tübingen: Narr Francke.

Frederking, Volker/Henschel, Sophie: Literarästhetische Textverstehenskompetenz. Erste Befunde und mögliche Schlussfolgerungen aus dem Längsschnitt. www.leibniz-bildung.de/wp-content/uploads/2019/11/BPF13_Frederking_Henschel.pdf (Abfrage: 21.04.23).

Heins, Jochen (2016): Die Rolle von (Teil-)Ergebnissen im Aufgabenverstehens- und Textverstehensprozess zu einem literarischen Text. In: Zeitschrift für interpretative Schul- und Unterrichtsforschung 5, H.1, S. 28–45.

Heller, Vivien (2012): Kommunikative Erfahrungen von Kindern in Familie und Unterricht. Passungen und Divergenzen. Tübingen: Stauffenburg.

Heller, Vivien (2021): Das Sprechen über Texte als kulturelle Praktik. Passungen zwischen lebenweltlichen Erfahrungen und diskursiven Erwartungen in literarischen Unterrichtsgesprächen. In: Der Deutschunterricht 73, H. 1, S. 54–63.

Heller, Vivien (2021): Die sprachlich-diskursive Darstellung komplexer Zusammenhänge im Fachunterricht. In: Quasthoff, Uta/Heller, Vivien/Morek, Miriam: Diskurserwerb in Familie, Peergroup und Unterricht. Passungen und Teilhabechancen. Berlin: de Gruyter, S. 303–345.

Morek, Miriam (2012): Kinder erklären. Interaktionen in Familie und Unterricht im Vergleich. Tübingen: Stauffenburg.

Morek, Miriam (2016): Formen mündlicher Darstellung in situ: Zur Komplexität von Diskursanforderungen in Unterrichtsgesprächen. In: Behrens, Ulrike/Gätje, Olaf (Hrsg.): Mündliches und schriftliches Handeln im Deutschunterricht. Wie Themen entfaltet werden, Frankfurt a. M.: Peter Lang, S. 95–131.

Morek, Miriam/Heller, Vivien (2023): Diskursive Praktiken der Verständigung über Textverstehen. Anforderungen und Lernpotenziale von Anschlusskommunikation über literarische Texte im Deutschunterricht. In: SLLD (B) 10, S. 138–159.

Morek, Miriam (2012): Kinder erklären. Interaktionen in Familie und Unterricht im Vergleich. Tübingen: Stauffenburg 2012.

Morek, Miriam (2019): Stichwort „Erklärung". In: Rothstein, Björn/Müller-Brauers, Claudia: Kernbegriffe der Sprachdidaktik Deutsch. Ein Handbuch. 3., überarbeitete Auflage. Baltmannsweiler: Schneider Hohengehren, S. 72–75.

Schiller, Friedrich (1797): Der Handschuh. Erzählung. In: Musenalmanach für das Jahr 1798. Tübingen: Cottaische Buchhandlung, S. 41–43.

Schmidt, Frederike (o. J.): Erklären fachlicher Inhalte im Literaturunterricht. https://didaktikdeutsch.de/zur-sprachlichkeit-in-inszenierungen-literarischen-lernens (Abfrage: 21.04.23).

Selting, Margret/Auer, Peter/Barth-Weingarten, Dagmar/Bergmann, Jörg/Bergmann, Pia/Birkner, Karin et al. (2009): Gesprächsanalytisches Transkriptionssystem 2 (GAT 2). In: Gesprächsforschung – Online- Zeitschrift zur verbalen Interaktion 10, S. 353–402.

Spinner, Kaspar (2006): Literarisches Lernen. In: Praxis Deutsch 33, H. 200, S. 6–16.

Spinner, Kaspar (2015): Elf Aspekte auf dem Prüfstand. Verbirgt sich in den elf Aspekten literarischen Lernens eine Systematik? In: Leseräume 2, H. 2, S. 188–194.

Steinmetz, Michael (2020): Verstehenssupport im Literaturunterricht. Theoretische und empirische Fundierung einer literaturdidaktischen Aufgabenorientierung. Wiesbaden: Springer.

Unruh, Thomas/Petersen, Susanne (2021): guter Unterricht: Praxishandbuch. Handwerkszeug für die Unterrichtspraxis. 17. Auflage. Begleit-DVD. Hamburg: aol Verlag.

Wieler, Petra (1989): Sprachliches Handeln im Literaturunterricht als didaktisches Problem. Frankfurt a. M.: Peter Lang.

Winkler, Iris (2015): „Subjektive Involviertheit und genaue Wahrnehmung miteinander ins Spiel bringen". Überlegungen zur Spezifikation eines zentralen Konzepts für den Literaturunterricht. In: Leseräume. Zeitschrift für Literalität in Schule und Forschung 2, S. 156–168.

Zabka, Thomas (2004): Was bedeutet „Verständigung" im schulischen Interpretationsgespräch? In: Härle, Gerhard/Steinbrenner, Markus (Hrsg.): Kein endgültiges Wort. Die Wiederentdeckung des Gesprächs im Literaturunterricht. Baltmannnsweiler: Schneider Hohengehren, S. 75–96.

Zabka, Thomas/Winkler, Iris/Wieser, Dorothee/Pieper, Irene (2022): Studienbuch Literaturunterricht. Unterrichtspraxis analysieren, reflektieren und gestalten. Stuttgart: Klett.

Erklären in der Mathematik

Reinhard Oldenburg

1. Einleitung

Ein logisch hochgradig strukturiertes Fach, das sich mit abstrakten Objekten und ihren Beziehungen beschäftigt, stellt Lernende vor große Herausforderungen. Deswegen erstaunt es, dass sich die Mathematikdidaktik nur sehr wenig explizit mit Fragen des Erklärens beschäftigt. Insbesondere Erklärungen durch Lehrkräfte werden oft als Ausdruck eines transmissiven-unkonstruktivistischen Verständnisses von Lehr-Lernprozessen gesehen. So warnen Danckwerts und Vogel (2006) in einer Gegenüberstellung von Merkmalen des Mathematikunterrichts davor, Mathematik als Produkt zu sehen, das man den Lernenden vermitteln könne, ohne dass diese entsprechende Konstruktionsprozesse durchlaufen (ebd., S. 8). Schon 13 Jahre zuvor hat Malle (1993) sehr detailliert herausgearbeitet, dass der Glaube, eine gute, „saubere Erklärung" würde automatisch ein Verstehen nach sich ziehen, eine Illusion ist. Malle spricht von der „Ideologie des sauberen Erklärens" (Malle 1993, S. 24) und definiert sie wie folgt: „Sie besteht in der Annahme, daß man durch klare und saubere Erklärungen Verständnisschwierigkeiten weitgehend ausräumen und Fehler vermeiden kann" (ebd., S. 26). Um seine Position zu stützen, gibt er Beispiele von Lernenden, die korrekte fachliche Erklärungen nicht korrekt anwenden, und verweist außerdem auf Blais (1988), der aus konstruktivistischer Perspektive den traditionellen, erklärenden Unterricht kritisiert. Malle macht ein mangelndes Verständnis für die konstruktivistische Natur des Lernens für die Verbreitung der Erklär-Ideologie verantwortlich (ebd., S. 31). Aus dieser Perspektive sind Eigenkonstruktionen der Lernenden zentral und Erklärungen allenfalls als Selbsterklärungen oder Erklärungen zwischen Lernenden anzustreben. Nichtsdestotrotz wird es immer Situationen geben, in denen eine direkte Instruktion nötig ist, sodass die Kompetenz der Lehrkraft, gut erklären zu können, zu ihrer Professionalität gehört. Zur Vielfalt solcher Situationen gehören beispielsweise das schnelle Ausgleichen von Lücken in Vorkenntnissen, die Korrektur falscher Konstruktionen, die sich ohne Eingriff der Lehrperson als viabel erweisen könnten und die Orientierung in komplexen Sachverhalten, für die eine erfolgreiche Selbstkonstruktion besonders herausfordernd ist. Wenn also Erklärungen durch die Lehrkraft doch unentbehrlich sind, stellt sich die Frage, was gutes Erklären in der Mathematik genau ist. In diesem Beitrag wird trotz der nicht optimalen Forschungslage versucht, eine Systematik in das weite Feld mathematischer Erklärungen zu bringen.

2. Zum Konstrukt der ‚Mathematischen Erklärung'

Zunächst können allgemeine Erkenntnisse über gute Erklärungen auf die Mathematik übertragen werden. Der viel zitierte Beitrag von Renkl und Wittwer (2008) destilliert eine Reihe von Kriterien, die auch problemlos auf die Mathematik angewendet werden können, etwa die Passung zu den Vorkenntnissen der Adressat*innen, der Fokus auf Konzepte, kognitive Aktivierung und Unterstützung. Bei mehr ins Detail gehenden Fragen aber scheint es in der Tat wichtig, die Übertragbarkeit von anderen Domänen auf mathematisches Erklären kritisch zu durchdenken.

In den wenigen deutschsprachigen Arbeiten zum Erklären (etwa denen der Forschungslinie, deren Ergebnisse und Praxisempfehlungen in Wagner/ Wörns (2011) kumulierten) wird häufig aufbauend auf Kiel (1999) das deduktiv-nomologische Modell von Hempel und Oppenheim[1] (1948) als theoretische Grundlage genutzt, obwohl dieses der kausalen Erklärkraft von (naturwissenschaftlichen) Theorien gewidmet ist. Eine Inanspruchnahme dieses Modells durch die Mathematik(didaktik) erscheint aus vielen Gründen problematisch. Marc Lange (2017) etwa argumentiert, dass mathematische Sachverhalte bestimmte Phänomene nicht verursachen, sondern wegen ihrer logischen Notwendigkeit nur Möglichkeiten einschränken. Dieses Argument fußt darauf, dass Mathematik keine Naturwissenschaft ist. Auch Zelcer (2013) bestreitet, dass die Theorie von Hempel/Oppenheim für die Mathematik relevant sein kann. Nach seiner Analyse wird in keiner der Theorien zu naturwissenschaftlicher Erklärung, die auf Hempel und Oppenheim aufbauen, die Frage aufgeworfen, ob das Explanans Einsichten vermittelt und erhellend („illuminating", ebd., S. 174) wirkt, sondern es geht um kausale Erklärungen, d.h. das Erklärte wäre ohne das Erklärende gar nicht da. Dagegen argumentiert Zelcer (ebd., S. 177) mit Bezug zu Hume (1980) und in Einklang mit Lange, dass mathematische Sätze notwendig wahr seien, ihre Wahrheit also nicht durch andere kausal verursacht wird. Bezogen auf mathematische Erklärungen argumentiert er, dass es in der Mathematik jenseits (vielerlei Arten) von Beweisen keinerlei Erklärungen gibt (ebd., S. 178). Diese Position wird in der Mathematikdidaktik nicht breit geteilt; in der Regel geht man hier davon aus, dass es viele Arten von Erklärungen gibt. Es besteht jedoch Konsens, dass das Erklären eine wichtige Funktion mathematischer Beweise ist (Hanna/Barbeau 2008). Weiter argumentiert Zelcer, dass sich mit dem auf die Mathematik übertragenen theoretischen Rahmen von Hempel und Oppenheim allenfalls Implikationen als Erklärung anbieten würden. Gerade in dem

---

[1] Extrem kurz dargestellt sagt das Modell, dass die Erklärung eines Sachverhalts (Explanandum) daraus besteht, dass aus einem Explanans, also aus akzeptierten, gültigen Sätzen durch logische Argumentation das Explanandum abgeleitet wird. Es ist also die Begründung, dass z.B. ein Phänomen nicht zufällig, sondern auf Basis des Explanans regelhaft notwendig auftritt.

für die Mathematikdidaktik besonders wichtigen informellen Argumentieren und Erklären sind aber auch andere Erklär-Stimuli wichtig, etwa Bilder ohne weitere Erläuterungen (das liegt letztlich daran, dass mathematische Objekte zwar sprachlich gefasst werden können, aber in der Regel auch außersprachliche Repräsentationen – man denke an die Geometrie – besitzen). Dieses Argument ist meines Erachtens gewichtig. Dies soll anhand eines Beispiels verdeutlicht werden: So gibt es eine kleine Buchreihe mit dem Titel „Proofs without Words",[2] in der Erklärungen (genauer gesagt: erklärende Beweise) für viele mathematische Sachverhalte angegeben werden, ohne ein einziges Wort zu bemühen. Abb. 1 zeigt eine solche Erklärung, allerdings nicht aus den Büchern von Nelsen, sondern eine dadurch inspirierte graphische Darstellung, die in ähnlicher Form in Greefrath et al. (2016) verwendet wurde, um eine einfache Fragestellung aus der Analysis zu erklären, die früher auch in der Schule behandelt wurde. Es scheint also ‚sprach-freie' mathematische Erklärungen zu geben, aber ebenso klar ist, dass nicht alle mathematischen Sachverhalte ohne Sprache erklärt werden können. Insbesondere die Algebra ist mit ihrer formalen Sprache so eng verbunden, dass es strittig ist, ob sich die Algebra nicht ganz in Sprache erschöpft. Letztlich ist ungeklärt, wie groß der nicht-sprachliche Teil der Mathematik ist (Brown/ Drouhard 2004). Außerdem könnten Vertreter der These, dass mathematisches Denken generell sprachliches Denken sei (etwa Sfard 2008), einwenden, dass die Erklärung überhaupt erst bei der sprachlichen Umkodierung des Bildes im Kopf des Betrachters entsteht.

Abb. 1: Grafische Erklärung für die Identität $\sum_{k=1}^{\infty} \frac{1}{2^k} = \frac{1}{2} + \frac{1}{4} + \frac{1}{8} + \frac{1}{16} + \ldots = 1$

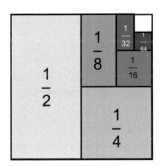

2   Der erste Band ist Nelsen 1997.

3. Sprache in Erklärungen

Die mathematische Sprache ist sowohl *Gegenstand* des Erklärens – die Fachsprache selbst muss erklärt werden, die Lernenden müssen also die mathematische Fachsprache erlernen – als auch *Erklär-Mittel*, also ein Hilfsmittel, um Erklärungen zu geben. Beiden Aspekten wurde schon Aufmerksamkeit zuteil, etwa in Untersuchungen und Empfehlungen zur Sprache in Erklärtexten. Felix Klein hat in seiner viel beachteten dreibändigen „Elementarmathematik vom höheren Standpunkt" (Klein 1908, 1909, 1929) den Studierenden eine sehr metaphernreiche Sprache gleichsam als Vorbild an die Hand gegeben. Die Rolle von Metaphern für mathematische Erklärungen wird auch von Lakoff/Núñez (2000) gewürdigt.

Ein Klassiker zur Verwendung von Sprache bei mathematischen Erklärungen ist auch das Buch von Schulz von Thun/Götz (1976). Die Autoren geben darin konkrete Anleitungen, wie Texte geschrieben werden sollen, sodass sie den folgenden Gütekriterien entsprechen: Einfachheit, Gliederung, Kürze und vorhandene Stimulanz (ebd., S. 16f.). Illustrativ ist das Beispiel zur Kommensurabilität von Strecken. Ausgangspunkt ist folgender Text, der einem damaligen Lehrbuch entnommen wurde:

> „Vergleicht man zwei Strecken a und b hinsichtlich ihrer Länge, so kann es vorkommen, dass die eine genau r mal in die andere passt, wobei r eine ganze Zahl ist. Oder es kann sich zeigen, dass man, wenn auch kein ganzes Vielfaches von a genau gleich b ist, doch a in n gleiche Strecken von der Länge $\frac{a}{n}$ teilen kann, so dass ein ganzes Vielfaches der Strecke $\frac{a}{n}$ gleich b wird: $a = \frac{m}{n} \cdot b$
> Wenn eine Gleichung dieser Art besteht, sagen wir, dass die beiden Strecken a und b kommensurabel sind" (ebd, S. 13).

Die Autoren empfehlen, diesen Text verständlicher zu machen, indem er mit kürzeren Sätzen und in Sinneinheiten gegliedert umgeschrieben wird. Beispiele sollen zudem beim Verständnis helfen. Das Ergebnis der Umarbeitung ist dann:

> „Man sagt: Zwei Strecken sind kommensurabel, wenn sie ein gemeinsames Maß haben. Was bedeutet das? Angenommen eine Strecke ist 3 cm, die andere 9 cm lang. Die beiden Strecken sind kommensurabel, sie haben als gemeinsames Maß 3 cm. Es passt in die eine Strecke genau einmal, in die andere genau dreimal. Angenommen, eine Strecke ist 6 cm, die andere 10 cm. Auch diese sind kommensurabel. Das gemeinsame Maß ist 2 cm: es steckt dreimal in der ersten und fünfmal in der zweiten Strecke. (Bsp.: 1,67 cm und 4,31 cm, gemeinsames Maß 0,01 cm)" (ebd, S. 27).

Was sagen uns diese Beispiele? Zwei Strecken sind kommensurabel, wenn die eine Strecke oder ein Bruchteil von ihr in der anderen enthalten ist, ohne dass ein Rest bleibt.

Ohne Zweifel ist dieser zweite Text leichter verständlich. Das liegt aber auch daran, dass die Definition mathematisch unpräziser ist (*Was ist ein Bruchteil?*), dass sie nicht ausreicht, den mathematisch interessanten Sachverhalt, der sich mit dem Begriff der Inkommensurabilität erschließt (nämlich, dass es geometrisch konstruierbare irrationale Streckenlängen gibt), zu verstehen. Außerdem sind die Beispiele so gewählt, dass sie nur den in diesem Kontext uninteressanten Spezialfall abbrechender Dezimalbrüche behandeln. Die Lehre, die man hieraus ziehen kann, lautet ganz einfach, dass nicht nur die Psychologie, sondern auch die Mathematik bei Erklärungen berücksichtigt werden sollte.

4. Forschungslage zu mathematischen Erklärungen

Parallel dazu, dass es wenig systematische theoretische Überlegungen zur Struktur des Erklärens in der Mathematik gibt, gibt es nur relativ wenige Publikationen, die sich explizit mit dem Erklären beschäftigen und diese sind über eine Vielzahl von Altersstufen und inhaltlichen Themen verstreut, sodass es schwer ist ein einheitliches Fazit zu ziehen. Es sollen trotzdem einige – aus meiner subjektiven Sicht – interessante Ergebnisse zusammengetragen werden.

Levenson (2010) hat Fünftklässlern zu Fragen der Teilbarkeit durch zwei (gerade und ungerade Zahlen) und zur Frage der Äquivalenz von Brüchen zwei Arten von Erklärungen angeboten, nämlich einerseits handlungsorientierte Erklärungen und andererseits formale mathematische Erklärungen. Unter Handlungserklärungen verstehen die Autoren dabei die Einbettung in eine Realsituation. Beispiel: Wenn man 14 Murmeln auf zwei Kisten aufteilt, ist es möglich, dass beide gleich viele Murmeln enthalten, also ist 14 eine gerade Zahl (ebd., S. 130). Die mathematische Erklärung ist kürzer: 7+7=14 (ebd., S. 129). Die Schüler*innen wurden jeweils befragt, welche der Erklärungen für sie mehr Überzeugungskraft haben. Bei den Teilbarkeitsfragen gab es einen signifikanten Vorzug für die handlungsbasierten Erklärungen, während es bei den Fragen zu Bruchäquivalenz keine Unterschiede in der Präferenz gab (ebd., S. 135). Dies zeigt deutlich, dass man mit pauschalen Urteilen, welche Erklärungen besser sind als andere, vorsichtig sein sollte. Stattdessen ist der jeweilige mathematische Inhalt von entscheidender Bedeutung für die Frage, welche Erklärungen erfolgreich sind.

Wichtig ist die Erkenntnis, dass die Einschätzung einer Erklärung als ‚gut‘ nicht rein subjektiv ist. Evans/Mejía-Ramos/Inglis (2022) haben neun verschiedene Erklärungen zum Thema „Was ist ein Vektorraum?" sowohl Studierenden als auch Dozierenden vorgelegt und eine verhältnismäßig hohe Korrelation der Bewertungen der beiden Gruppen gefunden (ebd, S. 11). Bei der Interpretation muss man allerdings bedenken, dass die Studierenden bereits gewisse Zeit in universitären Mathematikmilieus sozialisiert waren, also an bestimmte Argumentations- und Erklärformen gewöhnt waren.

Ingram/Andrews/Pitt (2019) haben mit qualitativen Methoden Situationen gesucht, in denen Schüler*Innen Erklärungen geben, ohne von der Lehrkraft dazu aufgefordert worden zu sein. Zum einen finden sie, dass solche Situationen im üblichen Mathematikunterricht sehr selten auftreten. Wenn sie auftreten, werden sie vor allem durch die Gesprächsdynamik erklärt, d. h. Schüler*innen geben dann Erklärungen, wenn sie einen Sachverhalt anders sehen und das für so wichtig halten, dass sie den normalen Ablauf des Unterrichtsgesprächs stören (ebd., S. 62). Dabei wären schüler*innenseitige Erklärungen eine wertvolle didaktische Hilfe. Mehrere Studien zeigen eindrücklich, dass von Lernenden gegebene Erklärungen den Lernprozess wesentlich voranbringen können. Insbesondere im Rahmen von *Peer Instruction* ist das untersucht worden (etwa: Reinholz 2016). In diesen *Peer Instruction*-Situationen (aber nicht nur dort) berühren sich die Aktivitäten des Erklärens und des Argumentierens. Ihr Zusammenhang ist nicht trivial, wie im Folgenden erläutert wird.

5. Erklären und Argumentieren – ein Beispiel

Argumentieren und Erklären hängen zusammen: Bei beiden Prozessen geht es um die Vermittlung von Einsicht und Verstehen. Trotzdem gibt es – je nach genauem Verständnis der beiden Begriffe – Unterschiede. Wenn man Argumente als sprachliche Konstrukte sieht, kann man konstatieren, dass es mathematische Erklärungen gibt, die keine (sprachlichen) Argumente benutzen, etwa die grafische Erklärung in Abb. 1. Wie oben angedeutet, könnte es jedoch auch sein, dass die kognitive Verarbeitung doch sprachbasiert ist. Insofern ist die Frage, ob Argumente beim Erklären immer eine Rolle spielen, weiter offen. Dies erklärt möglicherweise, warum in der Literatur zum Argumentieren in der Mathematikdidaktik in der Regel nicht auf Erklärungen eingegangen wird (beispielsweise in der einflussreichen Monographie von Brunner 2014).

Interessanterweise gibt es (häufig?) Erklärungen, die weder eine Erklärung im Sinne von Hempel-Oppenheim sein können noch eine in das Schema von Toulmin (1996) passende Argumentation, weil sie sich gar nicht mit dem eigentlich zu erklärenden Phänomen beschäftigen, sondern ein ganz anderes Phänomen erklären, das dann aber als Metapher dienen kann, um das fragliche Phänomen zu akzeptieren. Als Beispiel sei die folgende Aufgabe gewählt:[3]

Man kann annehmen, die Erde sei eine Kugel mit einem Äquator-Umfang von 40.000 km und man ignoriere jetzt gedanklich, dass es Berge und Meere gibt und gehe davon aus, die Erde sei überall flach. Dann passt ein exakt 40.000 km langes Seil genau einmal um den Äquator herum und es liegt überall fest auf dem Erdboden auf. Angenommen, man verlängert das Seil um 1 m und hebt es überall

---

3   Den Hinweis darauf verdanke ich Hans-Georg-Weigand.

gleichmäßig über den Boden an – um wie viel muss man es dann anheben? Viele Menschen denken intuitiv, das seien bestenfalls Millimeter, wenn nicht nur einige Mikrometer.

Die richtige Antwort ist für viele verblüffend, es sind etwa 16 cm. Eine formal völlig korrekte Erklärung des Sachverhalts ist die folgende Rechnung: Es sei U der Erdumfang (also auch die Seillänge) und r der Erdradius, dann gilt also $U = 2\pi r$. Wenn man nun den Umfang um $\Delta U = 1\,\text{m}$ verlängert, vergrößert sich der Radius um Δr und es gilt auch für den neuen, größeren Kreis wieder die Kreisumfangsformel: $U + \Delta U = 2\pi \cdot (r + \Delta r)$. Man subtrahiert die erste Gleichung und erhält

$$\Delta U = 2\pi \cdot \Delta r, \text{ also } \Delta r = \frac{\Delta U}{2\pi} = \frac{1\,\text{m}}{2\pi} \approx 16\,\text{cm}.$$

Für viele Menschen hat diese Erklärung erfahrungsgemäß nur geringe Erklärkraft, obwohl sie gleich zeigt, dass die Vergrößerung des Radius völlig unabhängig vom Umfang ist. Dagegen finden viele Menschen die folgende Erklärung überzeugend, die im Grunde ein ganz anderes Problem löst, dessen Transferierbarkeit auch noch zu hinterfragen wäre: Angenommen, der Äquator wäre kein Kreis, sondern ein Quadrat, wie in Abb. 2 dargestellt. Wenn man nun von einem Quadrat zu einem größeren übergeht, indem man seinen Umfang um die roten Winkel verlängert, sieht man, dass der Abstand zum ursprünglichen Quadrat überall ein Achtel der roten Verlängerungsstrecke ist. Dass diese Erklärung von vielen Menschen bevorzugt wird, zeigt auf, dass Erklärungen Überzeugungskraft oft nicht durch formale und logische Stringenz gewinnen. Es lohnt sich etwas genauer hinzuschauen, warum diese Erklärung funktioniert: Ein wesentlicher Grund dürfte sein, dass man üblicherweise keine Erfahrung damit hat, mental die Größe eines Kreises kontinuierlich anzupassen, weil es solche Prozesse in der Realität in der Regel nicht gibt. Die Analogie-Erklärung mit dem Quadrat kommt dagegen mit Parallelverschiebung aus, die man sowohl im Alltag wie in der mathematischen Vorbildung häufig antrifft.

Abb. 2: Eine Analogie-Erklärung

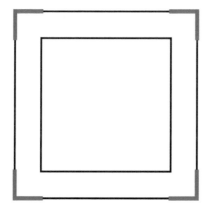

6. Eine Theorie des Erklärens

In Ermangelung einer allgemein akzeptierten Theorie des Erklärens im Mathematikunterricht postuliert der vorliegende Aufsatz das folgende ad-hoc-Verständnis: Im weiten Sinne sind mathematische Erklärungen alle Prozesse, die zu einem Verständnis mathematischer Sachverhalte und Konzepte führen. Dies schließt insbesondere auch Selbsterklärungen ein. Für didaktisches Handeln von Lehrpersonen sind aber soziale Erklärprozesse wesentlich wichtiger: Typischerweise gibt es bezogen auf einen mathematischen Gegenstand einen Unterschied bezüglich des Vorwissens zwischen einer Person, die erklärt, und eine Person, der etwas erklärt wird. Während Selbsterklärungen als ein (Teil-)Prozess des Problemlösens gesehen werden können, sind soziale Erklärprozesse eher ein Transfer eines Problemlöseprozesses, den der Erklärende bereits durchlaufen hat, in einer Form, die dem Empfänger der Erklärung beim Problemlösen hilft. In diesem Sinne soll Erklären in der Folge als Äußerung eines gelungenen, abgeschlossenen, kognitiven Problemlöseprozesses gedeutet werden, den der/die Erklärende bereits unternommen hat und nun kommuniziert.[4] Es ist eine naheliegende Hypothese, dass die Erklärmuster von der Art des gelösten und dargelegten Problems abhängig sind. Wenn man das Problemlösen im Sinne von Dörner (1987) sieht, lassen sich vier Erklärformen unterscheiden: Eine einfache „Komplexion" im Sinne Dörners (1987, S. 14) definiert einen Sachverhalt oder eine Erscheinungsform. Eine dabei nützliche Erklärung klärt also über die Natur von Objekten auf, oder vereinfacht gesagt: Es ist eine Was?-Erklärung (mathematisches Beispiel: Was ist eine Winkelhalbierende?). Ist die Klarheit der Zielkriterien sowie der Bekanntheitsgrad der Mittel hoch, spricht Dörner von einer „Interpolationsbarriere" (ebd., S. 14). Hier muss man die richtige Kombination der Mittel finden. Für die Erklärung bedeutet dies, dass prozedurales Wissen zur Zielerreichung vermittelt wird. Mathematisches Beispiel: Wie berechnet man Terme, die Klammern enthalten? (Wie?-Erklärung). Ist die Klarheit der Zielkriterien gering, der Bekanntheitsgrad der Mittel hoch, so spricht Dörner von einer „dialektischen Barriere" (ebd., S. 14). Dies ist dann der Fall, wenn beispielsweise besonders vorteilhaft gerechnet werden soll, der Vorteilsbegriff aber nicht näher definiert ist. Dann müssen Erklärungen das Ziel genauer fassen. (Wozu?-Erklärung).

Sind dem Problemlöser/der Problemlöserin zielführende Verfahren und Arbeitsweisen nicht bekannt, so muss er/sie heuristisch arbeiten, also eigene Methoden zur Behebung eines Problems entwickeln. „Weiß man, was man will, kennt aber die Mittel nicht, dann spricht man von einer Synthesebarriere." (Dörner 1976, S. 14). Diese Situation liegt beim klassischen Beweisproblem in der Mathematik vor. Hier müssen Begründungen für einen Sachverhalt im Rahmen des

---

4 Neben sprachlichen Erklärungen schließt diese Sichtweise auch Erklärungen durch Gesten oder Bilder ein.

Erklärprozesses gefunden bzw. von der erklärenden Person kommuniziert und aufgezeigt werden (Warum?-Erklärung).

Diese vier Formen mathematischer Erklärungen wurden in Dall'Armi & Oldenburg (2020) in Erweiterung der Klassifikation von Kiel, Meyer, Müller-Hill (2015) definiert und auf Beispiele aus der Analysis angewendet. Die folgende Tabelle gibt Beispiele rund um das Distributivgesetz der elementaren Algebra. Dabei wird auch deutlich, dass die verschiedenen Erklärformen typischerweise auf unterschiedliche Wissensarten zielen.

Tab. 1:

Form	Distributivgesetz	Art des Wissens
Was?	Für alle Zahlen a, b, c gilt $a \cdot (b + c) = a \cdot b + a \cdot c$, beispielsweise $3 \cdot (2 + 4) = 3 \cdot 2 + 3 \cdot 4$	Relational (semantisch)
Wie?	Zum Klammerauflösen schreibt man den Faktor außerhalb der Klammer vor jeden Faktor:[5] $a \cdot (\,b+c\,) = a\,b + a\,c$ Zum Ausklammern arbeitet man umgekehrt.	Prozedural (syntaktisch)
Wozu?	Geschicktes Rechnen: $17 \cdot 96 + 17 \cdot 4 = 17 \cdot 100$ Schriftliches Multiplizieren	Strategisch (pragmatisch)
Warum?		Konzeptuell

Die Theorie der vier Erklärformen schließt gut an Aristoteles' Unterscheidung von vier Ursachentypen an. Eine Materialursache erklärt das ‚Was' eines Phänomens, eine Formursache erklärt das ‚Wie' eines Phänomens, eine Wirkursache erklärt das ‚Warum' eines Phänomens und schließlich erklärt eine Zweckursache das ‚Wozu' eines Phänomens. In Dall'Armi/Oldenburg (2020) wurde gezeigt, dass Schulbücher zur Analysis Warum?- und Wozu?-Erklärungen weitgehend vermeiden und Wie?- Erklärungen dominieren. Ganz anders ist die Lage in Lehrbüchern der universitären Analysis, dort dominieren Warum?- und Was?-Erklärungen. Das liegt daran, dass der schulische Unterricht stark auf die Beherrschung von

---

5   Bildquelle: https://de.serlo.org/mathe/1677/distributivgesetz (Abfrage: 28.3.2023)
6   Bildquelle: https://de.wikibooks.org/wiki/Datei:Distributivgesetz.gif (Abfrage: 28.3.2023)

Rechentechniken abzielt (die eigentlich auf Computer ausgelagert werden könnten), während die universitäre Ausbildung auf die argumentative Klärung von Sachverhalten zielt. Offensichtlich wären dies – altersgerecht umgesetzt – auch lohnende Ziele für den Schulunterricht.

7. Praxis des mathematischen Erklärens

Dieser Abschnitt diskutiert verschiedene Empfehlungen und Realisierungen von Erklärungen in der Praxis. Dabei überwiegt die Beschäftigung mit Negativ-Beispielen um die These zu begründen, dass die Mathematikdidaktik mehr Arbeit in gutes Erklären investieren sollte.

7.1 Pseudoerklärungen in Videos

Wir haben oben schon am Beispiel des Seils um den Äquator gesehen, dass eine Erklärung nicht notwendig fachlich stringent sein muss, sondern sie muss vor allem Vertrautheit mit einem ungewohnten Phänomen aufbauen. Eine extreme Form dieser Art der Erklärung kann man in einigen Erklärvideos erleben, die von Lernenden durchaus hoch bewertet werden. Ein Beispiel: Äquivalenzumformung von Gleichungen sind solche Umformungen, bei denen sich die Lösungsmenge der Gleichung nicht ändert, beziehungsweise –etwas fachlich präziser ausgedrückt – sind Äquivalenzumformung solche, die nichts an den Variablenbelegung ändern, die die Gleichung wahr machen. Daniel Jung verwendet in seinen Erklärungen zum Thema[7] aber kein fachliches Konzept, sondern er sagt lediglich, dass die Lernenden das machen sollen, was sie „sonst auch machen":

> „Tafelbild ist relativ überschaubar. Es geht auch nur um äquivalentes Umformen/Äquivalenzumformungen. Im Prinzip ihr habt [sic!] eine Gleichung. Es geht mir [...] nur um die Interpretation, was dieses Zeichen hier ($\Leftrightarrow$) bedeutet [...]. Also grundsätzlich habt ihr eine Gleichung, löst diese entsprechend. [...] Die Gleichung, die am Anfang präsentiert ist, ist äquivalent zu der Gleichung hier, die ihr hinschreibt, wenn ihr entsprechend umformt, ist äquivalent zu dem, was ihr entsprechend immer weiterschreibt, bis ihr am Ende eine Lösung für x raushabt. Das ist das ganze Geheimnis. Lösen durch Äquivalenzumformungen oder Lösen durch äquivalentes Umformen, ist eigentlich genau das, was ihr sonst immer macht" (geglättetes und gekürztes Transkript, 0:03–1:20).

---

7   Das Erklärvideo ist abrufbar unter: https://www.youtube.com/watch?v=CamVNjwj2zA (Abfrage: 28.3.2023).

Im eigentlichen Sinne des Wortes wird hier nichts erklärt, sondern es wird nur beruhigend gesprochen, dass das Wort „Äquivalenzumformung" nicht schlimm sei, weil es nur dazu auffordere, das Übliche zu tun.

Ein anderer Trick empirisch guter Erklärungen (also von Erklärungen, die evidenzbasiert als positiv zu bewerten sind) besteht darin, fachlich relevante Unterschiede zu ignorieren. Beispielsweise behauptet das Video von Sebastian Schmidt (https://www.youtube.com/watch?v=Zs35WkrmUHk), Wahrscheinlichkeit und relative Häufigkeit seien das Gleiche (vgl. Bersch et al. 2020). Darunter finden sich Kommentare von Lernenden, die begeistert sind, und fragen, was ihre Lehrkräfte lange über angebliche Unterschiede herumreden, was nur verwirre.

7.2 Schulbücher

Selbstverständlich ist die Mehrzahl der Erklärvideos mathematisch korrekt. Allerdings findet man eine Schieflage der Erklärarten: *Warum?*- Erklärungen und *Wozu?*-Erklärungen kommen kaum vor. Oben wurde schon erwähnt, dass das in Analysis-Schulbüchern der gymnasialen Oberstufe ebenso ist. In der Tat gilt der Befund auch für Schulbücher anderer Altersstufen. Ein typisches Beispiel zur Teilbarkeitsregel für die Division durch 9 findet sich im Mathematik-Schulbuch „Lambacher Schweizer".[8] Die Schulbuchseite listet mehrere Regeln (z. B. auch für die Teilbarkeit durch 2 und durch 5) auf und schließt auch die Regel für die Teilbarkeit durch 9 ein. Die Regel wird dabei einfach genannt (man könnte das als *Was?*-Erklärung klassifizieren) und durch ein Beispiel der Anwendung der Regel illustriert (eine *Wie?*-Erklärung). Konkret gibt es die minimalistisch formulierte Regel „durch 9, wenn ihre Quersumme durch 9 teilbar ist" und ein Beispiel „110 nicht durch 9 teilbar, Quersumme: 2" (Lambacher/Schweizer 2016, S. 17 f.).

Dieser Umgang des Schulbuches mit der Teilbarkeitsregel erfüllt viele Anforderungen: Die der sprachlichen Einfachheit, die des Lehrplans, die von Eltern, Lernenden und auch von Lehrkräften, die inhaltliche *Warum?*-Begründungen oft als mühsam empfinden und nicht unterrichten wollen. Aus didaktischer Perspektive ist dieser Umgang mit der Regel aber an Absurdität kaum zu übertreffen. Es gibt fast keine denkbare Situation im Leben, in der man von Hand die Teilbarkeit einer Zahl durch neun prüfen müsste. Man kann die Regel alleine auch kaum benutzen, um weitere Zusammenhänge zu erschließen. Die Regel zu kennen, kann daher kein legitimes Bildungsziel sein. Schon gar nicht kann es ein pädagogisches Ziel sein, Kindern beizubringen, unverstandene und unbegründete Regeln strikt zu befolgen. Eine solche Erziehung zum Untertanen ist ein Unding in einem

---

8 Frohmader, Birgit et al.: Lambacher Schweizer – Mathematik für Gymnasien – 5. Bayern. Stuttgart: Klett 2016.

demokratischen Gemeinwesen. Das Bildende an der Beschäftigung mit der Neuner-Regel ist gerade das Hinterfragen und Reflektieren: Dass die Regel funktioniert, hängt damit zusammen, dass wir Zahlen im Dezimalsystem notieren. Und warum gilt sie? Das zu begründen kann die Argumentationsfähigkeiten schulen und damit bildend sein. Abb. 3 zeigt, wie diese Argumentation am Beispiel der Division 37:9 visuell unterstützt werden kann. Das Bild kann eine Anregung zur Selbsterklärung sein. Erklärungen können also Selbsterklärungen anregen.

Im Allgemeinen kann man eine Allaussage nicht durch ein einzelnes Beispiel begründen, allerdings zeigt sich in diesem konkreten Fall eine Struktur, die auf andere Zahlen verallgemeinerbar ist. Dies zu erkennen und zu begründen ist eine bildende Herausforderung. Am Übergang von Schule zu Hochschule haben Kempen/Biehler (2019) dies ausführlich untersucht.

Abb. 3: Neuner-Regel der Division

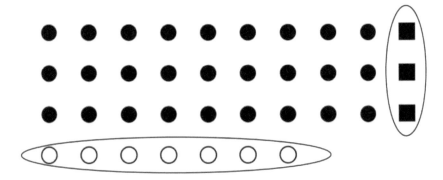

Die „Neuner-Regel der Division" (siehe Abb. 3) sei an einem Beispiel erklärt: 37 Objekte sollen an neun Leute verteilt werden: Von jedem Zehner (der aus neun schwarzen Kreisen und einem Quadrat besteht) werden zunächst neun verteilt, sodass pro Zehner ein Einer übrig bleibt, der zusammen mit den sieben Einern (nicht ausgefüllte Kreise) noch verteilt werden muss – und das ist gerade die Quersumme 3+7 (in den beiden Ovalen).

8. Fazit

Mathematik stellt durch abstrakte Konzepte und komplexe Argumentationsmuster Lernende vor große Probleme. Gute Erklärungen sind wichtig, aber leider ist noch nicht hinreichend klar, was eine gute Erklärung ausmacht. Immerhin gibt es einige Kriterien, die auch in der Lehrkräftebildung vermittelt werden können. In jedem Fall sollten die mathematischen Grundlagen und die didaktisch-pädagogischen Ziele (die über das Bestehen der nächsten Klausur hinausreichen sollten) bedacht werden. Fachliche Richtigkeit ist sicher keine hinreichende, vermutlich aber eine notwendige Eigenschaft von dauerhaft tragfähigen Erklärungen.[9]

Literatur

Bersch, Sabrina/Merkel, Andreas/Oldenburg, Reinhard/Weckerle, Martin (2020): Erklärvideos: Chancen und Risiken – zwischen fachlicher Korrektheit und didaktischen Zielen. In: GDM – Mitteilungen der Gesellschaft für Didaktik der Mathematik 109, S. 58–63.

Blais, Donald M. (1988): Constructivism – a Theoretical Revolution for Algebra. In: The Mathematics Teacher 81, H. 8, S. 624–630.

Brown, Laurinda/Drouhard, Jean-Philippe (2004): Responses to 'The Core of Algebra'. In: Kaye Stacey/Helen Chick/Margaret Kendal (Hrsg.): The Future of the Teaching and Learning of Algebra The 12th ICMI Study. New ICMI Study Series, vol 8. Boston: Springer. https://www.researchgate. net/profile/Jean-Philippe-Drouhard/publication/226861515_Responses_to_%27The_Core_of_ Algebra%27/links/0912f5127981d3d9c8000000/Responses-to-The-Core-of-Algebra.pdf (Abfrage: 14.05.23).

Brunner, Esther (2014): Mathematisches Argumentieren, Begründen und Beweisen. Berlin: Springer.

Danckwerts, Rainer/Vogel, Dankwart (2006): Analysis verständlich unterrichten. Heidelberg: Spektrum Akademischer Verlag.

Dall'Armi, Julia v./Oldenburg, Reinhard (2020): Erklären in der Analysis. In: Hans-Stefan Siller, Wolfgang Weigel/Jan Franz Wörler (Hrsg.): Beiträge zum Mathematikunterricht 2020. Münster: WTM, S. 689–692.

Dörner, Dietrich (1987): Problemlösen als Informationsverarbeitung. 3. Auflage. Stuttgart: Kohlhammer.

Evans, Tanya/Mejía-Ramos, Juan Pablo/Inglis, Matthew (2022): Do mathematicians and undergraduates agree about explanation quality? In: Educational Studies in Mathematics 111, S. 445–467. https://link.springer.com/article/10.1007/s10649-022-10164-2 (Abfrage: 26.3.203).

Greefrath, Gilbert/Oldenburg, Reinhard/Siller, Hans-Stefan/Ulm, Volker/Weigand, Hans-Georg (2016): Didaktik der Analysis. Springer Spektrum, Berlin, Heidelberg.

Hanna, Gila (2000): Proof, Explanation and Exploration: An Overview. In: Educational Studies in Mathematics 44, S. 5–23. https://doi.org/10.1023/A:1012737223465 (Abfrage: 26.03.23).

Hanna, Gila/Barbeau, Ed (2008): Proofs as bearers of mathematical knowledge. In: ZDM Mathematics Education 40, S. 345–353. https://link.springer.com/article/10.1023/A:1012737223465 (Abfrage: 26.03.23).

Hempel, Carl G./Oppenheim, Paul (1948): Studies in the Logic of Explanation. In: Philosophy of Science 15, H. 2, S. 135–175.

Hume, David (1779/1980): Dialogues concerning natural religion. Herausgegeben von R. H. Popkin. Indianapolis: Hackett.

Ingram, Jenni/Andrews, Nick/Pitt, Andrea (2019): When students offer explanations without the teacher explicitly asking them to. In: Educational Studies in Mathematics 101, S. 51–66.

Kempen, Leander/Biehler, Rolf (2019): Pre-Service Teachers' Benefits from an Inquiry-Based Transition-to-Proof Course with a Focus on Generic Proofs. In: International Journal of Research in Undergraduate Mathematics Education 5, H. 1, S. 27–55.

Kiel, Ewald (1999): Erklären als didaktisches Handeln. Würzburg: Ergon.

Kiel, Ewald/Meyer, Meyer, Michael/Müller-Hill, Eva (2015): Erklären. Was? Wie? Warum? In: Praxis der Mathematik in der Schule 57, H. 64, S. 2–9.

---

9   Danksagung: Sabrina Bersch und Julia von Dall'Armi haben diesen Beitrag durch zahlreiche Anregungen, kritische Nachfragen und kreative Ideen wesentlich verbessert.

Klein, Felix (1908/1909/1928): Elementarmathematik vom höheren Standpunkte aus. 3 Bände. Leipzig: B. G. Teubner.

Lakoff, George/Núñez, Rafael (2000): Where Mathematics Comes From. How the Embodied Mind Brings Mathematics into Being. New York: Basic Books.

Lange, Marc (2017): Because without cause. Non-Causal Explanations in Science and Mathematics. Oxford: Oxford University Press.

Levenson, Esther (2010): Fifth-grade students' use and preferences for mathematically and practically based explanations. In: Educational Studies in Mathematics 73, S. 121–142. https://www.researchgate.net/publication/226909734_Fifth-grade_students'_use_and_preferences_for_mathematically_and_practically_based_explanations (Abfrage: 26.3.2023).

Malle, Günther (1993): Didaktische Probleme der elementaren Algebra. Wiesbaden: Vieweg.

Nelsen, Roger B. (1997): Proofs without Words: Exercises in Visual Thinking. Washington: The Mathematical Association of America.

Reinholz, Daniel L. (2016): Improving calculus explanations through peer review. In: Journal of Mathematical Behavior 44, S. 34–49.

Schulz von Thun, Frieder/Götz, Wolfgang (1976): Mathematik verständlich erklären. München: Urban & Schwarzenbeck.

Sfard, Anna (2008): Thinking as Communication. Cambridge: Cambridge University Press.

Toulmin, Stephen (1996): Der Gebrauch von Argumenten. 2. Auflage. Weinheim: Beltz Athenäum.

Wagner, Anke/Wörns, Claudia (2011): Erklären lernen – Mathematik verstehen. Stuttgart: Klett-Kallmeyer.

Wittwer, Jörg/Renkl, Alexander (2008): Why Instructional Explanations Often Do Not Work: A Framework for Understanding the Effectiveness of Instructional Explanations, Educational Psychologist 43, H.1, S. 49–64. https://www.researchgate.net/publication/254303556_Why_Instructional_Explanations_Often_Do_Not_Work_A_Framework_for_Understanding_the_Effectiveness_of_Instructional_Explanations (Abfrage: 26.3.2023).

Zelcer, Mark (2013): Against mathematical explanation. In: Journal for General Philosophy of Science 44, H. 1, S. 173–192.

Von Instruktionsqualität und Verstehensillusion

Eine Analyse des Forschungsstandes zum Erklären im Physikunterricht vor dem Hintergrund eines konstruktivistischen Modells des Erklärprozesses

Christoph Kulgemeyer

1. Einleitung

Der Begriff des Erklärens wird oft missverstanden. Gerade während der Ausbildung von Lehrer*innen in der ersten oder zweiten Phase denken viele beim Erklären zuerst an ein*e Lehrer*in, die über die Köpfe der Lernenden hinweg doziert. Oft findet sich selbst in der Forschungsliteratur eine weitgehende Identifikation von Erklärsituationen mit Versuchen der reinen Transmission von Information. Chi, Siler, Jeong, Yamauchi und Hausmann (2001) sehen so z.B. Erklären ebenso wie ein Großteil der Literatur zu Tutoring eher kritisch. Es wird dort davon ausgegangen, dass es die aktive Wissenskonstruktion der Tutees eher erschwert. Eine weitere Bedeutungsfacette ist gerade in der Naturwissenschaftsdidaktik häufig. Hier wird der Begriff des Erklärens oft auf wissenschaftliche Erklärungen reduziert. Der Begriff bezieht sich dann auf eine essentielle Aufgabe von (Natur-)Wissenschaft: des Erklärens von an der Oberfläche erst einmal unterschiedlichen Phänomenen durch zugrundeliegende Prinzipien. Wissenschaftliche Erklärungen formulieren zu können, ist so auch für diverse Studien ein zentrales Lernziel von Unterrichtsgängen. Wie Lernende dahin gebracht werden können, wissenschaftliche Erklärungen zu formulieren, ist ein physikdidaktisches Forschungsziel. Tatsächlich lässt sich diese Bedeutungsfacette auch mit den oben genannten kombinieren: Erklären im Unterricht wird so manchmal missverstanden als das reine Präsentieren einer wissenschaftlichen Erklärung. Klar muss betont werden: Versuche der Transmission von Wissen sind natürlich kein effektiver Unterricht – aber diese Situationen sind gerade nicht Erklären im Sinne dieses Beitrags.

Mit *Erklären* gemeint ist hier ein vornehmend verbales, sprachliches Handeln mit dem Ziel, ein Verstehen des Gegenübers zu erreichen bzw. anzubahnen. Es handelt sich um eine Kommunikationssituation und keine Transmission von Information. Ausgangspunkt dafür ist oft ein Wissensgradient: Eine Person weiß über einen Sachverhalt Bescheid, die andere soll darüber lernen – und möchte im Idealfall auch verstehen. In der Literatur ist hierbei manchmal vom *Erklären mit Vermittlungsabsicht*, von *Unterrichtserklärungen* oder – zunehmend häufiger und anschließend an psychologische Grundlagenarbeiten – von *instruktionalem Erklären* die Rede. *Erklären* umfasst hierbei einen Prozess, während eine *Erklärung* ein immer nur vorläufiges Zwischenprodukt innerhalb dieses Prozesses ist (Kulgemeyer 2016; siehe auch unten zum konstruktivistischen Begriffsverständnis).

Der Prozess des Erklärens integriert mehrere Phasen: Um ein Verstehen eines Sachverhaltes zu erreichen, muss in der Regel nicht nur eine initiale Erklärung angeboten werden, sondern auch das Verstehen diagnostiziert und anschließend eine besser an die Bedürfnisse angepasste Erklärung angeboten werden.

So ein Erklären mit Vermittlungsabsicht ist sicherlich in jeglichem Fachunterricht eine Standardsituation. Es begrenzt sich auch nicht auf Lehrer*innen, die Lernenden etwas erklären möchten. Gerade in kooperativen Lernformen finden sich immer wieder Situationen, in denen sich Lernende gegenseitig Inhalte erklären. Erklärhandlungen finden generell überall da statt, wo ein Wissensgradient kommunikativ ausgeglichen werden soll, sei es intrinsisch oder extrinsisch motiviert. Man kann es sich in erster Näherung vorstellen als einen Strom von Information von einer Person zu einer anderen, der angetrieben wird von diesem Wissensgradienten – wichtig ist aber: Ob daraus Bedeutung konstruiert werden kann, steht auf einem anderen Blatt. Im Detail kann dieser Prozess ganz unterschiedliche Formen annehmen, manchmal erschöpft er sich in kurzen, spontanen Erläuterungen und manchmal erstreckt er sich über eine längere, wohl geplante Unterweisung.

Wenn man sich jetzt – wie dieser Beitrag – auf die Situation fokussiert, dass eine Lehrer*in Lernenden einen Sachverhalt erklären möchte, kann man sich durchaus die Frage stellen, ob Erklären eher vermieden oder sogar in das Zentrum des Unterrichts gerückt werden sollte. Eine absolute Antwort fällt dabei – wie eigentlich bei allen didaktischen Entscheidungen – schwer. Differenzierter ist sicherlich die Frage: unter welchen Bedingungen ist ein Erfolg des Erklärens wahrscheinlich und unter welchen Bedingungen sollten andere Lehrformen bevorzugt werden? Was sind die Chancen, was sind die Risiken und unter welchen Bedingungen überwiegen Chancen die Risiken? Das sind empirische Fragen, die in der Forschung durchaus adressiert werden.

In diesem Beitrag wird zunächst eine konstruktivistische Sicht auf Erklärhandlungen entwickelt, die als Rahmen für die berichteten empirischen Studien dient. Anschließend werden Chancen und Risiken aus Sicht dieser konstruktivistisch geprägten Auffassung des Erklärens für die wesentlichen beteiligten Parteien Lehrende und Lernende berichtet. Dabei wird immer der Bezug zur empirischen, vorwiegend deutschsprachigen Forschung hergestellt. Insofern hat der vorliegende Beitrag auch die Funktion, den Forschungsstand der deutschsprachigen Physikdidaktik zu rekapitulieren.

2. Eine konstruktivistisch geprägte Sicht auf Erklärhandlungen

Dem eingangs skizzierten Bild der Lehrer*in, die dozierend vor der Klasse steht, liegt oft ein tiefgehendes Missverständnis über Lernprozesse zugrunde. Natürlich genügt es nicht, die *Verpackung* möglichst attraktiv zu wählen (z. B. über interessante Experimente), damit Lernende die Physik, die im Lehrplan gefordert ist, gleichsam automatisch verstehen. Dieses transmissiv geprägte Bild des Lernprozesses fokussiert nur auf die Handlungen der Lehrer*in und berücksichtigt die Lernenden lediglich in ihrer Funktion als Informationsempfangende. In der Physikdidaktik hat sich ein anderes Bild des Erklärens durchgesetzt, das konstruktivistisch geprägt ist (Kulgemeyer/Schecker 2009; Kulgemeyer/Schecker 2012). Erklären wird hierbei – wie eingangs angerissen – als Prozess betrachtet, in dem beständig von Lehrenden Kommunikate erstellt werden, die als Angebote an Lernende herangetragen werden. Lernende können diese Angebote der Kommunikation jetzt akzeptieren oder nicht. Die Kommunikate werden durch Qualitätskriterien gekennzeichnet, die sowohl beeinflussen, ob die Kommunikationsangebote angenommen werden – als auch, ob die Lernenden dann daraus Bedeutung konstruieren können. Diese Qualitätskriterien kann man auch unter dem weiteren Begriff *Instruktionsqualität* fassen. Zentral ist dabei, dass man sich von einer deterministischen Beschreibung dieses Prozesses lösen muss und eine probabilistische Beschreibung annimmt (Kulgemeyer/Schecker 2009). Diese probabilistische Beschreibung bildet den Kern der konstruktivistischen Auffassung des Erklärprozesses. Die Instruktionsqualität erhöht hier zwar die Wahrscheinlichkeit, dass Lernende Bedeutung konstruieren (und, Vorbedingung dafür, überhaupt erst das Angebot zur Kommunikation annehmen) – diese Wahrscheinlichkeit ist aber immer kleiner als 1. Es gibt keinen Automatismus beim Informationstransfer. Es braucht einen aktiven Beitrag der Lernenden dazu, Bedeutung aus der angebotenen Information zu konstruieren.

Abb. 1: Modell dialogischen Erklärens nach Kulgemeyer und Schecker (2009, 2012), angereichert durch Forschungsfokusse der deutschsprachigen physikdidaktischen Forschung

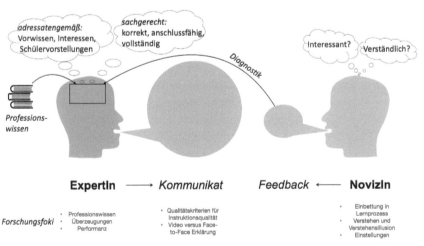

Abb. 1 zeigt ein konstruktivistisches Kommunikationsmodell, das das Erklären von Fachinhalten systematisiert. Es ist als „Modell dialogischen Erklärens" (Kulgemeyer/Schecker 2009) in der physikdidaktischen Forschung in einigen Studien die Grundlage gewesen, um Erklärprozesse zu verstehen (Kulgemeyer/Schecker 2013). Der Prozess wird hier als zyklisch angenommen und erfolgt immer in drei wesentlichen Schritten:

1. Der bzw. die Lehrende (Expert*in) bietet eine initiale Erklärung als Kommunikat an. Diese initiale Erklärung berücksichtigt Überlegungen zu den Voraussetzungen (a) der Lernenden (insbesondere Annahmen bezüglich des Vorwissens, der Interessen und der Schülervorstellungen) sowie (b) der Fachinhalte (Annahmen bezüglich Korrektheit, Vollständigkeit und Anschlussfähigkeit). Als Disposition für diese Erklärhandlung wird das Professionswissen (im Verständnis nach Shulman (1987) unterteilt in Fachwissen, fachdidaktisches Wissen und pädagogisches Wissen) angenommen. Insbesondere wichtig ist für (a) das fachdidaktische Wissen und für (b) das Fachwissen.

2. Der bzw. die Lernende (Noviz*in) nimmt das Kommunikationsangebot wahr und entscheidet auf Basis der wahrgenommenen Interessantheit sowie der wahrgenommenen Verständlichkeit zunächst über die Annahme des Kommunikationsversuchs. Ist diese Hürde genommen und somit Aufmerksamkeit hergestellt, wird versucht, Bedeutung zu konstruieren. Durch verbale und nonverbale Äußerungen wird auf Basis dessen ein Feedback gegeben. Dies kann bewusst oder unbewusst geschehen, es kann insbesondere auch auf Basis gezielter diagnostischer Interventionen der Lehrenden geschehen.

3. Der bzw. die Lehrende nimmt das Feedback wahr und diagnostiziert den Erfolg der Kommunikationsbemühungen. Das Resultat dieser Diagnose geht gemeinsam mit dem Professionswissen in die Disposition ein und führt dazu, dass die initiale Erklärung entsprechend adaptiert wird. Das adaptierte Kommunikat wird dann wieder als Kommunikationsversuch angeboten und der Zyklus beginnt mit Schritt 1 von Neuem.

Dieses Modell kann nicht nur helfen, den Kommunikationsprozess beim Erklären fachlicher Inhalte zu systematisieren, sondern auch dazu dienen zu analysieren, wo die Schwerpunkte in der bisherigen physikdidaktischen Forschung lagen. Dabei lagen bislang vor allem im Fokus: die erklärende Person und die Dispositionen, aus denen sie beim Handeln schöpft, das Kommunikat und seine Eigenschaften (insbesondere die Instruktionsqualität sowie das Medium) sowie die lernende Person und ihre Eigenschaften. Die Art des Feedbacks ist in der Forschung bislang unterrepräsentiert und nur als Voraussetzung für die Adaption betrachtet worden. Der Stand der Forschung in den anderen drei Feldern soll in der Folge dargestellt werden.

3. Fokus auf das Kommunikat: Von der Instruktionsqualität zu Faktoren effektiver Erklärvideos

Die Qualität von Erklärungen, also dem (Zwischen-)Produkt des Erklärzyklus, ist der vermutlich meistbeforschte Aspekt dieses Feldes. Frühere Arbeiten wie Treagust und Harrison (1999) betonen noch vor allem Unterschiede zwischen wissenschaftlichen Erklärungen und Unterrichtserklärungen, z. B. auch in der Analyse von Richard Feynmans bekannter Vorlesungsreihe, die in der Physik oftmals als Musterbeispiel für gelungenes Erklären auf Hochschulniveau gilt (Treagust/Harrison 2000). Analogien als Brücke zum Vorwissen (Clement 1993) sowie Repräsentationsformen (Treagust et al. 2003) wurden bereits früh als förderliche Aspekte der Instruktionsqualität von Erklärungen identifiziert. Der Vergleich der Eigenschaften wissenschaftlicher und instruktionaler Erklärungen sowie der Bezug zu Schüler*innenvorstellungen und *Conceptual Change* ist in diesem Feld eine wichtige, zentral aus der Physikdidaktik stammende Forschungstradition. Geelan (2012) hält allerdings zu Recht fest, dass bis in die 2010er Jahre hinein relativ wenig Forschung zu instruktionalen Erklärungen durchgeführt wurde – obwohl die verständliche Darstellung von Fachinhalten als zentraler Forschungsinhalt der Fachdidaktik gelten könnte. Ein Grund dafür könnte gerade das Missverständnis sein, das oben skizziert wurde: Wenn Erklären als Praxis verstanden wird, die mit einem konstruktivistischen Verständnis des Lernprozesses unvereinbar erscheint, werden auch keine Qualitätskriterien erforscht. Erklären hat dann vielmehr gar keinen Platz in gutem Unterricht (Kulgemeyer 2016). Dazu passt, dass in der Physikdidaktik vor allem Lernende und ihre Vorstellungen auf dem Weg zur Physik erforscht wurden, die Forschung zur Lehrerprofession allerdings erst ab ca. 2005 verstärkt in den Fokus geriet. Danach setzte sich ein Verständnis durch, das Instruktionsqualität allgemein und auch die Qualität von Erklärungen insbesondere als Teil konstruktivistischer Lehr-Lernumgebungen betrachtete.

Um das Jahr 2010 wurden dann auch diverse tendenziell explorative Studien durchgeführt, die induktiv die Suche nach Qualitätskriterien betrieben. Sevian und Gonsalves (2008) analysierten Erklärungen, die von Graduiertenstudierenden an nicht aus dem Fach stammende Personen herangetragen wurden und schlugen darauf aufbauend ein System zur Bewertung vor, das z. B. die Struktur und die klare Wortwahl beinhaltet. Geelan (2013) hat Videoaufzeichnungen von Unterricht analysiert und Faktoren wie Analogien oder Techniken des Storytellings beschrieben. Kulgemeyer und Schecker (2013) haben Schülerinnen und Schüler beim Erklären physikalischer Konzepte in einer standardisierten Umgebung analysiert, ein Maß für die Erklärfähigkeit entwickelt und analysiert, welche Faktoren in besonderem Maße zu einer hohen Ausprägung dieses Maßes beitragen; dabei wurden z. B. Beispiele, klare bzw. kurze Statements sowie die direkte

Ansprache der adressierten Personen identifiziert. Auch jüngere Arbeiten wie Heinze (2022) haben noch starke Anteile der induktiven Analyse von Qualitätskriterien.

In der zweiten Hälfte der 2010er Jahre wurde die Forschung zu Qualitätskriterien immer mehr auf eine breitere empirische Basis bezogen. Als einflussreich für die physikdidaktische Forschung können hier vor allem psychologische Arbeiten identifiziert werden, wie sie in Wittwer und Renkl (2008) zusammengefasst werden. Hier werden Charakteristika von Erklärungen, die sich empirisch als verständnisförderlich erwiesen haben, beschrieben. Sie haben allerdings zunächst generischen Charakter und müssen somit erst auf die Situation des Physikunterrichts bezogen werden. Kulgemeyer (2019) legt dazu eine kritische Literaturanalyse vor und beschreibt sieben Faktoren, die auf Basis der bisherigen Forschung empirisch abgesichert als wichtig für die Instruktionsqualität beim Erklären angenommen werden können (Kulgemeyer 2019, S. 6f.). Der erste Faktor ist die Adaptivität der Erklärung, also das Anpassen der kommunikativen Bemühungen an Wissensstand, Interessen und Schülervorstellungen der Adressat*innengruppe. Der zweite Faktor beschreibt wirkungsvolle Werkzeuge, mit denen die Adaption vorgenommen werden kann. Für die Physik besonders wichtig sind hier die gewählten sprachlichen Register (z. B. Fach- oder Alltagssprache), Beispiele und Analogien, die Ebene der Mathematisierungen sowie die Ebene der Repräsentationsformen (z. B. realistische Bilder oder Diagramme) und Demonstrationen (z. B. durch Demonstrationsexperimente). Alle müssen an die Bedürfnisse eines bzw. einer Lernenden angepasst werden. Der dritte Faktor widmet sich der Wahrnehmung von Erklärungen durch die Lernenden. Oft werden Erklärungen nämlich als irrelevant empfunden – beispielsweise gezielte Prompts zur übergreifenden Relevanz des Inhalts und zu den besonders zentralen Teilen der Erklärung können diese Wahrnehmung allerdings reduzieren. Der vierte Faktor beschreibt die Struktur einer Erklärung; die aktuelle Evidenz zeige demzufolge tendenziell, dass es für fachliche Erklärungen förderlich ist, zunächst das zu erklärende Konzept klar darzustellen, bevor es durch Beispiele illustriert werde. Der fünfte Faktor greift grundlegende Gedanken der *Cognitive Load Theory* auf: Erklärungen müssen demzufolge minimal gehalten sein und auf die zu erklärenden Inhalte fokussieren. Der sechste Faktor betont, dass Erklärungen für Personen mit hohem Vorwissen weniger lernwirksam zu erwarten sind als Selbsterklärungen und instruktionale Erklärungen vor allem ihren Raum haben zu Beginn einer Lernsequenz über Gegenstände, die zu komplex zur Selbsterklärung sind (z. B. weil viele Fehlvorstellungen den Lernweg mit starken Hürden versehen). Im siebten Faktor schließlich wird betont, dass eine Erklärung allein kein Unterricht ist, sondern sie geeignet eingebettet werden muss, z. B. durch geeignete Lernaufgaben. Dies betrifft aber nicht mehr die Instruktionsqualität im engeren Sinne, sondern legt den Fokus auf die Lernenden und deren Lernprozess (s. u.).

Heinze (2022) untersucht die Wirkung der sprachlichen Register Fach- und Alltagssprache und die Lernwirksamkeit, konzentriert sich dabei auf deren sprachliche Konzeption. Fachsprache wird als konzeptionell schriftlich, Alltagssprache als konzeptionell mündlich angenommen. Es zeigt sich hier, dass der direkte Wissenserwerb zwar nicht beeinflusst wurde, aber die Wahrnehmung des Kommunikationsangebots positiv verändert wird. Im Sinne des Modells oben (siehe Abb. 1) könnte dies wie folgt interpretiert werden: Zwar wird die Bedeutungskonstruktion durch dieses Qualitätskriterium nicht beeinflusst, aber die potenzielle Annahme des Kommunikationsangebots durchaus. Dies unterstreicht, dass es sinnvoll ist, diese beiden Funktionen von Qualitätskriterien zu unterscheiden. Ähnlich zu verstehen ist Faktor 3 der Qualitätskriterien nach Kulgemeyer (2019): Die wahrgenommene Relevanz beeinflusst sicherlich auch primär die Annahme des Angebots und erst sekundär die Bedeutungskonstruktion.

In den letzten Jahren ist dann vor allem das Medium, in dem die Erklärung angeboten wird, verstärkt in den Fokus genommen worden. Erklärvideos, insbesondere auf partizipativen Online-Plattformen wie YouTube, wurden detailliert erforscht. Auch hier gibt es wieder Arbeiten, die induktiv nach Erfolgskriterien suchen. Beautemps und Bresges (2022) befragen beispielsweise Nutzer*innen der Plattform YouTube und finden, dass diese beispielsweise eine Antwort auf die im Titel aufgeworfene Frage sowie das Nennen des Themas direkt zu Beginn als besonders relevant empfinden. Kulgemeyer und Peters (2016) haben bereits zeigen können, dass die Wahrnehmung und die objektive Erklärqualität bei YouTube auseinandergehen. Die Qualitätskriterien, die empirisch fundiert die Verständlichkeit beschreiben, taugen so beispielsweise nicht, um die ,Likes' oder die Aufrufe eines Videos zu erklären, allerdings korreliert die Anzahl an Kommentaren, die den Inhalt eines Videos aufgreifen mit der Erklärqualität. Kulgemeyer (2018) hat dann ein empirisch fundiertes System von Qualitätskriterien vorgeschlagen und in einer quasi-experimentellen Studie validiert. Die Qualitätskriterien taugen demnach dazu, das Behalten des Inhalts vorherzusagen, aber nicht unbedingt den Erwerb von transferierbarem Wissen – dies benötigt anschließende weitere Aufgaben (siehe auch Abb. 2 unten). Auch Sterzing (2022) bezieht sich auf dieses System. Er kann für Personen mit höheren akademischen Fähigkeiten keine Unterschiede im Lernzuwachs zwischen Videos mit hoher formaler Erklärqualität und niedrigerer Erklärqualität finden – einiges deutet darauf hin, dass diese Personen so hohe metakognitive Fähigkeiten besitzen, dass sie mit einem schlechten Video umso intensiver interagieren und die Instruktionsqualität kompensieren (siehe unten). Dies ist wieder ein bedeutendes Argument für die konstruktivistische Auffassung des Erklärens wie in Abb. 1 vertreten. Arbeiten aus anderen Felder wie Findeisen et al. (2019), die teilweise stark überschneidende Kriteriensysteme vorschlagen, befruchten dann auch die Arbeit in der Physikdidaktik; die Kriterien aus Kulgemeyer (2018) sind indes vielfach für Studien verwendet worden und liefern eine handhabbare Beschreibung der Instruktionsqualität von Erklärvideos. Auch dieses System muss jedoch als vorläufig verstanden werden – die Forschung in diesem Feld ist gerade durchaus dynamisch und könnte das System noch deutlich erweitern. Auch einzelne der als verständnisförderlich identifizierten Faktoren werden isoliert und kontrolliert analysiert (z. B. zur Struktur von Erklärvideos bei Mutschler et al. 2022).

4. Fokus auf die Lehrenden: Was muss man können, um gut zu erklären? Wie misst man Performanz?

Geelan (2012) stellt in seinem Review fest, dass sich nur sehr wenige empirische Arbeiten mit Lehrer*innen als Akteuren instruktionaler Erklärungen beschäftigen. An diesem Bild hat sich nicht viel geändert. Die Forschung beschränkte sich häufig darauf, Qualitätskriterien für Erklärungen zu finden (siehe oben). Mit dem verstärkten Beforschen von Lehrerprofession in der Naturwissenschaftsdidaktik sind allerdings auch Lehrer*innen beim Erklären betrachtet worden. Erklären kann dabei als eine der sog. Core Practices eine*r Physiklehrer*in verstanden werden – also einer beruflichen Situation, die ständig wiederkehrt und gemeistert werden muss.

Dies ist tatsächlich auch empirisch untersucht worden. Seit 2011 wurden mehrere Studien durchgeführt, die den Zusammenhang zwischen Professionswissen einer Lehrer*in und ihrer Erklärfähigkeit analysiert haben. Zudem wurden Einstellungen und Beliefs als Grundlage für Erklärhandeln betrachtet. Bezogen auf Abb. 1 wird in diesen Studien auch die andere Disposition für adaptives Erklären betrachtet, nämlich die Diagnostik von Lernenden. Dabei wurde methodisch vor allem zu sogenannten Performanztests gegriffen, in denen eine zentrale Handlungssituation simuliert wird, aber auch digitale Simulationen von Erklärhandlungen wurden betrachtet (Bartels/Geelan/Kulgemeyer 2018). Kulgemeyer und Riese (2018) verwendeten einen solchen Performanztest, um den Einfluss von Fachwissen und fachdidaktischem Wissen auf Erklärhandlungen zu untersuchen. Sie haben Studierende des Lehramts gefilmt, während diese physikalische Inhalte des Schulcurriculums einzelnen Personen aus der zehnten Klasse erklärten. Diese Erklärpartner*innen spielten dabei nur eine Rolle – dies war den Erklärenden aber nicht bewusst. Sie konnten auf standardisierte Hilfsmittel wie Graphiken zurückgreifen, aber ansonsten als Erklärende völlig frei agieren. Die Schüler*innen wurden videobasiert trainiert, standardisierte Impulse in das Gespräch einzubringen und so eine Adaption der Erklärung zu stimulieren. Diese Methode wurde von Kulgemeyer und Schecker (2013) entwickelt und stellt einen der ersten breit für die Forschung eingesetzten Performanztests für das Lehramt überhaupt dar. Kulgemeyer und Riese (2018) konnten mit einem

Strukturgleichungsmodell zeigen, dass das fachdidaktische Wissen den Einfluss des Fachwissens auf die Erklärperformanz mediiert – nur, wenn auch das fachdidaktische Wissen steigt, kann ein Zuwachs an Fachwissen auch in der Erklärsituation gewinnbringend genutzt werden. Fachdidaktisches Wissen, insbesondere das über Schülerkognition, spielt also eine Schlüsselrolle bei einer unterrichtsnahen Handlungssituation. Kulgemeyer et al. (2020) führten dann mit Studierenden des Lehramts Physik ein Cross-Lagged-Panel mit zwei Wellen durch. Ziel war es, starke Hinweise auf einen kausalen Einfluss des Professionswissens als Disposition für Erklärfähigkeit zu erhalten. Tatsächlich konnte dort gezeigt werden, dass das Professionswissen zu Beginn der Praxiserfahrung vorhersagt, wie sehr sich die Erklärfähigkeit im Praxissemester entwickelt – dies kann man als solchen Hinweis werten. Es ist tatsächlich auch die erste Studie, die solche kausalen Hinweise sammeln kann.

Wichtig ist zu betonen, dass auch Einstellungen bzw. Beliefs wichtige Dispositionen für Erklärhandeln bieten (Kulgemeyer/Riese 2018; Kulgemeyer 2021). In der Studie von Kulgemeyer und Riese (2018) kann allein aus der Selbstwirksamkeitserwartung beim Erklären und epistemologischen Überzeugungen ein relevanter Teil an Varianz in der Erklärperformanz erklärt werden. Dies stützt zudem das konstruktivistische Bild des Erklärens entscheidend: Personen, die der Auffassung sind, dass Erklären ein Transmissionsprozess ist, erklären empirisch nachweisbar schlechter als Personen, die einen konstruktivistischen Erkläransatz verfolgen. Personen, die einem Transmissionsgedanken anhängen, unterstützen allerdings häufiger die These, dass Erklären ein wichtiger Teil von Unterricht sei – dies zeigt wieder, dass der Begriff häufig missverstanden wird (Kulgemeyer 2021).

Insgesamt wurden in diesem inhaltlichen Aspekt also sowohl Chancen als auch Risiken des Einsatzes von Erklärungen im Physikunterricht untersucht. Risiken liegen sicherlich darin, dass die Wirkungen von Erklärungen bei Lernenden durch die Lehrenden überschätzt werden – gerade Personen, die einen direkten Wissenstransfer implizit annehmen, halten Erklären für wichtig. Chancen liegen darin, den Wissenserwerb durch adaptives Handeln zu unterstützen, das Professionswissen einer Lehrer*in ist hier der Schlüssel zu erfolgreichem Handeln in Unterrichtszusammenhängen. Dies ist dann eine von neuen Lehrenden häufig als besonders schwierig erlebte Tätigkeit (Merzyn 2005).

5. Fokus auf die Lernenden: Von der Verstehensillusion zur Konstruktion von Bedeutung

Ein Fokus der Forschung zum Umgang der Lernenden mit Erklärungen ist die Wissensentwicklung. Kulgemeyer, Hörnlein und Sterzing (2023) beschreiben sie modellhaft am Beispiel des Lernens mit Erklärvideos.

Abb. 2: Wissensentwicklung beim Erklären nach Kulgemeyer, Hörnlein und Sterzing (2023) S. 232

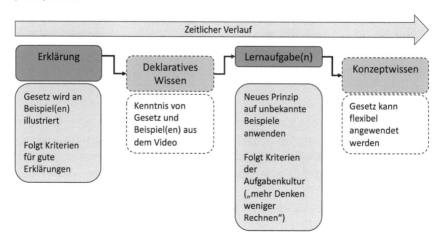

Das Modell (siehe Abb. 2) stellt die potenzielle Wissensentwicklung beim Lernen aus instruktionalen Erklärungen in den Vordergrund. Die grundlegende These ist, dass das Rezipieren einer Erklärung – auch wenn diese in aktive kognitive Prozesse eingebettet ist – zunächst primär deklaratives Wissen fördern kann. Gemeint ist in diesem Zusammenhang damit Faktenwissen, das direkt in der Erklärung enthalten ist und nicht notwendigerweise auf unbekannte Sachverhalte transferiert werden kann. Die Qualitätskriterien einer Erklärung erhöhen nun die Behaltensleistung und bereiten die Entwicklung von Konzeptwissen vor. Im Sinne des konstruktivistischen Erklärverständnisses bezieht sich diese Aussage natürlich bei einer Einzelperson wieder nur auf Wahrscheinlichkeiten: die Qualitätskriterien erhöhen die Wahrscheinlichkeit, dass die Inhalte behalten werden. Mit Konzeptwissen gemeint ist dann das so tiefgehende Verständnis eines Konzepts, dass es auf unbekannte Sachverhalte angewendet werden kann.

Ein Beispiel für diesen Prozess ist eine Erklärung, die das Ohm'sche Gesetz in der Physik einführt. Darin wird das U=RI anhand der Reihenschaltung zweier baugleicher Widerstände erklärt. Nach der Erklärung können Lernende das Gesetz vielleicht wiedergeben und auf das in der Erklärung vorhandenen Beispiel der Reihenschaltung zweier baugleicher Widerstände beziehen, aber eben nicht notwendigerweise auch auf andere Beispiele übertragen, z. B. eine Parallelschaltung derselben Widerstände. Dies ist für die Physik aber die Zielgröße, denn wissenschaftliche Erklärungen leisten genau dies: an der Oberfläche völlig unterschiedliche Phänomene auf dieselbe Grundlage zurückführen. Eine wissenschaftliche Erklärung verstanden zu haben ist insofern das Ziel des Prozesses beim instruktionalen Erklären. Um aber aus deklarativem Wissen Konzeptwissen zu machen, müssen die Lernenden Aufgaben bearbeiten, die das freie Anwenden des neuen Konzepts erfordern.

Eine gelungene Einbettung in den Lernprozess umfasst also dem Modell nach (a) den Ort der Erklärung (zu Beginn einer Lernsequenz, wenn Prinzipien Selbsterarbeitung erschweren), (b) das Einbetten in laufende kognitive Prozesse (z. B. durch Zwischenfragen, Notizen, etc.) und (c) das Einbetten in einen Lernprozess durch eine „Phase der Konstruktion" nach einer „Phase der Instruktion" (Leisen 2013). Dieses Modell braucht allerdings noch weitere Evidenz, um die Wissensentwicklung in diesen Phasen zu beschreiben.

In den letzten Jahren wurde die Perspektive der Lernenden in zwei Studien näher untersucht, die sich der sogenannten *Verstehensillusion* widmen. Damit gemeint ist ein Missverhältnis zwischen objektivem Lernfortschritt und erlebtem Lernfortschritt: nämlich der falsche Eindruck, eine Erklärung sei korrekt, verständlich und habe dazu geführt, dass ein Konzept so gut verstanden wurde, dass keine Folgeinstruktion mehr nötig sei (Kulgemeyer/Wittwer 2022). Das könnte beispielsweise bedeuten, dass Lernende fest davon überzeugt sind, sie hätten den Kraftbegriff verstanden – obwohl sie in Wirklichkeit an weiterführenden Aufgaben scheitern würden. Kulgemeyer und Wittwer (2022) haben dazu eine experimentelle Studie durchgeführt, in der die Wirkung von alltagsnahen Schülervorstellungen auf das Entwickeln einer Verstehensillusion untersucht wurde. Dazu wurde ein Erklärvideo im YouTube-Stil entwickelt, in dem der Kraftbegriff auf Basis eines aus der physikdidaktischen Literatur bekannten Missverständnisses eingeführt wurde. Diese Schülervorstellung ist eine bekanntermaßen große Lernhürde, die aber im Alltag in vielen Situationen zu erfolgreichen Vorhersagen führt. Dies wurde verglichen mit einem fachliche anschlussfähigen Erklärvideo zum Kraftkonzept. Es zeigte sich, dass Lernende das falsche Video für global besser verständlich hielten, es als fachlich korrekt bezeichneten und daraus mehr falsches Wissen lernten als die Kontrollgruppe aus dem korrekten Video richtige Physik. Da solche Videos bei YouTube tatsächlich vorkommen, liegt nahe, dass ein solches verführerisch einfaches Video zu einer Verstehensillusion führt, die (a) die Wahrscheinlichkeit erhöht, dass ein solches Video bei YouTube besser bewertet wird und (b) dazu führt, dass Folgeunterricht als irrelevant erlebt wird. Die Perspektive der Lernenden beim Erklären zu berücksichtigen, ist auch für die Lehrpersonen essentiell.

In einem zweiten Experiment haben Kulgemeyer, Sterzing und Hörnlein (2022) dann die Medien *Video* und *Lehrbuchtext* verglichen. Hier wurde einer Gruppe ein Erklärvideo gegeben und einer anderen Gruppe ein Lehrbuchtext, der das wörtliche Transkript des Videos und Abbildungen aus dem Video umfasste – aufbereitet als Lehrbuchseite aus einem Physikbuch. Hier zeigte sich im Vergleich ein identischer Lernfortschritt, aber die Lernenden überschätzten ihren Lernzuwachs aus der Lehrbuchseite. Dies wurde so gedeutet, dass Lehrbuchseiten vor allem in formalen Lernkontexten vorkommen und deshalb als im Vergleich verlässlicher gewertet werden. Es handelte sich hier allerdings um eine Stichprobe mit Personen, die bereits ein Abitur abgelegt haben (erstes Semester

Sachunterrichtsstudium) und deshalb vielleicht über ausgeprägte akademische Arbeitstechniken bei der Textarbeit verfügen. Das spielt tatsächlich eine Rolle bei der Wahrnehmung des eigenen Lernfortschrittes und somit einer potenziellen Verstehensillusion. Sterzing (2022) hat in einer weiteren experimentellen Studie zeigen können, dass auch mit Erklärvideos mit formal schlechterer Erklärqualität (nach den oben genannten Qualitätskriterien) bei dieser Zielgruppe gegenüber einem nach Kriterien optimierten Video ein vergleichbarer Lernfortschritt erreicht werden kann. In einer Analyse des Prozesses, wie mit den Videos gearbeitet wurde, wurde hier beobachtet, dass Lernende mit dem schlechteren Video intensiver interagieren – beispielsweise über Vor- und Zurückspulen. Sie haben also Kompensationsstrategien, die dazu führen, dass sie auch aus schlechteren Erklärungen lernen (Sterzing/Hörnlein/Kulgemeyer, im Druck).

6. Fazit

Insgesamt erweist sich für die Physikdidaktik der konstruktivistische Erklärbegriff bei der Beschreibung von Erklärprozessen mit Vermittlungsabsicht als fruchtbar. Er trägt auch zur Forschung im Bereich der Erklärvideos eine wichtige Komponente bei und ergänzt Arbeiten, die einen medienpädagogischen bzw. mediendidaktischen Schwerpunkt haben. Alle Teile des Models aus Abb. 1 wurden in der Forschung inzwischen fokussiert – die Art des Feedbacks durch die Lernenden und die Frage, was Lehrende daraus machen, ist dabei allerdings eine Ausnahme. In den letzten Jahren wurden vor allem Erklärvideos erforscht. Hier ergibt sich eine Forschungsperspektive, die theoretisch interessant ist: Die Qualitätskriterien für Erklärvideos, die aus den Arbeiten zum dialogischen Erklären abgeleitet wurden, haben weitgehende Überschneidungen mit Arbeiten, die sich beispielsweise auf Kriterien der Multimediaforschung beziehen (z. B. nach Mayer 2001). Offen ist jedoch die Frage, was die gemeinsamen theoretischen Wurzeln sind. Gute Evidenz gibt es allerdings seit einigen Jahren zum Bereich der Qualitätskriterien von Erklärprozessen bzw. von Erklärvideos. Insbesondere explorative Studien, die induktiv Kriterien aus Nutzerbetrachtungen gewinnen, sollten hier durch experimentelle Studien, die einzelne Faktoren kontrolliert analysieren, ersetzt werden. Das Feld der Qualitätskriterien scheint insgesamt inzwischen so weit fortgeschritten zu sein, dass stattdessen die Einbettung von Erklärungen in Lernprozesse verstärkt beforscht werden sollte. Hier lohnt sich die Frage, wie aus Erklärungen Wissen erworben wird und vor allem, welche Art Wissen erworben werden kann, näher zu betrachten (siehe Abb. 2). Die Wirkung von Erklärungen auf Lernfortschritte kann leicht überschätzt werden und daraus kann schnell schlechter Unterricht resultieren – hier gilt es die Chancen und Risiken gut zu beleuchten und die Lernprozesse besonders sorgsam zu erforschen.

Literatur

Bartels, Hauke/Geelan, David/Kulgemeyer, Christoph (2019): Developing an approach to the performance-oriented testing of science teachers' action-related competencies. In: International Journal of Science Education, S. 1–25. (Abfrage: 04.04.23).

Beautemps, Jacob/Bresges, André (2021): What Comprises a Successful Educational Science YouTube Video? A Five-Thousand User Survey on Viewing Behaviors and Self-Perceived Importance of Various Variables Controlled by Content Creators In: Frontiers in Communication 5, S. 1–14. https://www.frontiersin.org/articles/10.3389/fcomm.2020.600595/full (Abfrage: 04.04.23).

Chi, Michelene/Siler, Stephanie/Jeong, Heisawn/Yamauchi, Takashi/Hausmann, Robert (2001): Learning from human tutoring. In: Cognitive Science 25, S. 471–533.

Clement, John J. (1993): Using Bridging Analogies and Anchoring Instructions to Deal with Students' Preconceptions in Physics. In: Journal of Research in Science Teaching 30, H. 10, S. 1241–1257.

Findeisen, Stefanie/Horn, Sebastian/Seifried, Jürgen (2019): Lernen durch Videos – Empirische Befunde zur Gestaltung von Erklärvideos. In: MedienPädagogik: Zeitschrift für Theorie und Praxis der Medienbildung, S. 16–36. https://www.medienpaed.com/article/view/691/658 (Abfrage: 04.04.23).

Geelan, David (2012): Teacher Explanations In: Fraser, Barry/Tobin, Kenneth/McRobbie, Campbell (Hrsg.): Second International Handbook of Science Education. Heidelberg: Springer, S. 987–999.

Geelan, David (2013): Teacher Explanation of Physics Concepts: A Video Study. In: Research in Science Education 43, S. 1751–1762.

Heinze, Jana (2022): Einfluss der sprachlichen Konzeption auf die Einschätzung der Qualität instruktionaler Unterrichtserklärungen im Fach Physik. Logos Verlag Berlin. https://www.logos-verlag.de/ebooks/OA/978-3-8325-5553-5.pdf (Abfrage: 04.04.23).

Kulgemeyer, Christoph (2021): Towards a "Culture of Explaining" in Science Teaching. How Pre-Service Physics Teachers' Beliefs Impact the Quality of Their Instructional Explanations. In: Kramer, Olaf/Gottschling, Markus (Hrsg.): Recontextualized Knowledge. Rhetoric – Situation – Science Communication. Berlin: De Gruyter, S. 183–197.

Kulgemeyer, Christoph/Hörnlein, Madeleine/Sterzing, Fabian (2022): Exploring the effects of physics explainer videos and written explanations on declarative knowledge and the illusion of understanding. In: International Journal of Science Education, S. 1–21. https://doi.org/10.1080/09500693.2022.2100507 (Abfrage: 04.04.23).

Kulgemeyer, Christoph/Riese, Josef (2018): From Professional Knowledge to Professional Performance: The Impact of CK and PCK on Teaching Quality in Explaining Situations. In: Journal of Research in Science Teaching, S. 1–26. https://onlinelibrary.wiley.com/doi/abs/10.1002/tea.21457 (Abfrage: 13.05.23).

Kulgemeyer, Christoph/Borowski, Andreas/Buschhüter, David/Enkrott, Patrick/Kempin, Maren/Reinhold, Peter/Riese, Josef/Schecker, Horst/Schröder, Jan/Vogelsang, Christoph (2020): Professional knowledge affects action-related skills: The development of preservice physics teachers' explaining skills during a field experience. In: Journal of Research in Science Teaching 57, H. 10, S. 1554–1582. https://onlinelibrary.wiley.com/doi/full/10.1002/tea.21632 (Abfrage: 04.04.23).

Kulgemeyer, Christoph/Schecker, Horst (2009): Kommunikationskompetenz in der Physik: Zur Entwicklung eines domänenspezifischen Kompetenzbegriffs. In: Zeitschrift für Didaktik der Naturwissenschaften 15, S. 131–153.

Kulgemeyer, Christoph/Schecker, Horst (2012): Physikalische Kommunikationskompetenz–Empirische Validierung eines normativen Modells. In: Zeitschrift für Didaktik der Naturwissenschaften, 18, S. 29–54.

Kulgemeyer, Christoph/Schecker, Horst (2013): Students Explaining Science – Assessment of Science Communication Competence. In: Research in Science Education 43, S. 2235–2256. https://doi.org/10.1007/s11165-013-9354-1 (Abfrage: 04.04.23).

Kulgemeyer, Christoph/Sterzing, Fabian/Hörnlein, Madeleine (2023): Aus Erklärvideos lernen. In: Wilhelm, Thomas (Hrsg.): Digital Physik unterrichten Grundlagen, Impulse und Perspektiven. Hannover: Kallmeyer S. 230–244.

Kulgemeyer, Christoph (2016): Lehrkräfte erklären Physik. Rolle und Wirksamkeit von Lehrererklärungen im Physikunterricht. In: Naturwissenschaften im Unterricht. Physik 26, H. 152, S. 2–9.

Kulgemeyer, Christoph (2018): A Framework of Effective Science Explanation Videos Informed by Criteria for Instructional Explanations. In: Research in Science Education 50, H. 6, S. 2441–2462. https://link.springer.com/article/10.1007/s11165-018-9787-7 (Abfrage: 04.04.23).

Kulgemeyer, Christoph (2019): Towards a framework for effective instructional explanations in science teaching. In: Studies in Science Education 2, H. 54, S. 109–139. https://www.tandfonline.com/doi/full/10.1080/03057267.2018.1598054 (Abfrage: 04.04.23).

Kulgemeyer, Christoph/Peters, Cord H. (2016): Exploring the explaining quality of physics online explanatory videos. In: European Journal of Physics 37, H. 6, S. 1–14. https://iopscience.iop.org/article/10.1088/0143-0807/37/6/065705/pdf (Abfrage: 04.04.23).

Leisen, Josef (2013): Direkte Instruktion in frontalen Unterrichtsphasen. In: Unterricht Physik 135/136, S. 22–25.

Mayer, Richard (2001): Multimedia Learning. New York: Cambridge University Press.

Merzyn, Gottfried (2005): Junge Lehrer im Referendariat. In: Der mathematische und naturwissenschaftliche Unterricht 58, S. 4–7.

Mutschler, Tanja/Buschhüter, David/Kulgemeyer, Christoph/Borowski, Andreas (2022): Beispiel-Regel vs. Regel-Beispiel. Wie wird Physik besser gelernt? In: Habig. Sebastian (Hrsg.): GDCP Jahrestagung. Unsicherheit als Element von naturwissenschaftsbezogenen Bildungsprozessen. https://www.gdcp-ev.de/wp-content/tb2022/TB2022_756_Mutschler.pdf (Abruf: 11.04.23).

Sevian, Hannah/Gonsalves, Lisa (2008): Analysing how Scientists Explain their Research: A rubric for measuring the effectiveness of scientific explanations. In: International Journal of Science Education 30, H. 11, 1441–1467.

Sterzing, Fabian (2022): Zur Lernwirksamkeit von Erklärvideos in der Physik. Berlin: Logos.

Treagust, David/Chittleborough, Gail/Mamiala, Thapelo (2002): Students' understanding of the role of scientific models in learning science. In: International Journal of Science Education 24, H.4, S. 357–368. https://www.researchgate.net/publication/242098573_Students'_understanding_of_scientific_models_in_learning_science/link/5614ef8108ae983c1b419840/download (Abfrage: 04.04.23).

Treagust, David/Harrison, Allan (1999): The genesis of effective science explanations for the classroom. In: John Loughran (Hrsg.): Researching teaching: Methodologies and practices for understanding pedagogy. Abingdon, VA: Routledge, S. 28–43.

Treagust, David/Harrison, Allan (2000): In search of explanatory frameworks: An analysis of Richard Feynman's lecture 'Atoms in motion'. In: International Journal of Science Education 22, S. 1157–1170.

Wittwer, Jörg/Renkl, Alexander (2013): Why Instructional Explanations Often Do Not Work: A Framework for Understanding the Effectiveness of Instructional Explanations. In: Educational Psychologist 25, S. 104–124. https://www.researchgate.net/publication/254303556_Why_Instructional_Explanations_OftenDo_Not_Work_A_Framework_for_Understanding_the_Effectiveness_of_Instructional_Explanations/link/00b7d533a582c9dba6000000/download (Abfrage: 04.04.23).

Erklären im Geschichtsunterricht – geschichtsdidaktische Überlegungen

Susanne Popp

1. Einleitung

Selbst wenn keine expliziten empirischen Befunde für den deutschen Geschichtsunterricht vorliegen,[1] ist davon auszugehen, dass die Fähigkeit, gut erklären zu können, auch im Schulfach Geschichte zu den zentralen Lehrer*innen-Kompetenzen zählt[2] und von Schüler*innen als solche eingeschätzt wird. Jedenfalls deuten die Kommentare von User*innen geschichtsbezogener YouTube-Erklärvideos – gesetzt, jene sind nicht sämtlich fingiert, – in diese Richtung. Einerseits lassen die Abonnent*innenzahlen der meisten deutschen Geschichtskanäle keinen Raum für Zweifel an der Attraktivität dieses Angebots der massenmedialen Geschichtsvermittlung für Schüler*innen – und teilweise auch Student*innen[3]. Andererseits unterstreichen die Kommentare zu den einzelnen Videos mit Nachdruck, dass es vor allem die ‚Erklärqualität‘ sei, die die User*innen an diesen Videos schätzen; sie scheint der wesentliche Grund für die Popularität dieses Online-Formats zu sein. Zu diesem Eindruck passt schließlich auch der Befund der JIM-Studie von 2019, dass YouTube-Videos bei der Informationssuche von Jugendlichen und jungen Erwachsenen eine immer bedeutendere Rolle spielen. YouTube und damit vor allem Erklärvideos stehen in der Häufigkeit der Inanspruchnahme für Recherchen an zweiter Stelle – nach Google und vor Wikipedia (vgl. mpfs 2020, S. 41).[4]

---

1 Die geschichtsdidaktische Forschungsliteratur zum „guten Geschichtsunterricht" weist keine *expliziten* Befunde auf, die die Sicht der Lehrer*innen und Schüler*innen auf den Stellenwert der Fähigkeit einer Geschichtslehrkraft darstellen, gut erklären zu können. Vgl. aber zur Thematik des „guten Geschichtsunterrichts" aus Schülersicht die neue empirische Studie Nientied 2021.

2 Die COACTIV-Studie, die auf Mathematik-Lehrkräfte Bezug nahm, deren Ergebnisse aber zumindest teilweise auf den Schulunterricht im Allgemeinen verweisen, konnte aufzeigen, dass die Fähigkeit, das Fachwissen den Schüler*innen gut zugänglich zu machen, die wichtigste professionelle Teilkompetenz von Lehrkräften im Hinblick auf die kognitive Aktivierung der Lernenden darstellt (vgl. Kunter et al. 2011).

3 In einer Interview-Studie mit rund 200 Studierenden (Lehramt Geschichte) gaben diese mehrheitlich an, sich im Studium fallweise auch mit Hilfe von Erklärvideos über historische Inhalte zu informieren (vgl. Popp 2021, S. 168–175, hier: S. 171).

4 Vgl. mpfs 2020, S. 41: Prozentuale Verteilung der Mehrfach-Angaben zu den genutzten Informationsquellen: Suchmaschine Google 87 %, YouTube-Videoclips 54 %, Online-Enzyklopädien, v. a. Wikipedia, ca. 30 %.

Die besten Noten für gutes Erklären von geschichtlichen Sachverhalten vergeben dabei die User*innen seit Jahren an den Presenter Mirko Drotschmann (*1983), der im Kanal „MrWissen2go Geschichte"[5] durchschnittlich ein neues Video pro Woche einstellt.

Die Popularität geschichtsbezogener Erklärvideos bildet sowohl den Anlass als auch den Hintergrund für diesen Beitrag zum Begriff des Erklärens im Geschichtsunterricht. Am Beginn steht die Auseinandersetzung mit dem geschichtsdidaktischen Konzept eines genuin fachspezifischen Erklärens, an dem sich auch die aktuelle empirische Geschichtsunterrichtsforschung ausrichtet. In vergleichender Perspektive wenden sich die Ausführungen anschließend den Formen des Erklärens zu, die in den geschichtsbezogenen Erklärvideos von „MrWissen2go Geschichte" analytisch fassbar sind, die – folgt man den zahlreichen Kommentaren – vor allem den Schüler*innen unter den User*innen als Inbegriff ‚guter' Erklärhandlungen in geschichtsbezogenen Vermittlungszusammenhängen zu gelten scheinen.

2. ‚Erklären' in der Didaktik der Geschichte

So unbestritten die didaktische Relevanz gelingender Erklärprozesse für den Erfolg von Geschichtsunterricht und außerschulischer Geschichtsvermittlung auch ist, so spiegelt die geschichtsdidaktische Forschung dies nur begrenzt wider. Das Thema ‚Erklären im Geschichtsunterricht' zählt in der deutschen und internationalen Geschichtsdidaktik keineswegs zu den prominentesten Forschungsgegenständen. Auch hat der fachspezifische Begriff des Erklärens noch keine verbindliche fachdidaktische Definition gefunden.

Konkret begegnet man hierzulande dem Begriff des Erklärens vor allem in der Funktion eines Operators für die Formulierung von Kompetenzerwartungen und kompetenzorientierten Aufgabenstellungen. So ordnet die KMK in

---

5 Der Kanal „MrWissen2go Geschichte" ist der erfolgreichste Geschichtskanal unter den deutschsprachigen Anbietern und hatte Ende 2022 rund 1,2 Millionen Abonnent*innen sowie etwa 300 Videos im Angebot (vgl. www.YouTube.com/c/MrWissen2goGeschichte/about). (Abfrage: 12.01.2023). Er ist Teil des Kanalverbunds „MrWissen2go", der von „funk", einem Online-Content-Netzwerk der ARD und des ZDF, für die Zielgruppe der „14- bis 29-Jährigen" betrieben wird (vgl. www.funk.net/funk). (Abfrage: 12.01.2023). Ab Beginn des Jahres 2023 wird dieser Wissenskanal allerdings von ZDF/TerraX angeboten (vgl. www.YouTube.com/@MrWissen2goGeschichte/about (Abfrage: 12.01.2023). – Schüler*innen stellen nicht die einzige, aber doch eine zentrale Zielgruppe dieses Medienangebots dar. Darauf verweist beispielsweise auch die Playlist „Schule – alles für die 1+ in Geschichte" (vgl. www.youtube.com/playlist?list=PLAo_j4319gfybq_ZtuEHG4ovJJUQsVGv3, Abfrage: 12.01.2023).

ihren „Einheitlichen Prüfungsanforderungen in der Abiturprüfung Geschichte (EPA)"[6] das „Erklären" dem Anforderungsbereich II „Reorganisation und Transfer" zu: „Der Anforderungsbereich II (AFB II) umfasst das selbstständige Erklären, Bearbeiten und Ordnen bekannter Inhalte [...]" (KMK 2005, S. 6). An anderen Stellen ist vom Erklären „[...] kausale[r], strukturelle[r] bzw. zeitliche[r] Zusammenhänge [...]" (KMK 2005, S. 4) oder auch davon die Rede, „erklären" bedeute, „[...] historische Sachverhalte durch Wissen und Einsichten in einen Zusammenhang (Theorie, Modell, Regel, Gesetz, Funktionszusammenhang) ein[zu]ordnen und [zu] begründen" (KMK 2005, S. 8). Dass das „selbstständige Erklären [...] bekannter Inhalte" und das „Erklären" von „kausale[n] strukturelle[n] bzw. zeitliche[n] Zusammenhänge[n]" unterschiedliche Begriffsinhalte repräsentieren, ist evident. In diesem Sinne stellt auch Tobias Flink (vgl. Flink 2022, S. 100–102) das Offensichtliche noch einmal deutlich heraus: Dem geschichtsdidaktischen Konzept des Erklärens fehlt es entschieden an Klarheit.

Auch in der internationalen Geschichtsdidaktik herrscht keine einheitliche Linie. So gibt es prominente Konzepte, wie das „Big Six"-Modell des historischen Denkens von Peter Seixas, die das fachspezifische Erklären als untergeordneten Teilaspekt des Verstehens von historischen Kausalzusammenhängen („cause and consequences") einordnen (vgl. Seixas/Morton 2012, S. 24, 104–138). In anderen Forschungszusammenhängen aber, so z. B. bei der empirischen Analyse von Progressionsmustern und -stufen des historischen Denkens von Schüler*innen von sieben bis 14 Jahren im Rahmen des „British Concept of History and Teaching Approaches (CHATA)"-Projekts, erscheinen Konzepte des kausalen historischen Erklärens als eigenständige Untersuchungsdimension (vgl. z. B. Lee/Ashby 2000). Gemeinsam ist diesen und anderen Ansätzen, dass die Beschäftigung mit dem Erklären im Geschichtsunterricht auf historische Kausalzusammenhänge konzentriert ist, d. h. auf die Analyse und Interpretation von Bedingungen, Ursachen und Anlässen sowie von intendierten und nicht-intendierten Folgen historischer Ereignisse, Prozesse und Strukturen in kurz-, mittel- oder langfristiger Perspektive.

Dies gilt auch für die aktuelle deutsche geschichtsdidaktische Forschung. Ganz gleich, ob sie untersucht, welche Konzepte Schüler*innen von geschichtsbezogenem Erklären haben und wie sie mit dem Operator ‚Erklären' umgehen (vgl. Flink 2022), ob sie Effekte von spontanen Erklärinterventionen im Unterrichtsgeschehen analysiert (vgl. Bramann/Wöhlke/Brauch 2023), ob sie das Verständnis des Begriffs ‚Erklären' bei Geschichtslehrkräften und Schüler*innen der schwedischen Mittel- und Oberstufe vergleicht (vgl. Wendell 2020[7]) oder ob sie gruppenspezifische Kriterien ermittelt, die unterschiedliche Statusgruppen – Schüler*innen,

---

6   Es handelt sich um einen Beschluss vom 01.06.1979 in der Fassung vom 10.02.2005. Diese Information verdeutlicht, dass der Operator ‚Erklären' bereits im Konzept des lernzielorientierten Unterrichts präsent war.

7   Joakim Wendell, ein schwedischer Forscher, wird hier aufgeführt, weil er auf theoretische Konzepte der deutschen Geschichtsdidaktik zurückgreift.

Studierende, Seminar-Lehrkräfte und Geschichtsdidaktiker*innen – bei der Bewertung von unterschiedlichen geschichtsbezogenen Kausalerklärungsmustern heranziehen (Ruck/Memminger 2019),[8] – der Fokus liegt bei geschichtsbezogenen Kausalerklärungen.

Das weitere Begriffsfeld bleibt hingegen in der geschichtsdidaktischen Forschung weithin unberücksichtigt, obwohl in der Geschichtsvermittlung – wie in der historischen Argumentation im Allgemeinen – zahlreiche Formen des ‚Erklärens‘ präsent sind. Dies mag teilweise mit Schwierigkeiten bei der Operationalisierung zusammenhängen. Denn Birgit Wenzel unterscheidet beispielsweise für den Geschichtsunterricht zehn „typische Erklärungszusammenhänge" (Wenzel 2016, S. 180), wobei dieser Systematisierungsversuch die nicht zu unterschätzenden Schwierigkeiten vor Augen führt, die einzelnen „Erklärungszusammenhänge" trennscharf voneinander abzugrenzen.

Zwei Herausforderungen bestimmen die geschichtsdidaktische Auseinandersetzung mit dem Begriff des Erklärens in besonderer Weise. Zum einen ist die semantische Bedeutungsvielfalt zu nennen, die, wie auch bei einigen anderen geschichtsdidaktischen Begriffen, daraus resultiert, dass diese gleichzeitig in der Alltags- und Fachsprache verwendet werden, wobei in diesem Falle ein besonderer alltagssprachlicher Facettenreichtum vorliegt: Immerhin führt der Duden insgesamt 95 Synonyme auf.[9]

Zum anderen aber ist auf die deutsche Wissenschaftstradition des Faches Geschichte zu verweisen. Der strenge Begriff der nomologisch-deduktiven Kausalerklärung,[10] der für die Wissenschaftstheorie nach wie vor konstitutiv ist und – in Verbindung mit gegebenen Antezedenzbedingungen – eine deduktive Ableitung der untersuchten Phänomene aus allgemeingültigen Gesetzmäßigkeiten fordert, bereitete der Geschichtswissenschaft seit ihrer Etablierung im 19. Jahrhundert Probleme. Das individuelle, partiell auch kollektive menschliche Handeln – zweifellos ein sehr wichtiger Gegenstand der Geschichtswissenschaft – ist von subjektiven Motivlagen, Dispositionen und Intentionen geprägt sowie hochgradig zeit- und kontextabhängig und kann daher nicht aus allgemeinen Gesetzmäßigkeiten

---

8　Die Studie von Ruck/Memminger stellt ein Teilprojekt des umfassenden FALKE-Projekts (Fachspezifische Lehrerkompetenzen im Erklären) dar, das zahlreiche Fachdidaktiken in einem gemeinsamen interdisziplinären Forschungsvorhaben zusammenführte. Dieses untersuchte anhand von unterrichtsnahen Videovignetten die wahrgenommene Qualität von Erklärhandlungen im Fachunterricht mit dem Ziel, sowohl fachübergreifende als auch domänenspezifische Kriterien guten Erklärens zu identifizieren. (Vgl. Schilcher u. a. 2023, i. E.). – Zur Begründung der Festlegung der geschichtsdidaktischen Teilstudie auf das Erklären von historischen Kausalzusammenhängen vgl. Ruck/Memminger 2019, S. 147–151.

9　Vgl. www.duden.de/suchen/synonyme/erkl%C3%A4ren (Abfrage: 12.01.2023).

10　Dazu werden oftmals auch die disponentielle und die intentionale Erklärung gerechnet, weil sie als Ursachen – nicht aber als gesetzmäßige Ursachen! – für historische Sachverhalte fungieren können. Vgl. z. B. Lorenz 1997, S. 65–75 sowie S. 77–87 zum deduktiv-nomologischen Modell (H-O-Modell) in Bezug auf die Geschichtswissenschaften.

deduziert werden. Dies zeigt sich u. a. auch darin, dass Historiker*innen zwar historisch begründete Reflexionsrahmen für Zukunftserwartungen in der jeweiligen Gegenwart erarbeiten, aber zukünftige Entwicklungen nicht sicher prognostizieren können.

Diese fachspezifischen Gegebenheiten könnten, so wurde befürchtet, das wissenschaftliche Prestige der Geschichts- gegenüber den Naturwissenschaften schmälern. Deshalb bemühte man sich intensiv darum, in Abgrenzung von den Naturwissenschaften eine genuin fachspezifische Theorie des historischen Erklärens zu entwickeln. Dies erfolgte im 19. Jahrhundert mit der – insgesamt recht unglücklichen, weil oftmals irreführenden – Opposition von naturwissenschaftlichem „Erklären" und geisteswissenschaftlichem „Verstehen" von menschlichem Handeln und Leiden (vgl. Wendell 2020, S. 53 f.). Da, wie gesagt, die in subjektiven Sinnzusammenhängen verankerten Handlungsmotive und -ziele der historischen Akteur*innen nicht aus allgemeingültigen Gesetz- oder Regelmäßigkeiten abgeleitet, d. h. ‚erklärt' werden können, bietet, so die These, das methodisch kontrollierte, auf analogisch-projektive Annahmen setzende menschliche ‚Verstehen' den zentralen wissenschaftlichen Zugang zu historischen (Kausal-)Zusammenhängen (vgl. Lorenz 1997, S. 89–125). Dass jedoch der personale Faktor empirisch fassbaren historischen Wandel in aller Regel nur partiell und keineswegs umfassend erklären kann, geriet in der geschichtstheoretischen Debatte oft aus dem Blick. Doch zeigt nicht zuletzt die Geschichte der ‚Verstehensfehler' in der geschichtswissenschaftlichen Forschung und Historiographie sehr deutlich, dass die wissenschaftliche Tragfähigkeit dieses im hermeneutischen Zirkel verfahrenden historischen ‚Verstehens' begrenzt ist. Das Zusammenspiel von Individuum, Ereignis und Struktur ist zu komplex, um vorrangig die Faktoren der individuellen Subjektivität und des personalen Handelns zu fokussieren. „Die Menschen machen ihre eigene Geschichte, aber sie machen sie nicht aus freien Stücken, nicht unter selbstgewählten, sondern unter unmittelbar vorgefundenen, gegebenen und überlieferten Umständen" (Marx 1869, S. 1).

In der (west-)deutschen Geschichtsdidaktik ist das personalisierte Geschichtsverständnis, das aus der Dominanz des Erklärfaktors ‚Persönlichkeit' resultiert, seit den 1970er Jahren obsolet. Denn das geschichtsdidaktische Prinzip der Personalisierung (vgl. Bergmann 1977) unterstützt die – in der populären Geschichtskultur[11] (wie übrigens auch in Verschwörungstheorien) ohnehin sehr präsente – Vorstellung, dass ‚Geschichte' vor allem von ‚großen Individuen' ‚gemacht' würde, und steht damit in einem Spannungsverhältnis zu den Zielen einer demokratischen Geschichtsbildung. Denn diese will im Interesse der Erziehung zu demokratischer Partizipation das Bewusstsein stärken, dass auch das ‚Volk' im Sinne der breiten Bevölkerung, besonders auch Frauen, und nicht nur ‚große Individuen' den historischen Verlauf entscheidend geprägt haben.

---

11 Vgl. Popp/Schumann 2016, S. 27–52.

Was das ‚Individuelle' historischer Phänomene betrifft, so ist nicht zu bestreiten, dass konkrete historische Ereignisse und Entwicklungen aufgrund ihrer jeweiligen Zeit- und Kontextgebundenheit ‚einzigartig' sind. Doch umgekehrt gilt: Es könnte überhaupt keine Geschichte im Sinne eines Diskurses über die Vergangenheit geben, wenn dieser Gegenstand sprachlich nicht kommunizierbar wäre, was voraussetzt, dass die ‚individuellen' Phänomene hinsichtlich bestimmter konstitutiver Merkmale übergeordneten begrifflichen Kategorien zugeordnet und damit vergleichbar gemacht werden können. Dies bedeutet keinen Rekurs auf Gesetzmäßigkeiten, relativiert aber die Idee einer nur durch einfühlendes subjektives ‚Verstehen' zugänglichen Individualität. Wenn beispielsweise der Geschichtsunterricht die Pariser Ereignisse von 1789 als ‚Beginn einer Revolution' bezeichnet, kategorisiert er diese in ihrer Substanz konkret-individuellen Vorgänge mit Hilfe eines überindividuellen Konzepts. Die historische ‚Einzigartigkeit' ergibt sich sodann aus der spezifischen Schnittmenge kategorialer Bestimmungen.

Unbestreitbar ist darüber hinaus, dass historische Darstellungen bei der Konstruktion chronologisch-kausaler Zusammenhänge oftmals auf Annahmen von Regelhaftigkeiten rekurrieren und damit einer „[...] deduktiven Logik [folgen], ohne dass allerdings die Gesetzmäßigkeiten immer explizit gemacht [...]" (Frings 2008, S. 130) und kritisch reflektiert würden. Ein unterrichtsbezogenes Beispiel sind ökonomische Faktoren, wie z. B. Wirtschaftskrisen, die den Lernenden bei einschlägigen Themen als wichtiger ‚Erklärungsfaktor' für politischen Wandel angeboten werden, so z. B. bei der Vorgeschichte der Französischen Revolution oder beim Ende der Weimarer Republik. Die Behauptung solcher Zusammenhänge impliziert zwangsläufig einige Vorannahmen, die jedoch in der Regel nicht metakognitiv expliziert, diskutiert und beispielsweise dahingehend reflektiert werden, dass keineswegs alle Wirtschaftskrisen in eine Revolution münden und Revolutionen möglicherweise auch ohne Wirtschaftskrise stattfinden können. Kritisch ist das suggestive Spiel mit impliziten Regel-Annahmen besonders dann zu bewerten, wenn dabei Plausibilitätsvorstellungen von Kausalzusammenhängen aktiviert werden, die aus dem intuitiv-vorwissenschaftlichen Alltagsverständnis der Gegenwart stammen – und gerade deshalb einer sorgfältigen historischen Überprüfung bedürfen.

Das Problem unerklärter Regel-Implikationen betrifft partiell auch das Konzept des narrativen Erklärens, das vor allem Jörn Rüsen mit Referenz auf Arthur C. Danto (Danto 1975) als die genuin fachspezifische Form des historischen Erklärens proklamierte: „Das Erzählen der Geschichte ist selber ein Vorgang des Erklärens. Spezifisch historische ‚Erklärungen' sind narrative Erklärungen" (Rüsen 1986, S. 35). Die Begründung lautet, dass das spezifisch „[...] historische [...] Explanandum eine zeitliche Veränderung von etwas" (Rüsen 1986, S. 43) sei und zeitliche Veränderungen kategorial im historischen Erzählen, d. h. im narrativen Modus, repräsentiert werden. Viele deutsche Geschichtsdidaktiker*innen gehen heute davon aus, dass die narrative Erklärung „[...] mit ausreichender Berechtigung [...] als vorherrschende Erklärungsform in der Geschichtswissenschaft angesehen [...]" (Flink 2022, S. 100) werden könne – eine Annahme, die in Teilen der historischen Fachwissenschaft, aber auch der Narratologie auf Widerspruch stößt (vgl. Saupe/Wiedemann 2015; Klauk 2016).

Einerseits hat die Darstellung von historischen Sachverhalten, die eine Veränderung von ‚Zuständen' ein und derselben Referenzgröße zwischen zwei Zeitpunkten (Temporalität) beinhalten, zweifellos eine narrative Struktur. Des Weiteren entfaltet (und intendiert) die exakte Rekonstruktion der für den gegebenen Wandel als relevant erachteten kausal-chronologischen Faktoren auch eine erklärende Funktion, wenngleich selten ohne Rekurs auf mehr oder minder implizite Regelannahmen jenseits der konkreten Zusammenhänge.

Andererseits aber befassen sich weder die Geschichtsschreibung und erst recht nicht die Geschichtsforschung notwendigerweise immer mit Veränderungsprozessen. Neben dem auf Ereignis und Person zentrierten narrativen Zugang steht die Erforschung und Darstellung von historischem Geschehen, das keine ereignishafte Temporalität und Qualität aufweist, so z. B. mittel- und besonders langfristige sozioökonomische oder mentale Strukturen.[12] Selbst wenn bei Strukturanalysen Temporalität ins Spiel kommt, beispielsweise bei der Untersuchung soziostrukturellen *Wandels*, so sind doch nicht notwendig ereignishafte Strukturen beteiligt. Folgt man dem narratologischen Konsens, demzufolge die Ereignisqualität und die ihr entsprechende Temporalität eine grundlegende Bedingung für eine narrative Struktur darstellen (vgl. z. B. Titzmann 2011, S. 113 f.), dann kann der Begriff der narrativen Erklärung für Strukturgeschichte bzw. nicht-ereignishaftes Geschehen nicht oder nur sehr vage greifen. Gewiss ist es möglich, auf Figur und Ereignis setzend, historische Strukturen in exemplarischen Fallstudien narrativ zu veranschaulichen, – doch *zwingend* ist dies keineswegs, ganz abgesehen von unvermeidlichen Einbußen bei der Präzision der historischen Analyse und Argumentation.

Jenseits geschichtswissenschaftlicher und -didaktischer Diskurse formuliert schließlich der Narratologe Tobias Klauk einen grundsätzlichen Einwand gegen das Konzept der narrativen Erklärung:

„Some narratives are explanatory, and some explanations are given by narrating. But are there explanations which are explanatory because they are narratives, as many seem to think? [...] I [...] reject the idea that such special, narrative explanations exist" (Klauk 2016, S. 110).

---

12 Hier soll der einfache Hinweis auf Fernand Braudels Unterscheidung der drei Zeitebenen der „longue durée", „moyenne durée" und des „événement" bzw. der „histoire événementielle" genügen (vgl. z. B. Iggers 1996, S. 52–55).

Wenn in Frage gestellt werden kann, dass historische Erklärungen deshalb erklärend seien, *weil* sie narrativ sind, dann steht das Konzept des „narrativen Erklärens" als Inbegriff des genuin historischen Erklärens zur Diskussion.[13]

3. Was ‚erklären' die Videos von „MrWissen2go Geschichte"?

Im Zuge eines Perspektivenwechsels von der geschichtsdidaktischen Theorie und Forschung hin zur Empirie folgt nun die Frage, was ‚Erklären von Geschichte' eigentlich in jenem Online-Format bedeutet, von dem so viele jugendliche Kommentator*innen nachdrücklich behaupten, hier werde ‚Geschichte' so viel besser erklärt als anderswo.

Als konkretes Beispiel wird das Erklärvideo „Renaissance und Humanismus" (Funk 2017) des populären Presenters Mirko Drotschmann gewählt, weil jener Gegenstand im Geschichtsunterricht – anders als z.B. das Thema „Das Leben in der mittelalterlichen Stadt" – inhaltlich stark auf den Aspekt des historischen Wandels in der Zeit abstellt und damit strukturell dem kausalgenetischen und narrativen Erklären nähersteht als andere Unterrichtsthemen. Nachdrücklich muss betont werden, dass es im Folgenden nicht um eine inhaltliche Kritik dieser Präsentation geht, obgleich deren Qualität mehrfach unter sachlich-fachlichen und geschichtsdidaktischen Aspekten zu beanstanden ist. Vielmehr stehen die erklärenden Sprechhandlungen im Mittelpunkt.

Unter „Erklär-" oder „Lernvideos"[14] (englisch oft: „online tutorials") versteht man – kurz gefasst – ein Format der massenmedialen Wissens- oder Wissenschaftskommunikation, das auf Videoplattformen als informelles digitales Bildungsangebot präsentiert und kostenpflichtig oder gratis zur Verfügung gestellt wird. Es handelt sich um Kurzvorträge, bei denen Online-Presenter*innen sich entweder im Bild zeigen oder aus dem Off sprechen und in wenigen Minuten eine Sachdarstellung geben, die in unterschiedlichen Graden, Formen und Funktionen multimodal von Text-, Ton- und Bild-Elementen unterstützt wird. Zumeist ist – in markantem Unterschied zum Printwesen – nicht erkennbar, wer die Urheberschaft am vorgetragenen Text hat. Die User*innen gehen zumeist davon aus,[15] dass der/die Presenter*in auch der/die Autor*in sei, was aber in aller Regel nicht zutrifft. Ferner verzichten „Drotschmann-Videos" – wie viele andere Geschichtskanäle – üblicherweise auf Angaben zum Nachweis der im Video verwendeten historischen Quellen und Darstellungen, zur genutzten Fachliteratur

---

13 Vgl. die ebenso kritische, aber auch vermittelnde Position von Frings (Frings 2008).

14 Die beiden Begriffe werden meist synonym verwendet, wobei der Begriff „Erklärvideo" inzwischen dominiert. Vgl. zum Thema der YouTube-Geschichtsvideos auch Bunnenberg/Steffen 2019 und Popp 2021.

15 Dies bestätigten die Teilnehmer*innen mehrerer geschichtsdidaktischer Seminare, die die Verfasserin zum Thema ‚Erklärvideo' abgehalten hat.

oder zu weiterführender Lektüre. Diese Leerstelle ist ein typisches Merkmal für weite Bereiche der populären Geschichtskultur (vgl. Popp/Schumann 2016, S. 27–52). Denn diese will das Laienpublikum so niedrigschwellig wie möglich ansprechen und verzichtet daher auf Fußnoten und bibliographische Angaben, weil diese Merkmale als Ausdruck eines wissenschaftlichen Habitus gelten und abschreckend auf das Zielpublikum wirken könnten. Mit dieser Strategie bewahrt die populäre Geschichtskultur ihren Rezipient*innen die (oft: willkommene) Illusion, die dargebotenen Narrative gäben Vergangenes abbildhaft so wieder, „wie es eigentlich gewesen" (Ranke, 1874, S. VI) sei.

Beim Betrachten des Videos „Renaissance und Humanismus" stellt man rasch fest, dass dieser achteinhalbminütige Vortrag, der rund 1700 Wörter[16] umfasst, sich im Wesentlichen auf eine – nicht weiter begründete – Auswahl von Informationen beschränkt, die in jedem einbändigen Konversationslexikon zum Lemma „Renaissance"[17] zu finden sind. Somit bedeutet ‚Erklären' hier vor allem die Vermittlung deklarativen Wissens, d. h. die Erläuterung von zentralen Merkmalen eines Begriffs oder Konzepts in Verbindung mit weiteren Zusammenhängen, die für das begriffliche Explanandum konstitutiv sind (z. B. Wer, Was, Wann, Wo, Wie?).[18] Im Unterschied zur geschichtsdidaktischen Schwerpunktsetzung spielen Ausführungen zu chronologisch-kausalen Zusammenhängen nur eine nachgeordnete Rolle. Das gegebene Video thematisiert beispielsweise nur zwei Warum-Fragen, obgleich es von historischem Wandel handelt, und tut dies in unzureichender Weise: Auf die Frage nach den Ursachen des Aufkommens neuer Ideen führt Drotschmann monokausal den Fernhandel an, der zu einer signifikanten Horizonterweiterung und einem neuen Selbstbewusstsein einer zu Reichtum gelangten bürgerlichen Schicht geführt habe (vgl. Funk 2017, 0:46–1:28 min). Die Antwort auf die Frage nach den Motiven des Rückgriffs auf die Antike begnügt sich mit der Andeutung, dass man „Inspiration" außerhalb der „Bibel" (vgl. Funk 2017, 2:02–2:16 min.) gesucht und gefunden habe. Im Unterschied zur Dürftigkeit dieser Kausalerklärungen leistet das Gesamtnarrativ des Videos enorm viel für die Plausibilisierung des gegebenen historischen Wandels. Denn Drotschmann erzählt die Renaissance als Geschichte eines jugendlichen Aufbegehrens gegen alte Autoritäten, das von einem starken Wunsch nach Freiheit und Selbstbestimmung getragen war. Dieser Plot, so scheint es, kann ‚alles erklären', d. h., er vermittelt dem jugendlichen Publikum ein lebensweltlich begründetes ‚Verstehen'. Ob das jedoch im Sinne einer genuin historischen Annäherung und des historischen Denkens ausreicht, ist freilich sehr zu bezweifeln.

---

16 Vgl. das Transkript zu Funk 2017. Zum Vergleich: Die Texte der deutschen Wikipedia-Einträge zu den Lemmata „Renaissance" und „Humanismus" umfassen zusammen rund 20.000 Wörter.

17 Das im Video-Titel angekündigte Thema „Humanismus" wird in weniger als einer Minute abgehandelt. Vgl. Funk 2017, 8. Minute.

18 Vgl. zur Breite von Erklärungshandlungen im Vermittlungszusammenhängen Klein 2016.

,Erklären' meint in diesem Video – jenseits des Narrativs – vor allem die strukturierte, didaktisch stark reduzierte und unterhaltsame Erläuterung von deklarativem Wissen. Dies ist insofern bemerkenswert, als die Kommentator*innen niemals jene Vorbehalte äußern, die von geschichtsdidaktischer Seite oft gegenüber dem deklarativem Wissen als Ansammlung von ,Namen, Daten und Fakten' erhoben werden. Vielmehr erklären sie, dass sie das Thema nun endlich ,verstehen' und in unterrichtlichen Leistungssituationen (z. B. Prüfungen, Referate) auch erfolgreich anwenden könnten.

Aufschlussreich im Hinblick auf das Thema des ,Erklärens' ist ferner der Beginn des Videos, den Drotschmann stets in ähnlicher Weise gestaltet:

> „In diesem Video erkläre ich euch die fünf wichtigsten Fakten über die Zeit der Renaissance. Wir klären zum Beispiel, was sich im Vergleich zum Mittelalter ändert, welches neue Bild sich Künstler von Menschen machen und was es mit dem Humanismus auf sich hat. Eben alles, was du wissen musst" (Funk 2017, 0.00–0.13 min.).

Die einleitende Beschränkung auf die „fünf wichtigste[n] Fakten" verspricht dem Publikum einen sehr strukturierten und übersichtlichen Vortrag, der sich ganz auf die zentralen Themenaspekte konzentriert, sodass sich die Rezipient*innen der Aufgabe enthoben fühlen können, selbst zwischen Wesentlichem und Unwesentlichem unterscheiden zu müssen. Der Begriff der „Fakten" hingegen bietet den Adressat*innen die benötigte Sicherheit in Bezug auf die Validität, Objektivität und Korrektheit der dargebotenen Inhalte. Beide Aspekte signalisieren zusammen eine über alle Zweifel erhabene professionelle Expertise des Presenters und das Versprechen gegenüber den User*innen, dass sie mit ihrem Anliegen bei der ,richtigen Stelle' angekommen seien und eine sehr zeitökonomische ,Lösung' für ihr ,Problem' erwarten dürfen.

Doch darüber hinaus verweist die Losung der „fünf wichtigsten Fakten" noch auf einen weiteren Bedeutungsaspekt des Begriffs ,Erklären'. Denn der Presenter verspricht nicht nur Erläuterungen zum historischen Thema selbst, sondern auch Informationen darüber, „was man [darüber] wissen muss" – beispielsweise, um in der Schule zu reüssieren. Diese Richtung des Erklärens, die im früheren Kanal-Titel „musstewissen Geschichte" explizit genannt wurde, steht auf der Ebene eines strategischen Wissens in Bezug auf die Erwartungen der Schule, die der Presenter genau zu kennen vorgibt – und den Schüler*innen offenbar bisweilen unklar sind.

Der Modus des ,Erklärens' als Nennen von erfolgsversprechenden Strategien („erklären, gewusst wie") ist gewiss nichts Neues. Im Internet aber reflektiert die massenhafte mediale Präsenz von Ratgeberliteratur in Form von ,Besten-' bzw. Rankinglisten für viele Bereiche von Konsum, Kultur und Lebensführung die enorm gestiegenen Herausforderungen, die mit dem Überfluss an Online-Informationen verbunden sind. Dies gilt auch für historische Themen. Haben die nichtprofessionellen User*innen weder die Zeit noch den fachlichen Überblick, die verschiedenen Informationen kompetent zu vergleichen und einzuschätzen, dann entsteht Überforderung sowohl auf der sachlich-inhaltlichen Ebene als auch im Verhältnis von Zeit, Aufwand und Ergebnis. Hier bieten sich die populären ‚Ranking-Listen' (z. B. ‚die fünf wichtigsten Sehenswürdigkeiten, die man in XY gesehen haben muss'), aber auch Drotschmanns „fünf wichtigste Fakten" als Orientierungshilfe an, wobei der Presenter ebenso auf die Nennung der Auswahlkriterien für seine Items verzichtet, wie dies für sehr viele, oft kommerziell betriebene Online-Rankings gilt

4. Schlussbemerkung

Der exemplarische Blick auf das Erklärhandeln in einem geschichtsbezogenen Erklärvideo eines sehr erfolgreichen Geschichtskanals zeigt deutlich, dass das, was die Kommentator*innen als „gutes Erklären"[19] loben, nichts mit der wissenschaftstheoretischen Bestimmung historischen Erklärens und auch nur teilweise mit dem kausalgenetischen Erklären zu tun hat, das für die Geschichtsdidaktik eine wichtige Rolle spielt. Auch wenn man von den ‚Drotschmann-Videos' gewiss nicht auf eine allgemeine Bedarfslage der Schüler*innen im Hinblick auf ‚gutes Erklären im Geschichtsunterricht' schließen kann, ist das Phänomen doch zu populär, um es geschichtsdidaktisch zu ignorieren. Vielmehr sollte man es als Anlass nehmen, das, was Schüler*innen als gutes Erklären im Geschichtsunterricht einschätzen, in einem breiten Zugriff zu untersuchen, der über das Erklären kausal-chronologischer Zusammenhänge hinausgeht und das auf ‚Verstehen' zielende Erklären deklarativen Wissens einschließt.

Literatur

Bergmann, Klaus (1977): Personalisierung im Geschichtsunterricht – Erziehung zu Demokratie? Stuttgart: Klett.
Bernsen, Daniel/Kerber, Ulf (2017): Praxishandbuch historisches Lernen und Medienbildung im digitalen Zeitalter. Bonn: Bundeszentrale für politische Bildung.
Bramann, Christoph/Wöhlke, Carina/Brauch, Nicola (2023): Welche Hilfen könnten helfen? Einblick in eine Interventionsstudie zur Förderung des historischen Erklärens. In: Waldis, Monika/Nitsche, Martin/Hubacher, Manuel (Hrsg.): Geschichtsdidaktisch intervenieren. Interventionsstudien zum historischen Lernen. Bern: hep, S. 69–96.
Bunnenberg, Christian/Steffen, Nils (Hrsg.) (2019): Geschichte auf YouTube. Neue Herausforderungen für Geschichtsvermittlung und historische Bildung. Berlin: De Gruyter Oldenbourg.

---

19 Vgl. z. B. „Bettina Ecker, vor 3 Jahren (bearbeitet): ‚Hallo Mr. Wissen 2 go. Ich finde deine Video's super informativ und sehr gut erklärt. Egal was du erklärst, ich versteh es. Auch nach Mitternacht noch. Dickes Lob!!!'" (Funk 2017 www.youtube.com/watch?v=3OnTUTuqC_4) (Abfrage: 20.01.2023). Eine Suche nach Begriffen wie „erklären" oder „verstehen" bei den Kommentar-Einträgen liefert reichlich Belege.

Danto, Arthur S. (1974): Analytische Philosophie der Geschichte. Frankfurt a. M.: Suhrkamp.

Flink, Tobias (2022): „Erklären in Geschichte ist halt ganz normales Erklären von z. B. Themen". Erste Ergebnisse einer Interventionsstudie zu schülerseitigem historischem Erklären. In: Hensel-Grobe, Meike/Ochs, Gudrun (Hrsg.): Geschichtsdidaktik Update. Aktuelle geschichtsdidaktische Forschungsansätze der Early Career Researchers. Göttingen: V&R unipress, S. 95–110.

Frings, Andreas (2008): Erklären und Erzählen. Narrative Erklärungen historischer Sachverhalte. In: Frings, Andreas/Marx, Johannes (Hrsg.): Erzählen, erklären, verstehen. Berlin: Akademie-Verlag, S. 129–164.

Funk (2017): Renaissance und Humanismus. In: musstewissen Geschichte. https://www.youtube.com/watch?v=3OnTUTuqC_4 (Abfrage: 12.12.2022).

Iggers, Georg G. (1996): Geschichtswissenschaft im 20. Jahrhundert. Ein kritischer Überblick im internationalen Zusammenhang. 2. Auflage. Göttingen: Vandenhoeck.

Klauk, Tobias (2016): Is There Such a Thing as Narrative Explanation? In: Journal of Literary Theory 10, H. 1, S. 110–138. https://www.degruyter.com/document/doi/10.1515/jlt-2016-0005/html (Abfrage: 12.12.2022).

Klein, Josef (2016): Erklären-was, Erklären-wie, Erklären-warum. Typologie und Komplexität zentraler Akte der Welterschließung. In: Vogt, Rüdiger (Hrsg.): Erklären. Gesprächsanalytische und fachdidaktische Perspektiven. 2. Auflage. Tübingen: Stauffenburg-Verlag, S. 25–36.

Kultusministerkonferenz (KMK) (2005): Beschlüsse der Kultusministerkonferenz. Einheitliche Prüfungsanforderungen in der Abiturprüfung. Geschichte. Beschluss der Kultusministerkonferenz vom 01.12.1989 i. d. F. vom 10.02.2005. www.kmk.org/fileadmin/veroeffentlichungen_beschluesse/1989/1989_12_01-EPA-Geschichte.pdf (Abfrage: 17.01.2023).

Kunter, Mareike et al. (Hrsg.) (2011): Professionelle Kompetenz von Lehrkräften. Ergebnisse des Forschungsprogramms COACTIV. Münster u. a.: Waxmann.

Lee, Peter J./Ashby, Rosalyn (2000): Progression in historical understanding among students ages 7–14. In: Stearns, Peter/Seixas, Peter/Wineburg, Samuel (Hrsg.): Knowing, Teaching and Learning History. New York: New York University Press, S. 199–223.

Lorenz, Chris (1997): Konstruktion der Vergangenheit. Eine Einführung in die Geschichtstheorie. Köln: Böhlau.

Marx, Karl (1869): Der achtzehnte Brumaire des Louis Bonaparte. 2. Auflage. Hamburg: Otto Meißner. https://www.deutschestextarchiv.de/book/view/marx_bonaparte_1869?p=7 (Abfrage: 13.01.2023).

mpfs – Medienpädagogischer Forschungsverbund Südwest (Hrsg.) (2020): JIM-Studie 2019. Jugend, Information, Medien. Basisuntersuchung zum Medienumgang 12- bis 19-Jähriger. Stuttgart, www.mpfs.de/studien/jim-studie/2019/ (Abfrage: 23.01.2023).

mpfs – Medienpädagogischer Forschungsverbund Südwest (Hrsg.) (2022): JIM-Studie 2022. Jugend, Information, Medien. Basisuntersuchung zum Medienumgang 12- bis 19-Jähriger. Stuttgart, www.mpfs.de/studien/jim-studie/2022/ (Abfrage: 23.01.2023).

Nientied, Isabelle (2021): Guter Geschichtsunterricht aus Schülersicht. Eine empirische Studie zu subjektiven Qualitätskonzepten von historischem Lehren und Lernen in der Schule. Berlin: LIT.

Popp, Susanne/Schumann, Jutta (2016): Geschichtsmagazine und Wissensvermittlung – eine geschichtsdidaktische Perspektive. In: Popp, Susanne (Hrsg.): Populäre Geschichtsmagazine in internationaler Perspektive. Interdisziplinäre Zugriffe und ausgewählte Fallbeispiele. Frankfurt a. M.: Peter Lang, S. 27–52.

Popp, Susanne (2021): Geschichtsbezogene Erklärvideos. Überlegungen und Beobachtungen aus geschichtsdidaktischer Perspektive. In: Matthes, Eva/Siegel, Stefan T./Heiland, Thomas (Hrsg.): Lehrvideos – das Bildungsmedium der Zukunft? Erziehungswissenschaftliche und fachdidaktische Perspektiven. Bad Heilbrunn: Klinkhardt, S. 168–180.

Ranke, Leopold von (1824/1874): Geschichten der romanischen und germanischen Völker von 1494 bis 1514. Vorrede. In: Ders.: Sämtliche Werke. Bd. 33/34: Geschichten der romanischen und germanischen Völker von 1494 bis 1514. Leipzig: Duncker & Humblot, S. V–VIII. https://archive.org/details/geschichtenderro00rank/page/n9/mode/2up (Abfrage: 12.12.2022).

Rat für Kulturelle Bildung e. V. (Hrsg.) (2019): Jugend/YouTube/Kulturelle Bildung. Horizont 2019. Essen. https://www.rat-kulturelle-bildung.de/fileadmin/user_upload/pdf/Studie_YouTube_Webversion_final_2.pdf (Abfrage: 12.12.2022).

Ruck, Anna-Maria/Memminger, Josef (2019): Musterbewusst begründen? Fachspezifische Modellierung einer Studie zum Erklären im Geschichtsunterricht. In: Zeitschrift für Geschichtsdidaktik 18, S. 146–169.

Rüsen, Jörn (1986): Grundzüge einer Historik. Bd. 2: Rekonstruktion der Vergangenheit. Die Prinzipien der historischen Forschung. Göttingen: Vandenhoeck.

Saupe, Achim/Wiedemann, Felix (2015): Narration und Narratologie. Erzähltheorien in der Geschichtswissenschaft, Version: 1.0. In: Docupedia-Zeitgeschichte, http://docupedia.de/zg/saupe_wiedemann_narration_v1_de_2015 (Abfrage: 12.12.2022).

Schilcher, Anita/Krauss, Stefan/Lindl, Alfred/Hilbert, Sven (Hrsg.) (2023, i. E.): Fachspezifische Lehrerkompetenzen im Erklären. Weinheim und Basel: Beltz Juventa.

Schönemann, Bernd (2000): Geschichtsdidaktik und Geschichtskultur. In: Ders./Mütter, Bernd/Uffelmann, Uwe (Hrsg.): Geschichtskultur. Theorie – Empirie – Pragmatik. Weinheim: Deutscher Studienverlag, S. 26–58.

Seixas, Peter/Morton, Tom (2012): The Big Six Historical Thinking Concepts. Toronto: Nelson.

Titzmann, Michael (2011): Grundlagen narrativer Strukturen. In: Krah, Hans (Hrsg.): Medien und Kommunikation. Eine interdisziplinäre Einführung. Passau: Stutz, S. 109–134. http://narrative-methoden.de/wp-content/uploads/2018/02/Narrative-Strukturen-in-semiotischen-%C3%84u%C3%9Ferungen_titzmann.pdf (Abfrage: 12.12.2022).

Wendell, Joakim (2020): Teaching and Learning Historical Explanation. Teacher and Student Cases from Lower and Upper Secondary Schools. Karlstad: Karlstad University Studies. http://kau.diva-portal.org/smash/get/diva2:1383994/FULLTEXT02.pdf (Abfrage: 10.01.2023).

Wenzel, Birgit (2016): Geschichte erklären. In: Vogt, Rüdiger (Hrsg.): Erklären. Gesprächsanalytische und fachdidaktische Perspektiven. 2. Auflage. Tübingen: Stauffenburg-Verlag, S. 169–188.

Das Analyseraster für Erklärvideokanäle auf YouTube (AEY) domänenspezifisch angepasst: Ein systematischer Blick auf geographische Erklärvideokanäle und ihre Erklärvideos

Sebastian Streitberger, Stefan T. Siegel und Leonie Schneider

1. Einleitung

Repräsentative Studien zeigen die wachsende Relevanz und Rezeption von Erklärvideos in Forschung und Praxis: So spielen diese Bildungsmedien eine bedeutsame Rolle in der mediatisierten Lebenswelt von Kindern, Jugendlichen und Erwachsenen. Dies gilt sowohl in formalen als auch informellen Kontexten (vgl. mpfs 2018/2022).

Vor diesem Hintergrund diskutieren beispielsweise Matthes, Siegel und Heiland (2021), ob es sich bei Lehrvideos (gebräuchliche Label sind u. a. auch Lehr-/Lernvideos oder Erklärvideos) nicht um das Bildungsmedium der Zukunft handelt. Der Internetmarkt mit diesen Videos boomt auf kommerziellen Plattformen wie YouTube ebenso wie auf anderen Bildungsplattformen – was sich sowohl an der Anzahl der Erklärvideokanäle,[1] der Erklärvideos sowie deren thematischer Breite zeigt (vgl. Siegel/Streitberger/Heiland 2021). Da es sich beim digitalen Bildungsmedienmarkt um einen äußerst dynamischen und weitgehend deregulierten Raum handelt, ist ein hohe Heterogenität an entsprechenden Kanälen und Videos festzustellen, wobei ihre Qualität oftmals nicht zweifelsfrei ist (ebd.). Um die Güte dieser Bildungsmedien (und ihrer Anbietenden) zu erkennen, einzuordnen und beurteilen zu können, wurden bis dato mehrere Beiträge, Übersichten und Checklisten entwickelt (vgl. u. a. Brame 2016, S. 3; Fey/Matthes 2017; Kulgemeyer 2020 oder für Lehrvideos zusammenfassend Siegel/Hensch 2021b). Siegel und Hensch (2021b, S. 264) stellen heraus, dass die Qualität(en) von Lehrvideos nur multikriteriell und aus multidisziplinärer Sichtweise adäquat beurteilt werden können. Sie verweisen darauf, dass die in Teilen (zwangsläufig)

---

[1] Die Begrifflichkeit des Erklärvideokanals folgt der Bezeichnung des Kanals bzw. Channels, der auf YouTube unterschiedliche Anbietende voneinander unterscheidet. Bei einem Vergleich mit dem klassischen Fernsehen würde ein Kanal einem Programmsender entsprechen. Kanäle mit Erklärinhalten können hierbei nur einzelne Videos oder mehrere Tausend Videos sehr unterschiedlicher Dauer enthalten (vgl. Siegel/Streitberger/Heiland 2021, S. 38–39).

abstrakten (medien-)pädagogisch-didaktischen Qualitätskriterien einer fachdidaktischen und fachwissenschaftlichen Anpassung bedürfen (vgl. auch Streitberger/Ohl 2017, S. 141–144).

Dies gilt im Besonderen auch für geographische Bildungsmedien (ebd.) und damit u. a. für Erklärvideokanäle und -videos, in denen geographische Sachverhalte im Vordergrund der Erklärung stehen. Denn zu diesen Fachinhalten existieren einerseits bereits Erklärvideokanäle auf YouTube und anderen Plattformen (vgl. Lehrer-Online 2018), andererseits steht hier die Forschung noch am Anfang (vgl. Haltenberger/Böschl/Asen-Molz 2022). Bei vielen geographischen Themen besteht jedoch die Möglichkeit, sie in Erklärvideos visuell aufbereitet zu veranschaulichen – seien es feuerspeiende Vulkane, Auswirkungen des Klimawandels auf ganze Landstriche oder auch stadtgeographische Strukturen wie Marginalviertel. Deshalb stellen sich für uns die leitenden Fragen, wie für die (Lehr- und Unterrichts-)Praxis relevante Erklärvideokanäle und -videos identifiziert werden können und wie bislang eher generische Qualitätskriterien fachdidaktisch angepasst werden können, um die Güte der Kanäle und Videos adäquat zu bewerten. Im Beitrag präsentieren wir aufbauend auf einer geographiedidaktischen Perspektive auf das Erklären eine domänenspezifisch-geographische Anpassung des Analyseraster für Erklärvideokanäle auf YouTube (AEY) auf geographische Erklärvideos.

2. Theoretischer Hintergrund

2.1 Erklären – aus Sicht der Geographiedidaktik

Um die Welt zu verstehen, könnte man sie und ihre großen und kleinen Zusammenhänge selbst entdecken. In vielen Fällen wird sie einem aber vielmehr erklärt (vgl. McCain 2016, S. 137). Die Erklärung kann hierbei von unterschiedlichen Stellen ausgehen: Eltern, Freund*innen, Wissenschaftler*innen, Lehrpersonen, aber auch mittelbar z. B. in Form von Erklärvideos. Zentrales Ziel von Erklärungen ist es, das Verstehen und damit den Auf- und Umbau neuer Wissensstrukturen bei Rezipient*innen zu fördern (vgl. Lehner 2018, S. 142; Osborne/Patterson 2011, S. 25). Dadurch rücken nicht nur die Erklärenden in den Blick, sondern auch die Adressat*innen, denen ein Sachverhalt erklärt wird, die einen Sachverhalt verstehen und die neues Wissen aufbauen sollen. Denn als kommunikativer Prozess findet das Erklären im sozialen Austausch statt und muss nicht zwangsläufig von Erfolg gekrönt sein (vgl. Kulgemeyer/Schecker 2009, S. 135; Lehner 2018, S. 10).

Um sich einer domänenspezifisch-geographiedidaktischen Perspektive auf Erklärvideos, die diesem Artikel zugrunde liegt, zielführend annähern zu können, muss in einem ersten Schritt zunächst offengelegt werden, inwiefern dem

Erklären ein spezifisches Fachverständnis beigemessen werden kann.[2] Ein geographiedidaktisches Verständnis des Erklärbegriffs findet sich in den deutschen Bildungsstandards des Faches Geographie (vgl. Deutsche Gesellschaft für Geographie e. V. 2020) wieder. Darin wird das Erklären als ein möglicher Lernoperator ausgewiesen und ist damit fester Bestandteil von Lernzielen und Aufgabenstellungen im Geographieunterricht: Schüler*innen sollen beispielsweise „gegenwärtige naturgeographische Phänomene und Strukturen in Räumen (z. B. Vulkane, Erdbeben, Gewässernetz, Karstformen) beschreiben und erklären" (ebd., S. 14) oder „an ausgewählten einzelnen Beispielen Auswirkungen der Nutzung und Gestaltung von Räumen (z. B. Desertifikation, Migration, Ressourcenkonflikte, Meeresverschmutzung) systemisch erklären" (ebd., S. 15). Was sie nun tatsächlich können sollen, wenn sie etwas erklären, wird hierbei ebenfalls definiert, nämlich „Informationen und Sachverhalte (z. B. Erscheinungen, Entwicklungen) so darstellen, dass Bedingungen, Ursachen, Folgen und Gesetzmäßigkeiten verständlich werden" (ebd., S. 32). Demnach steckt hinter dem Erklären auch hier ein kommunikativer Vorgang, komplexe Sachverhalte so zu vermitteln, dass Dritte diese verstehen können.

In den Bildungsstandards wird der Operator des Erklärens dabei dem sog. Anforderungsbereich II zugewiesen (vgl. Deutsche Gesellschaft für Geographie e. V. 2020, S. 30–32). Tätigkeiten, die dem Anforderungsbereich II zugeordnet werden, entsprechen einer mittleren Herausforderung und machen es erforderlich, eigenes Wissen zu reorganisieren und auf neue Situationen transferieren zu können. Dementsprechend kommt es sowohl auf der Seite der Erklärenden als auch der Seite der Adressat*innen zu einer Neu- und Umstrukturierung von Wissen. Wissenskomponenten sind dabei auf Seite der Lehrpersonen, d. h. der Erklärenden, immer auch fachspezifisch, wie Shulman (1986, S. 9 f.) anhand des Fachwissens („Content Knowledge", ebd., S. 9) und des fachdidaktischen Wissens („Pedagogical Content Knowledge", ebd.) beschreibt. Diese Fachspezifizität wird erneut in den geographischen Bildungsstandards in den verschiedenen Kompetenzzielen deutlich (vgl. Deutsche Gesellschaft für Geographie e. V. 2020). Denn die meisten Ziele sind hier auf die sog. geographischen Basiskonzepte ausgerichtet, indem inhaltliche Anknüpfungspunkte beispielsweise an das Mensch-Umwelt-System oder Themen der Nachhaltigkeit bestehen (vgl. Fögele/ Westphal 2021). Diese Inhalte bilden wiederum die neuen Wissenskomponenten der Lerner*innen, die es laut dem Anforderungsbereich II zu reorganisieren gilt. Geographische Erklärungen unterscheiden sich somit nicht prinzipiell von Erklärungen anderer Domänen. Gleichwohl erscheint eine Einschätzung ihrer

---

2 Auf eine philosophische Auseinandersetzung mit dem Konzept des Erklärens wird im Rahmen dieser Arbeit verzichtet; hierfür verweisen wir auf andere Texte (z. B. McCain 2016, S. 137–144).

Qualität nicht ohne die Betrachtung der fachspezifischen Inhaltsebene möglich oder sinnvoll.

2.2 Erklärvideos als Bildungsmedien: Charakteristika und Qualitätskriterien

Zwar existiert bis dato keine einheitliche Begriffsbestimmung oder Systematisierung von Lehr- und Erklärvideos (vgl. Matthes/Siegel/Heiland 2021). Sie lassen sich nach verschiedenen Videoarten (beispielsweise Videovorlesungen, Tutorials) und anhand klassifikatorischer Merkmale wie beispielsweise Produktionsart, Inhalt oder Dauer unterscheiden (gestalterisch-didaktischer Aspekt; vgl. Handke 2020, S. 150–175). Erklärvideos sind dabei in der Regel multimediale Bildungsmedien, die Gesprochenes und visuelle Darstellungen kombinieren (vgl. Kulgemeyer 2020). Im Vergleich zu anderen audiovisuellen Medien besitzen Erklärvideos aber immer den Anspruch, einen Sachverhalt erklären zu wollen (intentionaler Aspekt; vgl. Handke 2020, S. 150–175) und beinhalten damit wie oben ausgeführt eine Kommunikationsform, in der komplexe Sachverhalte mit dem Ziel vermittelt werden, dass Dritte diese verstehen können. Deshalb verfügen diese in der Regel kurzen Videos über ein Mindestmaß an Didaktisierung (vgl. Findeisen/Horn/Seifried 2019, S. 18) und sind „(unverkürzt) immer als Lehr- und Lernmittel zu denken" (Matthes 2011, S. 1). Sie spielen heutzutage eine wichtige Rolle beim Lernen in formalen, non-formalen und informellen Kontexten (vgl. Dorgerloh/Wolf 2020).

Anders als im vorherigen Kapitel beschrieben nehmen Erklärvideos eine gewisse Sonderstellung im Feld der Erklärungen ein. Zwar liegt auch ihnen das Ziel zugrunde, Sachverhalte so zu vermitteln, dass die Adressat*innen diese verstehen. Jedoch ist der kommunikativ-soziale Austausch hier sehr viel stärker begrenzt als er es beispielsweise im Unterricht ist. Die erklärende Person kann nicht nachfragen, ob und inwiefern etwas verstanden wurde, und die Adressat*innen erhalten i. d. R. auch keine unmittelbaren Antworten auf ihre Fragen. Gerade vor dem Hintergrund, dass Erklärungen nicht immer zu einem direkten Wissenszuwachs führen müssen, erscheinen Nachfragen, Anpassungen und Optimierungen im Erklärprozess aber in vielen Fällen notwendig (vgl. Kulgemeyer 2016, S. 5). Stattdessen ist hier der Vermittlungsweg unidirektional. Folglich müssen andere Merkmale identifiziert werden, die wichtig sind, um eine aus Sicht der Geographiedidaktik sinnvolle Erklärung darzustellen. Mögliche Merkmale werden in unterschiedlichen Kriterienrastern vorgeschlagen. Diese Raster zielen darauf ab, die Bildungspotenziale von Erklärvideos offenzulegen (vgl. u. a. Wolf 2015) und Anwender*innen dabei zu helfen, besser einschätzen zu können, ob diese Bildungsmedien qualitativ hochwertig sind. Bisher wurden unterschiedliche Raster entwickelt, welche verschiedene Kriterien (vgl. u. a. Brame 2016;

Kulgemeyer 2020, S. 70–75; Schmidt-Borcherding 2020, S. 63–70) zur Beurteilung der Qualität von Lehr- und Erklärvideos in den Vordergrund rücken (für eine Übersicht siehe Siegel/Hensch 2021b[3]; Ring/Malte 2022). Obgleich je nach Inhalt und Art des Videos manche Qualitätskriterien relevanter sind, sollte ein qualitativ hochwertiges Lehrvideo idealerweise eine Vielzahl der Qualitätskriterien erfüllen, um als wertvolles Bildungsmedium beurteilt werden zu können (vgl. Siegel/Hensch 2021b). Für die hier vorgestellte Studie bedarf es zweier Analyseraster, die mit der Kanal- und Videoebene jeweils einen unterschiedlichen Betrachtungsfokus einnehmen und die nachfolgend vorgestellt werden.

2.3 Ausgewählte Raster zur Bewertung der Qualität von Erklärvideokanälen und -videos

2.3.1 Die Kanalebene – eine domänenübergreifende Perspektive

Bei der Bewertung der Qualität von Erklärvideos kann es lohnend sein, nicht nur das Video zu analysieren, sondern auch die Anbietenden. Während Erklärvideos als Bildungsmedien häufig im Fokus (medien-)pädagogischer, fachwissenschaftlicher und fachdidaktischer Forschung stehen, werden die Anbietenden bis dato selten beforscht (vgl. Siegel/Streitberger/Heiland 2021). Durch die Betrachtung der Qualität eines Erklärvideokanals (auf YouTube) können Lehrkräfte und Lerner*innen jedoch einen umfassenderen Eindruck von der Qualität der Inhalte erhalten und sich ein Bild davon machen, ob ein Kanal eine nützliche Ressource für das Lernen ist. Deshalb haben Siegel, Streitberger und Heiland (2021) eine exemplarische Auswahl von Erklärvideokanälen auf YouTube analysiert, um deren Vertrauenswürdigkeit und Qualität einschätzen zu können. Dabei ist das Analyseraster für Erklärvideokanäle auf YouTube (AEY)[4] entstanden. Das AEY nutzt hierbei eine domänenübergreifende, medienpädagogische Perspektive.

Das Instrument wurde in Anlehnung an den Fragenkatalog zur Analyse von Onlineplattformen von Siegel und Heiland (2019, S. 55–56), das Augsburger Analyse- und Evaluationsraster für analoge und digitale Bildungsmedien[5] (AAER, vgl. Fey 2015, S. 67–73) sowie an das Vorgehen bei Welbourne und

---

3 Das Instrument von Siegel und Hensch (vgl. 2021b), „Qualitätskriterien für Lehrvideos im Überblick", kann hier eingesehen werden: https://osf.io/35svn (Abfrage: 05.04.23) Es wird auch von Ring und Brahm in einer aktuellen Übersicht über verschiedene Kriterienraster aufgeführt (vgl. 2022).

4 Das Analyseraster für Erklärvideokanäle auf YouTube (AEY) ist unter folgendem Link abrufbar: https://osf.io/qmdhw (Abfrage: 05.04.23).

5 Eine Onlineversion des AAER kann hier eingesehen und verwendet werden: https://digillab.uni-augsburg.de/onlinedienste/das-augsburger-analyse-und-evaluationsraster-aaer (Abfrage: 05.04.23).

Grant (vgl. 2016, S. 709–711) entwickelt. Das AEY umfasst insgesamt 31 Fragen, die fünf Kategorien zugeordnet sind (Siegel/Streitberger/Heiland 2021, S. 36):

I. *Kanalleistung:* Sechs Fragen, z. B. Wie viele Videos gibt es auf diesem Kanal?
II. *Angebotsstruktur und didaktische Aufbereitung:* Zwölf Fragen, z. B. Welches Fachgebiet wird bzw. welche Fachgebiete werden in den Videos auf dem Kanal bedient?
III. *Kanalverantwortliche:* Vier Fragen, z. B. Werden die Verantwortlichen des Kanals transparent gemacht?
IV. *Wirtschaftsmodell:* Vier Fragen, z. B. Wird auf dem Kanal kommerzielle Werbung platziert? Wenn ja, wie?
V. *Qualitätsprüfung:* Fünf Fragen, z. B. Geben die Verantwortlichen des Kanals an, die inhaltliche Qualität ihrer Angebote zu prüfen?

2.3.2 Die Videoebene – eine domänenspezifisch-inhaltliche Perspektive

Obgleich das AEY einen guten Überblick über die Erklärvideokanäle liefert, stehen die einzelnen Erklärvideos hier nicht im Vordergrund und werden eher generisch thematisiert. Wolf (vgl. 2016, S. 39) betont jedoch gerade die inhaltliche Ebene von Erklärvideos. Denn für ihn besteht ein enger Zusammenhang zwischen der Erklärqualität, die nur anhand des Videos beurteilt werden kann, und dem Verständnis bei den Adressat*innen – dem eigentlichen Ziel des Erklärvorgangs und damit auch eines Erklärvideokanals und -videos. Zu beachten ist, dass auch auf einem wenig empfehlenswerten Erklärvideokanal durchaus qualitativ hochwertige Erklärungen stattfinden können.

Eine ähnliche Stoßrichtung verfolgt Kulgemeyer (2020, S. 71–73) mit seinen didaktischen Kriterien, die im Rahmen von Erklärvideos bedeutsam werden. Hierzu gehören die Adaption, das Nutzen von Veranschaulichungswerkzeugen, das Verdeutlichen der Relevanz, das Geben einer Struktur, das Verwenden von präzisen und kohärenten Erklärungen, das Erklären von Konzepten und Prinzipien sowie das Einbetten in den Unterrichtsgang.

Auf der inhaltlichen Ebene ergeben sich nun auch domänenspezifische, in diesem Kontext geographische Fragestellungen. Gerade in der Geographiedidaktik steht die Forschung hierbei aber noch am Anfang. Streitberger und Ohl (2017) betonen bereits mit Blick auf das AAER die Bedeutung einer domänenspezifischen Perspektive, um geographische Bildungsmedien inhaltlich treffend zu analysieren. Auch wenn hier keine Präzisierung hinsichtlich des Mediums Erklärvideo erfolgt, können diese Kriterien die Stoßrichtung vorgeben. Haltenberger, Böschl und Asen-Molz (2022, S. 140 ff.) haben darauf aufbauend und auf der Basis des Modells der Didaktischen Rekonstruktion (vgl. Kattmann 2007) geographiedidaktische Kriterien zur Einschätzung geographischer Erklärvideos präzisiert.

3. Die Studie: Ein systematischer Blick auf geographische Erklärvideokanäle und ihre Erklärvideos[6]

3.1 Forschungsfragen

Um die Erklärvideokanalebene und die domänenspezifisch-inhaltliche Perspektive auf Erklärvideos in einem explorativen Ansatz untersuchen zu können, sollte eine für die geographische Schulpraxis relevante Fragestellung gefunden werden. Demnach sollten die Erklärvideos Geographielehrkräften unentgeltlich zur Verfügung stehen, leicht auffindbar sein und direkt eingesetzt werden können. Erneut bot sich daher die Online-Videoplattform YouTube an, da dort nicht nur eine beinahe unendliche Anzahl an kostenlosen Erklärvideos in deutscher Sprache zu Verfügung steht, sondern sich auch zahlreiche Erklärvideokanäle mit unterschiedlichen geographischen Themen auseinandersetzen. Um dennoch eine inhaltliche Vergleichbarkeit der Erklärvideos zu ermöglichen, mussten Fokussierungen vorgenommen werden: Eine erste Fokussierung auf physisch-geographische Themen erschien gewinnbringend, da gerade die Vermittlung physisch-geographischer Themen (z.B. Vulkanismus, thermohaline Zirkulation) im Regelfall mediale Unterstützung benötigt, um für Lerner*innen anschaulich zu werden. Außerdem erfolgte eine zweite Fokussierung auf Angebote, die sich an Schüler*innen der Unterstufe bayerischer Gymnasien richten. Ein solcher Fokus auf eine spezifische Adressat*innengruppe ermöglichte es, den Lehrplan als Vergleichsmaßstab heranzuziehen, um die Themen der Erklärvideos dahingehend zu überprüfen, ob sie für die Schulpraxis bedeutsam sind. Letztlich konnten somit die folgenden Forschungsfragen formuliert werden:

Forschungsfrage (FF):	Welche deutschen Erklärvideokanäle auf YouTube können aus Lehrsicht bezüglich der Wissensvermittlung in der Unterstufe an bayrischen Gymnasien für den physischen Geographieunterricht empfohlen werden?
Forschungsteilfrage 1 (FTF1):	Welche deutschen Erklärvideokanäle gibt es, die Themen des physischen Geographieunterrichts für den Einsatz in der Unterstufe bayerischer Gymnasien anbieten?

---

6 Die hier vorgestellte Studie speist sich großteils aus der Zulassungsarbeit „Welche deutschen Erklärvideokanäle auf YouTube können aus Lehrsicht bezüglich der Wissensvermittlung in der Unterstufe an bayrischen Gymnasien für den physischen Geographie-Unterricht empfohlen werden? Eine dreistufige Forschung bestehend aus einer Kanalfindungs-, einer Kanaluntersuchungs- sowie einer Videobewertungsphase" von Leonie Schneider aus dem Sommersemester 2021.

Forschungsteilfrage 2 (FTF2): Wie sind diese Erklärvideokanäle anhand ausge-
wählter Kriterien einzuschätzen?

Forschungsteilfrage 3 (FTF3): Inwiefern bieten diese Erklärvideokanäle inhaltlich qualitätsvolle Erklärvideos an?

3.2 Methodisches Design

Das methodische Design über alle Forschungsteilfragen hinweg war auf die nicht-
reaktive Inhaltsanalyse ausgerichtet (vgl. Fey 2015; Lütters 2004). Es bestand aus
drei Teilstudien, die aufeinander aufbauen. Die Betrachtungsebenen waren bei
FTF1 YouTube als Videoplattform, bei FTF2 verschiedene geographische Erklärvideokanäle und bei FTF3 die Erklärvideos auf diesen Kanälen.

Forschungsteilfrage 1

Um sich der übergreifenden FF annähern zu können, musste in einem ersten
Schritt eine Auswahl an Erklärvideokanälen identifiziert werden (FTF1), die
ebendiese in der FF fokussierten Erklärinhalte vermitteln. Hierzu wurde zunächst
eine Suchstrategie entwickelt, die mit den Suchfunktionen von YouTube umsetz-
bar war. Das bedeutet, dass – obwohl Erklärvideokanäle identifiziert werden sollten – dennoch nach einzelnen Videos gesucht wurde; denn eine auf Kanäle aus-
gerichtete Suche ist wenig praktikabel, da auf YouTube lediglich exakte Angaben
zu Kanaltiteln zu Treffern führen. Um keine algorithmusbedingte Vorauswahl
durch das eigene Nutzer*innenverhalten zu erhalten und die möglichen Such-
treffer zu verfälschen, wurde außerdem außerhalb des eigenen YouTube-Kontos,
d.h. ohne Anmeldung auf der Plattform, gesucht.

Die Suchanfragen basierten hierbei allen voran auf den Themen, die im
LehrplanPLUS der 5. und 7. Jahrgangsstufe an bayerischen Gymnasien veror-
tet sind: „Aufbau und Gestalt der Erde – Schalenbau, Ozeane und Kontinen-
te" (5. Jgst.) sowie „Grundzüge des Klimas: Temperatur- und Niederschlag im
Nord-Süd- und West-Ost-Wandel; Einfluss des Golfstroms, Maritimität und
Kontinentalität, Steigungsregen und Föhn" (7. Jgst.) (vgl. ISB 2023). Aus diesen
Themenformulierungen, dem Abgleich mit dazu passenden Schulbüchern (vgl.
Aunkofer et al. 2017, 2019) sowie dem *Wörterbuch Allgemeine Geographie* (vgl.
Leser 2005) wurden zentrale Begriffe als Suchkriterien ausgewählt. Ergänzt
wurden diese Kriterien immer um den Begriff ‚Erklärung'. Tabelle 1 fasst die
13 gewählten Suchbegriffe zusammen. Diese Suchbegriffe werden sowohl in
den Videotiteln eines Kanals als auch den Beschreibungen dieser Videos gesucht. Weiterhin werden nach einer ersten Durchsicht nur diejenigen Kanäle
berücksichtigt, die in ihren Videos Inhalte tatsächlich auch erklären und damit
Erklärvideos anbieten.

Tab. 1: Suchbegriffe zur Identifikation relevanter Erklärvideokanäle

Thema: Aufbau und Gestalt der Erde (5. Jgst.)	Thema: Grundzüge des Klimas (7. Jgst.)
Sonnensystem Planet Erklärung	Klimadiagramm Klima Erklärung
Erde Sonne Mond Erklärung	Temperatur Erklärung
Schalenbau Erklärung	Niederschlag Regen Schnee Hagel Erklärung
Ozean Kontinent Erklärung	Golfstrom Erklärung
Erdkern, Erdkruste, Erdmantel Erklärung	Maritimität Kontinentalität Erklärung
	Steigungsregen Erklärung
	Föhn Erklärung

Neben diesen Suchbegriffen werden weitere Selektionskriterien gewählt, um Kanäle zu identifizieren, die für die unterrichtliche Praxis relevant sein könnten. So diente die Kanalgröße als ein solches Kriterium. Demnach werden nur diejenigen Kanäle berücksichtigt, die mindestens elf geographische Erklärvideos zu unterschiedlichen Themen anbieten. Die Festlegung auf elf Themen erfolgt erneut in Abstimmung mit dem LehrplanPLUS, der für die beiden gewählten Jahrgangsstufen und Geographieunterricht elf Lernbereiche formuliert (vgl. ISB 2023).

Außerdem wird die Anzahl an Kanälen dahingehend weiter fokussiert, dass nur Kanäle ausgewählt werden, deren durchschnittliche Videolänge bei den beliebtesten elf Videos unter neun Minuten liegt. Denn neun Minuten gelten als sinnvolle Dauer, bei der Lerner*innen einerseits aufmerksam bleiben und den Inhalten folgen können (vgl. Guo/Kim/Rubin 2014, S. 41–45), andererseits aber auch eine Einbettung in eine reguläre Schulstunde möglich ist, ohne dass auf eine didaktische Rahmung (z. B. Einstieg in die Stunde, Konsolidierungsphase) verzichtet werden muss.

Forschungsteilfrage 2
Zur Beantwortung von FTF2 wurden die in FTF1 identifizierten Erklärvideokanäle anschließend hinsichtlich ihrer Qualität inhaltsanalytisch nähergehend untersucht. Die Kanalqualität wurde hierbei auf Basis des AEY (s. Kap. 2.3) analysiert, das jedoch auf die hier vorliegende Fragestellung angepasst wurde, indem das Raster um einzelne Kriterien reduziert wurde. Fragestellungen zu Kanalaufrufen, Kanalabonnements, Fächern oder dem Stil der Videos entfielen beispielsweise, da von ihnen keine Aussagekraft für die Erklärqualität der Videos erwartet wurde oder diese Aspekte bereits durch die domänenspezifische Forschungsfrage als Rahmenbedingung enthalten und damit über Entscheidungen bei FTF1 abgedeckt sind. Übrig blieben elf der ursprünglich 31 Fragen des AEY, wie Tabelle 2 zeigt.

Tab. 2: Kriterienliste für die systematische Inhaltsanalyse der Erklärvideokanäle (vgl. Siegel/Streitberger/Heiland 2021)

Kriterium (fett markiert = doppelt gewertet)
II.2 Lebensweltlichkeit
II.4 Curricularer Bezug
II.7 Didaktische Kommentierung
II.8 Verlinkungen zu vertiefenden Inhalten
II.9 Quellenangaben
II.11 Inhaltliche Strukturierung
III.1 Verantwortlichkeit
IV.1 Kosten
IV.2 Werbung
V.1 Technische Qualität der Videos
V.4 Auszeichnung

Diese elf Fragen wurden anschließend auf die Videos angewandt, die durch FTF1 identifiziert werden konnten. Aufgrund der Schwerpunktsetzung dieser Studie auf die domänenspezifisch-inhaltliche Ebene wurden die sechs Fragen der Kategorie „Angebotsstruktur und didaktische Aufbereitung" doppelt gewertet, die Kategorien „Kanalverantwortliche", „Wirtschaftsmodell" und „Qualitätsprüfung" lediglich einfach. Für jede Positiveinschätzung eines Kriteriums erhält der Kanal einen Pluspunkt (+1), für jede Negativeinschätzung einen Minuspunkt (-1), für neutrale Einschätzungen weder Plus- noch Minuspunkte (0). Zusammengenommen führte dieses Vorgehen zu einer quantifizierenden Betrachtung, in der jeder Kanal einen gewissen Punktestand erreicht. Ein höherer Punktestand steht entsprechend für eine positivere Einschätzung hinsichtlich der Qualität des Erklärvideokanals gemäß FTF2.

Forschungsteilfrage 3
In einem dritten Schritt wurde nun der Blick auf die Erklärqualität in den einzelnen Videos der Kanäle gerichtet und damit auf die Inhalte, die innerhalb einer Unterrichtsstunde i. d. R. zum Tragen kommen. Hierzu wurden die in Kap. 2.3 vorgestellten didaktischen Kriterien von Kulgemeyer (2020) in einer reduzierten Form auf die Videos angewandt. Ausgeklammert wurde beispielsweise der Aspekt der Kernidee VI, „Konzepte und Prinzipien erklären". Dieser wird nämlich für alle Videos als gegeben angenommen, da FTF1 dahingehend bereits eine Vorauswahl getroffen hat. Außerdem wurden erneut die Kriterien des AEY berücksichtigt, die bereits Teil der Untersuchung von FTF2 waren, sich aber insbesondere auf die Videoebene eines Kanals beziehen. Sie fließen jedoch nicht erneut in die Punktewertung ein, da sie bereits unter FTF2 zählen, sondern helfen bei der inhaltsanalytischen Kontextualisierung. Die finale Liste an Kriterien aus Kulgemeyers Kriterien und

dem AEY, die im Rahmen der Inhaltsanalyse bei FTF 3 zum Einsatz kam, fasst Tabelle 3 zusammen. Die unterschiedlichen Kriterien wurden dann wie bei FTF2 unterschiedlich gewichtet und anhand eines Videos überprüft. Hierbei wurde das Video eines Kanals ausgewählt, das einem der beiden Themenbereiche entsprach und zum Stand der Untersuchung die meisten Aufrufe verzeichnete.

Tab. 3: Kriterienliste für die systematische Inhaltsanalyse der Videos von Erklärvideokanälen (vgl. Kulgemeyer 2020, S. 73; Siegel/Streitberger/Heiland 2021)

Kulgemeyer (2020)		AEY (Siegel/Streitberger/ Heiland 2021)
Kriterium (fett markiert = doppelt gewertet)	Beschreibung	Kriterium (fett markiert = doppelt gewertet)
Adaption an Vorwissen, Fehlvorstellungen und Interesse	Das Video bezieht sich auf gut beschriebene Eigenschaften einer Adressat*innengruppe (wahrscheinliches Vorwissen, Interessen, Schülervorstellungen).	II.2 Lebensweltlichkeit
Beispiele	Das Video nutzt Beispiele, um das Erklärte zu veranschaulichen.	II.4 Curricularer Bezug
Analogien und Modelle	Das Video nutzt Analogien und Modelle, um die neue Information mit bekannten Wissensbereichen zu verbinden.	II.7 Didaktische Kommentierung
Darstellungsformen und Experimente	Das Video nutzt Darstellungsformen und Experimente zur Veranschaulichung.	II.8 Verlinkungen zu vertiefenden Inhalten
Mathematisierungsgrad	Das Video wählt einen Mathematisierungsgrad passend zur beschriebenen Adressat*innengruppe.	II.9 Quellenangaben
Prompts zu relevanten Inhalten geben	Das Video betont, (a) warum das Erklärte wichtig für die Adressat*innengruppe ist und (b) gibt Prompts zu besonders wichtigen Teilen.	II.11 Inhaltliche Strukturierung
Direkte Ansprache des Adressat*innen	Das Video involviert die Adressat*innen durch Handlungsaufforderungen und direkte Ansprache (statt unpersönlichem Passiv).	V.1 Technische Qualität der Videos
Regel-Beispiel oder Beispiel-Regel	Wenn Fachwissen das Lernziel ist, wird eine Regel-Beispiel-Struktur bevorzugt, beim Lernen von Routinen eine Beispiel-Regel-Struktur.	
Zusammenfassungen geben	Das Video fasst die wesentlichen Aspekte zusammen.	
Exkurse vermeiden	Das Video fokussiert auf die Kernidee, vermeidet Exkurse und hält den cognitive load gering. Insbesondere verzichtet es auf zu viele Beispiele, Analogien, Modelle oder Zusammenfassungen.	
Hohe Kohärenz des Gesagten	Das Video verbindet Sätze durch Konnektoren, insbesondere „weil".	
Neues und komplexes Prinzip als Thema	Das Video bezieht sich auf ein neues Prinzip, das zu komplex zur Selbsterklärung ist.	

Neben den Kriterien aus Tabelle 3 zählte zusätzlich noch das Kriterium der fachlichen Korrektheit in die Qualität der Erklärvideos hinein, wie es Streitberger und Ohl (2017, S. 155 ff.) und Haltenberger, Böschl und Asen-Molz (2022, S. 140 ff.) bereits für eine domänenspezifisch-geographische Betrachtungsweise auf Bildungsmedien betont haben. Die fachliche Korrektheit wurde für jedes untersuchte Video separat ausgewiesen. Denn für viele Anwendungen in Lernkontexten würden fachlich-inhaltliche Fehler dazu führen, dass das Video nicht eingesetzt wird – egal, wie gut es in den anderen Kriterien abschneiden würde. Hierbei wurde zwischen klaren fachlichen Fehlern und Inhalten unterschieden, die lediglich didaktisch reduziert werden. Letztere stellen Verkürzungen dar, die den Sachgegenstand nicht verfälschen, jedoch dahingehend reduzieren, sodass er zielgruppenadäquat vermittelt werden kann (ebd.). Dies erscheint v. a. im Kontext von Erklärungen sehr bedeutsam und wurde entsprechend nicht negativ bewertet.

3.3 Ergebnisse

Forschungsteilfrage 1
Mit den gewählten Suchkriterien konnten elf Erklärvideokanäle mit physisch-geographischen Inhalten zu den Themen „Aufbau und Gestalt der Erde: Schalenbau, Ozeane und Kontinente" und „Grundzüge des Klimas: Temperatur- und Niederschlag im Nord-Süd- und West-Ost-Wandel; Einfluss des Golfstroms, Maritimität und Kontinentalität, Steigungsregen und Föhn" (vgl. ISB 2023) bestimmt werden. Eine Übersicht über diese Kanäle bietet Tabelle 4. Sie bilden zugleich die Stichprobe für die Bearbeitung von FTF2.

Tab. 4: Geographische Erklärvideokanäle – Ergebnisse von Forschungsteilfrage 1

Kanalname
Kinderweltreise
Geographie Plus
Geographie – simpleclub
Die Merkhilfe
Planet Schule
TeacherToby
m3 [Erklärung und mehr]
Klassiker aus dem Erdkundeunterricht
Lehrerschmidt
Lehrer Leyhe
Einfach erklärt – Geographie und Erdkunde

Forschungsteilfrage 2

Nach der Verwendung des angepassten AEY ergaben sich unterschiedliche Punktestände für die einzelnen Erklärvideokanäle. Sieben der elf Kanäle schnitten hierbei positiv ab, vier negativ. Tabelle 5 zeigt die Punktereihenfolge. Rang 1 und Rang 11 werden nachfolgend eingehender beschrieben.

Tab. 5: Geographische Erklärvideokanäle nach der Anwendung des AEY

Rang	Punktestand	Kanalname
1	13	Die Merkhilfe
2	11	Planet Schule
3	9	Geographie – simpleclub
4	7	Kinderweltreise
5	4	Lehrerschmidt
6	1	Klassiker aus dem Erdkundeunterricht
6	1	TeacherToby
8	-5	Einfach erklärt – Geographie und Erdkunde
8	-5	Lehrer Leyhe
10	-6	m3 [Erklärung und mehr]
11	-7	Geographie Plus

Die Merkhilfe stellte nach Anwendung des AEY einen besonders qualitätsvollen Erklärvideokanal dar. Dies lag daran, dass der Kanal inhaltlich und didaktisch klar strukturiert aufgebaut war. In allen Unterfragen der zweiten Kategorie des AEY (d. h. Lebensweltlichkeit, Curricularer Bezug, Didaktische Kommentierung, Verlinkungen zu vertiefenden Inhalten, Quellenangaben und Inhaltliche Strukturierung) erreichte dieser Kanal eine positive Bewertung. Gleichwohl wurde Werbung in Form von Affiliate Links, d. h. Links zu Werbepartnern, sowie Werbeclips geschaltet. *Geographie Plus* hingegen konnte fast ausschließlich dadurch überzeugen, dass keine Form der Werbung zum Einsatz kam und alle Inhalte kostenlos genutzt werden konnten. Jedoch fielen die Angebotsstruktur und didaktische Aufbereitung anhand der Kriterien negativ auf. So wurden beispielsweise keine Bezüge zu den Lehrplänen hergestellt, didaktische Kommentare angeboten oder Quellen benannt.

Forschungsteilfrage 3

Die Ergebnisse zu FTF3 zeigten erneut unterschiedliche Punktestände, nun für die Videoqualität der untersuchten Erklärvideokanäle (s. Tabelle 6). Das Video von *Geographie – simpleclub* trat besonders positiv, das Video von *Klassiker aus dem Erdkundeunterricht* besonders negativ in Erscheinung. Beide werden nachfolgend nähergehend analysiert. Hinsichtlich der fachlichen Korrektheit werden explizite Fehler in der Tabelle 6 gesondert ausgewiesen. Sie traten sowohl bei den Videos von *Kinderweltreise* und *m3 [Erklärung und mehr]* auf.

Tab. 6: Geographische Erklärvideos nach der Anwendung des AEY und didaktischer Qualitätskriterien

Rang	Punktestand	Kanalname	fachlich korrekt
1	13	Geographie – simpleclub	ja
2	8	Die Merkhilfe	ja
3	6	Kinderweltreise	nein: Sahara wird als flächengrößte Wüste der Erde bezeichnet (anstelle der Antarktis)
4	5	Einfach erklärt – Geographie und Erdkunde	ja
5	1	TeacherToby	ja
6	-1	Geographie Plus	ja
7	-3	Lehrerschmidt	ja
7	-3	Lehrer Leyhe	ja
9	-5	Planet Schule	ja
9	-5	m3 [Erklärung und mehr]	nein: Sahara wird als flächengrößte Wüste der Erde bezeichnet (anstelle der Antarktis); in Südamerika werden nicht nur Portugiesisch und Spanisch gesprochen (z. B. auch Französisch, Niederländisch und Guaraní)
11	-7	Klassiker aus dem Erdkundeunterricht	ja

Bei *Geographie – simpleclub* wies das untersuchte Video[7] die höchste Qualität auf. Dies lag daran, dass es klare Bezüge zur Lebenswelt der Zielgruppe einerseits und den Lehrplänen andererseits herstellte. Die Lerner*innen wurden direkt angesprochen. Die Inhalte wurden außerdem mittels Beispielen nach dem Regel-Beispiel-Prinzip, Analogien und Modellen veranschaulicht, Zusammenfassungen angeboten und Exkurse vermieden. Die hohe Kohärenz innerhalb der Erklärung wurde durch unterschiedliche Darstellungsformen adäquat erweitert, um das Verstehen der Adressat*innen zu fördern. Die technische Qualität des Videos war hierbei hoch. Lediglich Quellenangaben fehlten und die persönliche Relevanz der Inhalte außerhalb der Schule wurde nicht explizit herausgearbeitet.

Das Video von *Klassiker aus dem Erdkundeunterricht* hingegen schnitt am schlechtesten ab. Auch hier wurden Bezüge zur Lebenswelt der Lerner*innen hergestellt und verschiedene Veranschaulichungen sowie didaktische Kommentierungen angeboten. Die technische Qualität war gleichermaßen hoch. Jedoch

---

7   Links zu den jeweiligen Videos sind im Literaturverzeichnis ausgewiesen.

existierten keine Bezüge zu Lehrplänen, Quellenangaben, vertiefende Materialien oder Prompts. Die Darstellungsform änderte sich nicht, weitere Beispiele wurden nicht gegeben und erneut die Relevanz der Inhalte für die Lerner*innen nicht expliziert.

4. Diskussion

Interpretation der Ergebnisse
Die hier vorgestellte Studie zielte darauf ab, die Frage zu beantworten, welche deutschen Erklärvideokanäle auf YouTube aus Lehrsicht bezüglich der Wissensvermittlung in der Unterstufe an bayerischen Gymnasien für den physischen Geographieunterricht empfohlen werden können. Ausgehend von der wachsenden Relevanz und Rezeption von Erklärvideos wurde zunächst das Erklären aus der Perspektive der Geographiedidaktik beleuchtet, auf Charakteristika von Erklärvideos als Bildungsmedien und auf ausgewählte Raster zur Bewertung Qualität von Erklärvideokanälen und -videos eingegangen. In Ermangelung empirischer Forschung zu geographiebezogenen Erklärvideokanälen und -videos wurde eine explorative dreistufige Studie – bestehend aus einer Kanalfindungs-, einer Kanaluntersuchungs- sowie einer Videobewertungsphase – durchgeführt. Die empirische Anlage und zentralen Ergebnisse wurden anhand dreier leitender FTF präsentiert.

Zunächst konnten elf Erklärvideokanäle identifiziert werden, die sich mit den Themen des Aufbaus und der Gestalt der Erde oder Grundzügen des Klimas auseinandersetzen. Darüber hinaus legen die Ergebnisse große qualitative Unterschiede zwischen den einzelnen Erklärvideokanälen und den angebotenen Erklärvideos offen, ähnlich wie es Siegel, Streitberger und Heiland bereits für andere Erklärvideokanäle attestieren konnten, die für eine schulische Verwendung in Betracht kommen (2021, S. 37–43). Positiv fallen die untersuchten Erklärvideokanäle und ihre Videos insbesondere im Bereich des Lebensweltbezuges auf. Die Anbietenden bemühen sich darum, Inhalte anzusprechen, die Lerner*innen in ihrer Lebenswelt begegnen. Dies ist eine wichtige Grundbedingung unterrichtlichen Lernens (vgl. Kattmann 2007, S. 95 f.), auch wenn es aufgrund der zeitlichen und räumlichen Trennung zwischen Erklärenden und Adressat*innen nicht auf einer individuellen Ebene möglich ist. Nichtsdestotrotz können Lerner*innen zumindest gewissermaßen individuell nach Interesse oder Bedarf weiterarbeiten (vgl. Bohl 2017, S. 265 f.), da auf den meisten Kanälen vertiefende Inhalte über Verlinkungen auf andere Videos oder Kanäle angeboten werden. Fast immer handelt es sich hierbei um zusätzliche Erklärvideos.

Die Erklärungen in den Videos sind zudem von hoher inhaltlicher Kohärenz und einem klaren Fokus gekennzeichnet. Exkurse treten selten auf. Die klare inhaltliche Struktur kann wiederum Lehrkräften helfen, sich schnell zurechtzufinden und die Inhalte an ihre eigene didaktische Struktur anzupassen (vgl. Kattmann 2007, S. 96 f.).

Im Unterschied zur domänenübergreifenden Untersuchung von Erklärvideokanälen von Siegel, Streitberger und Heiland (2021, S. 45 f.), welche die teils erhebliche Werbebeeinflussung vieler Kanäle kritisierten, kommen die hier untersuchten geographiespezifischen Kanäle meist ohne Werbung aus. Das mag u. a. daran liegen, dass die Kanäle kleiner sind, d. h. weniger Klickzahlen und Abonnent*innen und dadurch weniger Möglichkeiten besitzen, ihre Angebote zu kommerzialisieren. Die Werbefreiheit begünstigt eine Verwendung in schulischen Kontexten, da die Schule nach BayUG Art. 84 ein werbefreier und geschützter Raum sein soll.

Erneut bestätigen sich jedoch auch einzelne negative Ergebnisse von Siegel, Streitberger und Heiland (2021). So ist auch hier eine fehlende Transparenz zu bemängeln. Ohne eigene Recherche gelangt man beispielsweise kaum an Informationen zu den Kanalverantwortlichen. Auch Quellenangaben fehlen meistens, wodurch einerseits Betrachter*innen Behauptungen, die in den Videos angestellt werden, schlechter überprüfen können und sie andererseits aktiv recherchieren müssen, wenn sie Inhalte vertiefen möchten. Der klare curriculare Bezug wird gleichermaßen selten deutlich. Dies ist nachvollziehbar, da die meisten Kanäle nicht für länder- und damit lehrplanspezifischen Unterricht konzipiert scheinen. Beispiele fehlen ebenfalls häufig. Werden sie verwendet, ist eine wohl überlegte Einbettung und Kontextualisierung nötig, die zwingend den Blick auf die inhaltliche Videoebene richten muss. Das ist aber ohnehin gewinnbringend – insbesondere da sich vereinzelt auch fachliche Fehler in die Videos einschleichen. Trotz der oben beschriebenen überwiegenden Werbefreiheit wurden mit *Geographie – simpleclub* und *m3 [Erklärung und mehr]* außerdem zwei Kanäle identifiziert, die sowohl Werbeelemente einsetzen als auch Lern- und Erklärinhalte nur gegen Gebühr (Paywall) zur Verfügung stellen. Dadurch erscheint ihr unterrichtlicher Einsatz erschwert. Welche deutschen Erklärvideokanäle auf YouTube können denn nun aus Lehrsicht bezüglich der Wissensvermittlung in der Unterstufe an bayerischen Gymnasien für den physischen Geographieunterricht empfohlen werden? Diese Frage kann nicht pauschal beantwortet werden, da die verschiedenen Kanäle durchaus andere Schwerpunkte setzen und Qualitätskriterien erfüllen. Werden Kanal- und Videoebene allein in ihren Punktetabellen kombiniert (s. Tabellen 5 und 6), können die Erklärvideokanäle *Geographie – simpleclub, Die Merkhilfe* und *Planet Schule* als besonders qualitativ herausgestellt werden. Dennoch ist es für professionelle Lehrpersonen wichtig, selbst über Medienkompetenz zu verfügen (vgl. Siegel/Hensch 2021a), um für ihre individuellen Bedürfnisse angemessene Erklärinhalte auszuwählen. Gerade am Beispiel *Geographie – simpleclub* wird dies nun besonders deutlich. Denn werden die Punkte aus den Ranglisten der Erklärvideokanäle (s. Tabelle 5) und der Erklärvideos (s. Tabelle 6) zusammengenommen, kann dieser Kanal zwar hinsichtlich seines inhaltsbezogenen Erklärens als besonders qualitativ hochwertig eingeschätzt werden. Doch dieser Erklärqualität stehen Werbeelemente und kommerzialisierte Angebote ebenso gegenüber wie eine oftmals sexistische Gesprächskultur in Teilen des simpleclub-Portfolios (vgl. Matthes/Lachner 2021). Zwar lassen sich aus der Untersuchung gewisse Empfehlungen ableiten, jedoch rücken durch die Schwerpunktsetzung auf Facetten des fachbezogenen Erklärens wiederum andere Aspekte in den Hintergrund, die sicherlich bei der Entscheidung berücksichtig werden sollten, ob ein Kanal bzw. ein Video in der Schule zum Einsatz kommt.

5. Limitationen

Die hier vorgestellte Studie unterliegt unterschiedlichen Limitationen. Als erste Einschränkung ist zu nennen, dass lediglich eine begrenzte – wenngleich durch diverse Selektionskriterien getroffene – Auswahl an Erklärvideokanälen und Erklärvideos mit geographiebezogenen Inhalten im Rahmen dieser Studie untersucht wurde. Weiterführende Forschungsarbeiten mit einer größeren Anzahl an Kanälen und Videos oder anderen thematischen Schwerpunkten könnten zusätzliche Erkenntnisse liefern, den Blick auf weitere Erklärvideokanäle richten und die Validität der Befunde erhöhen. Dies erscheint v. a. vor dem Hintergrund gewinnbringend, da es sich bei dieser Studie um eine Momentaufnahme eines äußerst dynamischen Bildungsmedienmarktes handelt.

Eine zweite Limitation bezieht sich auf die Phase der Videobewertung. Verwendet wurde hierfür jeweils derjenige Clip eines Kanals, welcher im Bereich der thematischen Suchbegriffe zum Zeitpunkt der Analyse die meisten Aufrufe hatte. Jedoch kann ein Video nicht stellvertretend für alle anderen und damit auch für den Kanal als Ganzes gelten. Auch hier würden Folgestudien einen deutlich dichteren Erkenntniswert ermöglichen.

6. Stärken

Als zentrale Stärke der vorgestellten Untersuchung ist die domänenspezifische Anpassung des AEY zu nennen, die es Nutzenden ermöglicht, geographiebezogene Erklärvideokanäle auf YouTube und ihre Videos für die (Lehr-)Praxis auszuwählen und kriterienbasiert aus geographiedidaktischer Perspektive zu beurteilen. Die Studie kann dadurch neue Impulse für eine reflektierte Praxis geben, in der Lehrpersonen kriterienbasierte Entscheidungen über (Erklär-)Inhalte für den Unterricht treffen. Zugleich wird ein Forschungsfeld offengelegt, das gerade auch in der Geographiedidaktik noch recht unbestellt ist. Anschlussfragen rücken hierbei schnell in den Blick, die z. B. die Asynchronität der videobasierten

Erklärsituation betrachten, die in Abgrenzung zu den im Unterricht i. d. R. synchron ablaufenden Erklär- und Verstehensprozessen steht, oder die Fachspezifizität von Erklärungen im Allgemeinen fokussieren. Damit kann die Arbeit dazu beitragen, den Transfer von Theorie in die Praxis zu begünstigen, und zugleich dazu anregen, noch mehr praktische Überlegungen in zukünftige Anwendungen ähnlicher Analyseraster zu integrieren. Als Bindeglied kann gerade die universitäre Ausbildungsphase neue Impulse erhalten, um angehende Lehrperson darin zu fördern, mit dem Medium der Zukunft (vgl. Matthes et al. 2021) professionell umgehen zu lernen (vgl. Siegel/Hensch 2021a).

Literatur

Aunkofer, Marcus/Diemer, Egid/Dress, Günther/Feix, Lucia/Habich, Christoph/Horschig, Andy/ Schöps, Andreas/Strauß, Georg (2019): TERRA. Geographie 7 Gymnasium. Stuttgart: Ernst Klett Verlag.

Aunkofer, Marcus/Diemer, Egid/Dress, Günther/Habich, Christoph/Horschig, Andy/Schöps, Andreas/Strauß, Georg (2017): TERRA. Geographie 5 Gymnasium. Stuttgart: Ernst Klett Verlag.

Bohl, Thorsten (2017): Umgang mit Heterogenität im Unterricht. Forschungsbefunde und didaktische Implikationen. In: Bohl, Thorsten/Budde, Jürgen/Rieger Ladich, Markus (Hrsg.): Umgang mit Heterogenität in Schule und Unterricht Grundlagentheoretische Beiträge, empirische Befunde und didaktische Reflexionen. Bad Heilbrunn: Julius Klinkhardt, S. 257–273.

Brame, Cynthia J. (2016): Effective Educational Videos. Principles and Guidelines for Maximizing Student Learning from Video Content. In: CBE Life Sciences Education 15, H. 4, S. 1–6.

Deutsche Gesellschaft für Geographie (2020): Bildungsstandards im Fach Geographie für den Mittleren Schulabschluss. Mit Aufgabenbeispielen. 10., aktual. u. überarb. Auflage. Bonn: Deutsche Gesellschaft für Geographie.

Dorgerloh, Stephan/Wolf, Karsten D. (Hrsg.) (2020): Lehren und Lernen mit Tutorials und Erklärvideos. Weinheim: Beltz.

Fey, Carl-Christian (2015): Kostenfreie Online-Lehrmittel. Eine kritische Qualitätsanalyse. Bad Heilbrunn: Klinkhardt.

Fey, Carl-Christian/Matthes, Eva (Hrsg.) (2017): Das Augsburger Analyse- und Evaluationsraster für analoge und digitale Bildungsmedien (AAER). Grundlegung und Anwendungsbeispiele in interdisziplinärer Perspektive. Bad Heilbrunn: Klinkhardt.

Findeisen, Stefanie/Horn, Sebastian/Seifried, Jürgen (2019): Lernen durch Videos – Empirische Befunde zur Gestaltung von Erklärvideos. In: MedienPädagogik. Zeitschrift für Theorie und Praxis der Medienbildung, S. 16–36.

Fögele, Janis/Westphal, Nils (2021): Mit Basiskonzepten die fachliche Tiefenstruktur des Geographieunterrichts gestalten. Terrasse Online, S. 1–10.

Guo, Philip/Kim, Juho/Rubin, Rob (2014): How Video Production Affects Student Engagement. An Empirical Study of MOOC Videos. Proceedings of the First ACM Conference on Learning at Scale. Association for Computing Machinery (ACM). New York.

Haltenberger, Melanie/Böschl, Florian/Asen-Molz, Katharina (2022): Das Modell der Didaktischen Rekonstruktion als Kriterienraster für studentische Erklärvideos nutzen – Ergebnisse aus einem standortübergreifenden Seminar zur geographischen Perspektive. In: Becher, Andrea/Blumberg, Eva/Groll, Thomas/Michalik, Kerstin/Tenberge, Claudia (Hrsg.): Sachunterricht in der Informationsgesellschaft. Bad Heilbrunn: Klinkhardt, S. 139–146.

Handke, Jürgen (2020): Handbuch Hochschullehre Digital. 3. Aufl., Baden-Baden: Tectum.

ISB – Staatsinstitut für Schulqualität und Bildungsforschung (2023): LehrplanPLUS Gymnasium. Fachlehrplan Geographie. https://www.lehrplanplus.bayern.de/fachlehrplan/gymnasium/(Abfrage: 08.04.2023).

Kattmann, Ulrich (2007): Didaktische Rekonstruktion – eine praktische Theorie. In: Krüger, Dirk/ Vogt, Helmut (Hrsg.): Theorien in der biologiedidaktischen Theorie. Ein Handbuch für Lehramtsstudenten und Doktoranden. Berlin: Springer, S. 93–104.

Kulgemeyer, Christoph (2016): Lehrkräfte erklären Physik. Rolle und Wirksamkeit von Lehrererklärungen im Physikunterricht. In: Naturwissenschaften im Unterricht. Physik 27, H. 152, S. 2–9.

Kulgemeyer, Christoph (2020): Didaktische Kriterien für gute Erklärvideos. In: Dorgerloh Stephan/ Wolf, Karsten D. (Hrsg.): Tutorials – Lernen mit Erklärvideos. Weinheim: Beltz, S. 70–75.

Kulgemeyer, Christoph/Schecker, Horst (2009): Kommunikationskompetenz in der Physik. Zur Entwicklung eines domänenspezifischen Kommunikationsbegriffs. In: Zeitschrift für Didaktik der Naturwissenschaften 15, 131–153.

Lehner, Martin (2018): Erklären und Verstehen. Eine kleine Didaktik der Vermittlung. Bern: Haupt.

Lehrer-Online. (2018): Lehrvideos für den Geographie-Unterricht. Materialsammlung Sekundarstufen. Lehrer-Online. https://www.lehrer-online.de/unterricht/sekundarstufen/naturwissenschaften/geographie/unterrichtseinheit/ue/lehrvideos-fuer-den-geographie-unterricht/ (Abfrage: 22.12.2022).

Leser, Hartmut (2005): Wörterbuch Allgemeine Geographie. 13., vollst. überarb. Auflage. München: Deutscher Taschenbuch Verlag.

Lütters, Holger (2004): Nicht-reaktive Datenerhebung im Internet. In: Lütters, Holger (Hrsg.): Online-Marktforschung. Wiesbaden: Deutscher Universitätsverlag, S. 95–114.

Matthes, Eva (2011): Lehrmittel und Lehrmittelforschung in Europa. Einleitung. Bildung und Erziehung 64, H. 1, S. 1–5.

Matthes, Eva/Lachner, Hannah (2021): Sexismus in Erklärvideos von simpleclub. In: Matthes, Eva/ Siegel, Stefan T./Heiland, Thomas (2021) (Hrsg.): Lehrvideos – das Bildungsmedium der Zukunft? Erziehungswissenschaftliche und fachdidaktische Perspektiven. Bad Heilbrunn: Klinkhardt, S. 50–69.

Matthes, Eva/Siegel, Stefan T./Heiland, Thomas (Hrsg.) (2021): Lehrvideos – das Bildungsmedium der Zukunft? Erziehungswissenschaftliche und fachdidaktische Perspektiven. Bad Heilbrunn: Klinkhardt.

McCain, Kevin (2016): The Nature of Scientific Knowledge. An Explanatory Approach. Birmingham: Springer.

mpfs – Medienpädagogischer Forschungsverbund Südwest (mpfs) (2018): KIM-Studie 2018. Kindheit, Internet, Medien. Basisuntersuchung zum Medienumgang 6- bis 13-Jähriger in Deutschland. https://www.mpfs.de/fileadmin/files/Studien/KIM/2018/KIM-Studie_2018_web.pdf (Abfrage: 22.12.2022).

mpfs – Medienpädagogischer Forschungsverbund Südwest (mpfs) (2022): JIM-Studie 2022. Jugend, Information, Medien. Basisuntersuchung zum Medienumgang 12- bis 19-Jähriger in Deutschland. Abrufbar unter https://www.mpfs.de/fileadmin/files/Studien/JIM/2022/JIM_2022_Web_final.pdf (Abfrage: 22.12.2022).

Osborne Jonathan F./Patterson Alexis (2011): Scientific Argument and Explanation. A Necessary Distinction? In: Science Education 95, H. 4, S. 627–638.

Ring, Malte, Brahm, Taiga (2022): A Rating Framework for the Quality of Video Explanations. In: Technology, Knowledge and Learning 27, H. 4.

Schneider, Leonie (2021): Welche deutschen Erklärvideokanäle auf YouTube können aus Lehrsicht bezüglich der Wissensvermittlung in der Unterstufe an bayerischen Gymnasien für den physischen Geographie-Unterricht empfohlen werden? Eine dreistufige Forschung bestehend aus einer Kanalfindungs-, einer Kanaluntersuchungs- sowie einer Videobewertungsphase. Unveröffentlichte Zulassungsarbeit an der Universität Augsburg.

Shulman, Lee S. (1986): Those Who Understand: Knowledge Growth in Teaching. In: Educational Researcher 15, H. 2, S. 4–14.

Siegel, Stefan T./Hensch, Ines (2021a): Förderung der Professionalität im Umgang mit Bildungsmedien: Einblick in ein Seminar zur Analyse und Evaluation von Lehr-/Lernvideos für den Einsatz im Unterricht. In: Matthes, Eva/Siegel, Stefan T./Heiland, Thomas (Hrsg.): Lehrvideos – das Bildungsmedium der Zukunft? Erziehungswissenschaftliche und fachdidaktische Perspektiven. Bad Heilbrunn: Klinkhardt, S. 181–192.

Siegel, Stefan T./Hensch, Ines (2021b): Qualitätskriterien für Lehrvideos aus interdisziplinärer Perspektive: Ein systematisches Review. In: Matthes, Eva/Siegel, Stefan T./Heiland, Thomas (Hrsg.):

Lehrvideos – das Bildungsmedium der Zukunft? Erziehungswissenschaftliche und fachdidaktische Perspektiven. Bad Heilbrunn: Klinkhardt, S. 254–266.

Siegel, Stefan T./Streitberger, Sebastian/Heiland, Thomas (2021): MrWissen2 go, simpleclub und Co. auf dem Prüfstand: Eine explorative Analyse von ausgewählten Anbietenden schulbezogener Erklärvideos auf YouTube. In: Matthes, Eva/Siegel/Stefan T./Heiland, Thomas (Hrsg.): Lehrvideos – das Bildungsmedium der Zukunft? Erziehungswissenschaftliche und fachdidaktische Perspektiven. Bad Heilbrunn: Klinkhardt, S. 31–49.

Streitberger, Sebastian/Ohl, Ulrike (2017): Einsatzmöglichkeiten des Augsburger Analyse- und Evaluationsrasters für Bildungsmedien in der Geographiedidaktik. Eine domänenspezifische Analyse am Beispiel eines kostenlosen Online-Unterrichtsmaterials zur globalen Produktionskette von Smartphones. In: Fey, Carl-Christian/Matthes, Eva (Hrsg.): Das Augsburger Analyse- und Evaluationsraster für analoge und digitale Bildungsmedien (AAER). Grundlegung und Anwendungsbeispiele in interdisziplinärer Perspektive. Bad Heilbrunn: Klinkhardt, S. 141–166.

Welbourne, Dustin J./Grant, Will J. (2016): Science Communication on YouTube. Factors That Affect Channel and Video Popularity. In: Public Understanding of Science 25, H. 6, S. 706–718.

Wolf, Karsten D. (2015): Bildungspotenziale von Erklärvideos und Tutorials auf YouTube. Audiovisuelle Enzyklopädie, adressatengerechtes Bildungsfernsehen, Lehr-Lern-Strategie oder partizipative Peer Education? In: Medien + Erziehung 59, H. 1, S. 30–36.

Wolf, Karsten D. (2016): Lernen mit Videos? Erklärvideos im Physikunterricht. In: Naturwissenschaften im Unterricht. In: Physik 27, H. 152, S. 36–41.

Links zu den untersuchten Erklärvideos (Abfrage: 22.12.2022)

- Kinderweltreise: https://www.youtube.com/watchv=fTlZbGpfm5I
- Geographie Plus: https://www.youtube.com/watch?v=9zS5ODCcesg
- Geographie – simpleclub: https://www.youtube.com/watch?v=bDSYIEhUjmE
- Die Merkhilfe: https://www.youtube.com/watch?v=0TQ3ymNfhWI
- Planet Schule: https://www.youtube.com/watch?v=jdKPAjzVa2k
- Teacher Toby: https://www.youtube.com/watch?v=4GzebFtCS6U
- m3 [Erklärung und mehr]: https://www.youtube.com/watch?v=MNMf0p2QTMM
- Klassiker aus dem Erdkundeunterricht: https://www.youtube.com/watch?v=CNJlZfIWHCA
- Lehrerschmidt: https://www.youtube.com/watch?v=7x0f75oIr0k
- Lehrer Leyhe: https://www.youtube.com/watch?v=HeZqgUR8Oro

Erklären und Instruieren als unterrichtliches Handeln von Musiklehrkräften

Ein fachspezifisches Modell

Mario Frei, Gabriele Puffer und Bernhard Hofmann

1. Einleitung

Erklären zählt zu den sogenannten *Core Practices* von Lehrkräften (Fraefel/ Scheidig 2018). Gemeint ist damit eine Kerntätigkeit im Unterricht, die häufig vorkommt, grundsätzlich erlernbar ist und generell in allen Fächern eine Rolle spielt (Asen-Molz/Knott/Schilcher 2022). Das Forschungsprojekt FALKE-q (Fachspezifische Lehrerkompetenz im Erklären – Qualität; Schilcher et al. 2021) untersuchte Qualitätsmerkmale unterrichtlichen Erklärens in elf Unterrichtsfächern und unter Beteiligung von insgesamt 14 Disziplinen.[1] Das transdisziplinäre und universitätsübergreifende Projekt trug mehreren Desideraten Rechnung: Angesichts heterogener Forschungsstände in den beteiligten Unterrichtsfächern zielte es auf fachübergreifende, tragfähige Konzepte für unterrichtliches Erklären und berücksichtigte durch einen Forschungsansatz, der einerseits ein generisches Rahmenkonzept und andererseits fachspezifische Füllungen vorsieht, ein Postulat empirischer Unterrichtsforschung (Praetorius et al. 2020a; siehe auch Klieme 2006). Für das Fach Musik (Teilstudie FALKE-q-Mu) wurde eine Modellierung des Erklärens im Musikunterricht vorgelegt (Frei et al. 2022). Zudem konnten erstmals empirisch gestützt Befunde zu Merkmalen guten Erklärens[2] im Musikunterricht herausgestellt werden (Frei i. Vorb.; Frei et al. angenommen).

---

1 In alphabetischer Reihenfolge: Bildende Kunst und Ästhetische Erziehung (Matthias Weich, Birgit Eiglsperger), Biologie (Christina Ehras, Arne Dittmer), Chemie (Michael Elmer, Oliver Tepner), Deutsch (Lisa Gaier, Anita Schilcher), Englisch (Maria Gastl-Pischetsrieder, Petra Kirchhoff; Universität Erfurt), Evangelische Religion (Renate Murmann, Michael Fricke), Geschichte (Anna-Maria Ruck, Josef Memminger), Grundschulpädagogik (Katharina Asen-Molz, Astrid Rank), Mathematik (Simone Röhrl, Stefan Krauss), Musik (Mario Frei, Gabriele Puffer, Bernhard Hofmann; beide Universität Augsburg) und Physik (Jana Heinze, Karsten Rincke).

2 Die Bezeichnungen ‚Merkmale guten Erklärens' und ‚Qualitätsmerkmale' werden im vorliegenden Text synonym verwendet, beziehen sich jedoch im Sinne der Klassifikation von Unterrichtsqualität nach Berliner (2005) jeweils auf normative Prinzipien guten Erklärens. Auf Basis der vorliegenden Daten kann keine Aussage hinsichtlich der Wirksamkeit von Erklären getroffen werden.

Das Forschungsinteresse im Projekt FALKE-q richtete sich auf Unterricht, der vorwiegend kognitive Ziele verfolgt und in dem Verstehensprozesse initiiert werden sollen (Lindl et al. 2019). Dies gründete vor allem darauf, dass Erklären als Handlung gilt, die zur kognitiven Aktivierung von Schüler*innen wesentlich beitragen kann und damit über alle Unterrichtsfächer hinweg relevant ist (Praetorius/Rogh/Kleickmann 2020). Für das Fach Musik wurden daher Inhalte Allgemeiner Musiklehre (z. B. Notenwerte, Taktarten oder Tonleitern) als Erklärgegenstände ausgewählt. Das führt allerdings zu einer Beschränkung auf einen eng gefassten Ausschnitt von Musikunterricht. Denn in der Musikdidaktik herrscht weitgehend Konsens über das Leitziel einer „verständigen Musikpraxis" (Kaiser 2002, 2010) und über die zentrale Bedeutung vielfältiger Musikpraxen (z. B. Singen, Musizieren, Sich bewegen) für Lehr-/Lernprozesse im Musikunterricht (Puffer 2022; Puffer/Hofmann 2017; Puffer/Hofmann 2022; zusammenfassend: Kranefeld 2021). So liegt es nahe, neben kognitiver Aktivierung auch sensomotorische[3] und ästhetische Aktivierung als wesentliches und fachspezifisches Qualitätsmerkmal von Musikunterricht aufzufassen, entsprechende Unterrichtshandlungen als Teil musikpädagogischer Professionalität zu postulieren und von Musiklehrkräften entsprechende Kompetenzen einzufordern (Puffer 2021; Puffer/Hofmann 2022). In vorgängigen Studien wurden diese Aspekte zwar angesprochen, aber bisher nicht unter dem Aspekt unterrichtlichen Erklärens entfaltet (z. B. Puffer/Hofmann 2017; Puffer 2021). Zudem erfordert eine umfassende musikspezifische Konzeptualisierung die Ergänzung unterrichtlichen Instruierens als weitere Handlung von Musiklehrkräften. Entsprechende Überlegungen sollen im Folgenden entfaltet werden.

2. Erklären und Instruieren

Im musikdidaktischen Schrifttum begegnen Begriffe wie „Darstellen", „Vormachen", „Erklären" oder „Verständlichmachen", die als „musikbezogene Instruktionsstrategien" zusammengefasst werden können (Puffer/Hofmann 2017, S. 254). Instruktion hat hier die Bedeutung eines Sammelbegriffs, analog zur Verwendung des Wortes *Instruction* im angloamerikanischen Diskurs (z. B. Dorfman 2013; Kunter et al. 2013). Das Begriffsfeld ist allerdings weit und unscharf;[4] ungeklärt ist auch das Verhältnis der einzelnen Termini zueinander (Frei et al. 2022).

---

3 Vgl. dazu auch entsprechende Überlegungen für das Fach Sport (Herrmann/Gerlach 2020).
4 Begriffe wie *Instruction* oder *Instructional Explanation* beziehen sich in englischsprachigen Fachtexten auf „Unterrichten" beziehungsweise „Erklären in Lehr-/Lernkontexten" (z. B. Kunter et al. 2013; Leinhardt 2001). Gleiches gilt für eingedeutschte Fassungen jener Termini: „Instruktionales Erklären" (z. B. Renkl et al. 2006) kann dabei als Synonym für unterrichtliches Erklären aufgefasst werden.

Eine deutlich präzisere terminologische und konzeptionelle Abgrenzung der Begriffe ‚Erklären' und ‚Instruieren' bieten Ansätze aus der Linguistik. Sie differenzieren zwischen *Erklären*, das auf den Ausbau von Wissen und dessen Einordnung in einen Gesamtzusammenhang ausgeht, und *Instruieren*, das Adressat*innen zu Handlungsvollzügen befähigen soll (Hohenstein 2009; siehe auch Becker-Mrotzek 2004). Für die Bezeichnung eines unterrichtlichen Prozesses als Erklären oder Instruieren ist also nicht die Handlung an sich maßgeblich, sondern deren Zweck. Erklären und Verstehen stehen dabei in korrespondierender, komplementärer Beziehung zueinander (z. B. Kiel 1999).

Diese Auffassung erscheint als Arbeitsgrundlage einer fachspezifischen Konzeptualisierung von *Erklären* und *Instruieren* hilfreich (vgl. Frei et al. 2022). Musikdidaktisches, musikpsychologisches sowie vokal- und instrumentalpädagogisches Schrifttum legt nahe, dass beim Erarbeiten von Liedern, Musikstücken oder Tänzen im Fach Musik Prinzipien des Modelllernens eine große Rolle spielen (z. B. Hellberg 2018; Jank 2021; Kopiez/Wöllner 2018; Spychiger 2015). Beim Erarbeiten eines Liedes singt die Musiklehrkraft beispielsweise einen kurzen Melodieteil, ein *Pattern* vor, das die Schüler*innen möglichst präzise nachsingen sollen. Sie spiegelt einen ‚Fehler', den die Lernenden identifizieren und beim eigenen Singen vermeiden sollen. Sie spricht den Liedtext im vorgesehenen Rhythmus, um die korrekte Aussprache, die Artikulation von Konsonanten und Vokalen, zu demonstrieren. Mit dirigentischen Gesten koordiniert sie das gemeinsame Singen, zeigt das Tempo und den Ausdruck des Liedes an. Solches Lehrhandeln, das darauf abzielt, bestimmte musikpraktische bzw. musikbezogene Aktivitäten der Schüler*innen zu initiieren und anzuleiten, zu fördern und zu optimieren, bezeichnen wir im Folgenden als Instruieren.[5] Geht es beim Erklären vorrangig um kognitive Aktivierung und den Aufbau von Faktenwissen, so richtet sich Instruieren in erster Linie auf sensomotorische Aktivierung und auf prozedurales Wissen (zur Terminologie siehe Anderson/Krathwohl 2001; Jordan et al. 2006). Dabei kann es um den Erwerb von Fähigkeiten zum Vollzug musikpraktischer Handlungen gehen (z. B. darum, eine Melodie auf der Klarinette angemessen spielen zu können) oder um Fähigkeiten zum Vollzug musikbezogener Handlungen (z. B. darum, die Teile der Klarinette richtig zusammenzustecken und das Rohrblatt in das Mundstück einzuspannen).

In der Unterrichtspraxis können sich mehrere einzelne Instruktionen aneinanderreihen oder mit Erklärungen verketten. Bei der Liederarbeitung kann die Lehrkraft zum Beispiel je nach Situation nach dem ersten *pattern* ein weiteres Vorsingen oder, falls die Schüler*innen das erste *pattern* suboptimal intonieren,

---

5 Davon abzugrenzen ist die Auffassung von ‚Instruktion' im Sinne einer Aufforderung, die zwar eine Handlung auslöst, aber nicht auf die Behebung eines Fähigkeits- oder Wissensdefizits zielt (z. B. Die Lehrkraft bittet mit einer Geste die Schüler*innen, zum Singen aufzustehen).

eine zielführende Stimmbildungsübung einflechten – oder aber zu einer Erklärung stimmphysiologischer Sachverhalte wechseln (siehe dazu auch Jank 2021, S. 99 f.).[6] Obschon in der Unterrichtspraxis *Erklären* und *Instruieren* zusammenspielen, lassen sie sich auf diese Weise analytisch klar voneinander unterscheiden. Ein Verständnis, das *Erklären* und *Instruieren* bestimmten Lernbereichen beziehungsweise „didaktischen Handlungsfeldern" (Dartsch et al. 2018, Kap. 4.6.2) im Musikunterricht zuordnen möchte, griffe freilich zu kurz. Denn *Erklären* ist nicht ausschließlich bei der Vermittlung musiktheoretischer oder musikhistorischer Inhalte relevant, und *Instruieren* spielt auch außerhalb musikpraktischer Unterrichtsphasen eine Rolle.

3. Erklären und Instruieren im Musikunterricht: Ein Modell

Vor diesem Hintergrund vereint die Konzeptualisierung unterrichtlichen Erklärens im Projekt FALKE-q zwei Perspektiven. Die Beteiligten entwickelten zunächst ein gemeinsames generisches Rahmenmodell, das dann fachspezifisch gefüllt, modifiziert oder erweitert wurde (Schilcher et al. 2021).[7] Im Zuge dessen wurden Spezifika unterrichtlichen Erklärens im Fach Musik modelliert und für musikpädagogische Forschungsvorhaben operationalisiert (Frei i. Vorb.; Frei et al. 2022).

Als Ertrag einer umfassenden und fachübergreifenden Literaturrecherche (z. B. Findeisen 2017; Kulgemeyer/Tomczyszyn 2015; Pauli 2015; Schopf/Zwischenbrugger 2015; Wörn 2014) konnten in FALKE-q zunächst fünf generische Merkmale unterrichtlichen Erklärens herausgearbeitet werden:

- Adressat*innenorientierung,
- Strukturiertheit,
- Sprachliche Verständlichkeit,
- Sprech- und Körperausdruck und
- Einsatz von Visualisierungen.[8]

---

6 An diesem Beispiel wird bereits deutlich, dass Konzepte, die Erklären bzw. Instruieren bestimmten Lernbereichen beziehungsweise „didaktischen Handlungsfeldern" (Dartsch et al. 2018) des Musikunterrichts zuweisen wollen, unterkomplex wären.

7 Als Grundlage beziehen sich alle Fächer auf eine gemeinsame Definition: Unterrichtliches Erklären einer Lehrkraft ist ein komplexer, vorbereiteter oder sich situativ ergebender sowie interaktiver Kommunikationsprozess, der auf eine Fähig- beziehungsweise Fertigkeitsentwicklung sowie die Initiierung eines Verstehensprozesses bei Adressatinnen und Adressaten abzielt (Lindl et al. 2019).

8 Anders als die vier erstgenannten Merkmale lässt sich der Einsatz von Visualisierungen nicht ohne konkrete fachspezifische Füllungen konzeptualisieren (Leinhardt 2001). Daher wurde dieser Aspekt in FALKE-q jeweils fachspezifisch modelliert.

In einem zweiten Schritt wurde die musikunterrichtsspezifische Passung dieser Merkmale durch analytische Auswertung einschlägiger fachdidaktischer Literatur überprüft (z. B. Fuchs 2015; Nolte/Weyer 2011; siehe zusammenfassend Frei i. Vorb.; Frei et al. 2022). Die Ergebnisse führten zu einem Modell, das einerseits mit fachinhaltlichen Ausdifferenzierungen aufwarten und andererseits systematische Details ausschärfen möchte, die auch fachübergreifend relevant sein könnten. Zunächst zeigte sich, dass die genannten fünf Merkmale für Erklären zu einem gewissen Grad auch für Instruieren einschlägig sind, was ein Modell ermöglichte, das sich auf beide Konstrukte beziehen lässt. Weiterhin sind die genannten fünf Merkmale drei unterschiedlichen Ebenen zugeordnet, die sich im Grad inhaltlicher Konkretisierung und fachspezifischer Füllung unterscheiden. Diese Differenzierung zeigen unterschiedliche Grautöne in der Grafik an (siehe Abb. 1).

Abb. 1: Merkmale von Erklären und Instruieren im Musikunterricht (vgl. Frei i. Vorb.; Frei et al. 2022)

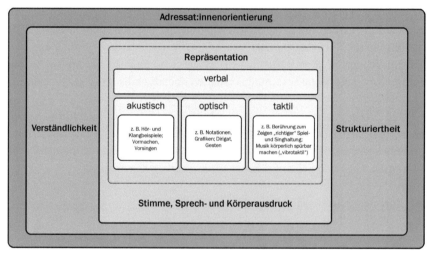

3.1 Adressat*innenorientierung

Das Merkmal *Adressat*innenorientierung* benennt – als einziges der fünf oben genannten – explizit die Empfänger*innen einer Erklärung bzw. einer Instruktion. Damit unterscheidet es sich in Dimension und Reichweite von den anderen Komponenten, und es bestimmt zudem die Konzeptualisierung und Ausgestaltung der anderen Merkmale. Ob und wie beispielsweise Fachbegriffe in einer Erklärung von den jeweiligen Adressat*innen ,verstanden' werden, hängt u. a. von deren Vorwissen ab. Auch Facetten der *Strukturiertheit* einer Erklärung, zum Beispiel schrittweises Vorgehen, Portionierung und Stufung von Erklärinhalten oder die Sicherung von Zwischenergebnissen richten sich aus an den Lernvoraussetzungen der Adressat*innen. Dass beim Erklären in Lehr-/Lernkontexten der Orientierung am Wissensstand der Adressat*innen zentrale Bedeutung zukommt, konnte empirisch nachgewiesen werden (z. B. Nückles et al. 2005; zusammenfassend Renkl et al. 2006). Wir nehmen an, dass dieser Befund auch für das Instruieren gilt: So wird sich z. B. das Warm-up in einem Kinderchor vom Warm-up in einem Erwachsenenchor in Form, Inhalt und Methode unterscheiden, und ob Gesten und Schlagfiguren eines Dirigenten bzw. einer Dirigentin von einer musizierenden Lerngruppe ‚verstanden' werden, hängt von deren musikalischen Vorerfahrungen ab. Wir fassen daher *Adressat*innenorientierung* vorläufig auf als Leitprinzip, das alle genannten Merkmale einer Erklärung bzw. Instruktion grundiert; eine strukturelle Validierung dieser Vermutung steht noch aus.

Im schulischen Musikunterricht zeigen sich fachliche Facetten von *Adressat*innenorientierung*: Es gibt außerhalb von Schule zahlreiche musikalische Lehr-/Lernangebote, z. B. in Familien, im privaten Instrumentalunterricht, in Musikschulen, Musikvereinen, Orchestern, Chören und Bands (siehe z. B. Ahlers 2018; Ardila-Mantilla 2018). Daraus resultiert fachspezifische Heterogenität, die sich bei den Lernenden im schulischen Musikunterricht nicht nur im graduell unterschiedlichen musikpraktischen bzw. musikbezogenen Wissen und Können zeigt, sondern auch in divergierender musikalischer Erfahrenheit und musikbezogener Lernmotivation (siehe z. B. Fiedler/Müllensiefen 2016; Harnischmacher/ Knigge 2017; Linn 2017). Schließlich sind, jenseits solcher recht stabiler Dispositionen, im schulischen Musikunterricht auch kurzfristig auftretende, aktuelle Lernvoraussetzungen relevant (z. B. stimmliche ‚Tagesform' der Schüler*innen).

3.2 Strukturiertheit

Die *Strukturiertheit* einer Erklärung umfasst Parameter wie Kohärenz oder Aufbau der ausgewählten Inhalte (z. B. Pauli 2015; Schopf/Zwischenbrugger 2015). Zur Strukturiertheit kann beispielsweise eine Übersicht zu Beginn eines Erklärprozesses beitragen oder eine Zusammenfassung am Ende (z. B. Wagner/ Wörn 2011). Die Abfolge der einzelnen (Zwischen-)Schritte beim Erklären kann nach Schopf und Zwischenbrugger (2015) sowohl einer fachlichen Logik als auch der Logik des Lernprozesses von Schüler*innen folgen.

Das Merkmal *Strukturiertheit* zeigt sich in analoger Weise bei Instruktionsprozessen. So kann sich im schulischen Musikunterricht das Erlernen eines neuen Liedes gliedern in schrittweises Vor- und Nachsingen kurzer Melodieabschnitte (*Pattern*). *Strukturiertheit* lässt sich weiterhin, wie oben in Abschnitt 2 beschrieben, im Zusammenspiel von Erklärung und Instruktion ablesen; ferner bei der Anleitung von Tanzimprovisationen (z. B. Einsatz von Musik zu Beginn als Stimulus oder während des Tanzens als Begleitung und Untermalung, vgl.

Stibi 2018, S. 246) oder bei der Reihenfolge von Erklär- und Instruktionshandlungen (z. B. „Handlung vor Wissen – Klang vor Zeichen", Fuchs 2015).

3.3 Verständlichkeit

Unterrichtliches Erklären wird meist als Sprachhandlung aufgefasst (z. B. Neumeister 2011) – so auch im Projekt FALKE-q. *Sprachliche Verständlichkeit* bezieht sich demnach auf Kriterien sprachwissenschaftlicher Verständlichkeitsforschung, zum Beispiel auf die in einer Erklärung verwendeten Fachbegriffe oder auf die Komplexität der Syntax (siehe z. B. Thim-Mabrey 2020). Im Musikunterricht spielen, wie oben dargelegt, einerseits Singen, Musizieren, Sich-Bewegen, Dirigieren usw. eine wichtige Rolle, andererseits Erklär-/Instruktionshandlungen, die sich nicht sprachlich, sondern auf andere Weisen vollziehen. Folglich geht es nicht allein um *Sprachliche Verständlichkeit*, sondern um eine erweiterte Auffassung, mithin um *Verständlichkeit*, die nonverbale Erklär- bzw. Instruktionshandlungen einbezieht.

Das ‚klassische' Dirigat einer Orchesterleiterin – etwa das gestische Aviso zum gemeinsamen Einsatz – mag für Musiker*innen eines Streichorchesters (selbst-)verständlich sein – anders als für die Spieler*innen einer Bigband, die es gewohnt sind, dass der Bandleader ein Musikstück ‚einzählt' oder die Drummerin einige Schläge im Tempo vorgibt. Der Grad der *Verständlichkeit* einer Klavierbegleitung als Instruktion für eine singende Gruppe kann sich dadurch ändern, dass die Liedmelodie nicht in der Oberstimme erklingt (siehe Abb. 2), sondern, weniger gut hörbar, in einer Mittelstimme (siehe Abb. 3; Melodie in der zweituntersten Stimme).

Abb. 2: Der Mond ist aufgegangen, Melodie in der Oberstimme (trad., Arr. B. Hofmann)

Abb. 3: Der Mond ist aufgegangen, Melodie in der Mittelstimme (trad., Arr. B. Hofmann)

3.4 Repräsentation

In der pädagogischen Psychologie wird *Repräsentation* verstanden als „ein Objekt oder ein Ereignis, das für etwas anderes steht, es re-präsentiert" (Schnotz/Bannert 1999, S. 218). Im vorliegenden Kontext sind damit externe Formen gemeint, die zur Konstruktion interner, mentaler Repräsentationen bei Lernenden beitragen können (Schnotz/Bannert 1999). In diesem Sinne gebraucht, begegnet der Begriff in fachübergreifenden Forschungsdiskursen zum Erklären. Dabei bezieht er sich vor allem auf den Einsatz von Visualisierungen, Analogien und Beispielen, und hier primär auf optische und verbale Formen der Repräsentation (z. B. Findeisen 2017; Hill/Charalambous/Kraft 2012; Leinhardt 2001; Pauli 2015; Schopf/Zwischenbrugger 2015). Im Unterschied zu den bisher behandelten Merkmalen von Erklären und Instruieren sind Repräsentationen damit auf der Ebene der Performanz bzw. von Sichtstrukturen anzusiedeln (vgl. z. B. Kunter/Trautwein 2013; Wisniewski et al. 2020).

Die hohe Relevanz von *Repräsentationen* für Erklärhandlungen wird über verschiedene Fachdidaktiken hinweg herausgestellt (z. B. Findeisen 2017; Gaier 2020; Heinze 2022; Rathausky 2010; Wörn 2014); mit Blick auf die konkrete Umsetzung im (Fach-)Unterricht wird der enge Zusammenhang mit konkreten Fachinhalten hervorgehoben (Leinhardt 2001). So zählen Kulgemeyer und Schecker (2017) zu den zentralen Repräsentationsformen im Physikunterricht „die verwendete graphische Darstellungsform (z. B. Diagramme oder realistische Fotos, Freihandexperimente)" ebenso wie „alltagsnahe Beispiele oder fachspezifische Analogien" und „Mathematisierungen (z. B. Formeln oder verbalisierte mathematische Zusammenhänge (‚je-desto'))" (Kulgemeyer/Schecker 2017, S. 104). Der folgende Vorschlag einer fachspezifischen Konzeptualisierung des Merkmals *Repräsentation* für das Fach Musik basiert auf systematischer Auswertung von fachdidaktischer Literatur, Lehrwerken, Unterrichtsvideos und Lehrer*inneninterviews.

Wie in anderen Fächern ist auch im Fach Musik der Einsatz von Analogien bzw. Metaphern verbreitet (z. B. Kemmelmeyer/Nykrin 2004; Oberschmidt 2011), beispielsweise beim Erklären (‚Tonleiter') oder beim Instruieren (‚Stellt euch beim Atmen einen Luftballon in eurem Körper vor, der sich in alle Richtungen gleichermaßen aufbläht'). Auch die Verwendung von Visualisierungen, Abbildungen und Symbolen lässt sich in der Geschichte musikalischer Unterweisung bis in die Antike zurückverfolgen (z. B. Nolte/Weyer 2011) und begegnet bis heute in schulischen Lehrwerken (z. B. Schmid 2019; Lindner 2022). Dazu treten weitere, fachspezifische Formen optischer *Repräsentation*: Das Zeigen von Bewegungen beim Instrumentalspiel, das Vormachen von Schrittfolgen beim Tanzen oder das Ausführen dirigentischer Gesten beim Leiten einer musizierenden Gruppe – all das kann beim Instruieren und Erklären eine Rolle spielen (Frei et al. 2022).

Die Tatsache, dass es sich bei Musik um ein klingendes Phänomen handelt, legt eine besondere Bedeutung akustischer Formen von *Repräsentation* nahe, etwa in Form von Hör- bzw. Klangbeispielen (Puffer/Hofmann 2017). Hinzu kommt die große Bedeutung klanglicher Formen der Kommunikation im Musikunterricht (Hellberg 2018). Das Vorsingen oder Vorspielen einer kurzen Melodiefolge, verstanden als Form akustischer *Repräsentation*, kann sowohl Erklären als auch Instruieren konstituieren: hier als klangliche Illustration eines musikalischen Phänomens, dort als Aufforderung zum Nachvollzug, zum Nachsingen oder Nachspielen (siehe hierzu ausführlich Frei et al. 2022).

Ebenfalls als fachliches Spezifikum können (vibro-)taktile Formen der *Repräsentation* gelten. Verstanden als Eigen- oder Fremdberührungen des Körpers (z. B. Schröter 2021; Steffen-Wittek 2021) spielen sie vor allem in Musizier- und Singesituationen eine Rolle – und hier wiederum bei Erklärungen und/oder Instruktionen. Im Instrumental- oder Gesangsunterricht kann die Lehrkraft durch gezieltes Berühren Wahrnehmungsprozesse der Schüler*innen in Gang setzen oder die Spiel- bzw. Singhaltung korrigieren; Schwingungen von Resonanzräumen beim Singen können Schüler*innen ertasten und erspüren, wenn sie unterschiedliche Partien ihres Körpers berühren.

Die hier vorgeschlagene Erweiterung und Systematisierung des Merkmals *Repräsentation* zielt, wie oben gesagt, auf musikspezifische Differenzierung; sie könnte aber auch für andere Fächer einschlägig sein (z. B. Sport, Fremdsprachenunterricht).

3.5 Stimme, Sprech- und Körperausdruck

Das Begriffspaar *Sprech- und Körperausdruck* stammt aus der Sprechwissenschaft und bezieht sich auf performative Elemente beim Erklären und Instruieren (z. B. Papst-Weinschenk 2016). Auch hierbei handelt es sich um Aspekte der unterrichtlichen Performanz der Lehrperson. Stimmklang und Stimmmodulation, Sprechtempo und Sprechpausen, Körperhaltung und Einsatz förderlicher Gesten oder Blickkontakt und Zugewandtheit zu den Adressat*innen (z. B. Allhoff/Allhoff 2010; Papst-Weinschenk 2016) beeinflussen die Qualität einer Erklärung oder Instruktion vermutlich über alle Unterrichtsfächer hinweg. Für das Fach Musik bedarf es jedoch auch hier einer Differenzierung und Präzisierung: Facetten von *Sprechausdruck*, so schlagen wir vor, beziehen sich auf eine (Musik-)Lehrkraft, die beim Erklären und/oder Instruieren selbst spricht (z. B. auf ihren Stimmklang, mit dem sie eine Erklärung vorträgt), nicht aber auf Faktoren, die für das Fach Musik als Fälle akustischer Repräsentation ausgewiesen wurden (z. B. auf technische und ästhetische Qualitäten ihres Stimmklangs beim Vorsingen). Deshalb schlagen wir eine Ergänzung der Merkmalsbezeichnung um den Begriff ‚Stimme‘ vor. Wenn eine Lehrkraft beispielsweise durch Vorsingen instruiert und auf ein wohltönendes Nachsingen von Schüler*innen einer 5. Jahrgangsstufe abzielt, kann sie auf ein etabliertes ästhetisches Leitbild für den Klang von Kinderstimmen zurückgreifen (z. B. Mohr 2005): In diesem Fall würde sie mit ihrer eigenen Stimme einen leichten, ,kopfigen' Klang erzeugen, der von Kindern besonders gut imitiert werden kann und gewissermaßen auf klanglich-ästhetischer Ebene unmittelbar ,verständlich' ist.

Solche Aspekte von Stimmeinsatz zielen, anders als sprecherische Elemente beim mündlichen Erklären oder Instruieren, auf ästhetische Aktivierung und sind daher für Musikunterricht spezifisch. Ein solchermaßen erweitertes Merkmal *Sprech- und Körperausdruck* könnte jedoch wiederum für andere Unterrichtsfächer fruchtbar gemacht werden – beispielsweise, wenn es im Deutschunterricht um das ästhetisch ansprechende und zur eigenen Nachgestaltung motivierende Rezitieren eines Gedichts geht.

4. Empirische Befunde

Eine frühere Version der dargestellten Modellierung diente als theoretische Grundlage für die Studie FALKE-q-Mu (Frei i. Vorb.; Frei et al. angenommen). Dabei interessierte die Frage, ob Personen aus unterschiedlichen Statusgruppen (Schüler*innen, Lehramtsstudierende und Lehrende) die Qualität unterrichtlicher Erklärungen auf unterschiedliche Art bewerten (siehe Abb. 4). Im Rahmen eines quasi-experimentellen Designs wurden sieben kurze unterrichtliche Erklärungen aus dem Bereich der Musiktheorie als Stimuli in einen Onlinefragebogen integriert.

Abb. 4: Perspektiven auf Erklären (vgl. Frei i. Vorb.)

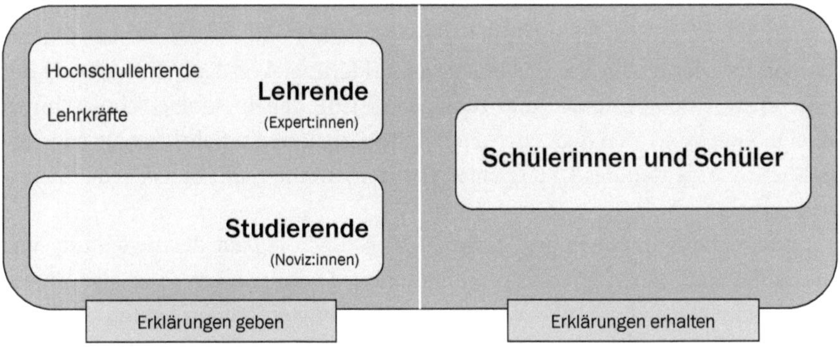

Berücksichtigt wurde damit sowohl die Perspektive der Adressat*innen als auch die Sichtweise derer, die sich mit einem unterschiedlichen Grad an Expertise mit dem Geben von Erklärungen auseinandersetzen.

Die Resultate ergeben deutliche Anhaltspunkte dafür, dass alle postulierten Merkmale des Modells relevant für die Beurteilung der Qualität unterrichtlichen Erklärens sind. Hinsichtlich der Bedeutung von Qualitätsmerkmalen unterrichtlichen Erklärens zeigten sich jedoch teils deutliche Unterschiede zwischen den einzelnen Statusgruppen. Ermittelt wurden diese durch hierarchisch lineare Regressionsmodelle, die sowohl über die gesamte Stichprobe als auch für jede Statusgruppe einzeln berechnet wurden. In allen Fällen stellte das Globalurteil das Kriterium dar, dessen Varianz durch die fünf ausgewählten Merkmale sowie eine Kontrollvariable ‚Persönlichkeitswirkung der erklärenden Lehrkraft' vorhergesagt wurde. Jedes Modell berücksichtigte die jeweils nach Personen und Videos geschachtelte Datenstruktur. Das Mehrebenenmodell mit den Werten der Gesamtstichprobe weist etwa gleich starke signifikante Regressionsgewichte für alle ausgewählten Merkmale mit Ausnahme der Kontrollvariable Persönlichkeitswirkung auf (Frei i. Vorb., Tab. 5.40).

Einen differenzierteren Blick ließen statusgruppenspezifische Modelle zu, die jeweils nicht nur mehr Varianz der abhängigen Variable Erklärqualität erklären konnten, sondern auch unterschiedliche signifikante Regressionsgewichte zeigten (Frei i. Vorb., Tab. 5.39). So war zunächst auffällig, dass keines der Merkmale in allen drei Gruppen signifikant wurde, jedoch jedes Merkmal für mindestens eine Statusgruppe von signifikanter Bedeutung für die Erklärqualität war. Besonders interessant dürften dabei die unterschiedlichen Tendenzen zwischen der Gruppe der Erklärenden auf der einen und den Schüler*innen auf der anderen Seite sein: Bei Studierenden und Lehrenden wiesen eher die tiefenstrukturellen Merkmale des Modells signifikante Regressionsgewichte auf: *Adressat*innenorientierung* erzielte für beide Gruppen hohe signifikante Werte, wobei das Merkmal *Strukturiertheit* bei den Studierenden zusätzlich signifikant wurde. Bei den Schüler*innen hingegen zeigten *Sprech- und Körperausdruck* sowie *Einsatz musikbezogener Repräsentationen* signifikante Regressionskoeffizienten. Für die Lernenden waren also offensichtlich die Merkmale auf Ebene der Sichtstrukturen besonders relevant für die Qualität einer Erklärung. Vor dem Hintergrund der Ergebnisse von Wisniewski und Kollegen (2020), denen zufolge Schüler*innen die Qualität von Unterricht eher nach dem Verhalten der Lehrkraft als nach inhaltlichen Aspekten des Unterrichts bewerten, könnten die Urteile jedoch auch verzerrt sein.

Ein weiteres Interesse der Studie FALKE-q-Mu lag auf der Bedeutung von optischen und akustischen Repräsentationen. Diese wurden über alle Videos hinweg systematisch variiert. Varianzanalysen mit gemischtem Design, in denen Erklärqualität als abhängige und die Faktoren Erklärmodus (als Ergebnis unterschiedlich kombinierter Repräsentationsformen) sowie Statusgruppe als unabhängige Variablen einflossen, zeigten signifikant schlechtere Bewertungen für die Erklärungen, in denen eine optische Repräsentation fehlte – und das unabhängig von verschiedenen Erklärthemen und über alle Statusgruppen hinweg. Hingegen gab es keine signifikant schlechteren Bewertungen für diejenigen Erklärungen, in denen eine akustische Repräsentation fehlte. Vor dem Hintergrund der im musikdidaktischen Schrifttum weithin geteilten Überzeugung, dass ein vollumfängliches und tiefes Verstehen musikalischer Strukturen und Phänomene nur durch akustische Repräsentation, etwa in Form von Hör- oder Klangbeispielen, möglich sei (vgl. z. B. Jank 2021, S. 89–100), erscheint dies ausgesprochen überraschend.

Insgesamt konnte im Rahmen der Studie FALKE-q-Mu nicht nur die theoretische Modellierung des Konstrukts Erklären im Fach Musik validiert werden. Es zeigte sich auch, dass das Modell dazu geeignet ist, perspektivenspezifische Unterschiede in der Beurteilung der Qualität unterrichtlicher Erklärungen musiktheoretischer Inhalte abzubilden – was einen Anschluss an den bildungswissenschaftlichen Diskurs um perspektivenspezifische Validität von Unterrichtsqualität ermöglicht (vgl. z. B. Kunter/Baumert 2006; Kleickmann/Praetorius/Riecke-Baulecke 2019; für Details siehe Frei i. Vorb.).

Einschränkend ist allerdings zu berücksichtigen, dass sich die Reichweite der hier skizzierten Erkenntnisse auf einen sehr schmalen inhaltlichen und methodischen Ausschnitt von Musikunterricht beschränkt, in dem vorrangig kognitive Ziele verfolgt werden (Frei et al. eingereicht). Zum anderen wurde im Rahmen von FALKE-q-Mu nur unterrichtliches Erklären untersucht. Inwieweit die theoretisch postulierten Qualitätsmerkmale auch für unterrichtliches Instruieren im Fach Musik relevant sind, ist bislang ungeklärt.

5. Diskussion und Ausblick

Das vorliegende Modell zum Erklären und Instruieren kann zur Planung, Durchführung und Analyse schulischen wie außerschulischen Musikunterrichts, als heuristischer Rahmen für musikpädagogische Forschungszwecke sowie zur Kommunikation über Fach- und Disziplingrenzen hinweg dienen. Wir nehmen zudem an, dass die vorgenommene Konzeptualisierung auch für andere Fächer (wie Kunst und Sport, aber auch Mathematik und Naturwissenschaften sowie (Fremd-)Sprachen) Anregungen bieten könnte. Dies gilt sowohl für die vorgenommene Bestimmung des Verhältnisses von Erklären und Instruieren als auch für die konzeptuelle Erweiterung des bestehenden Rahmens: Das Merkmal *Verständlichkeit* wurde um optische (z. B. Dirigat) und akustische Formen (z. B. die Komplexität von Instrumentalbegleitung) ergänzt, die Komponente *Sprech- und Körperausdruck* um Facetten stimmlichen Ausdrucks, die über Sprachliches hinausgehen. Zu verbalen und optischen Repräsentationsformen treten auch akustische und vibrotaktile Formen.

Hinsichtlich der empirischen Validierung des Modells sind noch einige Fragen offen: Lässt sich das vorgestellte Konstrukt auch für inhaltliche Ausschnitte von Musikunterricht operationalisieren und validieren, in denen gesungen und musiziert, Musik gehört oder zu ihr getanzt wird? Zeigen sich bei Qualitätsurteilen zu entsprechenden Erklärungen und Instruktionen ähnliche Tendenzen einer perspektivenspezifischen Validität, wie sie für das Erklären musiktheoretischer Inhalte erstmals empirisch nachgewiesen werden konnten (Frei i. Vorb; Frei et al. angenommen)? Ist das Modell darüber hinaus geeignet, um nicht nur geplantes, sondern auch spontanes ad-hoc Erklären oder Instruieren abzubilden? Kann die Modellierung tatsächlich auch in anderen Fächern als Grundlage von Analyse, Planung und Verständigung genutzt werden?

Nutzt man die hier vorgelegte Modellierung als Raster für die Beurteilung von Erklär- und Instruktionsqualität, dann führt dies zu einer weiteren Frage: Die im Rahmen von FALKE-q identifizierten und für die Gestaltung des Modells maßgeblichen Qualitätsmerkmale beziehen sich auf anzustrebende Lernerträge im kognitiven Bereich. Bildungswissenschaftliche Modellierungen von Unterrichtsqualität betonen jedoch einhellig die große Bedeutung motivationaler Erträge von Unterricht (z. B. Praetorius et al. 2020; Vieluf et al. 2020). Die Fragen, inwieweit die hier entfalteten Merkmale von Erklären und Instruieren auch Einfluss auf die weitere Lern- und Leistungsmotivation von Kindern und Jugendlichen haben und ob weitere Facetten von Erklären bzw. Instruieren für diesen Aspekt unterrichtlicher Qualität relevant sind, könnten interessante künftige Forschungsfelder bilden – für das Fach Musik und darüber hinaus.

Literatur

Ahlers, Michael (2018): Musiklernen und digitale Medien. In: Dartsch, Michael/Knigge, Jens/Niessen, Anne/Platz, Friedrich/Stöger, Christine (Hrsg.): Handbuch Musikpädagogik. Grundlagen – Forschung – Diskurse. München: UTB, S. 405–410.

Allhoff, Dieter W./Allhoff, Waltraud (2010): Rhetorik und Kommunikation. Ein Lehr- und Übungsbuch 15. Auflage. München: Ernst Reinhardt Verlag.

Anderson, Lorin W./Krathwohl, David R. (Hrsg.) (2001): A Taxonomy for Learning, Teaching and Assessing: A Revision of Bloom's Taxonomy of Educational Objectives. New York: Longman.

Ardilla-Mantilla, Natalia (2018): Außerinstitutionelle Lernräume. In: Dartsch, Michael/Knigge, Jens/ Niessen, Anne/Platz, Friedrich/Stöger, Christine (Hrsg.): Handbuch Musikpädagogik. Grundlagen – Forschung – Diskurse München: UTB, S. 397–405.

Asen-Molz, Katharina/Knott, Christina/Schilcher, Anita (2022): Erklären als Core Practice. Über die Förderung von Erklärkompetenz angehender Lehrkräfte. In: Journal für Lehrerinnenbildung 22, H. 3, S. 30–42. https://jlb-journallehrerinnenbildung.net/download/erklaeren-als-core-practice-ueber-die-foerderung-von-erklaerkompetenz-angehender-lehrkraefte (Abfrage: 26.04.2023).

Becker-Mrotzek, Michael (2004): Schreibentwicklung und Textproduktion. Der Erwerb der Schreibfertigkeit am Beispiel der Bedienungsanleitung. Mannheim: Verlag für Gesprächsforschung.

Berliner, David C. (2005): The near impossibility of testing for teacher quality. In: Journal of Teacher Education 56, H. 3, S. 205–213. https://www.researchgate.net/publication/238524844_The_Near_Impossibility_of_Testing_for_Teacher_Quality/link/02e7e53c6d5f12c8ef000000/download (Abfrage: 26.04.2023).

Dartsch, Michael/Knigge,Jens/Niessen, Anne/Platz, Friedrich/Stöger, Christine (Hrsg.): Handbuch Musikpädagogik. Grundlagen – Forschung – Diskurse München: UTB.

Dorfman, Jay (2013): Theory and practice of technology-based music instruction. Oxford: Oxford University Press.

Fiedler, Daniel/Müllensiefen, Daniel (2016): Struktur und Entwicklung von Musikalischem Selbstkonzept, Musikalischer Erfahrenheit und Interesse am Schulfach Musik: Eine empirische Längsschnittuntersuchung von Schülerinnen und Schülern (9 bis 17 Jahre) an Haupt-, Gemeinschafts- und Realschulen sowie Gymnasien in Baden-Württemberg. In: Knigge Jens/Niessen, Anne (Hrsg.): Musikpädagogische Forschung: Bd. 37, Musikpädagogik und Erziehungswissenschaft. Münster: Waxmann, S. 209–230.

Findeisen, Stefanie (2017): Fachdidaktische Kompetenzen angehender Lehrpersonen. Eine Untersuchung zum Erklären im Rechnungswesen. Wiesbaden: Springer.

Fraefel, Urban/Scheidig, Falk (2018): Mit Pragmatik zu professioneller Praxis? Der Core-Practices-Ansatz in der Lehrpersonenbildung. In: Beiträge zur Lehrerinnen- und Lehrerbildung 36, H. 3, S. 344–364.

Frei, Mario (i. Vorb.). Erklären im Musikunterricht. Eine Studie zu Qualitätsmerkmalen. (Dissertation).

Frei, Mario/Puffer, Gabriele/Hilbert, Sven/Hofmann, Bernhard (2022): Zwischen Generik und Spezifik – zur Konzeptualisierung von „gutem Erklären" im schulischen Musikunterricht. In: Göllner, Michael/Knigge, Jens/Niessen, Anne/Weidner, Verena (Hrsg.): 43. Jahresband des Arbeitskreises Musikpädagogische Forschung. [43rd Yearbook of the German Association for Research in Music Education]. Münster: Waxmann, S. 197–212.

Frei, Mario/Puffer, Gabriele, Hilbert, Sven/Hofmann, Bernhard (angenommen): Merkmale guten Erklärens im Musikunterricht: eine Frage der Perspektive? In: Göllner, Michael/Honnens, Johann/Krupp, Valerie/Oravec, Lisa (Hrsg.): 44. Jahresband des Arbeitskreises Musikpädagogische Forschung. [44rd Yearbook of the German Association for Research in Music Education]. Münster: Waxmann.

Fuchs, Mechthild (2015): Ziele des Musikunterrichts. In: Fuchs, Mechthild (Hrsg.): Musikdidaktik Grundschule. Theoretische Grundlagen und Praxisvorschläge. Innsbruck: Helbling, S. 88–103.

Gaier, Lisa (2020): Gut erklärt? FALKE-D: Eine empirische Studie zu Erklärungen im Deutschunterricht aus unterschiedlicher Beobachterperspektiven. Universität Regensburg Universitätsbibliothek. https://epub.uni-regensburg.de/51210/ (Abfrage: 26.04.2023).

Harnischmacher, Christian/Knigge, Jens (2017): Motivation, Musizierpraxis und Musikinteresse in der Familie als Prädiktoren der Kompetenz „Musik wahrnehmen und kontextualisieren" und des Kompetenzerlebens im Musikunterricht [Motivation, musical practice, and the family's interest in music predict musical competence (perceiving and contextualizing music) and competence beliefs in music]. In: Beiträge empirischer Musikpädagogik/Bulletin of empirical music education research (b:em), H. 8, S. 1–21. https://www.b-em.eu/index.php/ojs/article/view/136 (Abfrage: 26.04.2023).

Heinze, Jana (2022): Einfluss der sprachlichen Konzeption auf die Einschätzung der Qualität instruktionaler Unterrichtserklärungen im Fach Physik. Berlin: Logos Verlag. (= Studien zum Physik- und Chemielernen, Bd. 344)

Hellberg, Bianca (2018): Zwischen klingenden Rohdaten und sprachlicher Transformation. In: Moritz, Christine/Corsten, Michael (Hrsg.): Handbuch Qualitative Videoanalyse. Wiesbaden: Springer, S. 217–234.

Herrmann, Christian/Gerlach, Erin (2020): Unterrichtsqualität im Fach Sport. Ein Überblicksbeitrag zum Forschungsstand in Theorie und Empirie. In: Unterrichtswissenschaft 48, S. 361–384. https://www.researchgate.net/publication/342421020_Unterrichtsqualitat_im_Fach_Sport_-_Ein_Uberblicksbeitrag_zum_Forschungsstand_in_Theorie_und_Empirie/link/5f0d5363299bf1074456eac2/download (Abfrage: 26.04.2023).

Hilbert, Sven/Stadler, Matthias/Lindl, Alfred/Naumann, Felix/Bühner, Markus (2019): Analyzing longitudinal intervention studies with linear mixed models. In: TPM 26, H. 1, S. 101–119.

Hill, Heather C./Charalambous, Charalambos. Y./Kraft, Matthew A. (2012): When rater reliability is not enough: Teacher observation systems and a case for the generalizability study. In: Educational Researcher 41, H. 2, S. 56–64.

Hohenstein, Christiane (2009): Interkulturelle Aspekte des Erklärens. In: Vogt, Rüdiger (Hrsg.): Erklären. Gesprächsanalytische und fachdidaktische Perspektiven. 2. Auflage. Tübingen: Stauffenburg, S. 37–56.

Jank, Werner (Hrsg.) (2021): Musik-Didaktik: Praxishandbuch für die Sekundarstufe I und II. 9., komplett überarbeitete Auflage. Berlin: Cornelsen.

Jordan, Alexander/Ross, Natalie, Krauss, Stefan, Baumert, Jürgen/Blum, Werner/Neubrand, Michael, Löwen, Katrin/Brunner, Martin/Kunter, Mareike (2006): Klassifikationsschema für Mathematikaufgaben: Dokumentation der Aufgabenkategorisierung im COACTIV-Projekt. Max-Planck-Institut für Bildungsforschung: Berlin.

Kaiser, H. J. (2002): Musik in der Schule? – Musik in der Schule! Lernprozesse als ästhetische Bildungspraxis. In: Zeitschrift für Kritische Musikpädagogik. https://www.zfkm.org/sonder02-kaiser.pdf (Abfrage: 26.04.2023).

Kaiser, Hermann J. (2010): Verständige Musikpraxis. Eine Antwort auf Legitimationsdefizite des Klassenmusizierens. In: Zeitschrift für Kritische Musikpädagogik, S. 47–68. http://zfkm.org/10-kaiser.pdf (Abfrage: 26.04.2023).

Kemmelmeyer, Karl.-Jürgen/Nykrin, Rudolf (2004): Spielpläne Musik 5/6 (Neue Ausgabe C Bayern) – Schülerbuch. Stuttgart: Klett.

Kiel, Ewald (1999): Erklären als didaktisches Handeln. Baden-Baden: Ergon.

Kleickmann, Thilo/Praetorius, Anna-Katharina/Riecke-Baulecke, Thomas (2019): Beurteilung von Unterrichtsqualität. In: Zimmermann, Friederike/Möller, Jens/Riecke-Baulecke, Thomas (Hrsg.): Basiswissen Lehrerbildung. Stuttgart: Klett, S. 207–223.

Klieme, Eckhard (2006): Empirische Unterrichtsforschung: Aktuelle Entwicklungen, theoretische Grundlagen und fachspezifische Befunde. Einleitung in den Thementeil. In: Zeitschrift für Pädagogik 52, H. 6, S. 765–773.

Kopiez, Reinhard/Wöllner, Clemens (2018): „Interpretation und Reproduktion". In: Lehmann, Andreas/Kopiez, Reinhard (Hrsg.): Handbuch Musikpsychologie. Göttingen: Hogrefe, S. 311–340.

Kranefeld, Ulrike (2021): Der Diskurs um Unterrichtsqualität in der Musikdidaktik zwischen generischen und fachspezifischen Dimensionen. In: Unterrichtswissenschaft 49, H. 2, S. 221–233. https://www.researchgate.net/publication/352224411_Der_Diskurs_um_Unterrichtsqualitat_in_der_Musikdidaktik_zwischen_generischen_und_fachspezifischen_DimensionenThe_music_educational_discourse_on_quality_of_teaching_between_generic_and_subject-specific/link/60bfa482458515bfdb54d159/download (Abruf: 26.04.2023).

Kulgemeyer, Christoph/Schecker, Horst (2017): Handlungsqualität beim Erklären von Physik: Performanztests in der Lehrerbildung. In: Fischler, Helmut/Sumfleth, Elke (Hrsg.): Professionelle Kompetenz von Lehrkräften der Chemie und Physik. Berlin: Logos, S. 97–111.

Kulgemeyer, Christoph/Tomczyszyn, Elisabeth (2015): Physik erklären – Messung der Erklärensfähigkeit angehender Physiklehrkräfte in einer simulierten Unterrichtssituation. In: Zeitschrift für Didaktik der Naturwissenschaften, S. 111–126. https://link.springer.com/article/10.1007/s40573-015-0029-5 (Abruf: 26.04.2023).

Kunter, Mareike/Baumert, Jürgen (2006): Who is the expert? Construct and criteria validity of student and teacher ratings of instruction. In: Learning Environment Research 9, S. 231–251. https://www.researchgate.net/publication/225716512_Who_is_the_expert_Construct_and_criteria_validity_of_student_and_teacher_ratings_of_instruction/link/55378aee0cf268fd0018a3ce/download (Abfrage: 26.04.2023).

Kunter, Mareike/Klusmann, Uta/Baumert, Jürgen/Richter, Dirk/Voss, Thamar/Hachfeld, Axinja (2013): Professional competence of teachers: effects on instructional quality and student development. In: Journal of educational psychology 105, H. 3, S. 805–820. https://www.researchgate.net/publication/257326797_Professional_Competence_of_Teachers_Effects_on_Instructional_Quality_and_Student_Development/link/552e63580cf2acd38cb9327f/download (Abfrage: 26.04.2023).

Kunter, Mareike/Trautwein, Ulrich (2013): Psychologie des Unterrichts. München: UTB.

Leinhardt, Gaea (2001): Instructional Explanations: A Commonplace for Teaching and Location for Contrast. In: Richardson, Virginia (Hrsg.): Handbook of research on teaching. Washington: American Educational Research Association, S. 333–357.

Lindl, Alfred/Gaier, Lisa/Weich, Matthias/Frei, Mario/Ehras, Christina/Gastl-Pischetsrieder, Maria/Elmer, Michael/Asen-Molz, Katharina/Ruck, Anna-Maria/Heinze, Jana (2019): Eine ‚gute' Erklärung für alle?! Gruppenspezifische Unterschiede in der Beurteilung von Erklärqualität – Erste Ergebnisse aus dem interdisziplinären Forschungsprojekt FALKE. In: Pietsch, Marcus/Ehmke, Timo/Kuhl, Poldi (Hrsg.): Lehrer. Bildung. Gestalten. Weinheim und Basel: Beltz Juventa, S. 128–141.

Lindner, Ursel (Hrsg.) (2022): Tonart 5/6. Musik erleben – reflektieren – interpretieren. Lehrwerk für den Musikunterricht an allgemeinbildenden Schulen. Innsbruck: Helbling.

Linn, Frederik (2017): Überzeugungen von Musiklehrenden zum Umgang mit Heterogenität im Musikunterricht. Siegen: universi – Universitätsverlag Siegen.

Mohr, Andreas (2005): Handbuch der Kinderstimmbildung. Mainz: Schott.

Neumeister, Nicole (2011): (Wie) Wird im Deutschunterricht erklärt? – Wissensvermittelnde Handlungen im Sprachunterricht der Sekundarstufe I. Ludwigsburg. https://phbl-opus.phlb.de/frontdoor/index/index/docId/32 (Abfrage: 26.04.2023).

Nolte, Eckhard/Weyer, Reinhold (2011): Musikalische Unterweisung im Altertum. Mesopotamien – China – Griechenland. Beiträge zur Geschichte der Musikpädagogik: Bd. 19. Frankfurt a. M.: Internationaler Verlag der Wissenschaften.

Nückles, Matthias/Wittwer, Jörg/Renkl, Alexander (2005): Information about a layperson's knowledge supports experts in giving effective and efficient online advice to laypersons. In: Journal of Experimental Psychology: Applied, 11, S. 219–236. https://pubmed.ncbi.nlm.nih.gov/16393032 (Abfrage: 26.04.2023).

Oberschmidt, Jürgen (2011): Mit Metaphern Wissen schaffen: Erkenntnispotentiale metaphorischen Sprachgebrauchs im Umgang mit Musik. Berliner Schriften: Bd. 98. Augsburg: Wißner. (Zugl.: Osnabrück, Univ., Diss., 2009).

Papst-Weinschenk, Marita (2016): Stimmlich stimmiger Unterricht. Professionelle Kommunikation und Rhetorik. Göttingen: Vandenhoeck & Ruprecht.

Pauli, Christine (2015): Einen Sachverhalt erklären. In: Pädagogik 3, S. 44–47.

Praetorius, Anna-Katharina/Herrmann, Christian/Gerlach, Erin/Zülsdorf-Kersting, Meik/Heinitz, Benjamin/Nehring, Andreas (2020a): Unterrichtsqualität in den Fachdidaktiken im deutschsprachigen Raum – zwischen Generik und Fachspezifik. In: Unterrichtswissenschaft 48, S. 409–446.

Praetorius, Anna-Katharina/Rogh, Wida/Kleickmann, Thilo (2020b): Blinde Flecken des Modells der drei Basisdimensionen von Unterrichtsqualität? Das Modell im Spiegel einer internationalen Synthese von Merkmalen der Unterrichtsqualität. In: Unterrichtswissenschaft 48, S. 303–318.

Puffer, Gabriele (2021): Professionelle Kompetenzen von Musiklehrkräften: Grundzüge einer Modellierung. Beiträge Empirischer Musikpädagogik 12, S. 1–71. https://www.b-em.info/index.php/ojs/article/view/207/341 (Abfrage: 26.04.2023).

Puffer, Gabriele (2022): Singen im schulischen Musikunterricht: Professionswissen als Basis von Handlungsentscheidungen. In: Göllner, Michael/Knigge, Jens/Niessen, Anne/Weidner, Verena (Hrsg.): 43. Jahresband des Arbeitskreises Musikpädagogische Forschung. [43rd Yearbook of the German Association for Research in Music Education]. Münster: Waxmann, S. 175–196.

Puffer, Gabriele/Hofmann, Bernhard (2017): FALKO-M: Entwicklung und Validierung eines Testinstruments zum domänenspezifischen Professionswissen von Musiklehrkräften. In: Krauss, Stefan/Lindl, Alfred/Schilcher, Anita et al. (Hrsg.): FALKO: Fachspezifische Lehrerkompetenzen. Konzeption von Professionswissenstests in den Fächern Deutsch, Englisch, Latein, Physik, Evangelische Religionslehre, Musik und Pädagogik. Münster: Waxmann, S. 245–289.

Puffer, Gabriele/Hofmann, Bernhard (2022): Professionelle Kompetenz(en) von Musiklehrkräften: Ein empirisch begründetes Modell. In: Zeitschrift für Erziehungswissenschaften 2022. https://link.springer.com/article/10.1007/s11618-022-01101-3 (Abruf: 26.04.2023).

Rathausky, Almuth (2010): Erklärprozesse im Fach Englisch. Eine qualitative Studie zur Vermittlung grammatikalischer Inhalte in der Sekundarstufe. [Dissertation]. https://phbl-opus.phlb.de/frontdoor/deliver/index/docId/31/file/DoktorarbeitRathausky.pdf (Abruf: 26.04.2023)

Renkl, Alexander/Wittwer, Jörg/Große, Cornelia/Hauser, Sabine/Hilbert, Tatjana/Nückles, Matthias/Schworm, Silke (2006): Instruktionale Erklärungen beim Erwerb kognitiver Fertigkeiten: sechs Thesen zu einer oft vergeblichen Bemühung. In: Hosenfeld, Ingmar/Schrader, Friedrich-Wilhelm (Hrsg.): Schulische Leistung. Grundlagen, Bedingungen, Perspektiven. Münster: Waxmann, S. 205–223.

Schilcher, Anita/Krauss, Stefan/Kirchhoff, Petra/Lindl, Alfred/Hilbert, Sven/Asen-Molz, Katharina/Ehras, Christina/Elmer, M., Frei, Mario/Gaier, Lisa/Gastl-Pischetsrieder, Maria/Gunga, Eileen/Murmann, Renate/Röhrl, Simone, Ruck, Anna-Maria/Weich, Matthias/Dittmer, Arne/Fricke, Michael/Hofmann, Bernhard/Memminger, Josef/Rank, Astrid, Tepner, Oliver/Thim-Mabrey, Christiane (2021): FALKE: Experiences from Transdisciplinary Educational Research by Fourteen Disciplines. In: Frontiers in Education 5. https://www.researchgate.net/

publication/346563985_Eine_gute'_Erklarung_fur_alle_Gruppenspezifische_Unterschiede_
in_der_Beurteilung_von_Erklarqualitat_-erste_Ergebnisse_aus_dem_interdisziplinaren_
Forschungsprojekt_FALKE/link/5fc76e14299bf188d4e90259/download (Abruf: 26.04.2023).

Schmid, Wieland (Hrsg.) (2019): Tonart 7/8. Musik erleben-reflektieren -interpretieren. Lehrwerk für
den Musikunterricht an allgemeinbildenden Schulen. Innsbruck u. a.: Helbling.

Schnotz, Wolfgang/Bannert, Maria (1999): Einflüsse der Visualisierungsform auf die Konstruktion
mentaler Modelle beim Text- und Bildverstehen. In: Experimental Psychology 46, H. 3, S. 217–
236.

Schopf, Christiane/Zwischenbrugger, Andrea (2015): Verständliche Erklärungen im Wirtschafts-
unterricht: Eine Heuristik basierend auf dem Verständnis der Fachdidaktiker/innen des Wiener
Lehrstuhls für Wirtschaftspädagogik. In: Zeitschrift für ökonomische Bildung 3, S. 1–31.

Schröter, Gudrun (2021): Spielbewegungen im Instrumentalunterricht mit Hilfe somatischer Verfahren erlernen. In: Busch, Barbara (Hrsg.), Grundwissen Instrumentalpädagogik: Ein Wegweiser
für Studium und Beruf. 2. Auflage. Leipzig: Breitkopf & Härtel, S. 63–74.

Spychiger, Maria (2015): Lernpsychologische Perspektiven für eine grundschulspezifische Musikdidaktik. In: Fuchs, Mechthild (Hrsg.): Musikdidaktik Grundschule. Theoretische Grundlagen und
Praxisvorschläge. Innsbruck: Helbling, S. 50–71.

Steffen-Wittek, Marianne (2021): Musik – Bewegung – Tanz. In: Jank, Werner (Hrsg.): MusikDidaktik. Berlin: Cornelsen Scriptor, S. 246–254.

Stibi, Sonja (2018): Tanzimprovisation anleiten. Eine beschreibende Systematik multimodaler Ins-
truktionsformen. (Dissertation) Universität Augsburg. https://opus.bibliothek.uni-augsburg.de/
opus4/38577 (Abruf: 26.04.2023).

Thim-Mabrey, Christiane (2020): Erklärforschung und Verständlichkeitsforschung in universitären
Abschlussarbeiten. In: Thim-Mabrey, Christiane/Rössler, Paul (Hrsg.): Verständliches Erklären
und Instruieren: Sprachwissenschaftliche Untersuchungen am Beispiel medialer, fachlicher, behördlicher und betrieblicher Kommunikation. https://epub.uni-regensburg.de/43718/1/Thim-
Mabrey_Roessler_Verstaendliches_Erklaeren_el_Version.pdf (Zugriff: 26.04.2023).

Vieluf, Svenja/Praetorius, Anna.-Katharina, Rakoczy, Katrin/Kleinknecht, Marc/Pietsch, Marcus (2020): Angebots-Nutzungsmodelle der Wirkweise des Unterrichts: eine kritische Auseinandersetzung mit ihrer theoretischen Konzeption. In: Zeitschrift für Pädagogik 66, Beiheft 1/20,
S. 63–80.

Wagner, Anke/Wörn, Claudia (2011): Erklären lernen – Mathematik verstehen. Ein Praxisbuch mit
Lernangeboten. Stuttgart: Klett.

Wisniewski, Benedikt/Zierer, Klaus/Dresel, Markus/Daumiller, Martin (2020): Obtaining secondary
students' perceptions of instructional quality: Two-level structure and measurement invariance. In:
Learning and Instruction 66. https://www.researchgate.net/publication/338966684_Obtaining_
secondary_students'_perceptions_of_instructional_quality_Two-_level_structure_and_
measurement_invariance (Abruf: 26.04.2023).

Wörn, Claudia (2014): Unterrichtliche Erklärsituationen. Eine empirische Studie zum Lehrerhandeln und zur Kommunikation im Mathematikunterricht der Sekundarstufe I. Hamburg: Verlag
Dr. Kovač. (= Didaktik in Forschung und Praxis, 74)

Kunstwerke digital erklären

Eine Synthese medien- und kunstpädagogischer Ansätze am Beispiel interaktiver Webseiten

Vincent Dusanek und Nicola Pauli

1. Einleitung

„Die spezifische Problematik einer Rezeption von ‚Kunst im öffentlichen Raum' ist gerade dadurch gekennzeichnet, daß [sic!] ein sozial äußerst heterogenes Publikum mit Kunstwerken konfrontiert wird, die für viele seiner Mitglieder außerhalb des bisher erfahrenen Raums liegen" (Ballhausen/Schnittenhelm 1991, S. 112).

Ballhausen/Schnittenhelm (1991) verdeutlichen in ihrer empirischen Untersuchung zur zeitgenössischen Kunst im öffentlichen Raum, dass Letztere rein durch ihre Präsenz nicht einfach verstanden wird (vgl. ebd., S. 112). Selbiges bezeichnet Grasskamp (2000) auch treffend als den „Schweigemarsch der Moderne" (ebd., S. 145) und begründet den zwingenden Erklärungsbedarf seitens der Kunstbetrachtenden.

Ein besonderes Beispiel stellen die Kunstwerke an der Universität Augsburg dar, die ihr Dasein aufgrund weniger Vermittlungsangebote nahezu unbeachtet auf dem Campus fristen. Bereits kleine Impulse könnten eine tiefergehende Rezeption anstoßen und Zugänge für unerfahrene Beobachter*innen eröffnen. Dieses Problems nahm sich das interdisziplinäre Projektseminar von Vincent Dusanek und Nicola Pauli an. In ihrem Kurs machten Studierende die Kunstwerke anhand von interaktiven Webseiten sowie Lernvideos zugänglicher. Zudem profitierten sie von einem fachlichen und medienpädagogischen Kompetenzzuwachs. Vor diesem Hintergrund und in Zusammenhang mit der Thematik dieses Buches bleibt jedoch zu diskutieren, inwiefern Kunst durch digitale Vermittlungsangebote erklärt werden kann. So eröffnen multimediale Inhalte zwar neue Wege des Erklärens, diese sind aber beispielsweise durch die Eigenheiten des Vermittlungsgegenstands oder die Rezipierenden selbst begrenzt. Deshalb wird zunächst das Erklären in theoretischer Perspektive kunst- und medienpädagogisch beleuchtet.

2. Erklären aus Kunst- und medienpädagogischer Perspektive

Obwohl verschiedene Ansätze bestehen, um Kunstwerke analytisch zu erschließen, ist Verstehen stets ein individueller Prozess. Ein digital aufbereitetes

Vermittlungsangebot birgt im Sinne der Potenziale neuer Medien Vorteile für Nutzende. Zugleich ergeben sich neue Möglichkeiten abseits bekannter Formen des Erklärens.

2.1 Erklären zwischen Vermittlungsabsicht und Kunstwerk

Im kunstpädagogischen Handeln stehen die Produktion, Rezeption und Reflexion als zentrale und miteinander verknüpfte Handlungsfelder im Fokus, wobei die Reflexion sowohl Teil produktiver als auch rezeptiver Prozesse ist (vgl. Pauls 2017, S. 309). Die Rezeption befasst sich dabei mit ästhetisch-verfassten Gegenständen und Kunstwerken (vgl. Peez 2022, S. 124). Letzteren kommt in Rezeptionsprozessen eine zentrale Bedeutung zu, da sie in ihrer freien Gestaltung durch Mehrdeutigkeit und interpretatorische Offenheit gekennzeichnet sind (vgl. Grünewald 2009, S. 14). In Vermittlungskontexten, die auf eine Rezeption von Kunstwerken durch die jeweiligen Betrachtenden zielen, wird eine Rezeptionssituation gestaltet, wodurch die spezifische Auseinandersetzung beeinflusst und im besten Fall gefördert wird (vgl. Pauls 2016, S. 79 f.). Kunstdidaktisch angelegte Vermittlungssituationen enthalten erklärende Elemente, die jedoch immer im Rückbezug auf die Offenheit des Rezeptionsprozesses und die Mehrdeutigkeit von Kunstwerken keine umfassende und final festgelegte Erklärung eines Werks liefern.

Abb. 1: Sabrina Hohmann: Gesetz, 1998, Edelstahl, Universität Augsburg (Foto: privat, Nicola Pauli, 2023)

Anhand des Werks *Gesetz* von Sabrina Hohmann[1] auf dem Augsburger Universitätscampus kann dies beispielhaft verdeutlicht werden. Erklärungen können hier die Platzierung in der Campusumgebung, die Positionierung, die Materialbeschaffenheit sowie kulturgeschichtliche Perspektiven auf das Motiv des Stuhls beleuchten, um Lernenden Anknüpfungspunkte für Deutungsprozesse zu bieten. Insbesondere aufgrund des Motivs erscheint die Installation auf den ersten Blick für alle erkennbar, da sie den alltagsrelevanten Gegenstand des Stuhls thematisiert. Jedoch liefern Aspekte der formalen Gestaltung und inhaltlich-symbolische Bezüge Anhaltspunkte für eine mögliche Deutung des Werks als ein Sinnbild des Menschen, seiner Beziehungen und Verhältnisse. Die genaue Ausformung der Deutung ist offen angelegt, wodurch Mehrdeutigkeit möglich ist. Erklärungen sind somit eher als Koordinaten zu verstehen, die Orientierung im Rezeptionsprozess bieten, die Werke aber nicht in einer einzig wahren Interpretation determinieren dürfen. Dies wird im Folgenden ausgehend von den theoretischen Gehalten eines Kunstwerks dargestellt.

Künstler*innen gestalten im freien künstlerischen Prozess Werke, die mit bestimmten Intentionen verknüpft sind. Dieser intendierte Werkinhalt ist von dem im Kunstwerk realisierten Inhalt zu differenzieren, da nicht alle Elemente des Angestrebten im Endprodukt erkennbar sind (vgl. Regel 1986, S. 34). Innerhalb des Rezeptionsprozesses findet eine Erschließung des Kunstwerks statt, die jedoch inhaltlich nicht komplett deckungsgleich mit intendiertem und realisiertem Inhalt und daher davon abgegrenzt als rezipierter Inhalt definiert ist (vgl. Regel 1986, S. 42). Werkbedeutungen sind somit nicht festgeschrieben, aber Kunstwerke verfügen über formal-gestalterische und inhaltliche Eigenschaften, welche die Auseinandersetzung mit ihnen strukturieren und als Rahmen für Interpretationen dienen (vgl. Halbertsma/Zijlmans 1995, S. 284 ff.; vgl. Regel 1999, S. 108): „Das Kunstwerk ist also weder ein Container voller feststehender Bedeutungen noch eine Projektionsleinwand, auf die wir all das projizieren können, was uns gerade einfällt oder beschäftigt" (Halbertsma/Zijlmans 1995, S. 285).

In diesem Sinne hebt auch der Kunstdidaktiker Gunter Otto die „Polyfunktionalität" und „Polyvalenz" (Otto 1974, S. 86) hervor. Erstere besteht in den verschiedenen Kontexten, Beziehungen und Wirkungen eines Werks, die Mehr- und Vielschichtigkeit bewirken. Das Kunstwerk bietet somit eine Vielzahl an möglichen Bezügen an, was wiederum die Voraussetzung für die Polyvalenz ist. Sie beschreibt einen Spielraum, innerhalb dessen Betrachtende verschiedene Wirkungen eines Werks wahrnehmen und unterschiedliche Interpretationen vornehmen können (vgl. ebd., S. 86). Ausgehend davon ist die Kunstrezeption als aktiver und schöpferischer Prozess zu verstehen, in dem das Werk immer in

---

1 Weitere Abbildungen des Kunstwerks können unter https://www.uni-augsburg.de/de/campusleben/musik-kultur/kunstamcampus1/hohmann-von-weizsacker (Abfrage: 28.04.23) aufgerufen werden.

Abhängigkeit der jeweiligen Betrachtenden erfahren wird und in der eine subjektiv orientierte Konstruktion von Bedeutung stattfindet (vgl. Uhlig 2005, S. 81; vgl. Schmidt 2016, S. 52). Diese Rezeptionsprozesse sind nicht linear, folgen keinen vorgegebenen Schemata und dienen nicht der einfachen Bestätigung bestehender Meinungen (vgl. Uhlig 2005, S. 89).

Das Verstehen von Kunstwerken ist daher im hermeneutischen Sinne als Sinnstiftung und Bedeutungskonstitution zu erkennen, wodurch nicht nur ein Nachvollziehen des durch die Form präsentierten Inhalts stattfindet, sondern eine selbsttätige Bedeutungskonstruktion erfolgt (vgl. ebd., S. 98 f.). Inhaltliche Aspekte, wie Motivdetails und ihre Ikonografie, sowie formale Aspekte wie beispielsweise die Materialbeschaffenheit oder der Herstellungsprozess können erklärt werden. Diese Erklärungen liefern Aufschluss über Teilbereiche eines Werks und fördern das Verstehen ebendieses als Ganzes seiner Sinnschichten sowie die eigenaktive Bedeutungskonstruktion (vgl. ebd., S. 98 f.).

> „Insofern gibt es kein richtiges oder falsches Verstehen, sondern lediglich ein mehr oder weniger tiefgreifendes, polymorphes, komplexes Verstehen, das zwar intersubjektiv Gültigkeit beanspruchen kann, jedoch immer mit dem subjektiven Rezeptionsprozess verbunden bleibt" (ebd., S. 98).

Nach Uhlig (2005) findet Verstehen in den zwei Stufen Sinn- und Bedeutungsbildung statt. Sinn wird durch die Interaktion mit einem Werk und den darin wahrgenommenen Wirkungen gebildet. Dieser durch Betrachtung entstandene Sinn wird von den Rezipierenden übernommen und mit eigenen Aspekten verknüpft, wodurch ersichtlich ist, dass im Werk keine vorbestimmte Bedeutung auf Seite der Betrachter*innen bestehen kann, wie auch die bereits behandelte Polyfunktionalität deutlich macht. Sinn und Bedeutung sind dabei als temporär zu verstehen, da sie bei erneuter Wahrnehmung anders ausfallen können (vgl. Uhlig 2005, S. 99 ff.).

„Eine kunstpädagogische Werkrezeption […] strebt danach, die ganze Persönlichkeit mit ihren Sinnen, mit Gefühl und Verstand in eine emotionale, sinnliche und rationale Beziehung zum Kunstwerk, dem Designobjekt oder der gestalteten Umwelt zu setzen" (Kirchner/Kirschenmann 2015, S. 116). Aus kunstdidaktischer Perspektive geht es somit um die Gestaltung und Anbahnung von Zugängen zu den Werken, die jedoch immer vom Subjekt aus entwickelt werden, um das emotionale Einlassen auf das Gegenüber zu ermöglichen. So können subjektive Bezüge in die Lebenswelt und assoziative Methoden die Auseinandersetzung mit einem ästhetischen Objekt fördern (vgl. ebd., S. 117 f.). Auch werkimmanente Aspekte wie die formale Gestaltung, worunter beispielsweise die Materialität, Technik und Dimensionierung fallen, sowie inhaltliche Aspekte der Motivwahl und Intentionen können Erfahrungsprozesse unterstützen (vgl. Kirchner/Schiefer/Spinner 2006, S. 12; vgl. Nürnberger 2011, S. 9 f.).

Neben der Beachtung von Inhalt und Form bahnen auch Kontexte, welche die künstlerische Arbeit beeinflusst haben, eine tiefergehende Beschäftigung an. Beispielsweise eröffnen bestimmte historische oder biographische Gegebenheiten weitere Sinnschichten (vgl. Uhlig 2007, S. 133). Ebenso stellt die künstlerisch-ästhetische Funktion eines Kunstwerks als „sinnlich wahrnehmbarer Ausdruck des jeweils herrschenden Weltbildes" (Kirschenmann/Schulz 1999, S. 6) eine Zugangsmöglichkeit dar. Daneben können noch weitere Funktionen bestehen, die je nach Entstehungskontext verschiedenartig ausfallen und in Vermittlungskontexten von Relevanz sind (vgl. ebd., S. 6 f.). Erklärprozesse finden innerhalb der kunstpädagogischen Rezeptionssituation idealerweise subjektorientiert statt. Schon bei der Werkauswahl für Kunstrezeption einer bestimmten Zielgruppe sollten beispielsweise deren Interessen, Lebenswelt und Vorwissen miteinbezogen werden. Die Objektorientierung wird dadurch vorstrukturiert und verschiedene Aspekte eines Kunstwerks, wie die künstlerische Technik oder der historische Kontext können im Rezeptionsprozess erklärt werden, um die besagten Zugänge zum Kunstwerk zielgruppengerecht anzubahnen.

Dabei sind allein die kunstdidaktischen Impulse planbar und die Reaktion der Rezipierenden ist als offen zu verstehen. Das Initiieren der Zugänge kann als Angebot entworfen und vorbereitet werden, aber der tatsächlich stattfindende Dialog der Subjekte mit dem Werk ist ein interner Prozess. Insbesondere in der Auseinandersetzung mit Kunstwerken zielt die Vermittlung auf das Aufzeigen, Erschließen und Zusammenführen verschiedener Sinnschichten im Werk. Dabei müssen die angewandten Methoden der Logik des Kunstwerks entsprechen und natürlich ist die grundlegende Voraussetzung die Aufgeschlossenheit der Rezipierenden für das Werk (vgl. Kirchner/Kirschenmann 2015, S. 116–119). „Je mehr Zugänge zur Kunst eröffnet werden können, desto intensiver wird das ästhetische Erleben" (ebd., S. 119). Es ist offensichtlich, dass Kunstwerke nicht mit einer allgemeinen und einzig richtigen Erklärung umrissen werden können. In der kunstdidaktischen Vermittlung von Kunstwerken sind Erklärungen an einzelne Aspekte des Werks geknüpft, die subjektorientiert ausgewählt und methodisch aufbereitet werden. Die Facetten eines Kunstwerks, wie beispielsweise die Farbkomposition oder rituell-funktionale Verwendungskontexte, stellen Sinnschichten dar, die miteinander und mit subjektbezogenen Aspekten verknüpft ein Bedeutungsgeflecht bilden und Werkverstehen ermöglichen. Erklärungen können daher einzelne Aspekte am Werk fokussieren und in Zusammenhang bringen, aber die Bedeutungskonstitution und letztlich das Verstehen eines Kunstwerks verbleibt bei den Subjekten. Diese Prämissen stellen die Basis für die Konzeption und Umsetzung von Kunstvermittlung dar und Erklärungen dienen der Offenlegungen bestimmter Sinnschichten eines Kunstwerks, jedoch müssen die Rezipierenden die Deutung und Interpretation eines Kunstwerks selbsttätig und aktiv leisten.

Genau jene Prozesse können medial angestoßen werden. Zudem erschließen sich mittels des gezielten Einsatzes digitaler Werkzeuge neue Wege, um die Auseinandersetzung mit einem Kunstwerk einzuleiten.

2.2 Multimediale Inhalte als Ausgangspunkt für neue Wege des Erklärens

Erklären als pädagogische Methode zur Vermittlung von (Lern-)Inhalten sowie ferner der Erlangung von Autonomie ist – in Abhängigkeit der Systematik – bei Giesecke, Prange, Strobel-Eisele und Bernhard entscheidender Bestandteil der Grundformen pädagogischen Handelns, denn: Erklärungen lassen sich durchgehend im Unterrichten, Informieren, Beraten, Zeigen, Bilden und Lehren ausfindig machen (vgl. Trabandt/Wagner 2020, S. 159 ff.). So hat beispielsweise Unterrichten das Ziel, „komplexe Sachzusammenhänge [...] zu erklären" (Giesecke 2015, S. 76), wobei stets passende Darstellungsformen sowie methodische Inszenierungen gewählt und eine logische Struktur geschaffen werden sollten (vgl. Trabandt/Wagner 2020, S. 162). Entscheidend für einen qualitativ hochwertigen Kompetenzerwerb im Bereich der Materialen beziehungsweise der Objektivistischen Bildung ist also neben der Lehrperson auch die Art und Weise der Informationsdarbietung (vgl. Gerwig/Zierer 2018, S. 430). Gerade in non-formalen Kontexten, in denen das Medium als vermittelnde Instanz agiert, sollte dessen Ausgestaltung die Abwesenheit des Wissensvermittlers auffangen.

Richtig eingesetzt bieten multimediale Inhalte aufgrund ihrer Vielfältigkeit die Chance, dieses Ausbleiben abzumildern und gegebenenfalls Lernprozesse anzustoßen, die bis dato immanente Grenzen zu haben schienen. Im Bereich der *virtuellen (VR)* und *erweiterten Realität (AR)* kann beispielsweise ein Grad an Immersion erzeugt werden, der gemäß dem repräsentativen Zeigen nach Prange/Strobel-Eisele (2015) ein Nacherleben zum Selbst-Erleben ermöglicht (vgl. ebd., S. 61; vgl. Lanzinger 2021, S. 42). Was in der Therapieforschung schon seit den 1990er Jahren Anwendung findet, etwa bei der Behandlung von Angststörungen mit VR (vgl. Täuber 2021, S. 3), ist auch im pädagogischen Kontext aufgrund der Wirksamkeit und des erhöhten Präsenzerlebens vermehrt anzutreffen (vgl. Kaspar 2022, S. 559 f.). So wiesen Garzon und Acevedo (2019) in ihrer Meta-Analyse zu 64 Studien große positive Effekte auf den Lernerfolg in AR-Settings vor allem im geistes- und kunstpädagogischen Bereich im Sinne eines Kompetenzzuwachs nach (vgl. ebd., S. 255). Die Möglichkeiten des Erklärens verändern also dessen Charakter abseits der bekannten Vorteile neuer Medien, wobei die didaktische Methode in Abhängigkeit des gewählten Mediums für den Lernerfolg der Rezipierenden entscheidend zu sein scheint. Demnach lassen sich folgende Vorteile beim Einsatz neuer Medien im

Bildungskontext feststellen (vgl. Tulodziecki/Bardo/Grafe 2019, S. 121 f.; vgl. Kerres 2018, S. 99 f.):

- Zeitgleiche und ortsunabhängige Kommunikation sowie Kollaboration
- Individualisiertes, selbstgesteuertes, multimediales, adaptives und authentisches Lernen
- Intensiviere und gezieltere Unterstützung durch Künstliche Intelligenz
- Entlastung der Lehrperson durch fundiertes Feedback von Computerprogrammen
- Verkürzung der Lerndauer.

Allerdings ist die professionelle Unterstützung durch Lehrende entscheidend für einen erfolgreichen Kompetenzerwerb. Gerade Lernzielkontrollaufgaben bieten den Nutzenden die Gelegenheit, fundierte Rückmeldungen zu erhalten. Außerdem bestehen hier im Idealfall Möglichkeiten zur Sicherung der angeeigneten Inhalte. Die automatisierte Rotation der Aufgaben und Antwortmöglichkeiten sowie die uneingeschränkte Wiederholung der Fragen wirken einem *Memory-Effekt* entgegen (vgl. Ortmann-Welp 2021, S. 42 f.). Das Medium nimmt demnach eine erklärende Rolle ein. Letztendlich können sich Unterrichtende durch die Ergebnisse einen schnellen Überblick über problematische Themenbereiche verschaffen und die Applikationen auf die Bedürfnisse der Nutzenden anpassen. Die Lehrpersonen haben somit mehr Freiraum und demnach mehr Energie, um Lerneinheiten individueller zu gestalten (vgl. Ortmann-Welp 2021, S. 43).

Von der Digitalisierung profitieren auch Kunstinteressierte. Die multimediale und demnach multimodale Aufbereitung in der Bildvermittlung (vgl. Bucher 2019, S. 661 f.) bietet eine Reihe an Potenzialen (vgl. Grotrian 2014, S. 123–127):

- Bewerbung des Angebots
- Erklär- und Erzählstrukturen abseits klassischer Ausstellungen
- Perspektivenerweiterung durch zusätzliche Materialien
- Ausbau der Vielfalt an Zugängen
- Individualisierte Angebote durch Interessens- und Bedürfnisorientierung anhand eigener Zugänge und Lernpfade
- Verwirklichung von barrierefreien Zugängen und erleichterte Zugänglichkeit
- Orts- und zeitunabhängige Nutzung sowie zeitlose Ausstellungen
- Öffnung gegenüber neuen Zielgruppen und einem diverseren Publikum und demzufolge eine Erweiterung des Spektrums an Zielgruppen und Informationen durch Deckung des Bedarfs an spezialisierten Interessensgebieten
- Zielgruppenspezifische Aufbereitung
- Vernetzung in größeren Kontexten (vgl. ebd., S. 125 ff.).

Ein Angebot, das außerdem Interaktionen anbietet, erhöht gemäß des *ICAP*-Modells nach Chi und Wylie (2014) den Lernerfolg (vgl. ebd., S. 214).

Neue Medien und insbesondere deren Nutzung im Bereich der Kunstvermittlung eröffnen im Sinne des Erklärens neue Wege und erweitern das bisherige Angebot an Lerngelegenheiten. Interaktive Webseiten bündeln eine Vielzahl an Möglichkeiten, um fachwissenschaftliche Inhalte unter Zuhilfenahme der Medienpädagogik interessant aufzubereiten.

3. Vermittlung der Kunst am Campus an der Universität Augsburg durch die Entwicklung multimedialer Inhalte

Um das Angebot an Kunstwerken auf dem Campus der Universität Augsburg zielgruppengerechter zu gestalten, wurden im Rahmen eines interdisziplinären Seminars digitale Zugänge zu diesen geschaffen. Die Studierenden versuchten mittels Webseiten Erklär- und Denkprozesse bei den Rezipient*innen anzustoßen, die über die bisherige Onlinepräsenz hinausgehen. Im Zuge dessen erwarben die angehenden Kunstpädagog*innen außerdem eine Reihe an fachdidaktischen sowie medienpädagogischen Kompetenzen.

3.1 Das interdisziplinäre Seminar *Digitale Vermittlungsangebote zur Kunst am Campus*

Im Wintersemester 2021/2022 fand im interdisziplinären Zusammenspiel von Medienpädagogik und Kunstdidaktik ein Seminar zu digitalen Vermittlungsangeboten am Beispiel der Kunstwerke des Augsburger Universitätscampus statt. Diese werden bereits online auf der Homepage der Universität mit Bildern, Werktexten und allgemeinen Texten analog zum bestehenden Kunstführer[2] präsentiert. Abseits dessen fehlen digitalisierte zielgruppen- und handlungsorientierte Zugänge, die das ästhetische Erleben der Betrachtenden intensivieren sowie die Auseinandersetzung mit den Werken fördern (vgl. Universität Augsburg 2021, o. S.). Die Veranstaltung thematisierte (außer-)schulische Frage- und Problemstellungen, um der studiengangsbedingten Heterogenität der Teilnehmenden, den Voraussetzungen und den institutionellen Bedingungen angemessen zu begegnen.

Ausgehend von der kunstdidaktischen Theorie zu Rezeptionsprozessen und Vermittlungsmethoden war das Seminar deduktiv aufgebaut. So bildete die Auseinandersetzung mit kunstdidaktischen Konzeptionen, wie beispielsweise die

---

2   Die Webpräsentation zur Kunst am Campus ist unter https://www.uni-augsburg.de/de/campusleben/musik-kultur/kunstamcampus1 (Abfrage: 28.04.23) verfügbar.

Orientierung am Bild im Sinne der Förderung von Bildkompetenz, die Basis für die Arbeit mit bestehenden (außer-)schulischen digitalen Vermittlungsangeboten. Vor diesem Hintergrund fand in theoretischen sowie praktisch-analytischen Seminarabschnitten die Erprobung, Analyse und Diskussion jener Zugänge in Hinblick auf Zielgruppenorientierung, inhaltliche Zielsetzung und methodische sowie mediale Umsetzung statt. Auf dieser Grundlage entwickelten die Teilnehmenden im weiteren Seminarverlauf ihr eigenes Konzept, wobei dieses in mehreren Durchgängen auf Basis von Peer-Feedback auf der *Moodle*-Instanz des *Zentrums für digitales Lehren und Lernen (DigiLLab)* verfeinert wurde. Als Endprodukt konzipierten die Studierenden innerhalb der Plattform *Hedgedoc*[3] Webseiten, die neben Bild- und Textelementen zur handlungsorientierten Kunstrezeption interaktive *HTML5-Elemente (H5P)*, wie beispielsweise Such- oder Zuordnungsspiele, sowie Podcasts oder Videos enthalten. Sie schufen somit *Symmedien*, die eine vertiefte Rezeption relevanter Werkaspekte unterstützen sowie den handlungsorientierten Zugang zu Sinnschichten des jeweiligen Werks ermöglichen (vgl. Abb. 1 und 2).[4] Dabei handelt es sich idealerweise um interaktive Integrationsmedien, die „alle medialen Optionen – Text, Bild, Ton, Film etc. – in sich verein[en]" (Frederking 2012, S. 205) und mehrere Wahrnehmungskanäle ansprechen. Obgleich die Studierenden sowohl ein Erklärvideo als auch ein Symmedium anfertigen sollten, lag der Fokus auf der Entwicklung des Films. Die Webseite ist als ergänzendes Medium anzusehen, das das Video in einen entsprechenden Kontext setzt. Als Endprodukt entstanden demzufolge interaktive Bildungsmedien, die im Sinne einer *Open-Access-Strategie* unter einer *Creative-Commons-Lizenz* frei im Internet zugänglich sind. Während des Semesters hatten die Studierenden zudem stets die Möglichkeit, die Inhalte in einem Selbstlernkurs zu wiederholen.[5]

---

3   Der *Markup-Editor* ist unter https://hedgedoc.digillab.uni-augsburg.de (Abfrage: 28.04.23) offen zugänglich.

4   Die Projektergebnisse sind auf der Plattform Digi:Learn des DigiLLab unter https://digillab. uni-augsburg.de/kursarchiv/projektergebnisse-kunst-am-campus/lessons/allgemeines-3 (Abfrage: 28.04.23) erreichbar.

5   Der Kurs ist ohne Anmeldung hier abrufbar: https://digillab.uni-augsburg.de/kursarchiv/ digitale-vermittlungsangebote-zu-kunst-am-campus/lessons/allgemeines-2   (Abfrage: 28.04.23).

Abb.2: Beispiel der entstandenen Symmedien auf der Plattform Digi:Learn (Darstellung von Susanne Staudinger), https://digillab.uni-augsburg.de/kursarchiv/projektergebnisse-kunst-am-campus/lessons/allgemeines-3/ (Letzter Zugriff 21.04.2023)

Abb.3: Beispiel der entstandenen Symmedien auf der Plattform Digi:Learn (Darstellung von Susanne Staudinger), https://digillab.uni-augsburg.de/kursarchiv/projektergebnisse-kunst-am-campus/lessons/allgemeines-3/ (Letzter Zugriff 21.04.2023)

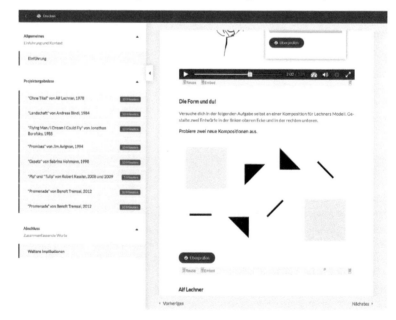

3.2 Kompetenzförderung und -erweiterung

Die Studierenden hatten die Gelegenheit, fachdidaktische und medienpädagogische Kompetenzen während des Produktionsprozesses zu erwerben. Mittels psychologischer Empfehlungen erfolgte außerdem ein Rückgriff auf Teilbereiche der pädagogischen Psychologie.

3.2.1 Fachdidaktische Kompetenzen im Bereich der Kunstpädagogik

Im Seminar wurden die bereits vorhandenen kunstdidaktischen Grundlagen vertieft, sodass die Studierenden durch die Umsetzung konkreter digitaler Vermittlungsangebote zum Erklären der Kunstwerke auf dem Universitätscampus ihre kunstdidaktischen Lehrkompetenzen zur Förderung von Bildkompetenz im schulischen sowie außerschulischen Feld weiter ausbauen konnten. „Grundsätzlich ist es Aufgabe der Kunstdidaktik zu zeigen, wie man bildhaftes Gestalten und das Verstehen von Bildern lehrt und lernt" (Krautz 2020, S. 127). Denn Bilder sind kunstdidaktisch gewendet der zentrale Fachgegenstand, wobei die Befähigung des Umgangs mit ihnen, also ihre Verwendung, als wesentliches Ziel im Sinne der Erlangung von Bildkompetenz gilt (vgl. Niehoff 2018, S. 19; vgl. Grünewald 2009, S. 14). Insbesondere durch kunstdidaktisch angeleitete Prozesse des Wahrnehmens, Beschreibens, Analysierens, Interpretierens, Verwendens, Beurteilens und Bewertens von Bildern wird Rezeptionskompetenz gefördert (vgl. Kirchner 2020, S. 215). Kunstpädagog*innen fungieren als Vermittler*innen zwischen den jeweiligen Zielgruppen und der Bildkultur, wofür verschiedene Fachkompetenzen notwendig sind. Als ein ersichtlicher Faktor der Qualifikation ist die intensive Auseinandersetzung *mit* und Befähigung *zur* situationsbezogenen Umsetzung *von* Theorien, Konzeptionen und Befunden der Kunstdidaktik zu sehen. Ebenso ermöglicht die theoretische Auseinandersetzung mit potenziellen Zielgruppen sowie deren Spezifika, Bedürfnissen, Lebenswelt und Voraussetzungen das adäquate Eingehen auf bestimmte Lerngruppen im Vermittlungsprozess (vgl. Niehoff 2018, S. 21–25). Für das Anbahnen von Rezeptionsprozessen sind insbesondere die Fachmethoden für Bild- und Werkanalysen sowie -interpretationen der Bezugsdisziplinen Kunstgeschichte und Bildwissenschaft unabdingbar, wie etwa die Ikonologie oder Rezeptionsästhetik. Methodische Erkenntniswege für den Zugang zu Bildern sind jedoch auch innerhalb kunstdidaktischer Konzeptionen gegeben, wie der innerhalb der Ästhetischen Erziehung verortete Ansatz Ottos zum Auslegen von Bildern (vgl. Kirchner 2020, S. 220 f.). Durch die Auseinandersetzung mit kunstdidaktischen Konzeptionen sowie werkanalytischen Vorgehensweisen vor der Entwicklung der eigenen Vermittlungseinheit erlangten die Studierenden Grundlagenwissen zur kunstdidaktischen Ausgestaltung von Rezeptionsprozessen, welches sie in der Entwicklung des eigenen Angebots direkt anwenden konnten. Ausgehend von einer ausführlichen Werkanalyse des jeweiligen Kunstwerks und der Analyse der jeweiligen Zielgruppe wurden Vermittlungskonzepte entworfen und Rezeptionsziele bestimmt.

Auch die Planungskompetenz zur Konzipierung von Vermittlungseinheiten muss hierbei in den Blick genommen werden (vgl. Niehoff 2018, S. 25 f.). Die kunstdidaktisch sinnvolle Strukturierung von Vermittlungseinheiten ist zwingend notwendig und wird im Kunstunterricht klassischerweise in der Unterteilung in Einstiegs-, Erarbeitungs-, Vertiefungs- und Transferphase vorgenommen (vgl. Kirchner/Kirschenmann 2015, S. 177). Im Entwerfen und Umsetzen der eigenen digitalen Vermittlungsangebote ausgehend von den vier Phasen erlangten die Studierenden Planungskompetenzen insbesondere im Bereich der medialen Ausgestaltung von Kunstvermittlung. Sie gewannen somit durch die praxisorientierte Umsetzung kunstdidaktischen Handelns notwendige Kompetenzen für das fachgemäße Erklären von Kunstwerken. Die digitale Aufbereitung schärfte zudem das medienpädagogische Profil.

3.2.2 Medienkompetenzen im Bereich der Kunstvermittlung

Aufenangers (1997) Kompetenzmodell gibt einen didaktischen Rahmen vor, um die Erstellung von Erklärvideos beziehungsweise Symmedien als medienkompetenzfördernde Methode umzusetzen (vgl. ebd., S. 19 f.). Es bietet sich bei der Produktion der Filme an, einen *Bring-Your-Own-Device-Ansatz* zu verfolgen, um Studierende in aktuellen mediendidaktischen Unterrichtsformen zu schulen. Während etwa die Applikation *Stop Motion Studio* für Smartphones zur Erstellung von Stopptrickfilmen Teil einer Übung sein kann, dient die ebenfalls kostenfreie Software *DaVinci Resolve* dem Audio- beziehungsweise Videoschnitt. Der wiederholte Einsatz schafft gemäß der „[k]ognitiven Dimension" (Aufenanger 1997, S. 19) ein Verständnis für gebräuchliche Symboliken, wie etwa die Darstellung von Verlinkungen, und vereinfacht den Transfer zu anderen Plattformen (vgl. Baacke 1999, S. 34). Eine gemeinsame Reflexion klärt Probleme bezüglich der Handhabe, Grenzen und Möglichkeiten der verschiedenen Medien(systeme).

Mittels der Bereitstellung als *Open Educational Resource (OER)* sind die Ergebnisse im Internet kostenfrei erreich-, nutz- und weiterverwendbar. Im Sinne der „[m]oralischen Dimension" (Aufenanger 1997, S. 19) greift eine solche Veröffentlichung nicht nur den Gedanken der *Open Access-Strategie* auf – im Idealfall spornt dies außerdem die Erstellenden dazu an, ein qualitativ hochwertiges Video gemäß der Produktorientierung zu entwickeln (vgl. ebd., S. 19; vgl. Gerkensmeier/Kedzior/Lüdders 2020, S. 317). Die gemeinsame Betrachtung bestehender Vermittlungsangebote und Reflexion der Medien hilft einerseits, einen aktuellen Überblick über digitale Möglichkeiten zu erhalten sowie andererseits Regeln für die Umsetzung im Sinne von *Best-Practices* zu erarbeiten. Nicht zuletzt steigert ein solches Vorgehen die Sachkompetenz. Die „affektive [und, V. D.] ästhetische Dimension" (Aufenanger 1997, S. 20) kann mittels theoretischer Hintergründe und filmtechnischer Grundregeln zur Audio- und Videoaufnahme angesprochen werden (vgl. Bender 2020). Ein Portfolio zum Ausbau von Partizipations- und Selbstreflexionskompetenzen begleitet bestenfalls den Prozess.

Bei der Durchführung eines solchen Projektseminars ergibt sich die Chance, die Qualität bestehender Vermittlungsangebote mittels psychologischer Empfehlungen zur Erstellung eines lernförderlichen Erklärvideos zu analysieren (vgl. Brame 2016, S. 1). So kann beispielsweise einer kognitiven Überlastung entgegengewirkt werden, wenn Themen sinnvoll strukturiert, wichtige Bereiche hervorgehoben und lediglich wesentliche Informationen zugänglich sind. Die sinnvolle Kombination des auditiven und visuellen Kanals oder die Nutzung von Interaktionsmöglichkeiten erhöhen die Motivation, sich mit dem Medium zu beschäftigen (vgl. ebd., S. 3 ff.). Der Rückgriff auf eben jene Prinzipien aus dem Bereich der pädagogischen Psychologie unterstützt zudem angehende Kunstpädagog*innen dabei, Ihre eigenen Materialien im späteren Berufsleben qualitativ hochwertiger zu gestalten. Aufgrund der Universalität dieser Hinweise gelten diese sowohl für analoge Bildungsgegenstände als auch für digitale.

Der Seminarablauf lehnte sich an das erweiterte Modell zur Produktion eines Erklärvideos nach Kerscher, Brunold und Dusanek (2021) an und wurde auf die Erstellung eines *Symmediums* ausgedehnt (vgl. ebd., S. 17). Während das Seminar idealerweise mit einer *thematischen Einführung und Themenfindung* beginnt, ist es ratsam, eine *Stärkung der digitalen sowie methodischen Kompetenzen*, die *Recherche und Erstellung des Drehbuchs*, die *Produktion des Erklärvideos*, die *Präsentation der Ergebnisse* sowie eine *Abschlussreflexion* prozesshaft durchzuführen. Die Lehrperson begleitet und unterstützt somit den Prozess, vermittelt Wissen, Fähig- und Fertigkeiten und strebt den Ausbau von Kreativität an (vgl. ebd., S. 17). Weil die Studierenden eine Schulung in agilem Projektmanagement erhalten, erfolgt auch hier eine Förderung der bereits bei der kunstdidaktisch sinnvollen Strukturierung von Vermittlungseinheiten angesprochenen Planungskompetenz. Nach Beendigung des Seminars steht den Lernenden idealerweise ein Rüstzeug zur Verfügung, mit dem sie sich medial gemäß der „Handlungsdimension" (Aufenanger 1997, S. 20) ausdrücken und Medien gezielt zur Umsetzung eines Projekts einsetzen können (vgl. ebd., S. 20).

4. Zusammenfassung und abschließende Gedanken

Es bedarf der Erklärung von Kunstwerken, um Zugänge für unerfahrene Betrachter*innen zu schaffen sowie Verständnisproblemen entgegenzuwirken. Bestenfalls regen sie Deutungsprozesse bei Rezipient*innen an, die jedoch in ihrer Tiefe und Komplexität offen ausfallen. Durch die spezifischen Eigenschaften des Lerngegenstands Kunstwerk muss diese Offenheit im Lernprozess antizipiert werden. Als Elementen in der Kunstvermittlung kommt Erklärungen eine tragende Funktion zu, weil sie werkimmanente Aspekte und rahmende Kontexte nachvollziehbar machen. Durch ihre zielgruppengerechte methodische Aufbereitung können Zugänge zu einem Kunstwerk ermöglicht und damit eine weiterführende Auseinandersetzung gefördert werden. Den Rezipierenden können somit im hermeneutischen Sinn auf Basis des Erklärten eigene Bedeutungen bilden, die sich auf das entsprechende Werk beziehen und nicht rein subjektiv davon losgelöst sind. Im Gegensatz zu Erklärungen, welche die komplette Festlegung Ihres Gegenstands anstreben, sind Kunstwerke nur in einzelnen Facetten erklärbar. „Das, was die Kunst zur Kunst macht, lässt sich zwar einkreisen, aber nicht benennen, es ist kaum reflexiv verfügbar, es muss immer wieder neu erfahren werden" (Peez 2022, S. 126). Erklärungen können beim Einkreisen eines Kunstwerks helfen und sollten herangezogen werden, um Deutungen, die komplett am Werk vorbeigehen, entgegenzuwirken. Sie liefern jedoch keinen endgültig definierten Schlüssel zur einzig möglichen Werkinterpretation.

Digitale, frei zugängliche Erklärformate bieten die Möglichkeit, die Vielfalt eines Kunstwerks verfügbarer zu machen und dieses damit als Sinngeflecht zu rezipieren. Solche Vermittlungsangebote schaffen unter Berücksichtigung der Heterogenität der Zielgruppen eine Reihe an weiteren Zugängen. Die Studierenden der Universität Augsburg fertigten im Rahmen eines interdisziplinären Projektseminars Symmedien an, welche die Kunstwerke auf dem Campus leichter zugänglich machen. Anhand von interaktiven Webseiten und Erklärvideos versuchten sie, Deutungsprozesse bei den Rezipient*innen anzustoßen. Im Zuge dessen erwarben die angehenden Kunstpädagog*innen eine Reihe an fachdidaktischen sowie medienpädagogischen Kompetenzen zur Umsetzung von qualitativ hochwertigen Bildungsmedien (vgl. Aufenanger 1997, S. 20; vgl. Brame 2016, S. 1).

Im Mittelpunkt des Seminars stand für die Dozierenden neben dem Kompetenzzuwachs auch die Möglichkeit, bereits im Studium kunstpädagogische Vermittlungsangebote praktisch umzusetzen. Aufgrund des schnellen digitalen Wandels entstehen auch fortwährend neue Möglichkeiten, um digitale Bildungsressourcen zu entwickeln. Vor allem die Arbeit im geschützten Rahmen, das kreative Experimentieren und das Wecken von Neugier in Bezug auf Medien sowie Kunst im Allgemeinen stellten den Kern der Veranstaltung dar. Letztendlich befähigte das Seminar die Teilnehmenden dazu, digitale Werkzeuge kompetent und reflektiert in der Kunstvermittlung einzusetzen.

Literatur

Aufenanger, Stefan (1997): Medienpädagogik und Medienkompetenz. Eine Bestandsaufnahme. In: Enquete-Kommission ‚Zukunft der Medien in Wirtschaft und Gesellschaft. Deutschlands Weg in die Informationsgesellschaft'. Deutscher Bundestag (Hrsg.): Medienkompetenz im Informationszeitalter. Bonn 1997, S. 15–21.
Baacke, Dieter (1999): Medienkompetenz als zentrales Operationsfeld von Projekten. In: Baacke, Dieter/Kornblum, Susanne/Lauffer, Jürgen/Mikos, Lothar/Thiele, Günter A. (Hrsg.): Handbuch

Medien: Medienkompetenz. Modelle und Projekte. Bonn: Bundeszentrale für politische Bildung, S. 31–35.

Ballhausen, Werner/Schnittenhelm, Karin (1991): Zeitgenössische Kunst im städtischen Raum. Empirische Fallstudien zu ausgewählten Skulpturprojekten in Berlin. Berlin: Berlin-Verl. Spitz.

Bender, Felix (2020): Podcast Stimme + Sprechen. Abrufbar unter: https://bender-kommunikation. de/training/podcast-stimme-sprechen (Abfrage: 22.12.22).

Brame, Cynthia J. (2016): Effective Educational Videos: Principles and Guidelines for Maximizing Student Learning from Video Content. CBE life sciences education, 15(4), es6. https://www. lifescied.org/doi/pdf/10.1187/cbe.16-03-0125 (Abfrage: 7.12.22).

Bucher, Hans-Jürgen (2019): Multimodalität als Herausforderung für die Visuelle Kommunikationsforschung. In: Lobinger, Katharina (Hrsg.): Handbuch Visuelle Kommunikationsforschung. Wiesbaden: Springer VS, S. 651–678.

Chi, Michelene/Wylie, Ruth (2014): The ICAP Framework: Linking Cognitive Engagement to Active Learning Outcomes. In: Educational Psychologist 49, H. 4, S. 219–243.

Frederking, Volker et al. (2012): Mediendidaktik Deutsch. Eine Einführung. Berlin: Erich Schmidt Verlag.

Garzon, Juan/Acevedo, Juan (2019): Meta-analysis of the impact of augmented reality on students' learning gains. In: Educational Research Review 27, S. 244–260.

Gerkensmeier, Imke/Kedzior, Karina K./Lüdders, Lisa (2020): Wissenschaftliche Veröffentlichung von studentischen Forschungsprojekten im Bachelorstudiengang Psychologie. In: Haberstroh, Susanne/Peterson, Maren/Wulf, Carmen (Hrsg.): Forschendes Lernen. Wiesbaden: Springer VS., S. 308–317.

Gerwig, Mario/Zierer, Klaus (2018): Was haben Wolfgang Klafki und John Hattie gemein? Die eklektischen Ansätze Wolfgang Klafkis und John Hatties und ihre Bedeutung für die Erziehungswissenschaft. In: Pädagogische Rundschau 72, H. 4, S. 427–444.

Giesecke, Hermann (2015): Pädagogik als Beruf: Grundformen pädagogischen Handelns. 12. Auflage. Weinheim und Basel: Beltz Juventa.

Grasskamp, Walter (2000): Invasion aus dem Atelier. Kunst als Störfall. In: Grasskamp, Walter (Hrsg.): Unerwünschte Monumente. Moderne Kunst im Stadtraum. 3. Auflage. München: Verlag Silke Schreiber, S. 141–169.

Grotrian, Etta (2014): Erfolgsfaktor Benutzerfreundlichkeit – Medieneinsatz im Museum.

Grünewald, Dietrich (2009): Orientierung: Bild. In: Kunst + Unterricht, H. 334/335, S. 14–21.

Halbertsma, Marlite/Zijlmans, Kitty (1995): New Art History. In: Halbertsma, Marlite/Zijlmans, Kitty (Hrsg.): Gesichtspunkte. Kunstgeschichte heute. Berlin: Dietrich Reimer Verlag, S. 279–300.

Kaspar, Kai (2022): Medienentwicklung und Medienpädadagogik: Virtual Reality und Augmented Reality. In: Sander, Uwe/von Gross, Frederike/Hugger, Kai-Uwe (Hrsg.): Handbuch Medienpädagogik. 2. Auflage. Wiesbaden: Springer VS, S. 553–564.

Kerres, Michael (2018): Mediendidaktik. Konzeption und Entwicklung digitaler Lernangebote. 5. Auflage. Berlin: de Gruyter.

Kerscher, Ulrich/Brunold, Andreas/Dusanek, Vincent (2021): Die Nachhaltigkeitspolitik der EU und ihr politikdidaktisches Potential am Themenfeld Plastik und Plastikmüll – Erklärvideos im Kontext einer politischen Bildung für nachhaltige Entwicklung. In: Forum Politikunterricht, Heft 1. München: Landesverband der Deutschen Vereinigung für Politische Bildung e. V., S. 13–20.

Kirchner, Constanze (2020): Kunstdidaktik. In: Rothgangel, Martin/Abraham, Ulf/Bayrhuber, Horst/ Frederking, Volker/Jank, Werner/Vollmer, Helmut Johannes (Hrsg.): Lernen im Fach und über das Fach hinaus. Bestandsaufnahmen und Forschungsperspektiven aus 17 Fachdidaktiken im Vergleich. Münster: Waxmann, S. 208–235.

Kirchner, Constanze/Kirschenmann, Johannes (2015): Kunst unterrichten. Didaktische Grundlagen und schülerorientierte Vermittlung. Seelze: Klett.

Kirchner, Constanze/Schiefer Ferrari, Markus/Spinner, Kaspar (2006): Teil I. Ästhetische Bildung und Identität. In: Kirchner, Constanze/Schiefer Ferrari, Markus/Spinner, Kaspar (Hrsg.): Ästhetische Bildung und Identität. Fächerverbindende Vorschläge für die Sekundarstufe I und II. München: kopaed, S. 11–33.

Kirschenmann, Johannes/Schulz, Frank (1999): Bilder erleben und verstehen. Einführung in die Kunstrezeption. Leipzig: Klett.

Krautz, Jochen (2020): Kunstpädagogik. Eine systematische Einführung. Paderborn: Wilhelm Fink.

Lanzinger, Johannes (2021): Behandlungen von Angststörungen mit virtueller Realität. In: Altenhofer, Michael/Pauli, Paul/Gromer, Daniel/Lanzinger, Johannes/Täuber, Marcus/Edlinger-Starr, Sabine (Hrsg.): Virtual-Reality-Therapie. Anwendung in klinischer Psychologie und Psychotherapie. Berlin/Heidelberg: Springer, S. 39–62.

Niehoff, Rolf (2018): Kunstpädagog_innen sind Kunstpädagog_innen ... Zur professionellen Identität und Qualifikation schulischer Kunstpädagog_innen. In: Loffredo, Anna Maria (Hrsg.): Causa Didactica. Professionalisierung in der Kunst/Pädagogik als Streitfall. München: kopaed, S. 12–28.

Nürnberger, Manfred (2011): Bausteine der Werkerschließung. In: Eiglsperger, Birgit/Mittlmeier, Josef/Nürnberger, Manfred (Hrsg.): Werkanalyse. Betrachten – erschließen – deuten. Regensburg: Univ.-Verl. Regensburg, S. 9–24.

Ortmann-Welp, Eva (2021): Digitale Kompetenzen für Lehrende und Lernende. In: Pflegezeitschrift 2021, H. 74-4, S. 40–44.

Otto, Gunter (1974): Didaktik der Ästhetischen Erziehung. Ansätze – Materialien – Verfahren. Braunschweig: Westermann.

Pauls, Karina (2016): Bild-Idee, Gestaltung, Vermittlung. In: Bering, Kunibert/Fleck, Robert (Hrsg.): Der „iconic turn" und seine Folgen. Bildbegriff, zeitgenössische und ältere Kunst. Oberhausen: Athena, S. 79–97.

Pauls, Karina (2017): Kunstpädagogische Handlungsfelder. In: Bering, Kunibert/Niehoff, Rolf/Pauls, Karina (Hrsg.): Lexikon der Kunstpädagogik. Oberhausen: Athena, S. 309–312.

Peez, Georg (2022): Einführung in die Kunstpädagogik. 6., erweiterte und aktualisierte Auflage. Stuttgart: Kohlhammer.

Prange, Klaus/Strobel-Eisele, Gisela (2015): Die Formen des pädagogischen Handelns: Eine Einführung. 2. Auflage. Stuttgart: Kohlhammer.

Regel, Günther (1986): Medium bildende Kunst. Bildnerischer Prozeß und Sprache der Formen und Farben. Berlin: Henschelverlag.

Regel, Günther (1999): Die Defizite der Ikonologie überwinden: die Kunst als Kunst erfahrbar machen. Zum Spagat der „didaktischen Ikonologie" zwischen Kunst und Wissenschaft. In: Kirschenmann, Johannes/Spickernagel, Ellen/Steinmüller, Gerd (Hrsg.): Ikonologie und Didaktik. Begegnungen zwischen Kunstwissenschaft und Kunstpädagogik. Festschrift für Axel von Criegern zum 60. Geburtstag. Weimar: VDG, S. 107–116.

Schmidt, Rebekka (2016): Mit Kunstwerken zum Denken anregen. Eine empirische Untersuchung zur kognitiven Aktivierung im Rahmen der Kunstrezeption in der Grundschule. München: kopaed.

Täuber, Marcus (2021): Die Anwendung von Virtual Reality im psychologisch-psychotherapeutischen Kontext aus Sicht der Neurobiologie. In: Altenhofer, Michael/Pauli, Paul/Gromer, Daniel/Lanzinger, Johannes/Täuber, Marcus/Edlinger-Starr, Sabine (Hrsg.): Virtual-Reality-Therapie. Anwendung in klinischer Psychologie und Psychotherapie. Berlin/Heidelberg: Springer, S. 1–14.

Trabandt, Sven/Wagner, Hans-Jochen (2020): Pädagogisches Grundwissen für das Studium der Sozialen Arbeit. Ein Kompendium. 1. Auflage. Opladen & Toronto: UTB.

Tulodziecki, Gerhard/Herzig, Bardo/Grafe, Silke (2019): Medienbildung in Schule und Unterricht. 2. Auflage. Bad Heilbrunn: UTB.

Uhlig, Bettina (2007): Kunstrezeption. In: Constanze Kirchner (Hrsg.): Kunstunterricht in der Grundschule. Berlin: Cornelsen, S. 132–140.

Uhlig, Bettina (2005): Kunstrezeption in der Grundschule. Zu einer grundschulspezifischen Rezeptionsmethodik. München: kopaed.

Universität Augsburg (2021): Kunst am Campus. https://www.uni-augsburg.de/de/campusleben/musik-kultur/kunstamcampus1 (Abfrage: 22.12.22).

Erklären und Demonstrieren im Sportunterricht

Stefan Künzell

1. Handeln im Sport

Der Sportunterricht hat vielfältige Zielstellungen – ein Blick in die jeweiligen Curricula der verschiedenen Bundesländer und verschiedenen Altersstufen beweist dies. Diese vielfältigen Ziele werden in der sportpädagogischen Konzeption des ‚Erziehenden Sportunterrichts‘ durch den sogenannten ‚Doppelauftrag‘ des Sportunterrichts zusammengefasst (z. B. Kurz 2008; Prohl 2017). Danach besteht der Bildungsauftrag des Sportunterrichts darin, die Entwicklung der Schüler:innen durch Bewegung, Spiel und Sport zu fördern und ihnen die Erschließung der Bewegungs-, Spiel- und Sportkultur zu ermöglichen, oder als kurzes Motto: Erziehung *durch* und *zum* Sport. Die erstgenannten Ziele richten also nicht so sehr auf Lerninhalte, bei denen die Bewegungskompetenz verbessert wird, sondern eher darauf, welche außersportlichen Erziehungsziele durch Sport im Unterricht besonders gut vermittelt werden können. Ein prominentes Beispiel ist die Erziehung zu einer gesunden Lebensweise, in der ausreichend sportliche Bewegung, aber auch eine ausgewogene Ernährung und Bewegungen im Alltag dazugehören. Vermittlungsziele können dabei sein, den Zusammenhang zwischen Energieaufnahme (durch Ernährung) und Energieverbrauch (durch Bewegung) zu verdeutlichen, die positiven Auswirkungen sportlicher Aktivität auf die Gesundheit zu erläutern sowie eine möglichst lebenslange Freude an sportlicher Bewegung zu vermitteln. Der Gesundheitsaspekt ist aber nur eines unter vielen außersportlichen Zielen, die durch Reflexion sportlicher Tätigkeiten angezielt werden können. Eine Erziehung zur Fairness, das Akzeptieren, Einüben und Anerkennen von Regeln oder der Umgang mit Sieg oder Niederlage seien hier beispielhaft erwähnt.

Die innersportlichen Erziehungsziele sollen eine Teilhabe am Sport dadurch ermöglichen, dass die notwendigen konditionellen und koordinativen Voraussetzungen geschaffen werden und die grundlegenden sportlichen Bewegungstechniken und -taktiken vermittelt werden. In diesem Beitrag über das Erklären im Sportunterricht beziehe ich mich vor allem auf diesen zweiten Teil des Doppelauftrags. Dies geschieht vor allem aus dem Grund, dass die Bedeutung des Erklärens für diese Ziele des Sportunterrichts sich nach meiner Meinung von anderen Fächern unterscheidet und daher in diesem Band eine wichtige Ergänzung liefert. Meine Annahme ist, dass Erklärungen, die sich beispielsweise auf die Erziehung zur Fairness beziehen, durchaus Parallelen zum Erklären des gleichen Phänomens im angewandten Ethikunterricht haben und dass Erklärungen im

Bereich der Gesundheitserziehung durch Sportunterricht sich auch in einem Beitrag zum Erklären im Biologieunterricht wiederfinden können. Eine besondere, originäre Rolle spielen Erklärungen bei der Vermittlung sportspezifischer Inhalte – diese bilden den Gegenstand des hier vorliegenden Beitrags.

2. Wissen und Können

Sportliche Leistungen werden durch das Zusammenwirken von Fähigkeiten und Fertigkeiten in drei verschiedenen Teilbereichen determiniert: Kondition, Technik und Taktik (siehe Abb. 1) (Hohmann et al. 2020). Wissen spielt in den drei Teilbereichen eine höchst unterschiedliche Rolle, und dies gilt auch für das Erklären als die Vermittlung von Wissen. Daher werde ich Kondition, Technik und Taktik hier auch getrennt voneinander behandeln.

Abb. 1: Die drei Säulen der sportlichen Leistungsfähigkeit (nach Lames 2009)

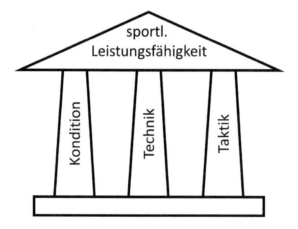

2.1 Kondition

Der Begriff *Kondition* deutet bereits an, dass es sich dabei um Voraussetzungen handelt, ohne die sportliche Bewegungen nicht durchgeführt werden können, also eine *conditio sine qua non*. Während in der Alltagssprache Kondition gern mit Ausdauerleistungsfähigkeit gleichgesetzt wird, werden in der Sportwissenschaft die konditionellen Fähigkeiten in Ausdauer, Kraft, Schnelligkeit und Beweglichkeit unterteilt (Hohmann et al. 2020). Dabei ist für unterschiedliche sportliche Disziplinen der notwendige Ausprägungsgrad der einzelnen konditionellen Fähigkeiten durchaus unterschiedlich. Beim Langstreckenlauf ist es vor allem die Ausdauerfähigkeit, die die Leistung determiniert, während es beim

Gewichtheben vor allem die Kraft ist und in der rhythmischen Sportgymnastik ohne ein gewisses Maß an Beweglichkeit keine ausreichende Leistung erzielt werden kann. Für alle konditionellen Fähigkeiten gilt aber, dass sie durch Erklärungen nicht unmittelbar beeinflusst werden können. Ein durch eine noch so didaktisch ausgefeilte Erklärung erworbenes Wissen über die Kontraktionsmechanismen der Muskulatur bringt die Schüler:innen nicht dazu, auch nur ein einziges Gramm mehr heben zu können. Eine Erklärung des Energieumsatzes und der Bedeutung der aeroben Schwelle wird nicht dazu führen, dass sie in zwölf Minuten auch nur einen Meter weiter laufen werden. Ein Hauptpfeiler der sportlichen Leistungsfähigkeit wird durch Erklärungen also überhaupt nicht erreicht. Die einzige Möglichkeit, mit der Erklärungen auf die konditionellen Fähigkeiten einwirken könnten, ist, die Art und Weise ihres optimalen Trainings zu erläutern und die Bedeutung für die sportliche Leistungsfähigkeit zu erklären. Auf diesem Weg könnten Schüler:innen, die ihre sportliche Leistungsfähigkeit verbessern wollen, dazu motiviert und angeleitet werden, etwas ‚für ihre Kondition zu tun‘ und diese sinnvoll zu trainieren.

2.2 Technik

Anders sieht dies bei dem Erwerb einer sportlichen Technik aus. Unter einer sportlichen Technik versteht man „eine anerkannt gute Lösung einer Bewegungsaufgabe" (Hossner/Künzell 2022, S. 20). Diese Lösungen werden durch motorisches Lernen erworben. Die Schwierigkeit der theoretischen Bearbeitung kann man daran erkennen, dass im motorischen Lernen *Können* und *Wissen* je nach dem zu erreichenden Ziel nur schwer voneinander zu trennen sind: Nach einem erfolgreichen motorischen Lernprozess ‚kann‘ man die Bewegung, manchmal ‚weiß‘ man auch, wie die Bewegung funktioniert. Mit zwei Beispielen möchte ich den Unterschied illustrieren.

Beim Erlernen des Radfahrens besteht die Hauptschwierigkeit darin, das Gleichgewicht auf den beiden Rädern zu halten, ohne umzufallen oder mit den Füßen Unterstützung zu suchen. Eine Physiklehrkraft kann wahrscheinlich am besten erklären, wie beim Fahrrad das Gleichgewicht aufrechterhalten werden kann – wenn man nach links zu kippen droht, muss das Vorderrad nach links gelenkt werden, damit die durch die beiden Räder gegebene Unterstützungsfläche unter die durch Projektion des Schwerpunkts entlang eines durch Fliehkraft und Schwerkraft gebildeten Vektors des Fahrrad-Radfahrer-Systems auf den Boden kommt. Diese Erklärung ist allerdings doch recht kompliziert und für ein sechsjähriges Kind nur sehr schwer zu verstehen. Glücklicherweise lernt ein Kind das Radfahren auch ohne solche Erklärung, einfach durch Ausprobieren. In diesem Fall spricht man von implizitem Lernen, also einem Lernen, das nicht verbalisiert werden kann. Das Kind ‚kann‘ Radfahren, weiß aber nicht, wie Radfahren funktioniert. Wir sprechen hier vom prozeduralen Wissen, was mehr oder weniger eine Umschreibung für ‚Können‘ ist (Hossner/Künzell 2022).

Anders ist die Situation beim Erlernen von Tanzschritten. Die Sequenz der Schritte kann von der Tanzlehrkraft demonstriert werden, sie wird üblicherweise durch verbale Anweisungen unterstützt, wie ‚lang – lang, kurz_kurz, lang‘, oder ‚links – rechts – Wiegeschritt‘. Hier ist explizites Wissen dominierend: Die Abfolge der Schritte muss gewusst werden und kann auch verbal wiedergegeben werden. Hier wird vom deklarativen Wissen gesprochen. Aber: Man ‚kann‘ noch nicht tanzen, wenn man die Abfolge der Schritte kennt. Die elegante, flüssige, ‚gekonnte‘ Ausführung bezieht sich dann dominant wieder auf den impliziten Wissensbereich.

Ein Unterschied zwischen dem Radfahren und dem Tanzen ist, dass bei Ersterem ein wahrnehmbarer, offensichtlicher Effekt erzielt werden soll, nämlich die Fortbewegung auf dem Fahrrad ohne Sturz. Die Rückmeldung über das Erreichen oder Nichterreichen des Ziels ist leicht wahrzunehmen. Graduelle Unterschiede und eine Annäherung an das Ziel sind ebenfalls spürbar. Es gibt nicht nur die dichotome Unterscheidung zwischen *Sturz* und *kein Sturz*, sondern wir können Unterschiede wie ‚das war knapp‘, ‚das geht schon ganz gut‘ und ‚das fühlt sich sicher an‘ durchaus wahrnehmen. Dies dient als Richtungsweiser für den impliziten Lernprozess. Beim Tanzen hingegen ist zwar auch das Ziel, das Gleichgewicht aufrechtzuerhalten, doch dies soll auf eine möglichst elegante und originelle Weise in Harmonie mit der Partnerin oder dem Partner erfolgen. Die Einschätzung, welche Bewegungen nun elegant aussehen, ist erheblich schwieriger als die Einschätzung, ob man sicher auf dem Rad unterwegs ist. Beim Tanzen dauert es üblicherweise Jahre, bis ein Gespür dafür entwickelt wurde, zu welchem Grad eine Bewegungsfolge elegant und harmonisch ausgesehen hat.

Dieses Gespür für das Erreichen des angestrebten Effekts ist ein zentraler Baustein für das Erlernen sportlicher Techniken. Dabei reicht es nicht aus, wenn man *nach* Durchführung der Bewegung einen Eindruck davon hat, ob der angestrebte Effekt erreicht wurde oder nicht. Um eine Bewegung erfolgreich durchzuführen, muss bereits *vor ihrem Beginn* vorhergesehen werden, ob und in welchem Ausmaß die Bewegung das intendierte Ziel erreichen wird (James 1890; Wolpert et al. 2001). In einem funktionalen Modell der Prozesse des motorischen Lernens und der motorischen Kontrolle findet diese Vorhersage in einem Prädiktorsystem statt (Hossner/Künzell 2022). Eine andere Bezeichnung, die eher aus dem Bereich der Kontrolltheorie kommt, beschreibt dieses Prädiktorsystem auch als Vorwärtsmodell (Jordan/Rumelhart 1992). Dieses Prädiktorsystem modelliert intern die handlungsrelevanten Aspekte der Umwelt und die zielgerichteten Bewegungen. Seine Aufgabe ist es, aus den zentralen Signalen an die Muskulatur (auch Efferenzen genannt) unter Berücksichtigung des gerade vorliegenden dynamischen Zustands im Körper und in der Umwelt vorherzusehen, welchen Effekt diese zentralen Signale haben werden. Das Prädiktorsystem verarbeitet also eine Kopie der Efferenzen (von Holst/Mittelstaedt 1950) und den wahrgenommenen Umweltzustand als Eingabe und liefert den erwarteten Effekt. Dieses Prädiktorsystem ist beim Menschen nicht angeboren, sondern muss mühsam erlernt werden. Das Lernen beginnt bereits kurz nach der Geburt. Abgesehen von einigen überlebenswichtigen, angeborenen Reflexen haben Neugeborene nur wenig Kontrolle über ihre Bewegungen. Sie lernen zunächst ein rudimentäres Prädiktorsystem, in dem sie ziellos Efferenzen aussenden und die Effekte, die mit den so bewirkten Bewegungen einhergehen, erfahren (Jordan/Rumelhart 1992). Von außen betrachtet äußert sich dieses Verhalten als ein Strampeln, die Effekte können Berührungen des Körpers mit anderen Körperteilen oder mit Gegenständen in der Umgebung sein. Auf diese Weise lernen die Kleinen ein Körperkonzept, sie lernen zu unterscheiden, welche Dinge zu ihnen gehören und welche nicht (Hossner/Künzell 2003). Zudem lernen sie, ihre Wahrnehmung zu differenzieren, da bei unterschiedlichen wahrgenommenen Situationen unterschiedliche Effekte zu beobachten sind (Hoffmann 1993) – beispielsweise rasselt das blaue, runde Etwas, während das gelbe, entenförmige Etwas bei Berührung quietscht. In dieser Art wird einerseits die Unterscheidung von Farben und Formen gelernt, andererseits ist aber auch vorherzusehen, welche Sensationen mit welchen Efferenzen verbunden sind.

Bezogen auf das Thema dieses Beitrags, dem Erklären, wird deutlich, dass hier Erklärungen nicht weiterhelfen. Für den Aufbau eines Prädiktorsystems müssen Erfahrungen gemacht werden. Bei einer zielgerichteten Unterstützung des Aufbaus eines Prädiktorsystems können Erklärungen jedoch helfen, funktionale Erfahrungsräume zu eröffnen oder unfunktionale Erfahrungsräume zu verschließen. Somit wird der Lernprozess beschleunigt. Dies möchte ich wieder an einem Beispiel verdeutlichen. Anfänger:innen im Windsurfen haben meist Schwierigkeiten, die Fahrtrichtung ihres Boards zu kontrollieren. Natürlich ist es prinzipiell möglich, durch Ausprobieren die Effekte der Körperbewegungen auf Brett und Segel zu erfahren, aber dies ist ein durchaus langfristiger und mühsamer Prozess. Hier helfen Erklärungen weiter. Beispielsweise ist es nützlich zu wissen, dass das Board unter Segel prinzipiell nicht gegen die Windrichtung fahren kann, sondern dass man gegen den Wind kreuzen muss. Dadurch können viele vergebliche Versuche, Segel und Brett so auszurichten, dass es gegen den Wind fährt, erspart bleiben. Zudem kann die Erklärung hilfreich sein, dass ein Rückführen des Segels zum Anluven führt, ein Nach-Vorn-Führen des Segels zum Abfallen. Und manchen Schüler:innen hilft es zu wissen, dass sich beim Nach-Vorn-Führen der Druckpunkt des Segels vor dem Angriffspunkt des Wassers befindet und daher ein Drehmoment in Richtung Lee entsteht, das eben dann zum Abfallen führt (manchen Schüler:innen hilft es aber auch nicht). Grundsätzlich gilt aber, dass zum Erlernen eines Prädiktorsystems Erfahrungen gemacht werden müssen! Erklärungen haben lediglich die Aufgabe, funktionale Erfahrungsräume zu öffnen oder unfunktionale Erfahrungsräume zu verschließen.

Ein hinreichendes Prädiktorsystem bildet aber nur die Grundlage für ein erfolgreiches Lösen einer Bewegungsaufgabe. Für das Erzielen eines gewünschten Effekts wird die Fragestellung umgekehrt: Während das Prädiktorsystem die Frage beantwortet, welchen Effekt bestimmte Efferenzen in bestimmten Situationen haben, stellt sich jetzt die Frage, welche Efferenzen gewählt werden müssen, um in bestimmten Situationen ein erwünschtes Ziel zu erreichen. Für alltägliche und sportliche Bewegungen gibt es dabei viele verschiedene Lösungen. Im Sportunterricht soll durch eine sportliche Technik das Bewegungsziel möglichst gut erreicht werden. Die Sportlehrkraft muss vermitteln, wie denn eine gute, sportliche Technik aussieht und im Falle einer Überforderung Lernhilfen für die Ausführung der Bewegung geben. Im Gegensatz zu vielen anderen Schulfächern geht es nicht um das *Verstehen* des Bewegungsproblems und seiner Lösung, sondern um die gekonnte *Ausführung* der für die Lösung sinnvollen sportlichen Technik. Das Verständnis, das in anderen Fächern durch verbales Erklären erreicht wird, ist im Sportunterricht eher das Können, das zwar gelegentlich auch verbal erläutert, viel häufiger jedoch durch eine Demonstration der sportlichen Technik vermittelt wird. Das Erklären ist also beim Erlernen einer sportlichen Technik ist also eher ihre Demonstration. Diese kann auf unterschiedlichen Wegen erfolgen, die jeweils Vor- und Nachteile haben. Wir unterscheiden hier zwischen Eigendemonstration, Schüler:innendemonstration, Bildreihen und Videos. Im Folgenden werden die Vor- und Nachteile der jeweiligen Demonstrationsform kurz beleuchtet.

Die Eigendemonstration durch die Lehrkraft hat auf die meisten Schüler:innen einen hohen Motivationscharakter. Die Lehrkräfte werden durch die Aussagen wie ‚Das können Sie ja selbst nicht einmal!‘ aufgefordert, ihr Können zu beweisen. Dem muss die Lehrkraft nicht immer nachkommen, wenn sie es aber nie tut, kann ihre Autorität gefährdet werden. Jenseits davon ist der Erklärwert der Eigendemonstration von seiner Qualität abhängig. Ein Vorteil ist, dass die Bewegung in Originalgröße und -geschwindigkeit von den Schülerinnen und Schülern in 3D beobachtet werden kann. Der Nachteil ist, dass die Ausführung mancher Bewegungsteile so schnell geschehen muss, dass eine Beobachtung schwierig bis unmöglich ist. Zudem ist der Wahrnehmungseindruck flüchtig, er kann nicht noch einmal angeschaut werden. Selbiges gilt natürlich auch, wenn ein:e Schüler:in die Bewegung demonstriert.

Eine Alternative zur körperlichen Demonstration sind Bildreihen, in denen einzelne Zwischenschritte in dem Bewegungsverlauf gezeichnet in einem Buch oder auf einer Folie abgedruckt sind. Dabei hat sich gezeigt, dass Umrisszeichnungen (Konturogramme) die beste Art der Darstellung sind, da in dieser Zeichnung (im Gegensatz zu Strichpersönchen) die linken und rechten Gliedmaßen leichter zu unterscheiden sind (Daugs et al. 1989). Im Gegensatz zu Fotos kann jedoch die Zeichnung das Wesentliche der Bewegung hervorheben und irrelevante Details weglassen. Vorteil dieser Konturogramme ist, dass man sie in Ruhe betrachten kann, um die Schlüsselstellen der Bewegung zu verinnerlichen. Der Nachteil besteht darin, dass keine Informationen über die Dynamik und den Rhythmus der Bewegung gegeben werden können.

Mit der Omnipräsenz elektronischer Medien im Unterricht findet auch die Videopräsentation ihren Weg in die Schulturnhalle. Die Lehrkraft kann gekonnte Bewegungslösungen sportlicher Vorbilder auf einem Tablet oder mit dem Beamer vorführen. Der Vorteil liegt darin, dass Bewegungsabläufe auch in Zeitlupe gezeigt werden können und dass an wichtigen Stellen das Videobild angehalten werden kann. Der Nachteil besteht darin, dass es sich um zweidimensionale Aufnahmen handelt, in der nicht alle räumlichen Aspekte wiedergegeben werden können und die man sich nicht einfach einmal aus einer anderen Perspektive anschauen kann. Studien haben gezeigt, dass die Präsentation einer Leitbilds mit Video vor allem dann Vorteile bringt, wenn den Schüler:innen Beobachtungsaufgaben gegeben werden oder wenn die Bewegungsausführungen verbal erläutert werden (Kernodle/Carlton 1992). Moderne Apps wie beispielsweise *Coach's Eye* bieten zudem die Möglichkeit, die eigene Bewegung mit der eines Modells auf einem Tablet synchron zu vergleichen. Hier bietet sich eine gute Möglichkeit, die Unterschiede zwischen diesen Bewegungsausführungen zu erklären, was einen positiven Effekt auf das Lernen von Bewegungstechniken hat (Korban et al. 2017).

Verbale Erklärungen spielen vor allem bei der Erläuterung kleiner Teilaspekte der Bewegungstechnik eine Rolle. ‚Nimm den Kopf auf die Brust' wäre eine Bewegungsanweisung, die durch die Begründung ‚damit du auf dem runden Rücken entlangrollen kannst' zur Erklärung werden kann. Nach Göhner (1979) gibt es für alle Teilbewegungen einer sportlichen Technik eine funktionale Begründung, die den Beitrag zur Erreichung des Bewegungsziels darlegt. Während Trainer:innen und Sportlehrkräfte diese Begründung kennen müssen, um Fehler in der Bewegungsausführung erkennen und korrigieren zu können, ist für das motorische Lernen die Begründung zwar nicht notwendig, aber auch nicht schädlich. Hier hängt es vom Anspruch der Sportlehrkraft und der Komplexität der Begründung ab, ob sie erfolgen sollte oder nicht. Während der runde Rücken bei der Rolle vorwärts eine sinnvolle, leicht verständliche Begründung darstellt, sind Begründungen für die Lenkbewegungen beim Fahrradfahren wohl doch zu kompliziert.

Eine besondere Art der Vermittlung von Bewegungstechniken ist die Nutzung von Metaphern. Durch Metaphern kann Form und Dynamik der Bewegungen verbal leicht transportiert werden. Bekannte Metaphern sind ‚Pizza' und ‚Pommes' für die Pflug- bzw. die parallele Skistellung. ‚Spiele den Ball, als ob er ganz heiß wäre' sorgt für einen kurzen Ballkontakt beim Volleyball, das ‚Schiffchen' sorgt im Turnen für die richtige Körperspannung. Das Nutzen von Metaphern liegt zwischen der verbalen Anweisung und der Demonstration: Metaphern werden üblicherweise verbal übermittelt, rufen aber in den Schülerinnen und Schülern ein inneres Bild hervor, das (ähnlich einer demonstrierten Zielbewegung) zur Imitation auffordert. Der Vorteil einer Metapher besteht darin, dass keine genaue Vorlage für die Imitation gegeben wird. Letzteres führt gelegentlich dazu, dass die Lernenden sich zu sehr auf die Bewegung konzentrieren und nicht so sehr auf den zu erreichenden Effekt. Diese Konzentration auf die Bewegung führt dazu, dass vorhandene Bewegungsautomatismen nicht genutzt werden können und hemmt so den Lernprozess. Tielemann (2008) konnte zeigen, dass durch Metaphern erworbene Bewegungstechniken resistenter gegen Stress und gegenüber zusätzlichen Aufgabenstellungen ist.

2.3 Taktik

Die dritte Säule der sportlichen Leistungsfähigkeit ist die Taktik. Nach der ‚Straßenspiel-Hypothese' kann taktisches Verhalten am besten durch ein selbstständiges, nicht angeleitetes Spiel auf der Straße gelernt werden. Man spricht hierbei vom inzidentellen Lehren, der Lernvorgang ist ein implizites Lernen. Das spielerische Lernen kann provoziert werden, in dem die Lehrkraft Situationen schafft, in der bestimmte taktische Verhaltensweisen besonders belohnt werden. Taktisches Verhalten wird im Sportunterricht vor allem bei den Ballsportarten thematisiert. Kröger und Roth (1999) entwickelten das Konzept der Heidelberger Ballschule, in dem viele kleine Spielformen vorgestellt werden, die sportspielübergreifend verschiedene Taktikbausteine inzidentell geschult werden.

Sollen kurzfristig taktische Maßnahmen Erfolg zeigen, ist das Erklären das Mittel der Wahl. Insbesondere im Wettkampfsport wird die Trainerin ihrem Team erklären, welche taktischen Maßnahmen zu ergreifen sind. Dies geschieht ausführlich im Gespräch vor dem Spiel, in dem auf den Gegner vorbereitet wird, etwas weniger ausführlich in der Halbzeitpause und ganz knapp in einer Auszeit. Auch hierbei gilt, dass das Erklären zwar eine geeignete Form der Vermittlung ist, dass aber ohne ein Üben eine taktische Erklärung nur schwerlich umgesetzt werden kann. Komplexere taktische Verhaltensweisen werden am Besten in Wenn-Dann-Regeln erklärt (Raab 2001). So könnte eine Regel für den Zuspieler im Volleyball lauten: ‚Wenn du beobachtest, dass die gegnerische Mittelblockerin sich bereits nach außen bewegt und deine Angreiferin von der Position II einsatzbereit ist, dann spiele einen Meterpass über Kopf, weil dann dort höchstens ein Einer-Block steht.' Komplexere Taktiken können mit einem Taktik-Board, auf dem ein Spielfeld eingezeichnet ist und auf dem entweder gemalt oder mit magnetischen Knöpfen, die die Spieler repräsentieren, veranschaulicht werden. Aber auch hier gilt, wie insgesamt im Sport: Wissen ist nicht Können! Die erklärten Inhalte müssen anschließend im Training noch geübt werden. Sollte dies zu Überforderungen führen, sollte dies unter erleichterten Bedingungen geschehen, also beispielsweise zunächst mit nur passiven Gegenspielern, dann mit halb-aktiven Gegenspielerinnen und schließlich dann gegen eine engagierte Verteidigung.

Zusammenfassung

Sportliche Leistungsfähigkeit beinhaltet die Komponenten *Kondition, Technik* und *Taktik*. Für die Verbesserung der konditionellen Fähigkeiten spielen Erklärungen keine Rolle, für die Trainingsplanung und -motivation können allerdings Erklärungen über die biologischen Grundlagen sowie die Adaptationsmechanismen und Trainingsprinzipien hilfreich sein. Dies dient dem Ziel, die Voraussetzungen für sportliche Aktivitäten zu legen und die Schülerinnen und Schüler zu befähigen, selbstständig außerhalb des Unterrichts ihre konditionellen Fähigkeiten zu verbessern.

Zum kompetenten Handeln im Sport gehören *Können* und *Wissen* – in jeweils unterschiedlicher Gewichtung. Ein Weg für die Vermittlung von *Wissen* ist das *Erklären*, das Pendant für die Vermittlung von *Können* die *Demonstration*. Sowohl *Wissen* als auch *Können* können zwar auch durch entdeckendes Lernen erworben werden, aber Erklären oder Demonstrieren erlauben Abkürzungen im Lernprozess. Die Demonstration sportlicher Bewegungstechniken kann durch Vormachen, aber auch durch gedruckte Vorlagen oder Videos geschehen. Taktisch geschicktes Verhalten kann über Wenn-Dann-Regeln erklärt werden, kann jedoch auch inzidentell erlernt werden, indem in der jeweiligen Situation Lösungsmöglichkeiten gefunden werden. Erklärungen und Demonstrationen sind aber weder notwendig noch hinreichend, um kompetentes Handeln im Sport zu vermitteln. Zwingend erforderlich ist dafür die motorische Ausführung, das Üben.

Literatur

Daugs, Reinhard/Blischke, Klaus/Olivier, Norbert/Marshall, Franz (1989): Beiträge zum visuomotorischen Lernen im Sport. Schorndorf: Hofmann.

Göhner, Ulrich (1979): Bewegungsanalyse im Sport: Ein Bezugssystem zur Analyse sportlicher Bewegungen unter pädagogischen Aspekten. Schorndorf: Hofmann.

Hoffmann, Joachim (1993): Vorhersage und Erkenntnis. Die Funktion von Antizipationen in der menschlichen Verhaltenssteuerung und Wahrnehmung. Göttingen: Hogrefe.

Hohmann, Andreas/Lames, Martin/Letzelter, Manfred/Pfeiffer, Mark (2020): Einführung in die Trainingswissenschaft. 7. Auflage. Wiebelsheim: Limpert Verlag.

Hossner, Ernst-Joachim/Künzell, Stefan (2003): Motorisches Lernen. In: Mechling, Heinz/Munzert, Jörn (Hrsg.): Handbuch Bewegungswissenschaft – Bewegungslehre. Schorndorf: Hofmann, S. 131–153.

Hossner, Ernst-Joachim/Künzell, Stefan (2022): Einführung in die Bewegungswissenschaft. Wiebelsheim: Limpert Verlag.

James, William (1890/1981): The principles of psychology. Vol I. Harvard: Harvard University Press.

Jordan, Michael I./Rumelhart, David E. (1992): Forward models: Supervised learning with a distal teacher. Cognitive science 16, H. 3, S. 307–354.

Kernodle, Michael W./Carlton, Les G. (1992): Information feedback and the learning multiple-degree-of-freedom activities. In: Journal of Motor Behavior 24, H. 2, S. 187–196.

Korban, Sandra/Drebes, Stefan/Künzell, Stefan (2017): Der Effekt simultaner Darstellung von Ist- und Sollwert mittels Tablet-PCs auf das Bewegungslernen. In: Korban, Sandra/Brams, Michaela/Hennig, Linda/Heinen, Thomas (Hrsg.): Vielfalt und Vernetzung im Turnen. Hamburg: Feldhaus, S. 49–59.

Kröger, Christian/Roth, Klaus (1999): Ballschule: Ein ABC für Spielanfänger. Schorndorf: Hofmann.

Kurz, Dietrich (2008): Der Auftrag des Schulsports. In: Sportunterricht 57, H. 7, S. 1–8.

Lames, Martin (2009): Trainingswissenschaft. Universität Augsburg: Unveröffentlichtes Vorlesungsmanuskript.

Prohl, Robert (2017): Der Doppelauftrag des erziehenden Sportunterrichts. In: Scheid, Volker/Prohl, Robert (Hrsg.): Sportdidaktik: Grundlagen – Vermittlungsformen – Bewegungsfelder. 2. Auflage. Dresden: Limpert Verlag, S. 64–84.

Raab, Markus (2001): Smart – Techniken des Taktiktrainings, Taktiken des Techniktrainings. Köln: Sport und Buch Strauß.

Tielemann, Nele (2008): Modifikation motorischer Lernprozesse durch Instruktionen: Wirksamkeit von Analogien und Bewegungsregeln. Schriftenreihe des Bundesinstituts für Sportwissenschaft. Leipziger Verlags-Anstalt.

von Holst, Erich/Mittelstaedt, Horst (1950): Das Reafferenzprinzip. In: Naturwissenschaften 37, H. 20, S. 464–476.

Wolpert, Daniel M./Ghahramani, Zoubin/Flanagan, J. Randall (2001): Perspectives and problems in motor learning. In: Trends in Cognitive Sciences 5, S. 487–494.

Die Autor*innen

Dr. Julia von Dall'Armi ist akademische Rätin am Arbeitsbereich „Didaktik der deutschen Sprache und Literatur" der Universität Greifswald. Ihre Arbeits- und Forschungsschwerpunkte sind u. a. diskursive Praktiken im Deutschunterricht, kulturdidaktische Aspekte literarischen Lernens und intermodale Aspekte der Kinder- und Jugendliteratur.

Pepe Droste ist wissenschaftlicher Mitarbeiter am Germanistischen Institut der Universität Münster. Seine Forschungsinteressen umfassen Interaktionale Linguistik, multimodale Konversationsanalyse, Grammatik der gesprochenen Sprache sowie Onomastik und Soziolinguistik.

Vincent Dusanek ist wissenschaftlicher Mitarbeiter am Zentrum für digitales Lehren und Lernen (DigiLLab). Ausgehend von medienpädagogischen sowie kognitionspsychologischen Lerntheorien und Forschungsbefunden fördert er beispielsweise in Tandemseminaren den Erwerb digitaler Kompetenzen.

Mario Frei ist wissenschaftlicher Mitarbeiter am Lehrstuhl für „Bildungswissenschaften: Educational Data Science" an der Universität Regensburg. Zu seinen Arbeits- und Forschungsschwerpunkten zählen u. a. Unterrichtsqualität und professionelle Kompetenzen von Lehrkräften im Fach Musik sowie in fachübergreifenden Kontexten.

Sylvia Gabel ist wissenschaftliche Mitarbeiterin der Professur für „Methoden der empirischen Unterrichtsforschung" an der Universität Augsburg. Ihre Arbeits- und Forschungsschwerpunkte sind die Schulung der professionellen Unterrichtswahrnehmung und die Methode des Eye Trackings.

Prof. Dr. Andreas Gegenfurtner ist Inhaber der Professur für „Methoden der empirischen Unterrichtsforschung" an der Universität Augsburg. Seine Arbeits- und Forschungsschwerpunkte sind u. a. Professionalisierung von Lehrkräften und Heterogenität im Klassenzimmer und Entwicklung von professioneller Unterrichtswahrnehmung und visueller Expertise.

Prof. Dr. Bernhard Hofmann ist Inhaber des Lehrstuhls für Musikpädagogik an der Universität Augsburg. Seine Forschungsinteressen umfassen Professionalität von Musiklehrkräften, Musikdidaktik und -methodik.

Özün Keskin ist wissenschaftliche Mitarbeiterin der Professur für „Methoden der empirischen Unterrichtsforschung" an der Universität Augsburg. Ihre Arbeits- und Forschungsschwerpunkte sind die Entwicklung von professioneller Unterrichtswahrnehmung, Heterogenität in Klassenzimmern und die Methode des Eye Trackings.

Prof. Dr. Ingo Kollar ist Professor für Psychologie mit besonderer Berücksichtigung der Pädagogischen Psychologie an der Universität Augsburg. In seiner Forschung beschäftigt er sich mit Fragen des kooperativen Lernens, des digital unterstützten Lehrens und Lernens sowie mit der Untersuchung evidenzorientierten Denkens und Handelns von Lehrpersonen.

Prof. Dr. Christoph Kulgemeyer ist Professor für Didaktik der Physik an der Universität Bremen. Seine Forschung nimmt das Professionswissen von Physiklehrkräften, der Zusammenhang von Professionswissen und Unterrichtshandeln sowie Erklärprozesse im Physikunterricht und das Lernen von Physik mithilfe von Erklärvideos in den Fokus.

Prof. Dr. Stefan Künzell ist Professor für Trainings- und Bewegungswissenschaft an der Universität Augsburg. Seine Forschungsschwerpunkte sind die Kontrolle und das Lernen von menschlichen Bewegungen im Sport und auch im Alltag.

Prof. Dr. Reinhard Oldenburg ist Lehrstuhlinhaber für Didaktik der Mathematik am Institut für Mathematik der Universität Augsburg. Seine Arbeits- und Forschungsschwerpunkte sind u. a. die Didaktik der Algebra und der Analysis, Computereinsatz und Realitätsorientierung im Mathematikunterricht.

Nicola Pauli ist wissenschaftliche Mitarbeiterin am Lehrstuhl für Kunstpädagogik der Universität Augsburg. Ihre Arbeits- und Forschungsschwerpunkte beziehen sich u. a. auf kunstdidaktische Konzepte der außerschulischen Kunstvermittlung, auf Potenziale und Qualitätsaspekte digitaler Kunstvermittlung sowie auf transkulturelle Fragestellungen kunstpädagogischen Handelns.

Prof. Dr. Susanne Popp ist emeritierte Professorin für Didaktik der Geschichte an der Universität Augsburg inne. Ihre Arbeits- und Forschungsschwerpunkte sind u. a. Geschichtsdarstellungen in populären Formaten der Geschichtskultur, globalgeschichtliche Perspektiven für den Geschichtsunterricht sowie Bildinventare in Geschichtsschulbüchern.

Prof. Dr. Gabriele Puffer ist Lehrkraft für besondere Aufgaben am Lehrstuhl für Musikpädagogik und Vertretungsprofessorin am Leopold-Mozart-Zentrum der Universität Augsburg. Ihre Forschungsschwerpunkte umfassen Unterrichtsqualität, professionelle Kompetenzen und Professionalisierungsprozesse von Musiklehrkräften.

Leonie Schneider ist Lehramtsreferendarin am Dossenberger Gymnasium in Günzburg. Ihre Arbeitsschwerpunkte sind u. a. Lernen mit (Bildungs-)Medien, Lehrer*innenprofessionalität im Umgang mit Heterogenität, Lernaufgaben im kumulativen Geographieunterricht und motivierende Unterrichtsgestaltung in der geographischen Perspektive.

Dr. Stefan T. Siegel ist Forscher und Dozent am Institut für Wirtschaftspädagogik (IWP) der Universität St. Gallen (HSG). Seine Arbeitsschwerpunkte sind u. a. Erziehungswissenschaftliche Theorie, Professionalisierung Lehrpersonen, Lehren und Lernen mit und über Bildungsmedien sowie Sustainability Education.

Dr. Ana da Silva ist Lehrkraft für besondere Aufgaben und wissenschaftliche Mitarbeiterin am Lehrstuhl für Deutsch als Zweit- und Fremdsprache und seine Didaktik der Universität Augsburg. Ihre Lehr- und Forschungsschwerpunkte liegen in den Bereichen Mehrsprachigkeit aus spracherwerblicher und transkultureller Perspektive, Professionalisierung von Lehrkräften im Kontext digitalen Lernens und Lehrens sowie komparative Text- und Diskurslinguistik.

Sebastian Streitberger ist Lehrbeauftragter am „Lehrstuhl für Didaktik der Geographie" an der Universität Augsburg. Seine Arbeits- und Forschungsschwerpunkte sind u. a. Professionelle Unterrichtswahrnehmung, (geographische) Bildungsmedien sowie die fachspezifische Auseinandersetzung mit den Tiefenstrukturen von Unterricht.

Dr. Katrin Thomson ist Akademische Rätin am Lehrstuhl für Didaktik des Englischen der Universität Augsburg. Sie forscht und arbeitet schwerpunktmäßig zu Unterrichtsdiskurskompetenzen von (angehenden) Englischlehrer*innen. Weitere Interessen in Forschung und Lehre liegen im Bereich der Literatur- und Kulturdidaktik, im filmbasierten Lehren und Lernen sowie im diversitätssensiblen Fremdsprachenunterricht.

Prof. Dr. Alexander Werth ist Professor für Deutsche Sprachwissenschaft an der Universität Passau. Seine Forschungsinteressen umfassen die Grammatik des Deutschen, Dialektologie, Sprachgeschichte und Psycho-/Neurolinguistik.

Milena Feldmann | Markus Rieger-Ladich |
Carlotta Voß | Kai Wortmann (Hrsg.)
Schlüsselbegriffe der
Allgemeinen Erziehungswissenschaft
Pädagogisches Vokabular in Bewegung
2022, 472 Seiten, Hardcover
ISBN: 978-3-7799-6819-1
Auch als E-BOOK erhältlich

Das pädagogische Vokabular wird von Begriffen geprägt, die manche als »einheimische« kennzeichnen. Aber es gibt auch eine Vielzahl von »Neuankömmlingen«, die in Anspruch genommen werden, wenn es darum geht, die Veränderungen des pädagogischen Feldes zu beobachten und auf den Begriff zu bringen.

Das Buch reflektiert diese Entwicklung, verschafft einen lesbaren, prägnanten Überblick über das pädagogische Vokabular und setzt sich kritisch mit der Genese, Bestimmung und Verwendung der Begriffe auseinander. Dabei geht es darum, den pädagogischen Diskurs in seiner Widersprüchlichkeit, Ungleichzeitigkeit und Dynamik möglichst unvoreingenommen und multiperspektivisch zum Gegenstand zu machen.

Auf diese Weise wird das Buch zu einem attraktiven Nachschlagewerk und Ideengeber für Student*innen, Doktorand*innen und Fachwissenschaftler*innen gleichermaßen.

www.beltz.de
Beltz Juventa · Werderstraße 10 · 69469 Weinheim